태평무와 한성준에 대해 깊이 알기 上

태평무와 한성준에 대해 깊이 알기 (上)
희대(戲臺)의 등장과 전통공연예술의 변모 양상(樣相)

초판 1쇄 발행 2024년 12월 16일

지은이 박재희
펴낸이 장길수
펴낸곳 지식과감성#
출판등록 제2012-000081호

교정 김지원
디자인 윤혜성, 정윤솔
편집 정윤솔
검수 한장희, 이현
마케팅 김윤길, 정은혜

주소 서울시 금천구 벚꽃로298 대륭포스트타워6차 1212호
전화 070-4651-3730~4
팩스 070-4325-7006
이메일 ksbookup@naver.com
홈페이지 www.knsbookup.com

ISBN 979-11-392-2293-7(93680)
값 20,000원

- 이 책의 판권은 지은이에게 있습니다.
- 이 책 내용의 전부 또는 일부를 재사용하려면 반드시 지은이의 서면 동의를 받아야 합니다.
- 잘못된 책은 구입하신 곳에서 바꾸어 드립니다.

지식과감성#
홈페이지 바로가기

태평무와 한성준에 대해 깊이 알기 上

희대(戲臺)의 등장과
전통공연예술의 변모 양상(樣相)

박재희 지음

〈책을 내면서〉

　내가 한영숙 선생님이 추시는 태평무를 처음 본 것은 1971년 6월에 서울국립극장(지금의 명동예술극장)에서였다. 이화여대 무용과 4학년에 재학 중이던 나는 무용과 강사로 출강하시던 한영숙 선생님의 민속무용발표회 소식을 듣고 그 공연을 보러 갔다가 태평무라는 춤을 그곳에서 처음 접接하게 된 것이다. 1971년 5월 29일 자의 경향신문의 기사에 다음과 같은 내용이 있어서 희미한 내 기억을 되살릴 수가 있었다.

> 인간문화재 한영숙(韓英淑)여사의 민속무용발표회가 6월 7, 8일 이틀 동안 국립극장에서 열린다. 이번에 발표될 레퍼터리는 춘앵전, 살풀이, 태평무, 법열곡(法悅曲) 등인데, …(中略)… 한(韓)여사는 승무와 학무 전수자로 현재 국립국악원, 서울음대국악과, 이화여대 무용과 강사로 재직중. …… 찬조출연으로 김천흥 강선영 송범 최현 김진걸씨 등이 나온다.

　이 기사를 보면서 그 공연에서 보았던 태평무의 모습이 아련히 떠올라 만감이 교차하였다. 한영숙 선생님의 무용발표회지만, 강선영 선생님이 찬조 출연하셔서 두 분이 함께 태평무를 추시었던 형태라, 오늘날 한영숙류라고 부르는 홀춤의 태평무를 본 것은 아니었다. 그 당시의 나는 태평무라는 춤에 대해서 아무것도 모르는 상태에서 두

분이 추시는 태평무를 본 것인데, 공연 내내 눈을 떼지 못할 정도로 춤에 매료되었던 기억이 떠오른다. 당시는 태평무가 중요무형문화재(지금은 국가무형유산이라 함)로 지정되지도 않았던 시절인데도, 태평무에 그와 같이 매료되었던 것은 그때까지 내가 알고, 보아 왔던 한국무용(이른바 신무용)의 춤과는 전혀 다른 반주음악과 색다른 춤사위에 감흥을 느꼈기 때문이 아닐까 싶다.

당시의 한영숙 선생님은 승무(중요무형문화재 제27호)의 예능 보유자이셨다. 그런데도 나는 한영숙 선생님에게 태평무를 빨리 배워야 하겠다는 욕구를 먼저 가졌었다. 하지만 나는 재학생 신분이었기에 그 계획을 바로 실행에 옮길 수가 없어 안타까웠다. 1972년에 독일 뮌헨에서 올림픽이 열리는 관계로 우리나라도 올림픽 국제민속예술제에 파견할 민속예술단을 구성하는 것으로 정해졌다. 일반공모를 통해 민속예술제에 파견할 무용수를 선발하기로 한 방침이 알려져 각 대학의 무용과 졸업생들 사이에는 민속예술단의 지원이 화두話頭가 되었다. 나도 그 공모에 응하였는데, 무용수의 일원으로 선발되는 행운을 얻게 되었다. 그 후 여러 지도 선생님들로부터 훈련을 받고 민속예술단은 8월 24일부터 뮌헨올림픽의 민속예술제 공연을 비롯해 유럽, 중동 및 아프리카, 아시아 등 4개월에 걸친 순회공연을 모두 마친 후인 12월 23일에야 귀국하게 되었다. 결과적으로 그로 인해 태평무를 배우고 싶다는 나의 결심은 1년 뒤에야 실행에 옮기게 되었다.

다만 행운이었던 것은 한영숙 선생님이 뮌헨올림픽 파견의 한국 민속예술단 지도위원의 일원으로 동행하게 되어 순회공연 일정 중에 자주 뵙게 되었다는 점이었다. 그래서 귀국 후에 맞이하였던 1973년에 나는 스스럼없이 선생님을 찾아가 태평무를 배우고 싶다고 직접 말씀드릴 수 있었다. 그때 한영숙 선생님이 나를 춤 제자로 흔쾌하게 받아 주셨기에 지금의 내가 있게 되었다고 말할 수 있다. 지금 생각해 보니 선생님은 배우기 어려운 태평무를 스스로 배우겠다고 나선 내가 기특하게 생각되셨는지 "태평무가 너에게는 정말로 잘 어울린다"라고 칭찬하시면서 세심하게 지도를 해 주셨다. 태평무의 섬세하고 다양한 발디딤과 손놀림, 호흡법 등 모든 것이 나에게는 새로운 경험이었던 까닭에 마치 무용의 신천지를 거니는 느낌이었다.

그 당시에는 그것이 나의 무용 인생에 특별한 전기가 될 것이라고는 꿈에도 생각하지 못했다. 한영숙 선생님은 얼마 지나지 않아 태평무를 배우던 나에게 승무도 전수傳授하고 싶어 하셨다. 하지만 당시는 전수傳受장학생이 두 사람으로 한정되어 있었고 제1기로 두 사람이 5년의 전수 과정을 밟고 있던 중이었기에 선생님도 그 과정이 끝날 때까지 기다릴 수밖에 없으셨던 것 같다. 그래서 1975년으로 해가 바뀌었을 무렵 한영숙 선생님이 나를 한국국악예술학교의 교사로 추천해 근무하게 해 주신 후, 얼마 있다가 승무 제2기 전수장학생으로 선정해 주셔서 공식적인 춤 제자로 무용계에 이름을 올리게 되었다. 그렇게 보면 나는 승무의 인간문화재이신 한영숙 선생님에게 승무보다 태평무를 먼저 배운 특이한 예라 할 수 있다.

그 후 나는 청주대학교 교수로 재직하는 동안 한영숙 선생님의 조부祖父인 한성준 선생이 태평무를 창안하여 무대에 올리기까지의 관련된 여러 가지 내용을 틈틈이 공부하면서, 관련 자료들을 수집·정리하고 연구하게 되었다. 2015년 8월에 청주대학교에서 정년을 맞이하게 되면서 저자는 한영숙류 태평무를 사랑하는 사람들에게 내가 알고 있는 내용을 전하고 싶은 마음에 책을 쓰기로 작정하였다. 문화재청[지금은 국가유산청이라 함]은 2013년에 처음으로〈중요무형문화재 보유자 인정〉절차를 개방형 방식으로 시행하였는데, 예정대로 진행되지 않고, 무용계에 한바탕 소용돌이를 몰고 오는 바람에 보유자 인정을 신청한 본인으로서 책을 쓰는 일에 집중할 수 없었다. 다행히 2019년 11월에 그 절차가 마무리되었고 국가무형문화재[지금은 국가무형유산이라 함] 태평무(한영숙류)의 보유자로 인정되는 영예를 얻게 되어 중단하였던 책 쓰기를 다시 시작하였다. 그런데 이번에는 전수傳授 교육을 하면서 틈틈이 써야 하고 태평무에 대해서 좀 더 깊이 있는 내용을 담아 보고 싶은 욕심에 시간이 또 지체되고 말았다.

　어쨌든 이 책이 향후 태평무의 올바른 이해와 발전에 작은 디딤돌이 될 수 있기를 바라면서, 이 책을 나의 춤 스승인 고故한영숙 선생님의 영전에 존경과 감사의 마음을 담아 바치고자 한다.

2024년 5월의 어느 날
벽파(碧波) 박재희

〈일러두기〉

 1. 본문에서 한자의 표기는 한글 뒤에 괄호 없이 바로 붙여 표시하고 크기는 작게 함. 그러나 신문 기사나 다른 사람의 글을 인용하는 때에는 원문의 표기 방법을 그대로 따르는 것을 원칙으로 함.

 2. 한문으로 된 고전古典이나 신문 기사는 한글로 고쳐 표시하도록 하되, 가독성可讀性에 도움이 된다고 생각되는 곳에는 한자도 표기하였음. 또 한문 투漢文套의 글은 알기 쉽게 한글로 풀어서 소개하도록 함.

 3. 현재는 쓰이지 않는 한글 고자古字나 어법은 가급적 현재 통용되는 방식으로 고쳐서 표기하되[예컨대 하얏다 → 하였다 등], 원문의 뉘앙스가 필요하다고 생각되는 곳에는 원문을 그대로 표기하였음.

 4. 주제 본문에 대한 주해註解는 각 항목의 끝에 미주尾註의 형식으로 구성하고, 【지식창고】의 본글에 대한 주해註解는 각주脚註의 형식으로 기술함.

 5. 한국고전과 조선왕조실록의 내용, 신문과 잡지의 기사 검색은 On-Line의 검색서비스를 제공하는 웹사이트를 이용함. [이 자리를 빌려 관련 단체에 감사의 말씀을 전합니다]

(상권) 목 차

제1편 서설(序說)

1. 춤의 명칭으로 본 '태평무(太平舞)' ... 17
2. 이른바 재인청(才人廳) 계열의 태평무에 대한 이해
    - 태평무의 유래(由來)에 관한 논의와 관련하여 ... 29
3. '고수50년 한성준 씨(鼓手五十年 韓成俊氏)'
    - 1937년 3월 27일 자 조선일보의 Box기사 ... 41
4. 무동(舞童)놀이와 연희장(演戲場)의 등장 ... 51

제2편 대한제국의 최초인 실내 극장의 등장과
전통공연예술(傳統公演藝術)의 변모 양상

1. 대한제국에서 최초로 설치된 실내 극장, 희대(戲臺)
    - 고종 등극(登極)40년 칭경(稱慶)행사時 수용(需用)次 ... 61
2. 협률사(協律司)의 등장, 그리고 협률사(協律社)의 출현 ... 70
3. 협률사(協律社)가 출현한 시기와 그 성격 ... 88
4. 협률社의 시발점(始發點)은 민유회(民遊會)? ... 96
5. 협률社의 1903년 흥행에서 드러난 실상(實相)
    - 협률社는 무엇을 목표로 설립한 걸까? ... 103
6. 협률社가 1906년에 갱설(更設)된 배경 ... 110
7. 갱설(更設)된 협률社(제2기)의 흥행 모습과 그에 대한 사회적 반응 ... 117
8. 협률社(제2기)의 혁파(革罷) 논란의 추이(推移) ... 124

9. 협률사(協律社)(제2기)가 폐지된 후, 사설(私設)극장의 출현　　131
10. 한성준이 서울에 올라와 생활하기 시작한 시기
　　— 한성준이 서울에 올라온 계기는 뭘까?　　137
11. 황실극장 원각사(圓覺社)가 개장(開場)된 경위　　152
　　그림 : 관기들의 자선연주회(1907년 12월) 공연 목록 광고　　157
12. 신연극(新演劇)을 내걸은 원각사(圓覺社)의 실상　　161
13. 원각사(圓覺社)에서의 전통연희 양식(樣式)의 변화　　168

제3편 우리의 전통공연예술이 1910년대에 전개되어 간 양상

1. 한일병합(韓日倂合)이 되기도 전에 관기(官妓)들에게 밀어닥친 변화　　183
　　그림 : 1908년 9월의 〈기생단속령〉 조문　　185
2. 한성기생조합소(漢城妓生組合所)의 출범(1909년)　　195
3. 한일병합을 전후(前後)로 한 창부들의 활동 양상
　　— 연극장으로서의 원각사가 사설극장에 미친 영향　　201
4. 한일병합 직후의 연예계(演藝界) 상황은 어떠했나?　　209
5. 단성사에서 '강선루(降仙樓) 일행'이 공연한 의의　　216
　　그림 : 1912년 5월의 단성사 강선루(降仙樓) '연예안내' 광고　　217
6. 단성사에서 '강선루(降仙樓) 일행'이 보여 준 공연의 내용과 그 의미　　222
　　도표 : 단성사 강선루의 공연 종목 및 공연 날짜　　222
7. 공연단체로 변모해 가는 기생조합(妓生組合)
　　— 광교조합, 다동조합, 시곡기생조합의 결성(1913년)　　248

8. 1915년의 물산공진회(物産共進會)와 여흥(餘興)단체 256
9. 경성구파배우조합(京城舊派俳優組合)의 등장(1915년) 266
10. 경성구파배우조합의 활동과 강경수(姜敬秀)의 역할 272
11. 한남권번(漢南券番)에 모습을 드러낸 한성준 282
12. 공진회의 전후(前後)로 본 기생조합 간의 경쟁 양상
    — 예능인(藝能人)에서 화류계(花柳界)의 여인으로 289
    도표 : 1915년의 물산공진회에서 기생조합들이 공연한 종목 292

제4편 1920년대의 조선에 일어난 연예 환경의 변화
— 이른바 '조선춤'이 빈사 상태가 되어 가는 과정

1. 1920년대에 각 권번(券番)들이 취한 자구책(自救策)
    — 4권번/5권번의 연합연주회, 권번의 온습회(溫習會) 311
2. 서양의 공연예술인 무도(舞蹈)의 유입과
        그것이 가져온 사회적 파장(波長) 318
3. 실종된 강경수의 역할을 이어받은 한성준(韓成俊) 325
4. 1926년의 석정막(石井漠)의 무용시(舞踊詩) 공연 339
5. 조선 명창대회(名唱大會)의 성행과 그 의미 347
6. 신무용가의 길을 밟고 있는 최승희(崔承喜)의 근황 355

(상 권) 【지식창고】

1) 재인(才人), 그리고 재인청(才人廳)의 성격	23
2) 재인청 계열의 태평무가 생성된 배경은 뭘까?	38
3) 갑오개혁(甲午改革)	48
4) 대한제국(大韓帝國)의 탄생	58
5) 구한말(舊韓末), 왕실 음악을 관장하던 기관의 명칭	65
6) 조선시대의 여자 예인(藝人)을 지칭하는 호칭	78
7) 협률사가 교습하려 한 새로운 음률(音律)	83
8) 명창(名唱) 이동백과 고수(鼓手) 한성준의 만남 그리고 강경수(姜敬秀)에 대한 이야기	144
9) 전통연희 예인(藝人)들에게 원각사 시절이 남다른 이유	174
10) 구한말(舊韓末)의 관기와 기부(妓夫)의 관계	189
11) 시곡(詩谷)기생/시곡예기(詩谷藝妓)의 실체	234
12) 시곡(詩谷)기생의 활약상(活躍相)	242
13) 기생의 위상(位相)이 저하(低下)된 배경	297
14) 경성구파배우조합의 활동이 정지된 배경	305
15) 기생의 춤보다 노래를 더 좋아하게 된 배경	333
16) 石井漠으로부터 독립한 최승희의 행보(行步) — 무용연구소 개설(1929년 11월)	362

제1편 서설(序說)

　1985년에 출간된 《한국의 명무》라는 책이 있다. 이 책은 한국일보의 연극·무용·전통예술 전문기자이던 구희서具熙書 씨가 일간스포츠의 사진부 정범태鄭範泰 부장과 함께 엮은 것이다. 한국일보와 일간스포츠는 1982년 1월부터 2년이 넘는 기간에 걸쳐 '명무(名舞)'를 발굴하고 주週 1회씩 그에 관한 기사를 일간스포츠에서 연재하였는데, 그 기사와 사진 등을 모아 책으로 출간한 것이다.

　첫 번째 장章에는 '춤의 맥脈을 지키는 사람들'이라는 제목으로 승무, 검무, 살풀이에 해당하는 명무 20가지를 소개하였다. 그리고 '그 밖의 춤들'이라고 하여 13가지의 명무가 소개되어 있는데, 한영숙 선생의 태평무가 거기에 포함되어 있었던 사실이 색다른 느낌으로 다가왔다. 《한국의 명무》는 1985년에 출간되었고 태평무가 중요무형문화재 제92호로 지정된 것(강선영을 보유자로 인정)은 1988년 12월이므로 한영숙 선생의 태평무가 명무로 수록된 것은 이상한 일도 아니지만, 서설 편의 '한국무용 무대(舞臺)의 현재'라는 글에 기술된 내용을 보니 당연하다고 느껴졌다.

> 한영숙(韓英淑)·강선영(姜善泳)씨 등은 한성준 옹의 직계제자이고, 한 사람은 조부의 춤을 그대로 보존하는 데 역점을 두었으며, 한 사람은 그를 바탕으로 그의 창작 세계를 찾았다.[1]

한영숙의 태평무를 소개한 내용에 다음과 같은 구절이 나온다.

승무·태평무·살풀이·학춤으로 대변되는 그의 춤의 세계는 마치 문인화(文人畵)의 사군자(四君子)와 같은 품격과 멋을 지니고 있다. 사군자의 매란국죽(梅蘭菊竹)이 그에게는 학춤·태평무·살풀이·승무로 꽃을 피운 것 같다. … (中略) … 왕비(王妃)의 복식, 진쇠 장단을 바탕으로 한 그의 태평무(太平舞)는 그러므로 한 그루 난(蘭)이라고 할 수 있다. 남치마 자락 밑으로 내비치는 빠른 발놀림이 한 그루의 난처럼 현란하기 때문이다. 경기 무속 장단의 하나인 진쇠 장단을 바탕으로 의젓하면서도 경쾌하고, 가볍고도 절도 있게 몰아치는 장단에다가 빠르게 딛는 발 디딤새가 얹혀져서 바위틈에 한 그루 난초를 그려내는 선비의 현란한 손질인 양, 그가 그려낸 선명한 붓자욱인 양, 싱그럽게 펼쳐진다. … (中略) …

화관 족두리에 당의(唐衣), 금박 남색 치마를 사뿐 걷어 쥐고 잰 걸음을 잔 사위로 장단 사이를 경쾌하게 가로지르는 태평무는 춤의 위치, 춤꾼의 자랑을 유감 없이 펼치는 예인(藝人)의 배움의 자랑이 스며있고 …²

태평무에 대한 구희서 기자의 글이 한영숙 선생의 춤 제자인 저자의 마음에 새삼 와닿았음은 말할 것도 없다. 특히 "13세 때부터 할아버지 한성준씨에게서 종아리를 맞아가며 배운 춤, 도망쳐 버리고 싶어서 숨어 버린 적도 많지만 「마침내는 돌아와 거울 앞에 앉은 …」 득도(得道)의 경지에 이르러 「춤은 마음으로 춘다」는 말을 하게 된 것이다. 태평무는 한국무용의 큰 맥인

《한국의 명무》에 수록된
한영숙의 태평무

제1편 서설(序說) | 15

한성준 가락의 전통춤을 배워서 닦아내고 지켜가는 춤이고, …"³라는 구절에 이르자 한성준 선생과 손녀 한영숙이 어떤 삶을 살았었는지, 알고 싶은 욕구가 일어났다. 또 한영숙의 태평무나 강선영의 태평무에는 진쇠 장단이 지금 보이지 않는데, 어째서 구희서는 "**진쇠 장단을 바탕으로 한 그의 태평무(太平舞)**"라고 이야기하는 것일까? 하는 의문도 일어났다. 그러한 것들을 제대로 알고 싶어 일제강점기 시절에 한성준制⁴의 태평무가 어떤 배경을 가지고 세상에 모습을 드러내게 된 것인지에 대해서 좀 더 깊이 연구하고 싶은 마음이 생긴 셈이다.

---

1 구희서(글)/정범태(사진), 한국의 명무, 한국일보사 출판국, 1985, p. 16
2 구희서(글)/정범태(사진), 앞의 책(한국의 명무), pp. 151-152
3 구희서(글)/정범태(사진), 앞의 책(한국의 명무), p. 152
4 여기서 한성준制 태평무란 한성준 선생이 1930년대 후반에 전개된 암울한 시대적 상황에서 조선의 독립과 국태민안(國泰民安)을 염원해 창안한 2인무 형태의 춤을 말한다. 넓은 의미로는 그 춤이 손녀 한영숙과 제자인 강선영에 의해 이원화(二元化)되어 발전되어 온 한영숙류 태평무나 강선영류 태평무도 포함한다.

1. 춤의 명칭으로 본 '태평무(太平舞)'

'태평무'라는 춤의 명칭은 고려 시대의 문헌에서도 발견된다. 고려 말의 문신文臣이며 학자인 이색李穡(1328~1396)의 《목은집(牧隱集)》 시고詩藁 21권에 〈구나행(驅儺行)〉이라는 한시漢詩가 수록되어 있다.[1] 여기에 태평무로 생각되는 춤이 언급된 구절이 나온다.

(이색의 초상화)

新羅處容 帶七寶 (신라처용 대칠보)	신라 처용은 칠보로 꾸미고 있는데,
花枝壓頭 香露零 (화지압두 향로영)	머리 위의 꽃가지에선 향기로운 이슬이 떨어지네.
低回長袖 舞太平 (저회장수 무태평)	긴 소매를 천천히 돌리며 **태평무**를 추는데,
醉臉爛赤 猶未醒 (취검난적 유미성)	불그레하게 취한 얼굴은 아직도 술이 다 깨지 않은 듯하네.

〈구나행〉은 구나驅儺[2]라는 의례儀禮가 행해지던 모습을 읊은 것이다. 제1부에서는 가면을 쓴 창사倡師[3]와 12동물의 지신支神 및 진자侲子[4]가 역귀疫鬼를 쫓는 의식을 행하는 과정을 묘사하였다. 제2부에서는 역귀를 쫓는 고대의 의식 절차가 끝난 뒤 여러 악공樂工들이 입장해 연출하는 가무백희歌舞百戱를 차례대로 읊고 있다. "무오방귀(舞五方鬼) 용백택(踊白澤)"[오방귀신이 춤을 추고, 백택(*사자를 상징하는 전설 속의 동물)이 뛰어 노네]로 시작하는 제15구句부터 "창창백수(蹌蹌百獸) 여요정(如堯庭)"[온갖

짐승이 춤추니 태평성대의 요(堯)임금 시절의 궁정 같네'로 끝나는 제28구까지가 이에 해당한다. 가무백희의 하나로 오방귀무五方鬼舞나 사자무獅子舞 같은 벽사辟邪를 위해 추는 춤과 함께 처용이 추는 태평무가 등장하는 것이다.

위 한시 제15구의 '舞五方鬼(무오방귀)'를 '오방귀신의 모습을 하고 추는 춤'을 묘사한 것으로 이해한다면 '舞太平(무태평)'도 '태평한 세상을 기뻐하여 춤추는' 모습을 묘사한 것으로 볼 수 있다. 당시의 태평무라 함은 송축頌祝과 진경進慶의 의미를 담아 추었던 춤을 가리킨다. 한국연극사 연구의 선구자인 김재철金在喆이 동아일보에 연재한 《조선연극사》 제8회(1931년 4월 23일 자)를 보면 고려·조선의 가면극에 연관된 나례儺禮를 설명하는 중에 목은牧隱 이색의 〈구나행〉을 소개하고 있다. "목은(牧隱)시대의 나례는 순 중국식에서 다소 떠나서 화관(花冠)을 쓴 처용무도 잇고 태평무도 잇서서 가무백희에 갓가워젓다."라고 설명하고 있는 것도 그런 취지이다. 조선시대의 오방처용무五方處容舞는 정해진 격식이 있지만 고려시대는 아직 그런 격식이 생기기 전이므로 무자舞者가 처용면을 쓰고 태평무를 추는 것도 가능하였을 것으로 생각된다. 하지만 고려시대에는 태평무를 언제나 처용면을 쓰고 추었다고 말할 필요는 없을 것 같다. '태평무'라는 명칭은 춤의 형태나 무자舞者의 복식보다는 주제에 더 역점이 있는 것이기 때문이다.

고려 말에 '구나' 의식이 끝난 뒤 가무백희의 하나로 태평무라는 춤이 추어졌다는 것은 그런 춤이 민간사회에서 계속 추어져 왔다는 증표이다. 그러므로 태평무라는 춤은 '구나' 의식에서만 추어진 것이 아니라 팔관회八關會[5]에서도 가무백희의 하나로 추어졌을 것이다. 1770년에 저술된 『동국문헌비고』 권50의 산악(散樂)조[6]를 통해 신라시대의 팔관회에서도 가무백희로 기복祈福을 하였다는 것을 알 수가 있기 때문이다. 뒤에서 언급할 이동안류 태평무, 김숙자류 태평무[7](이른바 재인청(才人廳) 계열의 태평무)와 관련해서 태평무가 원래 팔관회에서 유래한 것이라는 구전口傳이 있다는 이야기도 그런 의미일 것이다.[8]

조선시대에 와서는 '태평무'라는 춤이 추어졌다는 기록이 눈에 띄지 않는다. 다만 대한제국의 시절인 1908년에 '태평무'라는 용어가 사용된 예가 보인다. 잡지《삼천리(三千里)》제6권 제5호(1934년 5월)에 수록되어 있는 '비문서(祕文書) 공개실(1)'(p. 58)의 아래 자료가 바로 그것이다.[9]

이등공(伊藤公)의 시(詩)

융희(隆熙) 2년 봄, 창덕궁(昌德宮) 비원(秘苑)에서 일대(一大) 원유회가 열니어 순종(純宗)께서는 비전하(妃殿下)와 함께 친히 임하시고, 그때 정부의 대신(大臣)은 물론 통감부(統監府)측으로 이등통감(伊藤統監)을 위시하야 군사령관과 각국 공사(公使)들이 모다 참열(參列)하엿다. 때는 양춘(陽春) 춘풍(春風)에 백화(百花)가 어울녀 피는 사이에 다수한 인사(人士)들이 꼿오늘 수풀 사이를 거닐며 청흥(淸興)을 다 하엿고, 유연무대(遊宴舞臺)에서는 관기(官妓)들이 유아(流雅)한 고악(古樂)에 마추어 태평무(太平舞)를 추고 잇섯다. 그때 이등통감은 대극정(大極亭)에 안저 담배를 피우며 이 광경을 바라보고 잇다가 예식장관(禮式場官)인 고희경(高羲敬) 백작을 불너 그 자리에서 지은 시(詩) 한 수(首)를 써서 순종께 드리라고 주고서 곳 이러낫다. 그 詩에,

花明柳暗 春三月 (화명류암 춘삼월)	꽃이 피고 버드나무가 우거지는 春3월에
昌德宮中 大極亭 (창덕궁중 대극정)	창덕궁 안의 대극정에서
娼婦何知 君國變 (창부하지 군국변)	**노래하는 부녀자**가 어찌 　군주와 나라의 변고를 알랴마는
無心歌舞 不堪聞 (무심가무 불감문)	무심한 가무를 듣고 있으려니 견디기 힘드네.

윗글에 나오는 융희隆熙 2년은 1908년으로, 창덕궁 비원에서 열렸다는 원유회는 순종의 탄신일인 건원절乾元節을 축하하기 위한 행사이고, 또 이등통감伊藤統監이란 이등박문伊藤博文을 가리킨다. 1908년 3월 29일자의 황성신문(2면)은 건원절에 있었던 행사를 아래와 같이 전하고 있다.

> 대황제폐하 건원절 경축 원유회를 비원에 개(開)하였는데, … 오후 1시에 여흥으로 창부(倡夫)의 승도(繩渡=줄타기)와 무동(舞童)의 완희(翫戲; 놀이)요, …(中略)… 오후 2시 30분에 고대(古代) 의장(儀仗) 진열과 고대 군진(軍陣) 행렬과 고대 군악(軍樂)과 격검(擊劒), 유술(柔術), (일본) 예자(藝者) 수용(手踊)과 기생(妓生) 연무(演舞)와 잡가단(雜歌團)으로 조직하고 …

'비문서(祕文書) 공개실(1)'에 소개된 〈이등공(伊藤公)의 시(詩)〉 내용에서 이등박문이 유연遊宴 무대의 관기를 '娼婦(창부)'라고 지칭한 것은 창唱을 하는 관기임을 표현한 것으로 생각되므로, 투고자가 말하는 '태평무'란 춤의 정식 명칭은 아니라고 생각된다. 즉 투고자의 '유아(流雅)한 고악(古樂)에 마추어 태평무를 추고 …'라는 묘사는 관기가 추었던 춤의 주제에 관한 것으로 보아야 할 것이다. 궁중정재의 하나인

수연장壽延長에는 '태평시절 좋은 풍광에 …'라는 죽간자竹竿子의 구호가, 연백복지무演百福之舞에는 "태평만세의 춤을 올린다.[呈太平萬世之舞]"라는 구호가 들어 있기 때문이다.[10] 그러한 정경을 보던 이등박문은 얼마 안 가서 대한제국이 소멸할 지경인데, 아무것도 모르는 관기들이 태평성대를 노래하는 것을 듣고서 딱한 심정이 들었던 것 같다. 차마 그 자리에 남아 더 이상 듣고 있을 수 없기에 자리를 벗어난다는 뜻을 위와 같은 시구로 넌지시 전한 셈이라고나 할까. 지나간 역사이지만 서글픈 느낌이 든다.

그런데 문제는 – 한성준이 1930년대 후반에 경성의 부민관의 무대에서 '태평무'라는 이름의 춤을 선보이기 전부터 – 재인청에 몸을 담았던 사람들이 태평무를 추어 왔다는 사실이다. 이동안李東安의 태평무나 김숙자金淑子의 태평무를 그의 제자들이 전수傳受하여 지금도 추고 있다. 따라서 재인청 계열의 태평무란 어떠한 춤이고, 또 춤의 성격이 어떤 것인지를 모르면 한성준制의 태평무는 다른 춤과 과연 뭐가 다른 것인지를 판단할 수 없고, 어떠한 배경을 가지고 세상에 모습을 드러내게 되었는지도 제대로 이해하기 어려울 것이다.

---

1 한국고전번역원의 한국고전종합 DB(https://db.itkc.or.kr/) 참조
2 구나(驅儺) : 주로 세말(歲末)에 궁중에서 악귀(惡鬼)를 쫓기 위한 의례 행사로 조선왕조에서도 행해졌다.[태종실록 14년(1414) 12월 30일의 기사 참조]
3 구나 의례에서 주문(呪文)을 맡아 읊는 일을 하는 공인(工人)
4 나례에서 맡은 역할을 행하던 12세와 16세 사이의 사내아이
5 팔관회(八關會) : 신라와 고려에서 불교의 팔계재(八戒齋)라는 의례와 우리 고유의 전통 습속 의례가 결합되어 왕실과 국가의 안녕을 기원하는 국가적 행사
6 산악(散樂)조 : "진흥왕 때에 팔관회를 베풀었는데, 정해진 격식에 의거 매년 중동(仲冬=음력 11월)에 승도(僧徒)를 관문에 모아 놓고서 윤등(輪燈) 1좌를 놓고 향등(香燈)을 사방에 늘어놓으며, 또 두 채붕(綵棚)을 매고 백희가무(百戲歌舞)를 올려 복(福)을 기원한다."

7   이동안의 태평무는 '**화성재인청 출신의 김인호(金仁浩)에게 사사받은 춤으로 화성재인청에서만 추었던 춤**'이라고 전해지고, 김숙자의 태평무는 한때 화성재인청에 몸담았던 부친 김덕순에게 배운 춤으로 알려져 있다.

8   안순미, 태평무 연구 — 춤사위의 무보화(舞譜化)를 곁들여 — [경희대학교 대학원 석사학위논문, 1984], p. 17 및 p. 23 참조

9   잡지 《삼천리》 제6권 제5호(1934년 5월)는 국사편찬위원회가 제공하는 한국사데이터베이스(https://db.history.go.kr/)의 한국근대사료 DB에 수록된 '근·현대잡지자료' 항목 중에 들어 있다.

10 정은혜 편저, 정재연구Ⅰ, 대광문화사, 1993, p. 262와 p. 289 참조

> **지식창고 1** 재인(才人), 그리고 재인청(才人廳)의 성격

이른바 재인(才人)이란 자신의 예능이 필요한 국가나 지방관청의 행사에 동원되어 신역(身役)을 제공하는 **천인(賤人) 신분**의 계층을 말한다. 조선왕조실록의 아래 기록은 재인의 처지를 잘 보여 준다.

1) 《연산군일기》 8년(1502) 11월 17일의 기사 : "연산군이 경연(經筵)에 납시었을 때 정언(正言=간언하는 관직의 하나) 권민수(權敏手)가 아뢰기를, 「지방에 있는 재인(才人)들이 나례(儺禮) 때문에 모두 서울에 모이는데, 이 같은 흉년에 양식 얻기가 곤란하며, 또 내년에 중국 사신이 오면 반드시 또 올라와야 하므로 매년 상경하는 것은 폐단이 있을 것이니 금년에는 나례를 정지하기를 청하나이다.」 라고 하였다."

2) 《광해군일기》 11년(1619) 9월 12일의 기사 : "나례도감(儺禮都監)이 아뢰기를, 「나례를 할 때 음악 연주와 희극은 전적으로 희자(戲子)들이 맡아 하는 일이기 때문에[儺禮之時, 軒架呈戲, 專掌戲子之事], 종묘에 고하는 중대한 예식 날짜를 이달 9월 16일로 잡은 뒤에, 각도의 재인(才人)들을 기일(期日) 전에 올려 보내도록 파발마(擺撥馬)를 보내면서까지 독촉하였습니다.[各道才人, 前期上送事, 至於發馬督促]」 라고 하였다."

광대는 가면(假面)을 쓰고 연희하는 사람이고[조선왕조실록에는 '희자(戲子)'로 표현됨], 재인은 곡예나 재주, 춤과 음악 등 그 밖의 민속연희를 펼치는 사람으로 처음에는 양자가 구분되었던 것 같다. 그러다 후기에 들어오면서 광대라는 말과 재인이 같은 뜻으로 혼용되었다. 그래서 수행하고 있는 예능에 주안점을 두고 지칭할 때는 소리광대, 줄광대 등으로 부르고, 국가나 지방관청의 부름에 따라 신역(身役)을 제공해야만 하는 천인이라는 신분을 나타낼 때는 재인이라고 호칭한

듯하다. 그런데 18세기 후반 정조(正祖) 때의 실학자인 유득공(柳得恭; 1749~미상)이 쓴 《경도잡지(京都雜誌)》 권1 풍속에 실려 있는 〈유가(遊街)〉를 보면 광대와 재인이라는 용어를 동시에 병기하고 있는 것이 보인다.

> "진사에 급제하여 방방(放榜)^A을 하면 유가(遊街)^B를 하는데, 세악수(細樂手)^C, 광대(廣大), 재인(才人)을 대동한다. 광대는 곧 창우(倡優)이다. 비단 옷에 누런 초립(草笠)을 쓰고 비단 조각으로 만든 가짜꽃을 꽂고 공작부채를 들고 어지러이 춤추며 익살을 부린다. 재인은 줄을 타고 재주를 넘는 등 온갖 희롱을 다한다."

이것은 광대와 재인이 서로 다른 예능을 가진 존재로 세월이 흐르면서 민속예능의 분업화 혹은 전문화가 이루어지고 있음을 말해 준다. 다만 다음에 설명하는 재인청(才人廳)의 구성원이 되는 '재인'이란 국가적 행사에 동원되는 천인 신분의 민간예능인 집단을 모두 포괄하는 개념임을 인식할 필요가 있다.

1938년에 일본의 아카마츠 지죠(赤松智城)와 아키바 다카시(秋葉隆)가 같이 펴낸 『조선무속(朝鮮巫俗)의 연구』^D는 재인청이라는 조직체의 성격을 이해하는 데에 있어서 필독서처럼 되어 있는 책이다. 특히 '제11장 무(巫)의 사회생활'에서 무속인의 단체[巫團]를 설명하고 있는데, '경기재인청(京畿才人廳)'이라는 항목은 재인청에 관련된 중요한 자료들을 수집해 소개하고 있다. 그러한 연유로 그것을 바탕으로 학계의 연구가

A   방방(放榜)은 과거에 급제한 사람에게 증서를 주던 일이다. 문과·무과는 붉은 종이인 홍패(紅牌)에, 생원·진사는 흰 종이인 백패(白牌)에 이름을 써서 주었다.
B   유가(遊街)란 과거에 급제한 사람이 광대를 데리고 풍악을 울리면서 거리를 돌며, 좌주(座主) 선진자(先進者) 친척 등을 찾아보는 일로 보통 3일 동안 행한다.
C   조선시대에 장용영(壯勇營)·금위영(禁衛營) 같은 부대에서 세악(細樂=작은 규모의 악기)의 풍류를 담당하던 군사.
D   赤松智城, 秋葉隆 共編(심우성 옮김), 조선무속의 연구(상, 하), 동문선, 1991

많이 진행되었다. 재인청의 조직에 관련된 부분을 요약하면 아래와 같은 내용이다.

> "재인청이 언제부터 있었는지는 알 수 없으나, 1784년부터 1920년까지 있었던 사실은 「경기도창재도청안」(京畿道唱才都廳案), 「경기재인청선생안」(京畿才人廳先生案) 등을 통해 확인할 수 있다. 각 도마다 도청[都廳]이 있었는데, 그 장을 대방(大房)이라 하였으며 대방 밑에는 두 사람의 도산주가 있었다. 즉 한 도를 좌우로 나누고, 좌도 도산주와 우도 도산주를 두어 관할했다. 도산주는 대방을 보좌하며 중요사항을 의논했다. 그 밑에는 집강(執綱) 네 명, 공원(公員) 네 명, 장무(掌務) 두 명이 있었는데, 집강과 공원은 간사에 해당하며 장무는 서무에 해당했다. 군[郡] 재인청의 장은 청수(聽首)라 했고, 그 밑에는 공원과 장무가 있었다. 계원은 세습무당 당골에 한하며, 전적으로 무악을 연주하는 **화랑**, 줄타기 물구나무서기 등의 곡예를 하면서도 무악을 연주하는 **재인**, 가무예능인이며 무악을 연주하는 **광대**를 포함했다."[E]

〈완문등장팔도재인(完文等狀八道才人)〉이라는 문서[F]가 있다. 팔도의 재인들이 올린 등장(等狀)[G]의 내용을 살펴보면

1) 팔도의 재인들은 병자호란(1636)이 일어난 이후 칙명을 가져오는 청(淸)나라 사신이 올 때 좌우 산대(山臺)를 거행하기 위해서 재인 중에 도산주(都山主)라는 소임을 가진 자와 각도(道), 각읍(邑)의 재인들이 모두 올라와 각각 차비(差備)를 하고 무사히 행사를 치른 후 돌아갔다는 것.

E   전경욱, 조선조 전통공연예술의 계통과 성립과정[국악원논문집 제11집, 국립국악원, 1999, pp. 201-223], pp. 208-209

F   이것을 흔히 갑신완문(甲申完文)이라고 부르는데, 재인청의 성격을 이해하는 데에 중요한 문서이다. 갑신(甲申) 순조24년(1824) 5월에 팔도의 재인들이 호조(戶曹)에 올린 등장(等狀)과 이에 대한 호조의 처분이 적힌 완문(完=조선시대에 관청에서 내용 확인 등의 목적으로 발급한 일종의 증명서)을 합친 것을 말한다.

G   등장(等狀) : 조선왕조 때 진정서의 일종으로, 여러 사람이 이름을 잇대어 써서 관가에 어떤 요구를 하며 하소연하던 글.

2) 그런데 갑진(甲辰) 정조 8년(1784)년 이후에는 좌우 산대(山臺)가 설치되는 일이 거행되지 않지만, 전례에 따라 칙명을 가져오는 청나라 사신이 오게 되면 언제라도 분부가 있을 때에 대비해서 각도의 재인들과 도의 소임을 맡은 자가 (무작정 서울에 올라와) 대기하고 있었다는 것.

3) 그러다 보니, 팔도재인 중에 소임(所任)을 맡은 자의 칭호가 허락된 자가 점점 많아져 매번 착란(錯亂)이 일어나니, 이제는 예전의 법을 고쳐 그대로 준수되도록 할 계획으로 각도마다 재인청 혹은 신청 등으로 부르는 재인들의 자치조직을 만들었으니 호조(戶曹)의 처분을 바란다는 것이다.

위의 내용을 이해하려면 당시 시대의 역사적 흐름을 알아야 한다. 우선 광해군은 나례청(儺禮廳)을 상설기관으로 할 만큼 나례를 즐겼다. 인조는 반정(反正)을 통해 광해군을 폐위시키고 왕위에 오르자(1623년) 나례청을 폐지하고 부묘례(祔廟禮)ᴴ와 같은 의식에서도 채붕(綵棚)과 나례를 모두 폐지하였다. 다만 병자호란으로 삼전도(三田渡)에서 항복한 이후에는 청나라의 칙명 사신을 맞이하기 위해 산대(山臺)행사를 벌였다. 그 경우 국가에서 산대행사를 주관하기 위하여 나례도감(都監)을 설치하고 책임자인 도감 밑에는 당하관(堂下官)인 낭청(郎廳)ᴵ을 두었다. 이때만 해도 이름난 재인이 낭청이 되었기에 직접 전국의 재인들을 체계적으로 동원하는 것이 가능하였다.

그런데 정조 8년(1784)에 엄청난 사건ᴶ이 일어난 이후에는 이러한

H 부묘례(祔廟禮)란 삼년상이 지난 뒤에 그 신주를 종묘에 모시는 의례이다.
I 낭청(郎廳)이란 조선시대에 특별한 행사가 있을 때마다 설치되는 권설아문(權設衙門=임시기구)에 각 관서로부터 차출·겸임시켰던 실무담당의 관직이다.
J 《정조실록》 8년(甲辰; 1784) 11월 14일의 기사를 보면 당상관인 구명겸(具明謙) 등이 재계(齊戒)하는 날에 산대를 설치하고 풍악을 연주함으로써 《대전(大典)》의 규정을 위반하였는데, 이에 대해, 추국청(推鞫廳)이 설치되는 커다란 옥사가 벌어져 관련자들을 효수(梟首)하거나 능지처참(陵遲處斬)하는 상황이 연출되었다.

기구가 설치되지 않은 탓에 각도(道)의 재인들이 무질서하게 서울에 올라오게 되었다. 이 난맥상을 해결하기 위해 각도마다 재인청 혹은 신청·화랑청(花郞廳)·사무청(師巫廳)이라고 부르는 재인들의 자치조직이 생기게 되고, 이들은 국가의 요청에 신역(身役)을 제공해야 하는 집단이므로 예전부터 사람을 동원함에 효율적인 관료적인 조직체계를 갖출 필요가 있어 '청(廳)'이라고 불렀다는 것이다.

위와 같은 내용의 등장(等狀)에 손훤출(孫喧出)을 시작으로 연서한 인물들의 이름이 죽 적혀 있고, 이에 대해 호조가 "분란이나 서로 미루는 폐단이 있을 경우에는 여기에 정한 법식에 의해 마땅히 엄하게 다스릴지니라." 하는 식으로 증명해 주어 이른바 갑신완문(甲申完文)이 탄생하게 되었다.[K] 일본인 학자들이 수집한 자료의 하나인 《경기도창재도청안(京畿道唱才都廳案)》(1836)에는 다음과 같은 훈서(訓序)가 나온다.[아래의 내용은 원문을 저자가 의역한 것]

"… (前略) 대개 우리들이 맡은 일은 나라에서 중국의 칙사를 영접할 때 산대(山臺)를 만들고 놀이를 하여 그들에게 예쁨을 받고, 청(廳)에 참가한 후의 청역(廳役=都廳에서 맡은 일)에 순번대로 응하여 관가에 제공하고, 그렇지 않을 때는 사사로이 다른 사람을 위해 일함으로써 자신을 풍요롭게 하는 것이니, 이는 천한 장부(丈夫)가 하는 일이다. 그런데 갑진(甲辰; 정조 8년, 1784년) 이전의 중국 칙사를 영접하기 위해 산대놀이를 맡았던 소임은 중하였으나 갑진년 이후에는 산대를 만든다는 법칙이 깨지게 되자 우리 무리들도 곧 한산해지게 되었다. 그래도 관가에 청역(廳役)으로 참가하는 일은 남아 있었다. 그리고 청내에 규칙을 세웠으니 어찌 감히 조금이라도 소홀히 하고

K 학자들은 1827년에 작성된 〈팔도재인등(八道才人等) 등장(等狀)〉의 끝부분에 염계달(廉季達)·송흥록(宋興祿)·고수관(高壽寬) 등 판소리 명창의 이름이 적혀 있는 점으로 미루어, 소리광대들도 재인청에 속해 있었다고 판단하고 있다.

태만하게 할 수 있겠는가!"ᴸ

이는 재인청의 성격을 이해하는 데 중요한 힌트를 제공한다. 재인청의 계원(契員)들은 서울에 불려와 산대희(山臺戲)를 거행하지 않을 때는 각도(道)의 도청(都廳)과 각군(郡)의 재인청에 – 순번을 정하여 항상 응할 수 있는 – 대령(待令)광대로 예속되어서 감사의 부임이나 손님 접대 등 지방관아(官衙)의 행사에 참여하는 임무를 맡았다. 그래서 재인청은 – 오늘날의 연예인협회처럼 – 계원(契員)들의 예능 활동을 행정적으로 관리하기 위해 공간 하나를 마련하여 필요한 사무도 처리하고, 또 계원들에게 필요한 예능을 교육·훈련하는 계획도 수립하여 이를 관장하였던 것으로 보인다. 한편 대령광대의 순번이 아닌 계원들은 사사로이 자신의 예능을 펼치고 대가를 얻는 행위가 허용되었다.[예컨대 3일유가(三日遊街), 홍패(紅牌)·백패(白牌)사령 고사(告祀) 등]

ᴸ 赤松智城 秋葉隆 共編, 朝鮮巫俗の 硏究 下, 赤松智城, 1938, p. 284

2. 이른바 재인청(才人廳) 계열의 태평무에 대한 이해
– 태평무의 유래(由來)에 관한 논의와 관련하여

무형문화재지정조사보고서 제149호(태평무와 발탈: 조사자 정병호, 최현, 1982년 작성)는 – 태평무가 주로 한영숙(韓英淑), 김숙자(金淑子), 이동안(李東安) 씨 등 3파로 전승되고 있다고 보면서 그중에 – 이동안의 태평무를 모범형으로 생각하고 중요무형문화재로 지정해 줄 것을 건의한 보고서이다. 보고서는 태평무의 유래에 대해서 아래와 같이 기술하고 있다.

> 태평무(太平舞, 泰平舞)의 유래는 무당들이 추던 기복(祈福)무용이라는 설과 풍년이 들었을 때 그것을 축복하는 뜻에서 관가(官家)나 궁에서 추어온 것이라는 설, 궁중무용의 일종이라는 설, 재인청(才人廳)에서 파생했다는 설 등이 있으나, 이것들이 구전(口傳)으로 전해지고 있기 때문에 확실한 근거를 찾기는 어렵다. 그러나 현존하는 춤의 형태를 고찰해 볼 때 반주음악이 정악(正樂)이 아니라 무악적(巫樂的) 성격이 짙은 삼현육각(三絃六角)으로 되어 있고, 춤의 형식에서 창사(唱詞)가 없으며 춤의 기본인 족도(足蹈)가 정재무(呈才舞)와는 판이하게 다르고, 또한 춤에 흥겨움과 도무(跳舞)가 있는 것으로 보아 궁중법도에서 나온 춤이라고는 볼 수가 없을 것 같다.
>
> 따라서 태평무는 원님들이 추던 풍년축복의 허튼춤(태평무)이었던 것을 재인(才人)들이 한층 예술적으로 다듬어서 계승하였거나, 아니면 무당들이 풍년을 기복(祈福)하던 춤으로 추던 것이 재인들에 의해 재창조된 춤일 수도 있다. 어쨌든 태평무가 재인청에서 전승되었다는 것만은 사실이다. 말하자면 지금까지의 태평무 전승자는 특수한 경우를 제외하고는 궁중무용계의 무동(舞童)과 악공(樂工)들이 아니라 속악(俗樂)을 하는 국악인들이나 전통적인 민속무를 고수하고 있는

중년층 내지 연로(年老)한 무용가들이며, 그들이 재인청의 후예들에게 배웠다는 사실로 미루어 볼 때, 태평무는 무당춤에 바탕하되 궁중무용에도 영향을 받으면서 재인들에 의해 예술적으로 가꾸어진 춤으로써 그 내용은 고을이나 나라의 태평을 기리는 축복의 춤이라 추리할 수 있겠다.[1]

위와 같은 태평무의 유래에 관한 논의는 이동안의 태평무를 중요무형문화재로 지정하도록 건의하면서 그 계통을 밝히려는 데 있음은 두말할 필요도 없다. 여기서는 그것이 한성준制 태평무와 어떤 차이가 있는지를 이해하는 데 필요한 범위에서 조사보고서의 내용을 소개하기로 한다.

1) 전승계보[p. 240] "이동안(李東安)은 경기도 화성(華城) 재인청(才人廳)의 도대방(都大房)이었던 세습광대 후예인 이재학(李在學)의 장남으로 어려서부터 전통예술과 접하며 성장하였다. 이씨는 어렸을 때 부친이 태평무를 추는 것을 보아 왔고 본격적으로 춤을 배운 것은 광무대 시절 김인호(假稱 김복돌)에게 배웠다. 그는 5년간 춤의 기본을 비롯하여 입춤, 팔박(八拍)춤, 승무, 검무, 한량춤, 진쇠춤, 신선무, 노장무(老丈舞), 포구락, 바라춤, 오방신장검무(五方神將劍舞), 학춤, 엇중머리신칼대신무, 그리고 태평무를 배웠다."

2) 반주음악[p. 241] "반주악기는 해금, 대금(젓대), 피리, 장고, 징, 꽹가리, 북 등 삼현육각으로 편성되어 있고, 가락은 낙궁(길군악)에서 시작하여 부정놀이채, 반서림, 엇중머리, 올림채, 터벌림채, 넘김채, 자진굿거리 등이다."

3) 무복(舞服)[p. 241] "바지저고리에 버선을 신고 행전에 댄님을 매며 그 위에다 파란 색의 관복(官服)을 착용하고, 머리에는 관모(官帽)를 쓰고 목화(신)를 신으며 팔에는 한삼을 끼고 그것을 휘돌리면서 춤을 춘다."

이 보고서를 심사한 결과 이동안의 발탈만 1983년에 중요무형문화재 제79호로 지정되고 태평무는 문화재로 지정되지 않았다. 정성숙이 쓴 『**재인계통춤**, 한성준·이동안·김숙자 연구』를 보면 〈재인계통의 예인들의 삶과 작품고찰〉이라는 제목으로 한성준, 이동안, 김숙자의 무용을 고찰하고 있다.[2] 먼저 한성준류 태평무에 대해서는 강선영 선생의 '원삼 차림의 춤' 사진과 '원삼을 벗고 당의 차림의 춤' 사진과 함께 많은 설명을 하고 있으나, 여기서는 저자가 논하려는 주제와 무관하므로 생략하였다. 이동안류 태평무에 대해서는 "**이동안의 태평무는 김인호로부터 사사받은 춤으로 화성재인청에서만 추었던 춤이라 하며, 이때는 남자만 태평무를 추었고 여자가 추는 태평무는 보지 못했다 한다.** … (中略) … **앞뒤 흉배를 한 남색조복**[朝服]**에 사모관대를 하고 목화차림에 소박한 한삼자락을 착용하고 추는 것이 특징이다.**"라는 설명을 하며 '이동안류의 춤판 표지(1999년)' 사진(아래의 그림 중 좌측)을 싣고 있다.[3]

(김숙자류 태평무)

또 김숙자류 태평무에 대해서는 군무로 추는 공연 사진(위의 그림에서 우측)을 게재하고는 아래와 같은 설명을 하고 있다.

김숙자의 태평무는 고을의 경사나 궁안의 경사를 축하하기 위해 원님이 춤을 춘 것에서 유래한 춤으로 원님 복색에 벙거지를 쓰고 목화를 신고 춘다. 김숙자류 태평무는 원칙적으로 남자가 추는 춤이어서 이에 따른 춤사위, 발동작 등이 남무(男舞)다운 특징을 갖는다. 반설음, 조임채, 넘김채, 겹마치기 장단까지는 타악기만으로 위엄있게 받쳐주다가 자진굿거리 장단부터 선율악기가 첨가되어 경사스러운 분위기를 고조시킨다.[4]

김숙자의 태평무는 "원칙적으로 남자가 추는 춤이어서 … 남무(男舞)다운 특징을 갖는다."[5]라는 이야기에서 알 수 있듯이 무당이 추던 무속춤에서 유래된 것이 아니고, 김숙자가 부친 김덕순金德順[6]에게 배웠던 춤이다. 김숙자의 태평무는 이동안의 태평무와 복식은 서로 다르나 김덕순이 재인청에 연관된 일면이 있어 이들이 추는 춤의 근원은 같지 않은가 하는 생각도 든다.

'재인청 계열의 태평무'의 유래라는 주제에 국한해 이야기하면 조선시대는 예능을 담당한 예인藝人들의 신분을 천민賤民으로 인식하는 것으로 그치지 않고 그들이 연희하는 예능 자체도 마찬가지로 천한 것으로 취급한 사회였다.[7] 따라서 조선시대에 "고을의 경사나 궁안의 경사를 축하하기 위해 원님이 춤을 춘 것에서 유래한 춤"(김숙자의 태평무)이라는 말을 액면 그대로 실제로 있었던 일이라고 신빙해도 좋은지 의문스럽다. 그런 점에서 재인청 계열의 태평무가 생성된 유래는 재인청이라는 조직체의 성격과 관련지어 생각할 필요가 있다.

이동안의 태평무가 관가官家나 궁宮에서 추어져 왔다는 구전口傳이나, 김숙자의 태평무가 고을의 경사나 궁중의 경사를 축하하기 위해 원님이 추던 춤이라는 이야기 등은 재인청 계열의 태평무가 사사로운 자리에서 추던 춤이 아님을 말해 준다. 예컨대 "**이동안의 태평무는 화성재인청 출신의 김인호(金仁浩)에게 사사받은 춤으로 화성재인청에서만 추었던 춤이라 하며,** …" 하는 말은 태평무가 재인청에 소속된 계원契員들이 지방관아의 행사에 참여해서 추었음을 시사하는 것이다. 이동안류의 태평무에는 연희하는 내용 중 절을 하는 가락이 있다. 시작 부분에서 낙궁 3장단으로 춤판 중앙을 향해 절하는 장면, 또 곧 이어지는 부정놀이채 13장단과 14장단으로 춤판의 오른쪽과 왼쪽을 향해서 절하는 장면이 나온다.[8] 이러한 정경은 예컨대 중국의 칙사를 영접하기 위한 산대행사에서 조복朝服을 착용한 무자舞者가 참석한 내외귀빈들에게 예禮를 올리고 춤을 추었던 흔적으로 볼 수가 있다.[9]

(김명수 저 『이동안 태평무의 연구』, p. 43에서)

시대를 거슬러 가면 고려시대의 팔관회 행사는 국왕이 행차해 좌전坐殿한 후에야 펼쳐지는 것이므로 재인청 계열의 태평무에 국왕이 행차할 때 쓰는 행악行樂인 낙궁장단이 들어 있는 것도 그런 의미에서 수긍이 간다. 또 김숙자류의 태평무에서 원님의 복색을 하고 추는 것은 재인청의 계원契員들이 서울의 행사에서 추던 태평무를 지방관아의 행사에서 추면서 중앙의 조복朝服 대신 지방에 어울리는 복색으로 바꿔 생긴 변화로 볼 수 있다. 요약하면 재인청 계열의 태평무는 처음에는 중국의 사신을 맞이할 때 추다가, 나중에 고을의 수령이 지방관아에 새로 부임할 때 고을 사람들이 모인 가운데 재인청의 계원들이 원님이 오시는 것을 송축頌祝하고 고을의 진경進慶을 위해 추었던 춤으로 용도가 바뀐 것이 아닐까 하는 것이다.

이동안류의 태평무나 김숙자류의 태평무와 같은 재인청 계열의 태평무는 재인청에 몸을 담았던 사람들이 추어왔던 춤을 그들이 전수傳受했다고 이야기한다. 그렇다고 하면 '태평무'가 무대에서 공연되기 전에 어디에선가 추어졌을 가능성이 없지 않다.[10] 그런 면에서 1922년 6월 26일 자의 동아일보(4면)에 실린 기사에 '태평무'라는 춤의 명칭이 등장하는 것을 대수롭지 않게 여길 일은 아닌 것 같다.

> ●길선주목사(吉善宙牧師) 기념식 - 조선 야소교회(耶蘇敎會=예수교회)의 조선인 목사로는 제1원조(元祖)로 거금(距今=지금으로부터) 15년 전에 평양 장대현(章臺峴)교회의 전임목사가 된 길선주氏는 … (中略) … 대정(大正: 일제의 연호) 8년(1919년)에는 조선독립선언서 서명자의 1인으로 경성(京城)감옥에 수감되야 허다한 곤란을 비상(備嘗)하였다. 同 교인(敎人)들은 同 목사의 노력을 기념키 위하야 지난 22일 오전 10시부터 동 교회내에서 교인 천여명이 모히어 15주년 기념식을 거행하얏는데, 장대현청년회의 유량(嚠喨=맑고 또렷함)한 음악으로 개식(開式)되야 … (中略) … 취지설명이 잇섯고, **유치원 아동들의 태평무(太平舞)**와 기념사 및 특별찬송이 잇슨 후 … (中略) … 식을 폐하고 기자능(箕子陵)으로 자리를 이동하야 성대한 연회가 개최되얏스며, 여흥으로 조선구악(舊樂)을 연주하고 오후 5시경 폐회하얏다더라.(平壤)

그 이유는 **첫째로** 길선주 목사는 "吾等은 玆에 我朝鮮의 獨立國임과 朝鮮人의 自主民임을 宣言하노라."로 시작하는 3·1 독립선언서에

서명한 33인 중의 1인으로, 재판을 위해 일단 수감收監되어 있었다가 최종적으로 무죄판결을 받았기에 다시 교회로 복귀한 인물이라는 점이다.

둘째로 마지막 여흥으로 조선구악舊樂[11]이 연주되었다는 것은 당시의 교인들이 3.1운동이 일어난 후에 조선인이라는 적극적인 자각을 가지고 기념행사를 치렀다는 것을 말한다는 점이다. 교회의 교인들이 유치원 아동들로 하여금 태평무를 추도록 한 것은 재인청 계열의 태평무가 – 고을의 수령이 지방관아에 새로 부임할 때 고을 사람들이 모여 원님이 오신 것을 송축하는 용도로 – 추어진 것과 비슷한 것이 아닐까 생각된다.

이동안의 태평무에 대한 중요문화재 지정이 실패로 돌아간 후 몇 년이 지나 무형문화재조사보고서 제181호(태평무: 조사자 정병호)가 제출되었다. 당시의 문화공보부文化公報部는 태평무를 중요무형문화재 제92호로 지정하면서(12월 1일 자) 강춘자(예명: 선영) 선생을 보유자로 인정하였다. 그 후부터는 학계에서 태평무의 유래를 논할 때는 무형문화재지정조사보고서 제149호에 언급된 유래설 외에도 팔관회 유래설[12]과 한성준의 창작설이 추가되었고, 세월이 흐르면서 경기도당굿유래설도 제기되는 지경에 이르렀다.[13] 저자는 한성준制 태평무가 등장하기 전에 '태평무'라는 이름으로 연행된 중세의 춤부터 오늘날 추어지는 태평무를 모두 하나의 범주로 보고, 그 유래에 대해 여러 설을 한꺼번에 나열하며 논하는 것이 과연 합리적인가 하는 의문을 가지고 있다. 우리가 춤의 유래를 논하는 목적은 춤의 계통을 밝혀내어 춤의 본질을 나타내는 전형성典型性에 있어서 그 이전에 있었던 춤의 어떤 부분을 계승하였는지를 확인하기 위한 것이다. 따라서 춤의 계통이 다르면 유래설의 범주에도 변화가 있어야 한다고 생각한다.[이 문제는 나중에 다시 논하기로 한다]

1　무형문화재조사보고서 제149호[무형문화재조사보고서 제17(144~161), 문화재관리국, 1998, pp. 231-358], pp 239-240
2　한성준이 홍주(洪州: 지금의 홍성)에서 태어나 그곳에서 재인(才人)으로 활동하였다는 이유로, 한성준制의 태평무를 이동안의 태평무, 김숙자의 태평무와 동렬(同列)에 놓고 설명하는 것은 바람직하지 않다. 한성준制 태평무를 '재인계통춤'으로 같이 묶게 되면 이동안의 태평무, 김숙자의 태평무와 같이 재인청 계열의 태평무로 오해하기가 십상(十常)이기 때문이다.
3　정성숙 지음, 재인계통춤, 도서출판 노리, 2012, pp. 158-159
4　정성숙 지음, 앞의 책(재인계통춤), p. 160
5　정성숙 지음, 앞의 책(재인계통춤), p. 160
6　참고[예능민속연구실 편집, 무형문화재조사보고서(14) 〈승무·살풀이춤〉(서울·경기·충청도편), 문화재연구소, 1991, pp. 17-18] : "김숙자씨는 1990년 10월에 중요무형문화재 제97호 살풀이춤 기능(예능)보유자로 인정받은 민속무용의 대가(大家)이다. 김덕순씨의 6남매 중 다섯째로 태어난 김씨는 예술에 소질을 보여 6세 때 부친에게서 직접 춤을 전수받았다. … (中略) … 무속양식무인 터벌림춤, 진쇠춤, 부정놀이춤, 올림채춤, 쌍군웅춤, 그리고 승무, 태평무, 한량무, 판소리 5바탕, 신선무, 가야금병창 등을 가르쳐 주셨다 한다. … (中略) … 원래 김씨의 부친은 서울 성악연구회에서 활동을 하다가 완고한 청빈성(淸貧性) 성품 때문에 잘 어울리지 못하고 경기도 화성 재인청에 계시다가 안성 신청의 악기선생으로 발령받아 … "
7　조선왕조는 억불숭유(抑佛崇儒)정책을 취하여 유교사상을 통치이념으로 삼으면서 명분과 형식을 매우 중요하게 생각하여, 예능 자체마저 비루(鄙陋)한 것으로 보는 경향이 생겼다. 예컨대 태종실록 2년(1402) 2월 15일의 아래와 같은 기사에서 그것을 엿볼 수 있다.
"사헌부 대사헌 이지(李至)는 사직(辭職)하게 하고, 감찰 노상신(盧尙信) 등은 파직(罷職)시켰다. 처음에 이지가 본부(本府)에 앉아 있었는데, 감찰방주(監察房主) 노상신(盧尙信)과 유사(有司) 전경(수卿)·이안직(李安直) 등이 신감찰(新監察)로 하여금 노래하고 춤추며 익살을 떨게 하여 온갖 추태를 부리지 않은 것이 없었다. 이지가 서리(書吏)를 시켜 노상신에게 말하기를, 「감찰이란 신분은 무공(武工)도 아니며 악공(樂工)도 아닌데 어찌 이같이 하시오? 신구귀(新舊鬼)의 법은 비록 옛부터 그러하다 하더라도 일찍이 금지하라는 결정이 있었으니, 법을 집행하는 관리로서 먼저 스스로 법을 무너뜨리는 것이 옳겠소?」 하였다. … (中略) … 현맹인 등이 상소하여 말하기를, 「노상신 등이 자기 죄는 돌보지 아니하고 도리어 사헌부의 장관을 기만하고 불법(不法)을 자행하오니, 그 직첩(職牒)을 거두시고 먼 곳으로 귀양보내소서.」 하였으니, 임금이 그 직(職)만 파면시키었다."
8　김영수 저, 이동안 태평무의 연구, 나래, 1983, p. 36과 43 참조
9　청색 관복(官服) 차림을 하고 추는 이동안의 태평무는 국가적인 산대행사의 일환으로 추어진 춤을 전승받은 느낌이다. 이동안의 태평무는 처음부터 끝까지 한삼을 끼고 추는데, 길이가 긴 한삼의 끝이 공간에서 만들어내는 선이 주(主)가 되고, 또 탈춤에서 자주 보는 돌리는 시위와 뿌리는 시위가 많은 것이 특징이며, 발동작은 다른 유파에 비하여 단순한 움직임을 주로 하여 "잦고 빠르게, 보다 크게 뛰는 사위형이 흡사 탈춤에서의 발동작과 비슷한 양상을 띤다."(서순경, 태평무의 유파별 특이성에 관한 연구[경희대학교 대학원 석사학위논문, 1995], pp. 47-48)라고 말해지고 있는 것 등이 그러하다.

10 성기숙 교수는 논문 〈한성준류 태평무의 생성배경과 전승맥락 연구〉[무용예술학연구 제8집, 한국무용예술학회, 2001, pp. 163-187]에서 "일제강점기 전통춤이 무대양식화를 통해 하나의 공연물로 정착되기 이전, 전통사회에 있어 태평무는 다양한 갈래로써 공연된 듯 보인다."라고 기술하였다.(p. 175)

11 "조선구악단(朝鮮舊樂壇)의 거두(巨頭) 국창(國唱) 김창환(金昌煥)을 필두(筆頭)로 …" 운운(云云)하는 신문 기사에서 알 수 있듯이, 조선구악(舊樂)이라 함은 당시에 서양의 피아노·바이올린 등이 소개되면서 들어온 서양음악에 대해 판소리를 위시한 조선의 전통음악을 지칭하는 용어이다.

12 팔관회 유래설의 제기는 안순미가 쓴 논문 〈태평무 연구〉에서 시작되었던 듯하다. "「서민이 임금으로 분장, 곤룡포(袞龍袍)에 금관(金冠) 차림으로 태평성대(太平聖代)를 구가(謳歌)하는 모습을 그린 것」이란 연목해설(演目解說; 강선영 무용발표회 작품해설)과 「이미 팔관회(八關會) 때부터 추어진 춤」이라는 (이동안의) 구비구전(口碑口傳)을 서로 연계시켜 본다면 하나의 흥미있는 추찰이 가능해 … "(p. 17)라고 기술한 이후에, 임진하의 논문 〈태평무의 춤사위 분석에 관한 연구〉 — 한영숙류 무보 중심 — [숙명여자대학교 대학원 석사학위논문, 1993]을 비롯해 여러 논문에서 팔관회 유래설을 언급하고 있다.

13 이진수·임학선의 공동논문 〈한성준류 태평무 연구〉[체육과학 제17집. 한양대학교 체육과학연구소, 1997, pp. 193-205]를 보면 "그동안 구전으로 전해진 태평무의 유래는 다양하다. 무당들이 춤춘 기복무에서 비롯되었다는 설, 풍년이 들었을 때 축복하는 뜻에서 관가나 궁중에서 추었다는 설, 옛날 임금님 앞에서 추던 춤이라는 설, 경기도당굿유래설, 재인청에서 추던 춤이라는 설, 한성준창작설 등으로 다양하게 전해진다."라고 기술하고 있다.(p. 197)

지식창고 2   재인청 계열의 태평무가 생성된 배경은 뭘까?

  재인청 계열의 태평무가 사사로운 자리에서 추던 춤이 아니라는 점은 이미 설명하였는데, 그러면 재인청 계열의 태평무가 생성된 배경은 무엇인지 알아보기로 하자.

  앞에서 언급한 갑신완문(甲申完文)을 통해 병자호란 이후에 칙명을 가지고 오는 청나라 사신을 영접하기 위해서 팔도의 재인들을 모두 동원하여 산대(山臺)를 설치하고 국가적 규모로 환영 행사를 거행하였음을 알 수 있다. 여기서 말하는 산대행사는 — 오늘날의 송파산대놀이나 양주산대놀이와 같은 유형을 말하는 것이 아니라 — 나희(儺戱)를 포함한 폭넓은 개념의 행사이다. 《세조실록》 5년(1459) 3월 22일의 기사를 보면 세조가 평안·황해도 관찰사에게 "지금 명(明)나라 사신을 맞이할 때에 산대·나례(山臺·儺禮)는 옛날 그대로 하게 하되, 만약 날짜가 임박해 갑자기 준비하기가 어려운 형편이거든 다만 채붕(綵棚)·나례(儺禮)만을 베풀도록 하라."라고 유시(諭示)한 내용이 나온다. 또 《숙종실록》 8년(1682) 7월 16일의 기사에서 사헌부(司憲府)가 논한 내용 중에는 "… 또한 칙사(勅使)의 행차 때 나례(儺禮)에 소용되는 산붕(山棚)을 특별히 만들었는데, 여러 가지 교묘하게 꾸민 물건들은 먼 곳에서 온 사람을 즐겁고 기쁘게 해서 반드시 아첨(阿諂)하고자 하는 것이므로 …"라는 구절이 보인다. 즉 국가적 축제 의식으로 행해지는 산대행사에서 — 고려 말 이색의 〈구나행(驅儺行)〉에 묘사된 것처럼 — 가무백희(歌舞百戱)를 펼치기 위하여 팔도의 재인들이 동원되는 것이다. 그 속에 벽사(辟邪)를 위해 추는 춤과 함께 송축(頌祝)과 진경(進慶)의 의미로 추는 태평무가 들어 있었을 것임은 짐작하기 어렵지 않다.

재인들이 동원되어 산대행사가 진행되는 가운데 칙명(勅命)을 가지고 오는 중국 사신(使臣)이 환영행사장에 도착하여 좌정(坐定)하면 수하(受賀)의 절차가 있으므로 그즈음에 태평무를 추었을 것이다. 재인청 계열인 이동안의 태평무에는 원래부터 낙궁장단이 들어 있고 춤추는 도중에 절을 하는 춤사위가 보이는 것은 그 흔적으로 볼 수 있다. 무자(舞者)는 가면을 쓰고 중국 사신에게 경하(敬賀)를 표하는 춤을 추었을 것이다. 어떤 복색을 하고 추었는지는 확인하기 어렵지만, 《중종실록》 10년(1515) 윤(閏)4월 24일의 기사를 보면 대사간(大司諫) 윤은보(尹殷輔) 등의 상소 중에 아래와 같은 언급이 있으므로 이를 통해서 간접적으로 추정해 볼 수 있다.

> "… (前略) 선비된 자는 조급히 벼슬에만 마음을 두고 …, 벼슬아치는 구차한 것이 습성이 되어 근면하고 성실함은 없고, 전원(田園)을 넓히기에 힘쓰고 제택(第宅)을 화려하게 꾸미는 데 힘쓰며, 몸의 봉양(奉養)을 후하게 하기에 힘쓰고, 의복을 화사(華奢)하게 하는 데만 힘씁니다. 이런 것들이 바람에 쏠리듯이 풍습을 이루어 습속에 따르지 않는 자가 드무니, **창우(倡優)가 황제의 옷차림을 한 것**[倡優帝服]도 오히려 이에 비하면 나무라기에 부족한 바가 있습니다."

　위 상소에서 벼슬아치의 습속을 비난하면서 '창우가 황제의 옷차림을 한 것'에다 비유하는 것은 조선시대에도 가면의 가장성(假裝性)을 인지하고 있었기에 '창우가 고관의 복색을 하는 것'이 허용되었음을 시사한다. 따라서 칙사에게 경하를 드리는 춤을 추는 무자(舞者)가 고관(高官)의 복색, 즉 조복(朝服)을 입었다고 추정해도 무방할 것 같다. 이날치(李捺治, 1820~1892) 류 태평무를 사사(師事)한 김인호(金仁浩)가 광무대에서 활동할 때 이동안에 수많은 춤을 전수한 것으로 전해지는데[A], 이동안류 태평무에서 조복(朝服) 차림을 하고 태평무를 추는 것은 그 흔적으로 여겨진다.

1784년에 정조가 나례도감(儺禮都監)의 설치 제도를 폐지한 후에는 국가적 산대행사를 위해 재인들이 서울에 올라가 신역(身役)을 제공해야 할 부담은 없어지게 되었다. 그러나 재인들이 관(官)의 행사에 신역(身役)을 제공해야 하는 신분에는 변함이 없으므로 청역(廳役)으로 행사에 참여해야 하는 일이 없어진 것이 아님은 물론이다. 그렇다면 관찰사 등 지방의 수령(守令)이 관아에 처음 부임할 때 재인들은 어떻게 맞이했을까? 재인들의 처지에서는 왕명에 따라 처음 부임하는 지방의 수령은 칙명을 가지고 오는 칙사와 비슷할 것이므로 수하(受賀)의 절차에서 재인들이 경하(敬賀)를 드림과 동시에 고을의 진경을 위하여 춤을 추었을 것으로 추측된다. 다만 복색의 형태는 부임하는 수령(守令)의 격에 맞추어 무자(舞者)는 부임하는 수령보다 낮은 직급의 복색을 하게 되고, 또 재인들이 상관에게 '본래의 얼굴과 다른 존재임을 표현하는 가장성'을 부각할 필요는 없으므로 가면은 쓰지 않게 되었을 것이다.[B] 그런 의미에서 원님 복색을 하고 추는 김숙자의 태평무는 중앙에서 착용하는 조복(朝服) 차림을 하고 추는 이동안의 태평무보다 늦게 생성되었을 것으로 여겨진다.

A   안순미, 앞의 논문(태평무 연구 – 춤사위의 무보화를 곁들여 –), p. 14
B   3일유가(三日遊街)에서 재인이 나졸(邏卒) 복장을 하고 사령(使令) 노릇을 하는 예와 같다.

3. '고수50년 한성준 씨(鼓手五十年 韓成俊氏)'
— 1937년 3월 27일 자 조선일보의 Box기사

1937년 3월 27일 자의 조선일보(석간 6면)를 보면 '**고수50년 한성준氏**'라는 큼지막한 Box 기사가 있다. 〈빈곤과 천대(賤待) 중에서 고수(鼓手)로 일생을 바친 단성(丹誠)〉이란 부제副題로 쓴 글은 일제강점기에서 우리 전통예술의 비참한 현실을 보여 주는 듯하여 기사를 읽는 내내 우울한 기분이었다.

조선일보의 이 Box 기사는 자매 잡지 《조광(朝光)》 1937년 4월 호(통권 18호)에 실린 〈고수50년, 한성준〉을 독자들에게 홍보하는 글이다. 문책재文責在 기자는 그 글의 전기前記에서 아래와 같은 말로 시작한다.

조선에 남은 민속예술(民俗藝術)로 「판노리」는 그래도 느즈나마 새피[皮]로 화장(化粧)하야 무이해(無理解)의 돌작(돌자갈)밭에서 낡은 환상(幻像)을 살니려 하는 기운이 보이나, 「춤」만은 겨우 그 쇠잔(衰殘)한 여맥(餘脈)을 떼카단한(=퇴폐적인) 기생(妓生)아씨들의 억개춤과 발장단에 엿볼 뿐 무덤속의 벽화(壁畫)로 매장(埋葬) 당할 운명을 목도[目睹]하고 있다. 「소리」에는 「장단」이 그 생명일대(일진대) 장단을 나은 「춤」은 모든 가락의 어머니가 될 것이였다. 그러나 이것은 「소리」보다 더한 대우를 받었으니 <u>독약(毒藥) 같은 이조(李朝)의 형식문명(形式文明)</u>은 춤추는 사람이나 재주하는 사람이나 다 같이 하야 비천(卑賤)한 특수계급으로 취급하여 왔스며 그들 역시 환경에 아첨하야 살지 않으면 안될 것이였다.
이 다난(多難)한 억압의 길에서 오직 춤을 사랑하는 일념(一念)으로 60평생 「장단」에 몸을 바친 한 예술가가 있다. 그는 기자(記者)가 쓰고저 하는 한성준씨(韓成俊氏)이다. 과연 조선「춤」은 있으냐 없으냐, 그 존재조차 알기 어려운 이때 그의 생애에 나타난 시대의 얼골과 생활의 단면(斷面)을 그려보며 그의 수련(修練)과 고생(苦生), 희망을 들어 이 궁금한 소식을 독자에게 전하야 줌도 헛된 일은 아닐 듯싶다.[1]

글의 전체적인 구성을 살펴보면 제목과 달리 한성준이 고수鼓手[2]로서 활약한 내용이라기보다는 그의 수련修練과 고생苦生 등 개인적인 과거사過去事를 회상하는 내용이 대부분이다. 〈고수50년, 한성준〉에 나와 있는 한성준의 생애를 몇 단계로 나누어 보자면 첫 번째는 재인才人으로 갑오개혁 이전까지 살아온 삶이다.

〈1894년의 갑오개혁 전까지의 한성준의 삶〉	
1874년 (출생)	* 갑술(甲戌)년(1874) 6월 12일에 6남매 중 맏아들로, 충남 홍주군(洪州郡) 고도면(高道面) 고남하도리(高南下道里) 갈미동리(洞里) [즉 지금의 충남 홍성군 갈산면 신안리]에서 태어남.
1879년~ 1889년 (6세~16세)	* 철모를 6, 7세부터 「조부되시는 自雲採氏라는 이」한테 춤추는 것과 북 치는 것을 배움. * 갈미에서 30리 되는 곳에 벌어진 당굿에 가서 춤추고, 8~10세 때부터 과거에 급제한 사람의 홍패사령(紅牌使令)·백패사령(白牌使令)으로 나서 고사당(告祠堂) 차례와 묘소소분(墓所掃墳)에서 춤추거나 줄을 치고 재주도 넘음. * 14세부터 홍성의 서학조(徐學祖)에게 줄타기와 재주를 3년간 배움.

⟨1894년의 갑오개혁 전까지의 한성준의 삶⟩	
1890년~ 1893년 (17세~20세)	* 17세 때 처음 장가감. 처가 전염병으로 사망하자, 이웃 마을의 덕숭산에 있는 수덕사(修德寺)에 들어가서 춤과 장단을 공부하며 지냄. 이때 소리에는 장단이 생명이고, 춤은 장단을 낳은 모든 가락의 어머니라는 상호관계를 깨달음.
1894년(甲午) (21세)	* 홍성 진영(鎭營)의 영장(營將) 사또가 부르면 가고, 또 선달(先達), 진사(進士) 과거에 사령(使令)으로 서산·태안 지방으로 많이 다님. * 조선의 마지막 과거가 있었던 1894년 4월 안동 김씨인 김학근(金學根)의 손자 김성규(金聖奎)가 진사에 급제하여 고향에 내려올 때, 예산(禮山)까지 마중을 나가 사령(使令) 노릇을 함.

요약한 위의 '표'에 나타난 한성준의 첫 번째 삶의 여정을 보면, 바로 천인賤人 신분인 재인才人의 생활 그것이다. 후손들이 전하는 내용에 의하면 한성준 집안은 세습무계世襲巫系로, 아버지는 한천오韓天五이고 어머니는 무당 김씨로 알려져 있다. 그렇기 때문에 "철모를 6, 7세부터 「조부되시는 自雲採氏(자운채씨)라는 이」한테 춤추는 것과 북치는 것을 뵈기 시작하였음이다."에 등장하는 自雲採氏에 대해서 논란이 생기기 마련이다. '自' 자를 '白' 자의 오기誤記로 보고 백운채씨라고 보든, '자운 채씨(採氏)'로 해석하여 '자운' 출신의 채씨로 보든, 그 사람이 혈연관계의 조부 韓氏 혹은 외조부 金氏가 될 수 없다는 점은 마찬가지이다. 그래서 저자는 그것을 백운채로 보면서 "조부에 해당되는 무계巫系의 인물 정도로 생각하면 되지 않을까"라는 생각을 지니고 있다.³ 한성준의 집안이 세습무계라고 하면 이들은 그 지역에 집단적인 공동사회를 형성하고 있어서 오늘날의 유치원처럼 재인들의 자손을 대상으로 하여 일찍부터 예능교육을 시키는 할아버지뻘의 어른이 별도로 있었을 것으로 생각되기 때문이다.

그래서 한성준이 '조부되시는 白雲採氏라는 이'라고 제3자적 표현을 쓴 인물을 "3칸방에 조부모와 부모님이 같이 계시고 …"에서 나오는 조부와 동일인으로 볼 것이 아니다. 한성준이 "7, 8세 때입니다. 갈미동리서 한 30리 되는 곳에 당굿이 있었는데, 길이 험하고 강을 건너가는데, 할아버지 어깨에 올라 앉아 갔던 것입니다."라고 회고하는 '할아버지'는 실지로 혈연관계에 있는 조부로 여겨진다. 따라서 한성준이 할머니로부터 받은 사랑을 회상할 때 "**조부(祖父)는 전부터 조선춤을 잘하였음이다.**"라고 하는 이야기에 나오는 '조부'는 한씨韓氏이고, 그러한 유전자가 한성준에도 전해졌다고 생각된다. 한성준이 회상한 이야기 중에 "7, 8세 때 이웃마을의 당굿에서 춤을 추자 마을사람들이 70량 가량을 내놓을 정도로 감탄하였다."라는 내용이 있는 것은 어릴 적부터 춤을 잘 추었던 한성준의 면모를 잘 보여 준다.

⟨갑오개혁 후 한성준이 유랑 생활 할 때의 삶⟩	
1895년~ 1897년 (22세~24세)	* 갑오년 동짓달에 홍성에 동학병란이 일어나 을미년 봄에는 홍성에 있는 유도군(儒道軍)이 패함. 그해 7, 8월에 동학당에 들어감. 또 7월에 두 번째 처(申氏)를 맞이함. 생활이 곤란하여 굿중패[4] 남사당(男寺黨)[5] 모래[노래?]굿패에 섞여 각지를 유랑하며 돈벌이함. 그리고 당굿에 다 가서 춤추고 귀한 어른의 생신 때에도 가서 놀고 하며 동서부정(東西不定)으로 다님. 어느 해는 안민도(安民島=안면도)의 당굿에 가서 오래 묵으며 놀다 옴.
1898년~ 1900년 (25세~27세)	* 25세 때 후처 신씨(申氏)가 세상을 떠남. * 27세 때 안동 김씨 김병두의 조부산(祖父山)에 묘를 얻어 쓴 후부터는 신세가 좋아지고 돈도 모음.

	〈갑오개혁 후 한성준이 유랑 생활 할 때의 삶〉
1901년 (28세 때)	* 유랑(流浪)하는 중에 평양에 갔을 때 명기(名妓)인 고월선(高月仙), 명화(明花)를 찾아갔는데, 남도(南道)⁶ 사람이 왔다고 아주 반갑게 맞이함. 관찰사의 생신을 축하하기 위해 명기들이 감사(監史)를 청하여 「**부벽루(浮碧樓)노름**」⁷을 할 때 비단상자가 많이 왔는데, 춤출 때마다 비단을 계단 아래로 던져 주어 한성준이 비단 70필가량 배에 싣고 옴.

한성준의 생애를 나누어 볼 때 두 번째의 단계는 갑오개혁 후 한성준이 유랑 생활을 할 때의 삶이다. 그 내용을 표로 정리하면 위와 같이 된다.

한성준 자신이 동학당東學黨에 들어간 이야기를 할 때 갑오甲午년과 을미乙未년의 일을 뒤섞어서 회상하고 있는 부분이 보인다. 우선 갑오년(1894)에 김학근金學根 씨의 손자인 김성규金聖奎가 진사進士에 급제하여 한성준이 사령使令 노릇을 한 이야기는 시기적으로 부합된다. 즉 "**갑오년 4월 16일 – 그것이 조선의 마즈막 과거 때 … **"로 기억하듯이, 조선왕조는 1894년 5월 15일에 식년(式年) 문무과(文武科) 전시(殿試)⁸를 실시한 것을 마지막으로 과거제도를 폐지하였으므로 이야기에 모순이 없다.

그러나 그 이야기의 끝에서 "**그해 동지달에 돌연 세상은 변하여 홍성에 동학병란이 일어나 을미년 봄에는 홍성 있는 유도군(儒道軍)이 패하고 수만명의 인명이 상하였습니다. 나는 그해 7, 8월에 동학당에 들었지요.**"⁹라고 한 이야기는 연대상으로 조금 맞지 않는다. 동학농민군은 갑오(1894)년 음(陰) 1월 10일에 전라도 고부古阜에서 봉기하여 4월 말에는 이미 충청도 지역까지 확대되었기 때문이다. 더구나 4월 말에는 조선왕조가 동학농민군을 진압하기 위해서 청나라에 파병을 요청하자 일본도 이를 구실로 5월에 군대를 파견하였고, 그러한 상황에서 일진일퇴—進—退를 거듭하던 동학농민군은 충남 공주 남쪽의 우금치牛禁峙에서 있었던 전투에서 일본군에 대패하였고(12월 10일) 얼마 후 동학군의 수령이던 전봉준全琫準도 체포됨으로써(12월 28일; 음 12. 02.) 해가 바뀌기도 전에 동학병란은 막을 내리게 되었다. 따라서 한성준이 을미년 봄에 홍성의 유도군(儒道軍=동학농민군을 진압하기 위해 양반유생들이 중심이 되어 조직한 군대)이 패했다거나, 그해(을미년) 7, 8월에 자신이 동학당에 가입했다고 하는 것은 연대라는 면에서 착각이 들어 있는 이야기이다. 연대 문제는 논외로 하고 한성준이 동학병란 때의 이야기를 하던 끝에 자신이 방랑하게 된 이유를 다음과 같이 털어놓고 있다.

> … 을미년 7월에는 다시 처를 맞이했는데, 역시 생활도 곤란하고 직업이 이러한 성질이니 이곳저곳 방랑하게 되었습니다. 그래서 가까운 동리(洞里) 고을로부터 멀리는 서울, 평양지방까지 흘러 다니게 되었습니다. 그것을 말씀하자면 과거가 다 없어졌던 때라, 어떤 때는 굿중패, 남사당, 모래[노래 ?]굿패에 섞여서 다니고 당굿에 다 가서 춤추고 귀한 어른의 생신 때에도 가서 놀고 동서부정(東西不定)으로 다녔던 것입니다.[10]

갑오개혁의 일환으로 창우倡優 등에 대하여 천인 신분을 면제해 주는 내용이 개혁 조치 중에 들어 있었기 때문에, 재인이었던 한성준도 신분의 제약을 받지 않고 홍주지역을 마음대로 벗어날 수 있었다. 한성준이 유랑 생활을 하던 때의 삶은 곤궁한 생활이었지만 항상 궁한 처지는 아니었던 듯하다. 한성준은 고관대작 생신 잔치에 초청받아 단번에 제법 커다란 수입을 올릴 기회도 있었기 때문이다.

1   김수현·이수정 엮음, 한국근대음악기사자료집 권7 — 잡지편(1937~1938) — ['고수50년 한성준'], 민속원, 2008, p. 76(轉載 기준)
2   고수란 판소리나 산조에서 장단을 치는 사람을 말한다. 산조에서는 주로 장구를 사용하고 판소리에는 소리북을 사용한다.[한국민족문화대백과사전 편찬부, 한국민족문화대백과사전 2, 정신문화연구원, 1991, '고수(鼓手)' 항목 참조]
3   강선영이 한성준을 할아버지라고 불렀던 것과 비슷하게 여기면 될 것이다.
4   각처로 돌아다니면서 집집마다 찾아가 꽹과리를 치고 축복의 염불을 하여 돈이나 쌀을 구걸하던 승려의 무리.
5   무리를 지어 떠돌아다니며 소리나 춤을 팔던 남자 예인(藝人) 집단.
6   〈춤잘추는 서도(西道)기생, 소리잘하는 남도(南道)기생〉이라는 글에서, 서도(西道)는 평안도와 황해도를 가리키고 남도(南道)는 경기도 이남의 지역을 가리키는 말이라고 한다.
7   여기서 말하는 '노름(놀음)'이란 옛날에 집안의 큰 잔치나 마을의 큰 굿, 관아의 잔치 자리에서 여러 패의 놀이꾼들이 마당을 놀이판으로 삼고 순서대로 판을 벌여 재주, 춤, 소리 등을 연희(演戲)하는 것을 말한다.
8   식년시(式年試)는 3년마다 한 번씩 정기적으로 시행하는 것을 말하는데, 전시(殿試)란 왕이 친림(親臨)한 가운데 보는 과거(科擧)의 최종시험이다.
9   김수현·이수정 엮음, 한국근대음악기사자료집 권7['고수50년, 한성준'], p. 79
10   김수현·이수정 엮음, 한국근대음악기사자료집 권7['고수50년, 한성준'], p. 80

지식창고 3 갑오개혁(甲午改革)

　조선왕조 후기의 마지막 희망으로 여겨졌던 효명세자가 1830년에 갑작스럽게 사망하여 외척(外戚) 안동(安東) 김씨의 세도(世道) 정치의 폐해를 청산할 수 있는 기회를 그만 잃어버렸다. 안동 김씨의 눈을 피해 간 대원군(大院君)A의 지모(智謀)를 통해 1863년 12월에 고종이 즉위하였는데, 그 후 벌어진 한국의 근대역사는 한탄스러운 사건으로 점철되었다고 해도 지나치지 않은 말이다.

　1866년의 병인양요(丙寅洋擾)B에 이어 1873년에는 최익현(崔益鉉)의 대원군 탄핵 상소를 계기로 고종의 친정(親政)이 시작되자, 대원군이 실권자로서 장악하고 있던 권력이 외척인 민씨(閔氏) 일파에게 넘어갔다. 그리고 1876년에 일본의 강요로 강화도조약[이른바 병자수호(丙子修好)조약]이 체결되고 이때부터 조선왕조의 쇄국(鎖國)정책은 무너지게 되었다.[이로써 조선의 개화기(開化期)가 시작됨] 조선은 일본과 청나라, 또 러시아를 포함한 열강(列强) 세력의 각축장이 되고, 이에 따른 부작용이 속속 드러나면서 백성들 사이에는 삶에 대한 불만이 팽배해졌다. 그래서 1882년에 임오군란(壬午軍亂)이 발생하고, 또 1884년에는 급진개화파인

A　대원군이란 조선시대에 선왕의 후사(後嗣)가 없어 종친의 후손 중에서 그 왕위를 이어받을 때 왕의 친부(親父)에게 주는 칭호를 말하는데, 여기서는 고종의 친부인 흥선군(興宣君) 이하응(李昰應)을 지칭한다.

B　1866년 초에 대원군은 천주교 금압령(禁壓令)을 내려 프랑스 신부와 조선인 천주교 신자 수천 명을 학살하였다. 이 소식을 알게 된 프랑스 극동함대 사령관이던 로즈(Roze) 제독이 그것을 빌미로 10월 14일(陰)에 강화도 갑곶(甲串)에 육전대를 상륙시켜 강화부(江華府)를 함락시키면서 조선군과 전투를 벌였다가 1주일 뒤 철군했던 사건이다.

김옥균(金玉均)에 의한 갑신정변(甲申政變)이 발발(勃發)하였으며[이는 3일천하로 끝났다], 이어 1894년에는 동학(東學)농민군의 봉기라는 반봉건(半封建) 투쟁이 일어났다. 이에 조선왕조는 급기야 청나라에 원병을 요청하고 일본도 이를 빌미로 군대를 파견함으로써 결국 두 나라 사이에 조선에 대한 지배권을 둘러싸고 전쟁이 일어났다.[이른바 청일전쟁(淸日戰爭)] 일본은 전쟁에서 우세한 상황을 틈타 조선의 내정(內政)에 적극 간섭하기 시작하였다. 결국 고종은 일본의 압력에 굴복하여 타의에 의해서 갑오개혁 혹은 갑오경장(甲午更張)이라고 부르는 조치를 하게 되었다.

한국 근대화 움직임의 시발점이라고 할 수 있는 갑오개혁은 동학농민운동이 한창 치닫던 1894년 6월 25일에 고종이 김홍집(金弘集)을 영의정으로 임명하는 한편, 개혁을 추진하는 임시기구인 군국기무처(軍國機務處)를 설치하면서 시작되었다.
《고종실록》31년(1894) 6월 28일의 기사를 보면 군국기무처에서 조선의 관제(官制)를 근대식으로 대폭 개혁하는 내용[C]을 고종에게 보고하고, 12가지의 사회제도의 개혁 조치가 들어 있는 의안(議案)도 함께 올려서 모두 고종의 윤허를 받았다. 우리가 특히 주목해야 할 내용은 아래의 사항들이다.

一. 문벌(門閥), 양반(兩班)과 상인(常人)들의 등급을 없애고 귀천(貴賤)에 관계없이 인재를 선발하여 등용한다.[劈破門閥、班常等級、不拘貴賤、選用人材事][D]

[C] 군국기무처에서 고종에게 의정부(議政府) 이하 각 아문(衙門)의 관제와 직무를 정하고 궁내부(宮內府)의 경우에는 직무만 분류하여 초안을 보고하자, 이때 토의해서 결정된 내용이 하나씩 나열되어 있다.

[D] 그래서 고종 31년(1894) 7월 3일 군국기무처에서 올린 의안에 "과문(科文)으로 선비를 뽑는 것은 조정에서 정해진 제도이지만 형식적인 글로 실물에 밝은 인재를 등용하기는 어려우므로 과거제도를 변통하도록 품주하여 …"라는 내용이 들어 있고, 7월 12일에 전고국조례(銓考局條例)로 보통시험·특별시험 제도를 도입하여 과거제도가 폐지되었다.

一. 문관과 무관의 높고 낮은 구별을 폐지하고 단지 품계에만 따르며 ……
[廢文武尊卑之別, 只從品階, ……]

一. 공노비(公奴婢)와 사노비(私奴婢)에 관한 법을 일체 폐지하고, 사람을 사고 파는 일을 금지한다.[公私奴婢之典, 一切革罷, 禁販賣人口事]

《고종실록》31년(1894) 7월 2일의 기사에도 주목해야 할 내용이 들어 있다.

一. 역졸(驛卒)이나 광대, 갖바치들에게 모두 천인(賤人)의 신분을 면해준다.
[驛人, 倡優, 皮工, 竝許免賤事]

위와 같은 조치로 인해 과거(科擧)제도가 폐지되는 한편 관비(官婢)[E] 신분이었던 기녀(妓女)와 천인(賤人) 신분이었던 재인(才人)이 법적으로 자유로운 백성이 되었다.

E 관비(官婢)란 관(官)에서 공적(公的)으로 관리하는 천민(賤民)으로, 사가(私家)에서 부리는 노비(奴婢)와 구별된다.

4. 무동(舞童)놀이와 연희장(演戱場)의 등장

1899년 4월 3일 자의 황성신문(3면)에 아래와 같은 기사가 실려 있다.[한문 투의 내용을 저자가 풀어 쓴 부분이 있음]

> 서강(西江)의 한가한 잡배(雜輩)들이 아현(阿峴) 등 여러 곳에서 무동연희장(舞童演戱場)을 열었는데, 구경하고 즐기는 사람들이 운집(雲集)하였거늘, 경무청(警務廳)에서 순검(巡檢)을 파송(派送)하여 이를 금지시켜 못하게 했더니[禁戢한 즉], 옆에서 구경하던 병정이 흥(興)이 깨지게 됨을 분통히 여기어 그 순검(巡檢)을 수없이 난타(亂打)하여 거의 사경(死境)에 이른지라 본청(本廳)에서 관련된 잡배 몇 명을 붙잡아오고[捉致하고] 해당 연희(演戱) 도구를 모두 거두어 불태웠다 하더라.

조선시대의 예인藝人 중에는 관官의 눈을 피해 이곳저곳 떠돌아다니며 자신의 예능을 이용해 생계를 유지하는 유랑流浪 집단이 있다는 것은 한성준의 유랑 생활에 대한 회고를 통해 이미 알고 있는 내용이다. 즉 갑오개혁 이후 신분이 자유로워진 한성준이 자신의 생활근거지인 홍주洪州 지역을 벗어나 굿중패, 남사당패, 노래굿패에 섞여 각지를 유랑하며 돈벌이할 수 있었다는 이야기가 바로 그것이다. 유랑流浪 예인들은 그동안 자신들에게 신역身役을 강요하는 관官의 눈을 피해서 떠돌이 생활을 하다가 갑오개혁 후 유랑 생활을 지속하지 않아도 되므로 임시적이긴 해도 일정한 장소에서 무동연희를 계속할 수 있게 된 것이다. 위 기사에 나오는 '무동연희(舞童演戱)'가 대략 어떤 모습인지는 1900년 3월 31일 자 황성신문(2면)의 논설 내용을 읽어 보면 짐작이 된다.

무동연희(舞童演戲)는 마땅히 금지시켜야 함

… (前略) 우리나라는 처용무(處容舞)니 항장무(項莊舞)니 선유락(船遊樂)이니 나례도감(儺禮都監; 산두도감)이니 하는 것이 불과 일시적 유희로되, 잠간은 볼만하여 가슴이 시원해지니 터놓을 만하지만. 지금의 이른바 무동(舞童)이라는 것은 혹은 남사당(男沙當)이라 하며 혹은 답교패(踏橋牌)라 하여, 남자가 분장하여 여자도 하며 속인(俗人)이 변하여 승려도 하고 녹의홍상(綠衣紅裳)과 송납장삼(松納長衫)으로 어깨 위에 발을 벌리고 서서[파립(擺立)] 가볍게 훨훨 어지럽게 춤추며[난무편편(亂舞翩翩)], 할 일없는 한가한 불량배·부랑자가 꽃 장식을 한 고깔을 머리에 쓰고[채화두변(彩花頭弁)] 소고(小鼓)를 두드리고 호적(胡笛=태평소)을 불며 떠들석하니 이것을 처음 본 사람은 눈과 귀가 놀라 자빠질 것이로되, … (中略) 그 본원을 규명하면 승가(僧家)의 이른바 걸립(乞粒)도 아니요 농부의 이른바 풍쟁(風箏=농부들이 농촌에서 나팔, 징, 꽹과리, 북 따위를 치거나 불며 하는 놀이)도 아니요 외국 연희에 속한 것도 아니라. …

1899년에 서강의 잡배들이 아현 등 여러 곳에서 벌이고 있다는 '무동연희'는 이른바 남사당패들이 하는 무동놀이를 가리키는 것으로, 여기의 '무동'이란 궁중에서 정재呈才를 연희하는 무동舞童[1]과 전혀 다른 부류라는 점을 염두에 두지 않으면 안 된다. 또 여기서 주목할 부분은 그들이 일정한 장소에다 연희장을 — 임시로 가설(假設)한 것이지만 — 개설하고 사람을 불러 모아서 연희하고 있다는 점이다. 이는 갑오개혁으로 인하여 천인 취급을 받던 조선시대의 예인藝人이 연희하는 환경에도 변화가 생기기 시작하였음을 보여 주는 징표이다.

♣　♣　♣

　1900년 2월 28일 자 황성신문(3면)에는 '무동연희' 광고가 실려 있는데(옆의 그림), 무동연희패들이 연희의 장소를 서강에서 도심에 가까운 용산 쪽으로 옮겨 연희하는 것을 볼 수가 있다. 또 1900년 3월 6일 자 제국신문帝國新聞[2](3면)의 기사 내용, 즉 "근일 용산에서 무동노름을 하는 고(故)로 구경군이 구름같이 전차를 타고 나간다 하는데, 작일(昨日) 각국 공령(公領=공사·영사)들도 많이 나가 구경하였다더라."라는 기사를 통해 무동연희의 인기가 매우 높고 흥행도 성공하고 있음을 알 수 있다. 다만 당시에 설치된 무동연희장이란 비가 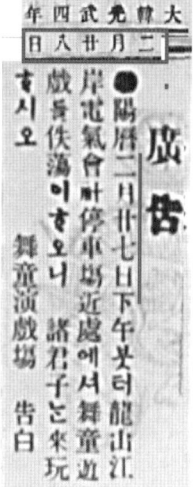 내리면 연희를 할 수 없는 노천露天 연희장이다. 1900년 3월 2일 자 황성신문(3면)에 실린 무동연희장 광고를 보면 "작조(昨朝=어제 아침)에 무동을 시희(始戲)코져 하얏더니 종일 하우(下雨)하야 연희(演戲)치 못하고 양력 3월 4일로 퇴정(退定=뒤로 연기)하야 매일 유희(遊戲)할 터이오니 …"라는 구절이 있어 지붕이 없는, 즉 노천 연희장이라는 점을 알려 준다.

　그리고 1899년 2월 17일 자 매일신문[3](2면)의 아래 논설을 보면 당시 우리나라 식자識者들은 '무동연희'가 민생民生에 해롭다는 생각을 가졌던 듯하다.

우리나라 습속에 급히 고칠 것이 허다반[許多般] 하여 일조(一條)에 옮겨 말할 수 없거니와 위선(爲先) 가까운 것으로 말하면 정월 보름달에 경기 근군(近郡)이던지 13도에도 간간이 하는 놀이가 하나씩 있으니 이는 줄다리는 낙(樂)이라, 동리마다 가가호호(家家戶戶) 출렴(出斂)을 하여 … (中略) …

또 경성에서 3, 40리 쯤 되는 강바닥에서들은 대보름에 소위(所謂) 무동(舞童)이라는 놀이를 하는데, 13, 4세 되는 사내아이를 별감(別監)이라, 기생이라, 중이라고 하여 여러 가지 복색(服色)을 하여 가지고 사람의 어깨 위에다 올려 세우고 그 밑에 목마를 태운 사람은 무슨 흥이 그렇게 나는지 허리를 굽히고 눈알을 돌리며 궁둥이 짓을 하면서 빙빙 돌아 마치 미친 사람같이 날뛰어 죽 같은 땀이 이마에서부터 발뒤꿈치까지 흘러도 괴로운 줄 모르며, 그 위에 서 있는 아이는 조금 실수하면 떨어져서 목이 부러질는지 허리가 상(傷)할는지 다리가 부러질는지 알지 못하거늘 두 손을 놓고 춤을 추는지라. 또 앞뒤로 호적(胡笛)을 불고 소고(小鼓)를 요란하게 두드려 구경하며 즐기는 사람이 산과 바다같이 모여 즐거운 줄만 알고 어리석은 짓인 줄을 모르며, 놀이 하느라고 동리마다 집집이 출렴을 놓아 큰집은 4, 50량씩이요, 남은 집에도 2, 30량씩 걷되, 만일 안내면 동리에서 **손도(損徒)를 질러 내보낸다** 하니, 빈한한 백성들이 밥은 굶어도 어찌할 수 없어 이 어리석은 출렴 놀이를 내치지 (못하니 어찌) 한탄하지 아니 하리오. …

이 기사에 등장하는 '손도(損徒)'는 나중에 한성준에 연관된 문제로 또 언급하게 될 용어로, 《한국민족문화대백과사전》(Online)을 보면 "손도란 어원은 향리(鄕吏)생활에서 유래한 것으로, 향리들이 잘못을 저지르면 일정한 기간 향리의 직임(職任)을 맡기지 않았던 전통에서 나온

말"⁴이라고 설명한다. 위의 기사에서 '손도를 질러 내보낸다'라는 말은 동리에서 일시적으로 살지 못하게 하는 제약을 가加할 뿐이고 완전한 추방은 아닌 듯하다. 요즈음으로 치면 조직에서 구성원의 지위를 박탈하는 것이 아니고 지위에 따른 어떤 권리를 일시적으로 정지시키는 조치인 것 같다.⁵

 1900년대에 들어설 무렵은 대한제국에서 개화開化를 지향하는 움직임이 활발해지고 있을 때이다. 그 무렵 전통예인藝人들이 야외野外의 특정한 장소에다 연희장을 임시로 가설하고 사람을 불러 모아 연희하였다는 것은 시대가 바뀜에 따라서 사람들의 문화적 욕구가 그만큼 커졌다는 사실을 말해 준다. 특히 1902년에는 대한제국의 황제인 고종의 등극登極 40년을 기념하는 칭경稱慶행사를 위하여 봉상시奉常寺 내에 실내 극장의 형태인 희대戱臺⁶가 최초로 설치되고, 이를 시발始發로 하여 그때부터 조선시대의 예인藝人들이 연희하는 환경에도 조금씩 변화가 생기게 된다.

---

1 조선 후기에는 여악(女樂)이 많이 축소되어 군신(君臣) 간의 회례연(會禮宴) 등 외연(外宴)에서는 무동(舞童)이 연희하게 하였다.
2 이승만(李承晚), 유영석(柳永錫)이 협성회에서 제명되고 《매일신문》에서도 쫓겨나자 활판을 갖고 나와 1898년 8월 10일에 《일일신문》을 창간하고, 그 제호(題號)를 나중에 《제국신문(帝國新聞)》으로 바꿔 발행한 신문이다.(처음에는 순한글로 제작되었음)
3 제국신문(帝國新聞)으로 제호(題號)가 바뀌기 전의 신문 이름
4 참조: encykorea.aks.ac.kr/Contents/Item/E0030486
5 국악신문사의 2010년 3월 29일 자 기사 〈재인청은 우리나라의 전통문화 유산의 요람〉(우리춤연구회 강영화)을 보면, 이동안 선생의 증언에 의하면 재인청의 교육은 위계질서가 철저하여 이를 어긴 자에게는 '손도법(損徒法)'이라 하여 그를 3년간 고립시키는 관행이 있었다고 한다.
6 1900년 8월 9일 자 황성신문(2면)의 '희무대(戱舞臺) 타령(打令)'이라는 논설을 보면 내용 중에 "… 세계 전국(全局)을 일좌(一座) 희대(戱臺)로 간주하니 …"라는 구절이 있고, 또 1901년 7월 20일 자 황성신문(2면)의 기사를 보면 중국 서안(西安)에서 전해진 청국(淸國) 황태자 대아가(大阿哥)의 동정을 묘사할 때 "… 매일 태감(太監)과 함께 희원(戱園)에 가서 관극(觀劇)하는데, …… 혹은 친히 희대(戱臺)에 올라가 고판(鼓板)을 두드리며 호금(胡琴)을 끌어가서 …"라는 구절이 나온다. 따라서 대한제국의 지식인들도 희대(戱臺)란 지금의 실내 극장의 무대를 가리킨다는 정도는 알았을 것 같다.

제2편 대한제국의 최초인 실내 극장의 등장과 전통공연예술(傳統公演藝術)의 변모 양상

국립중앙극장 공연예술박물관은 2010년 12월, '상설전시도록(常設展示圖錄)'《공연예술, 시대와 함께 숨쉬다》를 펴냈다. 상설전시실의 전시자료들을 사진과 함께 각 분야의 전문가들이 공연예술을 쉽고 흥미롭게 풀어서 설명한 글들이 수록되어 있다. 내가 흥미를 지니고 보았던 것은 〈제2막 개화기 및 근대공연예술〉이지만, 여기에서는 〈제1막 전통공연예술〉에 관한 내용을 소개하기로 한다.

제1막에서는 먼저 전통공연예술에 대한 정의를 내리고 있는데, 서두序頭에서 "전통공연예술(traditional performing arts)은 전(前)근대에 그 구체적인 양식이 형성된 것이다. 어떻게 보면, 이는 근대 이후의 공연예술의 전사(前史)에 해당되는 '과거에 형성된 공연예술'이라 할 수 있다."라고 하면서, "전통공연예술에는 가무백희(歌舞百戲)·잡희(雜戲)·산대잡극(山臺雜劇)·산대희(山臺戲)·나례(儺禮)·나희(儺戲)·나(儺) 등 여러 장르가 공존하는 것들에서부터, 굿·가면극·인형극·우희(재담극)·판소리·궁중정재 등과 같은 개별적

장르까지 모두 포함된다."라고 설명을 한다.¹ 다만 이 책에서 저자가 다룰 '전통공연예술'이란 저자의 관심 사항인 고수鼓手 한성준에 연관된 판소리 및 그가 발전시킨 '조선춤'에 연관된 분야에 한정될 것이다. 위 전시도록에는 전통공연예술에 대한 풍부한 그림 자료가 수록되어 있는데, 그중에는 조선시대에 성행한 과거급제 축하 잔치, 예컨대 은영연恩榮宴, 유가遊街, 문희연聞喜宴 등에서 펼쳐진 전통공연예술의 모습도 보여 주고 있어 한성준이 재인才人으로 살았던 삶의 단면을 생생하게 느낄 수 있게 해 준다.

제1편의 마지막 부분에서 무동놀이가 노천露天 연희장에서 행해졌음을 설명한 바 있다. 제2편에서는 서구식 실내극장의 효시嚆矢인 희대戲臺가 어떤 연유로 대한제국에 등장하게 되었는지를 먼저 살펴본 후, 그로 인해 판소리 등의 전통연희의 공연 환경은 어떤 변화가 생기게 되었는지를 알아보기로 한다. 그러한 시대적 흐름 속에서 홍성의 재인인 한성준은 언제 서울에 올라와 생활을 하기에 이르게 된 것인지도 살펴보기로 한다.

   그러면 이제 고종이 재위하고 있던 시절의 조선왕조가 어떻게 해서 대한제국으로 바뀌게 되었는지부터 알아보기로 하자.

---

1 국립중앙극장 공연예술박물관 編, "공연예술, 시대와 함께 숨쉬다"(상설전시도록), 2010, p. 10

지식창고 4 **대한제국(大韓帝國)의 탄생**

  1894년 8월에 벌어진 청일전쟁(淸日戰爭)에서 승리한 일본은 조선에서 청나라의 세력을 축출하게 되었다. 조선에서 주도권을 쥐게 된 일본은 1895년에 새로 부임한 이노우에(井上) 공사를 통해 내정개혁을 이유로 고종에게 여러 조치를 강요하였다. 그리고 한 걸음 더 나아가서 친러시아 경향을 보이는 민비를 시해(弑害)하고[이른바 을미사변(乙未事變)] 그것을 기화奇貨로 하여 조선의 친일 요인(要人)들을 대거 내각에 진출시켰다.

  일본의 이러한 행태에 신변의 위협을 크게 느낀 고종은 1896년 2월 11일에 왕세자(후일의 순종)와 함께 정동(貞洞)에 소재한 러시아공관으로 피신하였다.[이른바 아관파천(俄館播遷)] 고종은 그곳에서 지내다 1년이 지난 1897년 2월 20일에야 비로소 경운궁(慶運宮 지금의 덕수궁)으로 환궁(還宮)하였다. 고종은 경운궁이 러시아를 비롯해 미국·영국 등 여러 나라의 공사관에 둘러싸여 상대적으로 안전하다고 느껴 그곳을 택한 것으로 알려질 만큼 조선은 그야말로 한심한 나라였다. 한 나라의 국왕이 자신의 궁궐을 버리고 타국의 공관에서 무려 1년간 피신 생활을 하였다는 사실을 인식한 백성들의 자괴감은 말로 표현할 수가 없을 정도였다. 그에 대한 반작용이라고 할까, 국왕에게 '황제(皇帝)' 칭호를 사용하게 하고 국호를 개정하여 새로운 나라의 출발점으로

(대한제국시절의 고종)

삼자고 하는 여론이 독립협회^A를 중심으로 하여 일어나게 되었다. 고종은 여론에 떠밀려 1897년 10월 3일에 칭제(稱帝)함을 선포하고, 10월 11일에는 국호 '**대한제국(大韓帝國)**'을 발표한 데 이어 다음 날인 12일에 황제 즉위식을 바로 거행함으로써 그야말로 명실(名實)이 맞지 않는 대한제국이 탄생하였다.

그 후 한반도와 만주에 대한 지배권을 둘러싸고 계속 대립하던 일본과 러시아가 전쟁을 벌이고[1904년 2월 8일에 이른바 러일(露日)전쟁의 발발], 일본은 전쟁에서 우세한 상황을 틈타 고종에게 '외국인고문용빙(**外國人顧問傭聘**)에 관한 협정서'[이른바 제1차 한일협약]의 체결을 강요하였다.(1904년 8월 22일) 이 협약으로 일본은 한국의 내정(內政)에 직접 간섭할 수 있는 발판을 마련하였다. 러일전쟁에서 승리한 후에는 이른바 을사5적(**乙巳五賊**)^B의 도움을 받아 을사늑약(乙巳勒約)[이른바 제2차 한일협약]을 체결하기에 이르렀다.(1905년 11월 17일) 일본은 이 을사늑약으로 외교권을 넘겨받음으로써 한국을 보호국화(保護國化)하게 되었다. 서울에다 통감(統監) 1명을 두고 일본의 대표자로 자의로 황제를 알현할 권리를 갖게 된 것이다. 일본은 이어 통감부와 이사청(理事廳) 관제를 공포(1905년 12월)하고, 초대 통감에 이등박문(伊藤博文 이토 히로부미)을 임명하였다. 일본은 이듬해 2월 1일에 통감부와 이사청을 개청(開廳)하는 한편, 주한(駐韓) 일본 헌병으로 하여금 대한제국의 행정·사법경찰권을 장악하도록 함으로써 한국의 내정을 간섭하는

A 갑신정변(甲申政變) 실패 후 미국에 망명하여 서구(西歐)의 시민사회를 체득하게 된 서재필을 비롯한 개화파 지식인들이 《독닙신문》을 창간하고 독립문 건립과 독립공원 조성을 창립사업으로 하여 1896년 7월 2일에 발족시킨 사회·정치 단체.

B 을사조약 체결에 찬성한 5명의 대신(大臣), 즉 외부대신 박제순(朴齊純), 내부대신 이지용(李址鎔), 군부대신 이근택(李根澤), 학부대신 이완용(李完用), 농상공부대신 권중현(權重顯)을 가리킨다.

영역을 계속 넓혀 나갔다. 정리를 해 보면 1897년 10월 말부터 국가의 명칭을 대한제국이라고 하여 고종을 황제라고 칭하는 모습이 연출되었지만, 실제로는 이미 일본의 속국(屬國)과 같은 신세였다.

1. 대한제국에서 최초로 설치된 실내 극장, 희대(戲臺)
― 고종 등극(登極)40년 칭경(稱慶)행사時 수용(需用)次

1902년 8월 15일 자의 황성신문(2면)에는 '**희대교습(戲臺敎習)**'이라는 제목으로 아래와 같은 기사가 실려 있다.

> 칭경예식(稱慶禮式) 時에 수용(需用) 차(次)로 희대(戲臺)를 봉상시(奉常寺) 내에 설치하고 한성(漢城) 내 선가선무(善歌善舞)하는 여령(女伶)을 선택하여 연희(演戲) 제구(諸具)를 교습하는데, **참령(參領) 장봉환(張鳳煥)**씨가 주무(主務)한다 하더라.

위 기사의 '희대戲臺'란 과연 어떤 것인지, 최남선崔南善의 《**조선상식문답(朝鮮常識問答)**》에 서술된 내용을 통해 알아보기로 하자.

> 희대(戲臺)라 함은 지나류(支那流)로 일컫는 극장이란 말입니다. 조선의 고연희(古演戲)에는 똑바른 의미의 무대를 요하지 않는 동시에 특정한 극장의 시설도 생기지 않고 말았습니다. 한말(韓末) 고종황제 광무(光武) 6년(壬寅; 1902) 가을에 어극(御極)40년 칭경예식이란 것을 경성(京城)에서 거행하기로 하고 동서양(東西洋) 체약(締約) 각국(各國)의 군주(君主)에게 초청장을 보내었는데, 이러한 귀빈(貴賓)의 접대를 위하여 여러 가지 신식(新式)설비를 급작(急作)이 진행할 때, 그 중의 하나로 봉상시(奉常寺)의 일부를 터서 지금 새문안예배당(禮拜堂) 있는 자리에 벽돌로 둥그렇게 ― 말하자면 로마의 「콜로세움」을 축판(縮版)한 형제(型制)의 소극장(小劇場)을 건설하고 여령·재인을 뽑아서 예희(藝戲)를 연습케 하였습니다. 규모는 애루(隘陋)하지마는 무대·층단(層段)식 3방(三方) 관람석·인막(引幕)·준비실을 설비한 조선 최초의 극장이요, … (이하 생략)[1]

희대는 요컨대 외국 귀빈의 접대를 위한 준비의 하나로 봉상시의 일부를 터서 벽돌로 지은 둥근 형태의 건물이며, 내부는 아주 좁지마는 무대와 인막, 그리고 층단식의 3방 관람석이 있는 소극장이라는 것이다. 그래서 1902년 8월 봉상시에 설치된 희대戲臺는 조선 최초의 서구식 실내 극장이라고 말할 수 있다.

그리고 위 기사의 칭경稱慶예식이란 왕실에 특별히 축하할 만한 일이 있다고 해서 의례 하는 것이 아닌, 별도로 구체적인 계획을 아뢰어 왕의 재가裁可를 받고 특별히 치르는 행사를 말한다. 《고종실록》39년(1902) 3월 19일의 아래 기사를 보면 고종이 등극40년 기념행사를 이른바 칭경예식으로 거행하고자 하였음이 확인된다.

조칙(詔勅)을 내리기를,

「짐(朕)은 하늘과 조종(祖宗)의 도움과 명을 받아 온갖 복을 누렸는데 올해는 짐이 왕위에 오른 지 40년이 되는 해이다. 동궁이 …… 나라에 드문 이런 경사를 맞이하여 연회를 차리도록 여러 번 청하였는데 그 성의가 간절하였으며, 대소(大小) 신료(臣僚)들도 일치한 목소리로 청하기를 그치지 않았다. 그래서 올 가을에 등극한 지 40년이 된 것을 경축하는 예식[御極四十年稱慶禮式]을 거행하려고 한다. 마땅히 해야 하는 의식절차를 의정부(議政府), 궁내부(宮內府), 예식원(禮式院), 장례원(掌禮院)에서 서로 의논하여 결정한 다음 마련해서 들이도록 하라.」 하였다.

이것은 고종이 등극(1863년 12월 13일) 40년이 되는 해인 1902년에 치르고자 하는 기념행사에 세계 각국의 사절을 초청하여 대한제국의 근대화된 모습을 보여 줌으로써 자주自主국가의 위상을 과시하려는 의도이다.

 의정부와 궁내부, 예식원과 장례원은 고종의 조칙에 따라 칭경예식을 치를 날짜를 확정하고[1902년 5월 1일 자 제국신문(3면)의 기사에 의하면 음력 9월 17일] 고종에게 세부적인 주요 내용을 별단別單으로 보고하였다.[고종실록 39년 7월 20일의 기사 참조]

- 一. 올해 10월 18일(양력) 大황제(皇帝) 폐하의 등극40년을 칭경할 때 높고 낮은 신하들과 백성들이 모두 칭송하는 경축 의식을 설행함.
- 一. 외부대신(外部大臣)은 6개월 전에 정부와 의논한 다음 수도에 주재하고 있는 각국의 공사(公使)와 영사(領事)들에게 칭경하는 예식 날짜를 알려 본국 정부에 통보하게 함.
- 一. 예식원(禮式院)에서는 6개월 전에 아뢰어 황제의 칙령으로 위원을 정하고 업무를 분장(分掌)하게 하여 거행함.

··· (中略) ···

- 一. 칭경행사일 다음날에 축하를 올릴 때 대황제 폐하는 중화전(中和殿)에 친림(親臨)하시되 황태자 전하는 규례대로 모시고 참석하며 종친들과 문무(文武)의 백관(百官)은 예문대로 예식을 진행함.
- 一. 관병식(觀兵式), 원유회(苑遊會), 각종 연회는 예식원에 관계되는 각 부(府), 부(部), 원(院), 청(廳)에서 규례대로 마련하여 설행함.

··· (이하 생략)

 고종의 등극40년 기념의 칭경예식을 종전의 예에 따라서 진연進宴을 중심으로 하는 가례嘉禮로 치를 계획이었으면 당연히 궁내부의 장례원[조선시대 장악원(掌樂院)의 후신(後身)]이 맡아 해야 할 것이지만, 예식원의 주도로 하는 것은 행사의 취지가 종전과는 다르기 때문이다.

즉 각국의 사절使節들을 초청하여 관병식, 원유회, 각종 연회 등을 설행設行하고 그 행사를 서양식으로 치르고자 하는 것이다. 따라서 봉상시 내에 설치한다는 희대는 예식원이 칭경예식의 일환一環으로 설행設行하는 행사와 관련된 연회에 소용될 시설일 것이다.[고종 등극40년 칭경예식時 교방사(敎坊司)가 수행하는 진연(進宴)의 처소로는 외연(外宴)은 중화전, 내연(內宴)은 함녕전으로 정해져 있었으므로², 진연을 위한 것이 아닌 다른 용도에 사용될 터이다]

그런 면에서 희대戲臺를 봉상시 내에 설치하면서 참령³ 장봉환이 주무主務를 맡은 것에 주목할 필요가 있다. 1897년에 영선사營繕司⁴의 長과 고종의 시종侍從을 거쳐⁵ 육군 참령이 된 장봉환은 군에서 경력을 쌓고 있었는데, 그가 시위대侍衛隊 제1연대 제2대대 대대장이라는 보직補職을 가지고 시위대에 부속한 군악대를 관장하고 있을 때 희대戲臺와 관련된 일의 주무를 맡게 된 점이 눈길을 끈다. 예식원의 업무 분장에 의거하여 봉상시 내에 설치한 희대戲臺의 주무를 맡은 장봉환은 희대에서 무엇을 하려고 여령을 교습한다는 것일까?

---

1 최남선 편저, 조선상식문답전편(全篇), 민속원, 1948(영인본은 1997), pp. 344-345
2 《고종실록》39년(1902) 4월 13일의 기사
3 참령이란 갑오개혁 때 일본의 육군 계급제를 모방하여 만든 무관(武官) 직급의 하나로, 12계급 중 6번째에 해당하는 계급이다.
4 왕실의 토목영선(土木營繕)을 관장하기 위해 설치되었던 관청
5 장봉환은 고종의 시종으로 있을 때 외부(外部=외교부에 해당) 고문으로 있던 미국인 구례(具禮) 씨가 갑자기 서거하자 궁내부에서 장봉환에게 명하여 具씨의 노모를 미국까지 호송하는 임무를 맡게[1898년 10월 24일 자 황성신문(2면)의 잡보] 한때 주미공관(駐美公館) 참서관(參書官)을 지낸 인물이다.[1898년 10월 30일 자 독립신문(3면) 참조] 따라서 장봉환이 서양 문물에 대해 어느 정도 지식이 있다는 것은 말할 필요도 없다.

지식창고 5 　구한말(舊韓末)[A], 왕실 음악을 관장하던 기관의 명칭

구한말(舊韓末), 왕실 음악을 관장하던 기관의 명칭과 위상 변화를 정리해 보면 아래의 표와 같다.

(시 기)	(왕실 음악을 관장하던 기관의 명칭 변화)	(비 고)
1894.07	예조(禮曹) 산하 **장악원(掌樂院)** → 궁내부 산하 장악원[고종실록 31년 7월 18일과 7월 22일 기사 참조]	관제의 변경
1895.04	장악원 → **장례원(掌禮院) 협률과(協律課)** [고종실록 32년 4월 2일과 37년 6월 19일 기사 참조]	기능 축소 및 명칭 변경
1897.10	(대한제국 선포)	즉위식(10.12)
1900.06	장례원 협률과 → **장례원 교방사(敎坊司)** [고종실록 37년 6월 19일 기사 참조]	기능 강화 및 별치(別置)
1905.03	장례원 교방사 → **예식원(禮式院) 장악과(掌樂課)** [고종실록 42년 3월 4일 기사 참조]	기능 축소 및 명칭·소속 변경
1906.08	예식원 장악과 → **장례원 장악과(掌樂課)** [고종실록 43년 8월 23일 기사 참조]	소속 변경 및 위상 격하
1907.11	장례원의 장악제조(掌樂提調) 직책 폐지, 장악과는 **국악사장(國樂師長)**이 담당 [순종실록 즉위년 11월 27일 기사 참조]	위상 저하
1910.08	경술국치(庚戌國恥) : 대한제국의 소멸	8월 22일

조선의 왕실 음악을 관장하는 장악원(掌樂院)은 원래 예조(禮曹)에 속해 있었는데, 1894년의 갑오(甲午)개혁 때 관제(官制)의 변경으로

A 　구한말(舊韓末)이란 조선왕조 26대 고종이 칭제(稱帝)함을 선포하여 대한제국이라는 국호로 존속한 시기인 1897년 10월 12일부터 1910년 8월 22일까지를 지칭함.

일본식 명칭의 궁내부(宮內府)라는 기관에 속하게 되었다.[고종실록 31년 7월 18일의 기사]^B 군국기무처는 또 궁내부·종정부(宗正府)·종백부(宗伯府)의 관제(官制)의 세부적인 내용에 대하여 품의를 올렸는데[고종실록 31년 7월 22일의 기사], 우리가 눈여겨볼 부분은 장악원과 봉상시이다.

> (궁내부 산하의) "장악원(掌樂院)에서는 아악(雅樂)을 맡는다. 제거(提擧) 1員[割註 : 승선(承宣) 중에서 겸임한다], 주사(主事) 3員.[협률랑(協律郞)을 겸한다]"

> (종백부 산하의) "봉상시(奉常寺)에는 제거(提擧) 1員[割註 : 종백(宗伯)이 겸임한다], 주사(主事) 3員이다."

위의 내용을 보면 장악원은 궁내부에 소속하고, 봉상시는 궁중의 제향(祭享), 능침(陵寢) 등에 관한 일을 맡아보던 종백부에 소속되어 관장하는 기관이 달랐음을 알 수 있다. 그런데 1895년 4월 2일에 포달(布達) 제1호로 반포한 궁내부의 관제에 의하면 장악원을 없애는 한편, 장례원(掌禮院)을 새로 설치하였다. 또 종백부의 산하에 있던 봉상시도 궁내부에 소속시키고 명칭을 봉상사(奉常司)로 바꾸었다.[고종실록 32년 4월 2일의 기사 참조]^C 이러한 과정을 통해 장악원이 해 오던 종래의 기능을 대폭 축소하는 바람에 부서의 이름도 협률과(協律科)로 바꾸고 장례원 직장(職掌) 내에 직접 두었던 모양이다.[오늘날로 치면 외청(外廳)으로 독립해 있던 기구가 상급기관이 직접 관장하는 하나의 부서로 축소된 모습이다]

B 군국기무처에서 의안과 각부(各府), 각 아문(衙門) 소속 관청 명세를 올렸는데, 왕실과 관련된 부분을 보면 장악원은 궁내부 소속이고, 제사(祭祀) 의식과 시호(諡號)를 의논하는 일을 맡는 봉상시(奉常寺)는 종백부(宗伯府) 소속으로 나열되어 있다.

C 장례원(掌禮院) 옆에는 할주(割註)로 "봉상시는 제례를 맡고 악공을 감독한다. 장(長)은 1인인데, 주임관(奏任官)이고, 주사(主事)는 4인, 협률랑(協律郞)은 2인인데, 판임관(判任官)이다."라고 되어 있다.

왕실 음악을 관장하던 기관의 명칭에 변경이 있음은 아래의 내용에서 확인된다.

우선 《고종실록》 37년(1900) 6월 19일의 2번째 기사에 황태자가 고종의 50세 탄신축하 연회를 열 것을 아뢰는 내용 중에는 "삼가 바라건대, 폐하께서는 특별히 윤허하시어 성절일(聖節日)의 진하(陳賀), 내진찬(內進饌)·외진찬(外進饌)ᴰ의 일을 장례원(掌禮院)으로 하여금 전례대로 마련하도록 해 주소서."라고 하여 '장례원'이라는 명칭이 등장한다. 또 같은 6월 19일의 4번째 기사에는 "장례원(掌禮院) 직장職掌 내에 (있던) 협률과(協律科)를 교방사(敎坊司)로 개칭하고 제조(提調) 1인은 칙임관(勅任官)으로, 주사(主事) 2인은 판임관(判任官)으로 두며, …"라고 하여 '협률과', '교방사'라는 기구의 명칭이 등장한다.

1900년 6월에 장례원 직장 내에 두었던 협률과를 독립적인 기구의 교방사로 명칭을 바꾸고 제조(提調)ᴱ를 증치(增置)한 것은 궁중의 연향악을 담당한 기구의 기능을 강화하기 위한 목적이다. 1901년에 치르게 되는 '고종의 성수(聖壽) 50세 경축' 진연(進宴)과 1902년의 망육순(望六旬)을 기념하는 진연은 물론이고, 고종의 등극(登極) 40년이 되는 것을 특별히 기념하는 칭경행사 계획 등을 준비하기 위하여 담당 인원을 늘리고 기능을 강화할 필요가 있었다.ᶠ 즉 연향악을 담당하는 기구를 외청(外廳)으로 독립시켜 교방사라는 이름으로 별치된 것이다.

D 궁중연회의 규모나 의식·절차 등을 기준으로 나누어 볼 때 '진풍정(進豊呈) 〉 진연(進宴) 〉 진찬(進饌) 〉 진작(進爵)' 등의 형식으로 치르게 된다.

E 제조(提調) : 특정의 사무를 주관하던 정2품의 칙임관(勅任官)으로 왕에게 보고와 건의하는 일을 맡음.

F 《고종실록》 39년(1902) 4월 13일의 기사에 "분부하기를 「이번의 진연 절차는 전례대로 거행하되, 장례원(掌禮院)과 교방사(敎坊司)에서 또한 신축년(1901)의 규례대로 마련하게 하라.」 하였다."라는 내용이 있다.

궁중의 연향악을 담당한 기구 명칭에 교방(敎坊)이라는 용어를 사용하고 있는 것을 보면 갑오개혁으로 인해 공노비(公奴婢)였던 기녀의 신분은 바뀌었으나, 여악(女樂)을 위해 관(官)에 기녀를 두고 있는 제도는 변하지 않았음을 알 수 있다. 그러다가 1905년 3월에 예식원(禮式院)G이라는 명칭의 기구가 설치되어 왕실의 의식, 제의(祭儀), 전례(典禮) 및 악사(樂事)까지 모두 관장하게 되는 개편이 이루어지면서 장례원이 예식원에 통합되고 말았다.[고종실록 42년 3월 4일의 기사 참조] 이때 장례원 산하의 교방사는 다시 예식원 직장(職掌) 내에 장악과(掌樂課)라는 이름으로 기능이 축소되었다.H 그리고 1906년 8월에 기구가 다시 개편되면서 예식원이 폐지되고 장례원(掌禮院)이 부활되었는데, 장악과의 이름은 그대로 유지되었으나I 그 위상은 한층 더 저하되어 수장(首長)인 장악제조(提調)를 겸임 혹은 비상근 형태로 두었다.[고종실록 43년 8월 23일의 기사]

　그리고《순종실록》즉위년(1907) 11월 27일의 기사를 보면 궁내부의 관제가 개정되면서 그동안 장례원 직제(職制)에 들어 있던 '장악제조'라는 직책마저 사라졌다. 장악과 자체는 존속되었으나 그 후부터는 장례원의 악사(樂事)를 국악사장(國樂師長)이 관장하게 된 것이다. 1908년 8월 5일 자 대한매일신보(2면)에 "장례원(掌禮院) 장악과(掌樂課)에 해산한 악공(樂工)에게만 은사금(恩賜金), 지급 총액이

G　궁내부 소속의 별치(別置)기관으로, 1900년 12월부터 궁내(宮內)의 대외교섭과 일체의 예식, 친서, 국서 등[외국 문서의 번역 사무 포함]을 관장하던 기구.
H　1905년 8월 27일 자 대한매일신보(1면)에는 "任禮式院掌樂課主事 叙判任官六等 六品 朴容海 …"이라는 인사발령 기사가 보인다.
I　1907년 1월 17일 자 대한매일신보(1면)의 관보(官報)에 '●서임(敍任) 및 사령(辭令)'을 보면 "六品 金準植, 任掌禮院掌樂課主事 …"라는 인사발령 기사가 보인다.

만여圓 가량이라더라."라는 기사가 있다. 요약하면 왕실 음악을 관장하던 기관 장악원(掌樂院)은 1895년에 궁내부 관제가 개편될 때 그 이름이 사라졌다. 하지만 장악원이 담당했던 기능은 축소[협률과]와 확대[교방사], 다시 축소[장악과]되는 과정을 겪으면서 그 명맥(命脈)을 1908년까지 이어 갔다고 말할 수 있을 것이다.

2. 협률사(協律司)의 등장, 그리고 협률사(協律社)의 출현

봉상시 내에 희대를 설치한다는 기사가 나간 지 1주일도 지나지 않은 1902년 8월 21일 자의 황성신문(2면)에는 아래와 같은 기사가 실려 있다.

● 사국이접(司局移接) − 봉상시(奉常寺) 내에 권설(權設)하였던 **협률사(協律司)**를 그저께 새문안[新門內] 서북철도국(西北鐵道局)으로 옮겨 설치하고 그 철도국은 소안동(小安洞)으로 이전하기로 정하였다더라.

위 기사에서 봉상시 내에 설치된 희대를 관장하는 관청의 이름으로 협률사協律司가 등장하고, '권설(權設)'이란 용어는 '필요에 따라 임의로 설치함'의 뜻이므로, 이는 곧 협률司가 칭경행사를 위하여 한시적으로 활동하는 관청임을 말해 준다. 다만 이 기사에 등장하는 '협률사'란 관아官衙를 뜻하는 '司' 자를 쓴 협률司라는 점에 주의가 필요하다.[1] 또 위 기사에 나오는 서북철도국이란 경의선 건설을 지원하기 위해 1900년 9월 6일에 포달布達 제63호로 궁내부 내장원內藏院 밑에 별도로 설치된 조직이다. 그럼에도 불구하고 협률司에게 사무실을 내어준 것은 고종 등극40년 칭경행사가 그만큼 중요한 국가적 행사로 추진되었음을 알려 준다. 협률司가 처음에는 봉상시 내에 있다가 새문안의 서북철도국을 다른 곳으로 보내고 그곳으로 이전한 것은 장봉환이 희대에서 연희하려는 프로그램을 더 다양하게 하고자 출연자를 확대할 생각을 하였기 때문일 것이다. 이는 며칠 후인 1902년 8월 25일 자 황성신문(2면)의 아래와 같은 기사를 보면 확인된다.

● 기사신규(妓司新規) - 전하는 말을 들은 즉 근일(近日) 협률사(協律司)에서 <u>각색(各色) 창기(娼妓)</u>를 조직하는데, 태의원(太醫院) 소속의 의녀(醫女)와 상의사(尙衣司)의 침선비(針線婢) 등을 이속(移屬)하여 <u>관기(官妓)</u>라고 이름하고, 무명색(無名色)·삼패(三牌) 등을 함께 배속하여 <u>예기(藝妓)</u>라고 이름하고 새로운 음률(音律)을 교습(敎習)하고 있다.

또 근일 관기로 자원(自願)해서 새로 들어오는 사람이 있으면 (결원을 대비한) <u>예기(預妓)</u>라 이름하고 관기와 예기(藝妓)와의 사이에 두고서 <u>무부야녀(無夫冶女</u>=妓夫가 없는 예쁜 기녀)의 배속을 허락하는데, 물론 아무개하고 10인, 20인이 결사(結社)하고 예기(預妓)에 들어가기를 원하는 여자를 청원하면 협률사(協律司)에서 그 원(願)에 의해 배치를 허락하는 것으로 규정을 만들었다더라.

위의 내용을 보면 협률司란 각색各色의 창기娼妓를 조직하여 그들에게 새로운 음률을 교습하는 임무를 맡은 기사(妓司=각색의 창기를 교습하고 관리하는 기구)임을 알 수 있다. 열흘 전의 1902년 8월 15일 자 황성신문(2면)에 '한성(漢城) 내 선가선무(善歌善舞)하는 여령(女伶)을 선택하여'라는 기사가 실린 것과 비교해 보면 사용된 여자 예인들의 용어도 달라지고[뒤에서 설명하는 【지식창고】 참조] 교습 대상이 더 확대된 느낌이다. 또 제국신문(2면)의 아래 기사를 보면 삼패三牌[2]가 어떤 식으로 '기생'과 '여령女伶'으로 분류되는지는 모호한 점이 있지만, 희대가 설치된 봉상시 근처에 삼패三牌의 도가都家[3]를 설시設始하고 삼패를 모집한다는 것은 참령 장봉환이 준비하는 연희가 궁중의 연향악을 담당한 교방사가 맡기에는 적당치 않은 프로그램임을 시사한다.

●삼패도가(三牌都家) – 금번 칭경례식에 기생과 여령을 불가불 준비한지라 삼패의 도가를 봉상시 근처로 설시하고 어느 참령이 주관하여 노래하는 삼패는 기생을 삼고 노래 못하는 삼패는 여령으로 마련한다더라.

협률司가 조직하는 각색의 창기에 태의원太醫院[4] 소속의 의녀와 상의사尙衣司[5]의 침선비 등을 이속移屬해 구성한 관기까지 교습 대상으로 추가된 것은 연희 프로그램의 내용이 확대되었음을 의미한다. 교습 대상에 추가로 포함된 무명색無名色이란 이름이 잘 알려지지 않은 나이 어린 연령대의 민간기생으로 생각된다. 삼패와 무명색을 함께 배속하여 '예기藝妓'라는 명칭을 부여한 것은 '기예는 팔아도[賣藝] 몸은 팔지 않는[而不賣淫]' 기녀를 선발한다는 의미로 여겨진다. 요컨대 임시관청인 협률司가 창기娼妓를 조직하여 새로운 음률을 교습한다는 것은 그 쓰임새가 교방사가 주관하는 진연進宴에서 정재呈才를 펼치는 여기女妓들과 다르다는 것을 암시한다.

그런데 우리나라 최초의 서구식 실내 극장인 희대에서 가장 먼저 행해진 연희는 – 협률司가 아닌 – 협률社가 주관한 '**조선의 고연희(古演戱)**'가 되고 말았다. 1902년 12월 4일 자 황성신문(3면)과 제국신문(3면)을 보면 아래와 같은 광고가 있는데, 연희를 주최하고 있는 주체가 관청인 협률司가 아니라 단체를 뜻하는 협률社인 점에 주의가 필요하다.[한문 투의 글을 한글로 풀어 쓴 부분이 있음]

본사에셔 소춘대유희(笑春臺遊戲)을 금일 위시(爲始)하오며 시간은 하오 六点(6시)부터 十一点(11시)까지요. 등표(等票)는 황지(黃紙) 상등표에 가금(價金=값)이 1元이오, 홍지(紅紙) 중등표에 가금(價金) 70錢이오, 청지(靑紙) 하등표에 50錢이오니, 완상(玩賞)하실 내외국 첨군자(僉君子=여러 신사들) 내림(來臨)하시어 빛내주시되, 훤화(喧譁=싸움)와 주담(酒談)과 흡연은 금단(禁斷)하는 규칙이오니 이를 시행하심을 망(望)함.

광무(光武)6년[1902년] 12월 2일 협률사(協律社) 고백

위의 광고는 협률사協律社가 '소춘대유희(笑春臺遊戲)'라는 연희를 시작하였음을 알리는 내용이다. 1902년 12월 16일 자 제국신문(1면)에 실려 있는 '**협률샤 구경**'이라는 논설論說을 통해서 연희의 내용과 모습을 짐작할 수가 있다.[괄호의 한자는 저자가 이해의 편의를 위해 삽입함]

… (前略) 협률샤라 하는 거시 생긴 이후로 광고에도 여러번 낫셨고 잡보에도 잇셔스나 그 쥬의[主義]가 앗더하며 그 하는 일이 무어신거슨 자셰히 탐지치 못하얏더니 일전에 그곳슬 구경한 친구의 전하는 말을 잠시 들으니 실로 가관이라 하깃도다. 협률이라 하는 뜻슨 풍악을 갓초어 노리하는 회샤라 함이니, … (中略) … 이 회샤에서는 통히 팔로에[通八路=방방곡곡에 널리 알려진] <u>광대와 탈군과 소리군, 츔군, 소리패, 남사당, 땅재조군 등류</u>[等類]를 모하 합[合]이 80여 명이 한 집에셔 숙식[宿食]하고 논다는데,

집은 벽돌 반[半] 양제[洋制=서양식]로 짓고 그 안헤 구경하는 좌처[坐處]를 삼등에 분[分]하여 상등쟈리에 일원이오 즁등에는 칠십젼이오 하등은 오십젼 가량이라. 매일 하오 여섯시에 시작하야 밤 열한시에 긋친다하며, 하는 노름인 즉,

가진 풍악을 가초고 혹 츈향이와 리도령도 놀니고 쌍줄도 타며 탈츔도 츄고 무동패도 잇스며, 기외[其外]에 또 무삼 패가 더 잇는지는 자셰치 안으나, 대개 이상 몃가지로만 말하야도 풍악기계와 가무의 련숙[練熟]함과, 의복과 물건 차린 거시 별로 보잘 거슨 업스나 과히 초초[草草=보잘것없이 초라함]치 아니하며, 츈향이 노리에 이르러서는 어사츌도[御史出道]하는 거동과 남녀 맛나노는 형상 일판을 다 각각 제복식을 차려 놀며 남원 1읍[한읍]이 흡사히 온 듯 하더라 하며, 망칙[罔測] 긔괴한 츔도 만흔 즁 무동[舞童]을 셰층으로 타는 거시 또한 쟝관[壯觀]이라 하더라.

'소춘대유희'의 연희 내용을 보면 종전에 실외室外에서 벌이던 '판놀음'과 흡사하다. - 판놀음에서는 여러 패의 놀이꾼들이 마당을 놀이판으로 삼고 순서대로 '판'을 짜는데, 흔히 줄꾼이 줄을 타고, 재주꾼이 땅재주를 넘고, (남자)춤꾼들이 춤을 춘 뒤에 맨 마지막에 소리판이 벌어졌다.[6] - 따라서 협률社의 '소춘대유희'는 실외에서 벌이던 조선의 전통연희를 서구식 실내 극장인 희대에다 옮겨 행하는 듯한 모습이라고 말할 수 있다. 프랑스인 에밀 부르다레(Emile Bourdaret)[7]는 《En Corée》(한국에서, 1904)라는 기행문[8]을 썼는데, 여기에 부르다레가 실제로 본 희대(戲臺)의 모습과 공연물에 관한 이야기가 나온다. 그 내용의 일부를 소개하면,

◇ 오늘 저녁에 한가한 틈을 타 극장에 갔다. 서울에 극장이 있다. 불과 몇 주 전에 처음 생겼다. '희대'나 **소춘대**라는 새로운 공연물을 하고 있는데, 시적인 표현으로 '봄날 웃는 집'이라는 뜻이다. … (中略) … 그런데 이 극장은 궁전은 커녕 그 이름을 붙일 만한 모습도 아니다. 안쪽 깊숙이 있는 작은 무대는 곡마단에 가깝다.[대한제국의 숨결, p. 255]

◇ 무대 막이 내려진 동안 실내를 둘러보니 장식은 빈약하다. 소박한 나무의자에 붉은 싸구려 양탄자를 모든 좌석에 방석으로 깔았다. … (中略) … 특별석에 놓인 두 개의 화로가 난방 장치의 전부였다. 조명은 더욱 초라하다. 몇 개 안되는 전등이 어렵사리 큰 실내를 밝힌다.[대한제국의 숨결, p. 256]

◇ 어리광대는 실내가 너무 어두워 자주 공을 놓치기도 했다. 지저분한 모습의 아이들이 어떤 표현도 능가할 만한 솜씨로 사람 피라미드를 쌓아 보였다. 그러고 나서 가면 쓴 사내들이 훌륭한 소극(笑劇) 몇 장을 공연했다.[대한제국의 숨결, p. 258]

에밀 부르다레의 글을 읽어 보면 최남선이 《조선상식문답》에서 희대에 대해 '애루(隘陋)하다'[=비좁으며 지저분하고 더럽다]라고 표현한 이유를 짐작할 수 있고, 어째서 "**조선의 고연희(古演戲)에는 똑바른 의미의 무대를 요하지 않는**(다)"라는 말로 설명을 시작한 것인지 그 심사(心思)를 알 것만 같다. 또 그동안 조선의 고연희는 모두 야외에서 진행되었기에 서구식 실내 극장에 아직 적응하지 못한 모습을 보인다. 그리고 정진국이 번역한 《대한제국 최후의 숨결》에서 에밀이 기술한 (1903년 초의) 연희 내용을 음미해 보면, '협률샤 구경'이라는 논설에 기술된 (1902년 말의) 내용과 비교해서 약간의 변화가 생겼음이 느껴진다.[9]

신문에 게재된 '소춘대유희'의 광고에는 연희를 어디서 펼친다는 문구가 없으나, 협률社가 희대에서 연희한다는 것은 1903년 2월 17일자 황성신문(2면)의 아래 기사를 통해 확인된다.

● 정우여기(停優餘妓) – 작년부터 협률회사(協律會社)에서 기녀(妓女)와 창우(倡優)를 회집(會集)하여 <u>희대(戲臺)</u>를 설(設)하고

국내인사(人士)의 관광(觀光)함을 제공한다더니 재작(再昨=그저께)부터
창우(倡優)는 정지하고 기생(妓生)만 유희케 되었다더라.

[위의 기사가 전하는 자세한 내용에 대해서는 뒤에서 설명하기로 하고. 여기서는 협률社가 작년부터 희대를 사용하고 있음을 확인하는 것이 목적임]

그렇기는 하지만 칭경행사를 위해 설치된 희대는 원래 참령 장봉환이 주무를 맡고, 그 임무를 확대하여 기사妓司인 협률司가 각색의 창기娼妓를 조직해 새로운 음률을 교습한다고 되어 있었다. 그런데 실제로는 여자 예인藝人들의 노래가 아니라 광대의 판소리와 땅재주, 탈춤과 무동놀이 등의 전통연희가 조선 최초의 서구식 극장인 희대에서 가장 먼저 공연된 것이므로 그 까닭은 무엇인지, 의문이 생기지 않을 수 없다. 관기는 애당초 전통연희를 행하는 여자 예인藝人이 아니고, 반대로 조선의 전통연희는 원래 야외에서 행해져 왔었기에 더욱 심상치 않은 것이다.

따라서 이와 같은 일이 벌어진 것은 칭경행사의 원래 계획에 차질이 생겨서 일어난 상황임이 분명하다. 그러면 이제 관청인 협률司와 다른 실체인 회사 형태의 협률社가 어째서 출현하게 되었고, 조선 최초의 서구식 실내 극장인 희대에서의 첫 공연이 참령 장봉환이 희대에서 선보이려고 계획했던 관기·예기藝妓들의 새로운 음률이 아니고 조선의 전통연희가 대신 등장하게 된 것인지, 그 연유를 알아보기로 하자.

---

1 곧 설명하는 것처럼 칭경행사가 뜻하지 않게 내년으로 연기되면서 한글로는 동일하게 '협률사'로 표기되지만 한자로는 단체를 뜻하는 '社' 자를 쓴 협률社라는 것이 출현하게 된다. 협률사(協律司)와 협률사(協律社), 양자의 관계가 무엇인지에 대해 학자들 사이에도 의견이 분분한 실정인데, 나중에 소개하기로 한다.

2 삼패(三牌)라 함은 창기(娼妓) 부류의 하나로, 일패(一牌)·이패(二牌)보다 기예(技藝)가 떨어지는 등급을 지칭한다. 이능화는 《조선해어화사》에서 "(삼패는) **대개 매창(賣娼**=노래를 팔아서 생활하는 유형**)하는 유녀(遊女)라서 접객에서 단지 잡가(雜歌)를 부르는 정도이고,** (1등)**기생의 가(歌)와 무(舞)는 할 수가 없다.**"라고 말하고 있다.[p. 271]

3 원래 도가(都家)란 조선시대에 시전(市廛)의 사무회의 및 공사처리를 위한 사무소 또는 전계(廛契=동업자조합)의 공동창고를 의미하는 용어이다. 도가의 특색은 관청이 동업자 조합에게 일종의 특혜를 허용하는 대신 특정한 의무를 부여하였다는 점이다.[예컨대 내취도가(內吹都家)]

4 궁중에서 의약(醫藥)을 담당하던 내의원(內醫院)이 1894년의 관제개혁으로 인해 전의사(典醫司)로 명칭을 바꾸어 격을 낮추었다가 1897년 1월에 다시 격을 높여 태의원(太醫院)으로 명칭을 고쳤다.

5 궁중에서 의복의 공급을 담당하던 상의원(尙衣院)이 1895년 4월의 관제개혁으로 인해 상의사(尙衣司)로 명칭이 바뀌었다.

6 국립민속국악원 장악과編, 명창을 알면 판소리가 보인다, 국립민속국악원, 2000, p. 4 참조

7 프랑스인 에밀 부르다레(Emile Bourdaret)는 경의선 부설의 철도기술 고문으로 대한제국과 인연을 맺은 후에 1903년에 서울의 프랑스어학교 강사로 부임한 인물이다. 그는 그 시절에 여러 차례 내륙을 여행하면서 관찰한 것을 바탕으로 《En Corée》(한국에서, 1904)라는 기행문을 썼다고 한다. 하여 여기에는 당시의 대한제국 모습을 알 수 있는 여러 사진과 보고 들은 내용이 수록되어 있다.

8 이 기행문은 우리나라에서는 정진국이 번역하여 《대한제국 최후의 숨결》(출판: 글항아리)이라는 이름으로 2009년에 출간되었다.

9 무동놀이나 탈춤 외에 어릿광대가 등장하는 것도 그렇지만, 1902년에는 춘향전에서 중요한 한 장면만 골라 연희한 것처럼 생각되는데, 해가 바뀌면서 판소리를 무대화하는 방식을 바꾼 듯하다. 예컨대 하나의 스토리인 심청전을 며칠에 걸쳐서 나누어 연희하는 것과 같은 모습이 그러한 예이다.

지식창고 6   조선시대의 여자 예인(藝人)을 지칭하는 호칭

  1927년에 이능화(李能和)가 저술한 《조선해어화사(朝鮮解語花史)》의 〈이조(李朝)가 기녀를 둔 목적〉이라는 항목에서 조선의 여악(女樂) 제도에 대해 다음과 같이 설명하고 있다.

> "조선이 고려제도를 그대로 이어받아 여악(女樂)을 위해 기녀(妓女)를 두고 내연(內宴)에 쓰니 진풍정(進豊呈) 혹은 진연(進宴)이라는 것으로 나라에 경사가 있을 때 행하는데, 각 군(郡)을 열거해서 기녀를 선상(選上)하게 하여 이들을 장악원(掌樂院)에 예속시켜 노래와 춤을 익히도록 하였던 것이다."[A]

  궁중에 기녀를 두는 것은 연향악(宴享樂)[B]에 소용(所用)되는 것이라는 취지이다. 조선 전기에서는 지방에서 재예(才藝)가 뛰어난 여기(女妓)를 뽑아서 중앙의 음악기관인 장악원(掌樂院)에 소속시키고 서울에 상주(常駐)하면서 악(樂)·가무 활동을 하게 하였다.[이른바 경중여기(京中女妓) 제도] 여기(女妓)의 신분은 이른바 기안(妓案=기녀 명부)에 올라 있는 관비(官婢)로, 일정한 연령에 도달하기 전까지는 기역(妓役)에서 벗어날 수가 없었다.[C] 《조선왕조실록》에서 기녀를 지칭한 용어를 살펴보면 창기(倡妓 : 태종실록 12년 10월 28일의 기사)나 창기(娼妓 : 세종실록 29년 5월 5일의 기사) 혹은 여기(女妓 : 태종실록 13년 8월 17일의 기사), 관기(官妓 : 태종실록 18년 3월 27일의

A   이능화 저, 조선해어화사, 한남서림, 1927, p. 48
B   연향악은 제례악(祭禮樂)인 아악(雅樂)에 대비되는 개념으로, 왕실에 경사 등이 있어서 궁중에서 연향을 베풀 때 사용되는 음악과 춤을 가리킨다.
C   성종실록 21년(1490) 1월 24일의 기사는 그것을 적나라(赤裸裸)하게 보여 준다. 이것은 조선시대에 자색(姿色)과 재예(才藝)가 있는 기녀가 담당하던 가무(歌舞)의 예능을 하나의 신역(身役)으로 인식하고 있음을 잘 보여 준다.

기사), **여령(女伶**: 세조실록 12년 8월 8일의 기사) 등과 같이 여러 명칭을 혼용해 썼다. 그러다 연산군 시절에 여기(女妓)가 지닌 예능의 수준에 따라 등급을 매기고 기녀들 호칭을 운평(運平)—흥청(興淸)—지과(地科)흥청—천과흥청(天科興淸)으로 바꾸어 불렀던 것^D을 계기로 해서 기녀가 예능인이라는 인식이 강해졌다.

조선왕조실록 원문에 기생(妓生)이라는 용어가 등장한 것은 《중종실록》6년(1511) 3월 6일의 아래와 같은 기사가 최초이다.[여기서 '등장'이라 함은 '妓生'이라는 용어로 번역된 것이 아닌, 그 자체가 원문(原文)에 기록된 것을 말함]

"왕이 조강(朝講)에 나아갔다. 대간(臺諫)이 전의 일을 논하고, 이어 아뢰기를, 「황형(黃衡)이란 자가 전에 절도사(節度使)가 되어 … (中略) … 또 북도병사(北道兵使)가 되어서는 천과흥청(天科興淸) 서강월(西江月)이 그 도(道)에 분배되자, 공공연히 병영 안에서 거느리고 지냈습니다. 또 성종조 때에는 어버이의 병을 이유로 정사(呈辭)를 제출하고 돌아가서는 기생(妓生) 소춘화(笑春花)의 집에 4~5일 간이나 누워있었으며, 그 후 상사(喪事)를 당하고도 그 기생을 간음하여 그때 불충·불효로 논란이 되었습니다. … 」 하였으나, 모두 윤허하지 않았다."

D 연산군(燕山君)의 총애를 받은 기녀들 호칭 중의 하나인 천과흥청(天科興淸)이란 용어를 이해하려면 《중종실록》1년(1506) 9월 2일의 기사에 들어 있는 사신(史臣)의 논찬(論纂)을 읽는 것이 도움이 된다. "사신(史臣)이 논하기를, 「연산은 … (中略) … 처음에 전비(田非)·녹수(綠水)를 들여놓으면서부터 날이 갈수록 거기에 빠져들었고, 창기(娼妓) 중 미모가 빼어난 자를 궁 안으로 뽑아들인 것이 처음에는 百으로 셀 정도였으나, 마침내는 千으로 헤아리기에 이르렀다. … (中略) … 여기(女妓)의 호칭을 고쳐 운평(運平)이라 하고 [改妓, 號日運平], 대내(大內=대궐 내)에 들인 자는 흥청(興淸), 혹은 가흥청(假興淸) 혹은 계평(繼平) 혹은 속홍(續紅)이라 했으며, 가까이에서 모시는 자를 지과(地科)흥청, 왕의 총애를 입은 자를 천과(天科)흥청이라 하였다. … (中略) … 장악원(掌樂院)을 연방원(聯芳院)이라 고치고, 또 열읍(列邑)에 모두 운평을 설치하여 뽑아 올리게 하였다. … 」 하였다.

중종반정 이후의 조선왕조실록에 중국에서는 사용된 적이 없는 '기생(妓生)'이라는 용어가 출현한 것은 민간사회에서 '기생(妓生)'이라는 호칭이 이미 사용되고 있었기 때문인 듯하다. 연산군 시절을 통해서 기녀가 예능인이라는 인식이 강해진 민간사회에서 기녀의 '女' 자를 '生'으로 대체해 좀 더 대우해 주는 '기생(妓生)'이라는 호칭이 탄생한 것이 아닐까 하는 것이 저자의 추론이다.ᴱ 중종 때부터 종전의 '정재여기(呈才女妓)'(예컨대 세조실록 8년 4월 8일의 기사 등) 대신에 '정재기생(呈才妓生)'이라는 용어를 사용하기에 이른 것은 《중종실록》 23년(1528) 8월 14일의 아래 기사에서 확인할 수 있다.

> "정원(政院)에 전교(傳敎)하기를 「내일의 진풍정(進豊呈)을 비 때문에 문정전(文政殿)에서 해야겠는데, 내전(內殿)이 협착하므로 정재기생 외에는 관현이나 의장의 유형 등은 들이지 말라.[內殿狹隘, 呈才妓生外, 如管絃儀仗之類, 不入可也]」 하였다."

또 《광해군일기》 15년(1623) 2월 26일의 아래와 같은 기사를 보면 '기생'이라는 용어[대괄호 안은 원문에 표기된 표현임]가 전반적으로 통용되어 가고 있음을 확인할 수 있다.

> "장악도감(掌樂都監)이 아뢰기를, 「내전에서 거행하는 상수연(上壽宴)의 첫 번째 예행연습 날짜가 10여 일 남았습니다. 기생의 정원수[妓生元數]인 1백 43명 중에 도망하여 시골로 내려간 숫자를 빼면 현재 남아 있는 자가 1백 23명이고 의녀가 44명입니다. …… 」 하니, 전교하기를, 「지난 날에 대례(大禮)를 … (中略) … 평상시에도 대군(大君)·왕자들이 데리고 있는 기생들을 모두 나오게 했었는데[率畜妓生] 외방에 있는 기생에게도

E   양인(良人) 출신인 아악서의 악인(樂人)을 처음에는 천인(賤人) 출신인 전악서의 악인과 똑같이 악공(樂工)으로 호칭하였다가, 나중에 '工' 자를 '生'으로 대체해서 호칭을 악생(樂生)이라고 바꾸어 격을 높여 주었던 예가 있다.[同旨: 민향숙 저, 민향숙의 우리춤 이야기 I , 도서출판 네오, 2016. p. 106]

가서[至於外方妓生] 어떻게 잡아올 수는 없겠는가. … (이하 생략)」 하였다."

그런데 순조 27년(1827)에 대리청정(代理聽政)을 시작한 효명세자는 기생이라는 용어보다 여령(女伶)이란 용어를 더 선호하였다.[F] 효명세자가 예제(睿製)한 정재(呈才)들[예컨대 춘앵전(春鶯囀)을 비롯하여 가인전목단(佳人剪牧丹) 등]은 연회에 참석한 신료(臣僚)들에게 존왕(尊王) 의식을 심어 주게 하려는 의도가 내포된 관계로, 연회(宴會)라고는 하지만 의식(儀式)이 가미된 형태의 정재가 펼쳐졌다. 조선 초기의 여령(女伶)이란 원래 연향(宴享)에서 형식이 중요한 의식을 행할 때 소용되던 용어로, 특정한 의식을 맡았던 여기(女妓)를 가리킨 것으로 생각된다.[예컨대 광해군일기 8년(1616) 8월 14일의 기사 참조] 조선 후기에 와서 효명세자가 여령(女伶)이라는 용어를 더 선호한 이유가 여기에 있을 것이다. 그 후부터 궁중에서는 기생(妓生)이라는 용어가 점차 사라져서 고종 시절의 의궤(儀軌)[G]는 물론이고 실록에서도 여령(女伶)으로 표기하게 되었다.

이른바 경중여기(京中女妓)의 제도는 조선 후기에 임진왜란·병자호란을 겪으면서 상당한 변화가 생기게 되었다. 즉 인조가 즉위한 후부터는 국가의 재정 형편, 풍기 문란 등의 이유로 경중여기(京中女妓)의 관행을 아예 폐지하여, 진연(進宴)이 있을 때마다 지방에서 여기(女妓)를 선상(選上)하여 올려보내고, 중앙에서 행사를 치른 후에는 다시

F   효명세자가 거행한 연향의 기록인《자경전(慈慶殿) 진작정례의궤(進爵整禮儀軌)》권2의 내관(來關=상급·동급 관청에서 보내온 공문서) 항목을 보면 예조(禮曹) 등 중앙에 있는 기관이 시달한 공문에는 모두 '여령(女伶)'이라는 명칭을 사용하고 있다.[예를 들면 '女伶十五名 分定上送事,' '儀仗差備女伶十二名 分定上送事'라는 표현이 보인다]

G   조선시대에 왕실이나 국가에 큰 행사가 있을 때 후세에 참고하도록 하려고 그 일의 전말(顚末)·경과, 소요된 재용(財用)·인원·의식절차, 행사 후의 논상(論賞) 등을 기록해 놓은 문헌.

돌려보내는 식으로 바뀌었다.[H] 그런 연유로 조선 후기에는 여악(女樂)이 축소되고 주로 내연(內宴)에서 악·가무를 하는 것으로 되었다. 그런데 그것마저도 경중(京中)에 있는 여기(女妓)가 너무 부족하여 정재(呈才)에 필요한 기녀의 수를 채우지 못하는 경우가 발생하게 되었다. 그러한 공백을 메꾸기 위한 대안(代案)으로 경중(京中)에 있는 의녀(醫女)와 침선비(針線婢)로 하여금 자신의 본래 임무 외에 가무(歌舞)도 배우게 하여 여기(女妓)의 역할을 대신하게 하였다. 조선 후기에 의녀(醫女)와 침선비(針線婢)가 관기(官妓)로 분류되고 있는 것은 이러한 역사적 배경에서 비롯된 것이다.

[갑오개혁 후에 여자 예인(藝人)의 신분이 자유로워진 관계로 창기나 관기, 기생과 여령이라는 용어에 얽매여서 해석하기보다는 호칭이 사용된 문맥의 전후를 살펴서 종합적으로 이해할 필요가 있다. 특히 1908년 9월 30일에 경시청이 〈기생단속령〉과 〈창기단속령〉을 동시에 반포하면서 용어의 의미가 더욱 혼란스러워졌다. '기생'과 '창기'의 용어를 이해할 때 더욱 세심한 주의가 필요하다.]

H   이러한 변화에 따라 궁중정재가 지방에까지 파급되는 부수적인 효과가 생기게 되었다. 지방에 설치된 교방(敎坊)에서 '정재의 민속화' 현상이 생긴 것은 1872년에 정현석(鄭顯奭)이 쓴 《교방가요(敎坊歌謠)》를 통해서 확인된다.

지식창고 7 협률사가 교습하려 한 새로운 음률(音律)

협률社가 서구식 실내 극장인 희대에서 연희하기 위해 교습한다는 새로운 음률이란 — 고종 등극40년 칭경예식時 진연(進宴)의 처소로는 중화전[外宴의 경우]과 함녕전[內宴의 경우]으로 이미 정해져 있음을 상기할 때 — 관기들이 궁중정재에 으레 부르는 창사(唱詞) 같은 것은 아닐 터이다. 1899년 4월 20일 자 독닙신문(3면)의 아래 기사를 음미하면 그 실마리를 찾을 수 있을 것 같다.

"외부[外部=외교부에 해당]에서 일전에 유성기를 사서 각항 노래 곡조를 불러 유성기 속에다 넣고 해부[該部=외부]대신 이하 제[諸]관원이 춘경을 구경하려고 삼청동 감은정에다 잔치를 배설하고 서양 사람의 모든 기계를 운전하여 쓰는데, 먼저 광대의 춘향가를 넣고 그다음에 기생 화용 및 금랑이 가사를 넣고 말경에 진고개패 계집 산홍 및 사나이 학봉 등의 잡가를 넣었는데, 기관되는 작은 기계를 바꾸어 꾸미면 먼저 넣었던 각항 곡조와 같이 그 속에서 완연히 나오는지라, 보고 듣는 이들이 구름같이 모여 모두 기이하다고 칭찬하며 종일토록 놀았다더라."

위 기사의 외부(外部)대신이란 1899년 4월 8일에 임명되었던 박제순(朴齊純)이고[고종실록 36년 4월 8일의 기사], 유성기에 노래로 불러 넣은 각항(各巷)의 곡조란 민간사회의 각 계층에서 유행되는 노래를 지칭한 것으로 보인다. 그리고 위에 언급된 노래의 유형을 보면 광대의

춘향가, 기생 화용 및 금랑의 **가사(歌詞)**[A], 진고개패[B] 계집 산홍과 사나이 학봉 등의 **잡가(雜歌)**[C]인데, 당시에는 노래를 그렇게 나누는 것이 당연시되었던 것으로 보인다. 즉 광대의 판소리, (관기인) 기생의 가사, 민간기생인 진고개패의 잡가는 유성기에 나누어 곡조를 넣을 정도로 각각 묘미(妙味)가 있었음이 분명하다.

권도희의 논문 〈20세기 기생의 음악사회사적 연구〉에서는 당시의 여성 음악계를 기생 계열과 패거리 계집 계열로 나누고 다음과 같이 설명하고 있다.

> "… (前略) 이때 기생의 레파토리는 가사였고 패거리 계집의 레파토리는 잡가였다. **가사**는 민간의 풍류방을 통해 퍼졌던 음악이었고, **잡가**는 19세기에 유행하던 도시 하층민의 음악이었다. … (中略) … 관기 혹은 기생은 풍류방의 음악을 담당하였고, 창기 혹은 패거리 계집으로 불리던 자들은 민간에서 유행했던 잡가, 산타령계 음악 등을 불렀다는 사실을 통해 19세기 음악을 전문적으로 담당한 여성은 두 부류였고, 이것은 기생 분류상의 관습뿐만 아니라 음악의 종류도 두 종류였음을 알 수 있다. … "[D]

이것은 1902년에 협률사(協律司)가 새로운 음률을 교습하기 위해서 관기 그룹 외에 무명색·삼패로 구성한 예기(藝妓) 그룹을 조직했던 이유를 이해하는 데 중요한 하나의 실마리이다. 1906년 4월 1일 자

A 시조나 가곡과 함께 정가(正歌)의 하나로 취급되는 가사(歌詞)는 영조 이후에 불리기 시작한 것으로 알려져 있다.
B 진고개패는 여러 소리꾼들이 늘어서서 소고를 치면서 부르는 '선소리(立唱) 산타령'을 잘 부르는 패들 중의 하나.
C 이른바 시조(時調)·가사(歌詞)·민요 등과 구별되는, 당시의 민간사회에서 유행하는 시가(詩歌) 부류. 요새로 치면 대중가요를 지칭하는 개념으로 생각됨.[매일신보의 1930년 2월 21일 자(5면) 및 2월 23일 자(5면)에 게재된 경성방송국의 해설〈조선 현대가곡의 종목과 그 대의(大意)〉참조]
D 권도희, 20세기 기생의 음악사회사적 연구[한국음악연구 29집, 한국국악학회, 2001. pp. 319-344], p. 321

대한매일신보(3면)에 실려 있는 다음의 기사도 마찬가지이다.[저자가 괄호를 삽입하고, 현대어법으로 고침]

"일전(日前) 내대(內大=내부 대신) 이지용(李址鎔)씨가 그의 첩실(妾室)에서 대장(大張=한판 크게) 풍류(風流)하는데, 한성(漢城) 중 1등 명기(名妓)와 삼패(三牌)와 창우(倡優)를 초집(招集)하고 청가묘무(淸歌妙舞)로 경창(競唱) 질화(迭和)하니 주인이 만심쾌락(滿心快樂)하여 그 별실(別室)로 하여금 또한 1곡(一曲)을 부르게 하고 자기도 단탕건(單宕巾)으로 흔연히 기무(起舞)할 새, 우시(于時=그때) 보고 즐기는 자가 환여도장(環如堵墻)이라."

위의 기사에서 내부대신 이지용이 첩으로 데리고 있는 별실 외에 1등 명기와 삼패, 창우를 불러 모아 경창(競唱)을 시키고 있는 행태는 1899년에 외부대신 박제순이 광대와 기생, 진고개패 계집을 불러 모아 유성기에 노래를 넣고 있는 행태와 유사하다. 이와 같이 1등 명기와 삼패, 창우가 서로 경쟁하듯 노래를 부르는 것을 보면 관기와 민간기생인 삼패, 창우가 부르는 노래가 서로 다른 유형의 노래임에도 각각의 묘미가 있음을 말해 준다.

이능화는 《조선해어화사(朝鮮解語花史)》에서 삼패란 민간에서 유행하는 잡가를 부를 정도의 수준이라고 규정하였는데, 산타령계 노래를 잘 불러서 외부대신에 의해 초청된 진고개패 계집인 산홍도 삼패라고 할 수 있을 것이다. 협률사(協律司)의 책임자인 장봉환이 삼패도가(三牌都家)를 설치하고 "**노래하는 삼패는 기생을 삼고, 노래 못하는 삼패는 여령으로 마련한다더라.**"라고 한 기사의 요지는 노래 잘하는 민간기생을 선발하려는 데 목적이 있음을 알 수 있다. 후의 일이기는 하지만 1907년 9월 1일부터 열린 경성박람회(京城博覽會)에서 삼패가

무대에서 잡가를 부르고 있다는 아래의 기사는 저자의 추론이 틀리지 않음을 보여 준다.

1) 1907년 9월 6일 자 황성신문(2면) : "●박람회기(博覽會記) - 경성박람회를 본월(本月) 1일부터 개최함은 … (中略) … 연예원(演藝園)에는 1주일에 3차씩 우리나라 기생 및 삼패(三牌)와 일본기생이 각 1일씩 가무(歌舞)를 질주(秩奏)한다는데, 이일(伊日=그날)에는 <u>삼패</u> 강진(康津)과 연심(蓮心)과 가객(歌客) 이순서(李順書)가 <u>잡가(雜歌)</u>를 질탕(迭蕩)히 하매 관객들이 이곳으로 내집(來集)하여 광장이 미만(彌滿=널리 퍼져 가득 참)하고 … "

2) 1907년 9월 13일 자 황성신문(2면) : "●박람개회식(博覽開會式) - 오는 15일 오전 9시에 박람회 연무장(演舞場)에서 개회식을 거행한다는 것은 본보(本報)에 이미 개재하였거니와, 당일 참열자(參列者)는 … (中略) … 식후(式後)에는 내빈(來賓)을 찬(餐)하고 <u>관기(官妓) 및 예기(藝妓)</u> 등의 가무(歌舞)가 있으리라더라."

최남선이 《조선상식문답》이라는 책에서 '애루(隘陋)하다'고 표현한 희대는 과연 누구를 대접하기 위해 설치한 것인가 하는 의문이 생긴다. 고종 등극40년 칭경예식時 교방사(教坊司)가 수행할 진연(進宴)의 처소는 중화전과 함녕전으로 이미 정해져 있으므로, 국빈급의 외국사절을 희대처럼 누추한 곳에서 대접하려고 계획한 것은 아니라고 생각된다.

[칭경행사가 예정대로 진행되었다고 하면 공식적인 칭경예식을 치른 후에 일련의 경축행사로 원유회(慶式節次 8일째)와 관병식(慶式節次 9일째)이 준비되어 있었다. 공식적인 행사 일정이 없는 마지막 날에는 광교에 설치한 조야(朝野) 송축소(頌祝所)에서 칭경행사를 위하여 내방(來訪)한 외국사절들을 모시고 민유회가 준비한 환영행사를 치를 계획이었다고 추론한다.]

그래서 저자는 마지막 날 저녁때에는 희대에서 관기 및 예기들이 춤을 곁들인 노래 위주의 송축 공연을 할 계획이었던 것이 아닌가 추측한다. 결론적으로 말하면 참령 장봉환은 칭경행사의 피날레로 '조선 최초의 실내 극장' 희대(戲臺)에서 관기는 양반계급이 즐겨 부르는 가사(歌詞)를, 삼패는 민간사회에 유행하는 잡가를 부르게 하여 – 오늘날로 치면 장르별로 유명한 가수를 출연시켜 다양한 레퍼토리를 선보이는 것처럼 – 노래 중심의 연희를 계획하였던 것으로 추정된다.

3. 협률사(協律社)가 출현한 시기와 그 성격

협률司라는 기사妓司의 존재와 임무를 보도한 1902년 8월 25일자 황성신문(2면)의 기사가 나온 뒤, 1개월이 되어 갈 무렵 뜻밖에도 칭경행사를 내년으로 연기한다는 결정이 내려졌다. 《고종실록》 39년(1902) 9월 20일의 아래와 같은 내용이 바로 그것이다.

> **조칙(詔勅)을 내리기를,** 「요즘 몹쓸 병 기운이 크게 퍼지는데, 이런 때에 각국의 사신들이 먼 길을 오는 것도 심히 불안한 노릇이며, 가령 우리나라의 관리들로 말하더라도 분주하게 뛰어다니며 수고하는데, 이에 대해 역시 걱정하지 않을 수 없다. 경축 의식을 내년에 가서 택일하여 거행하도록 분부하라.」 하였다.

고종은 등극40년을 기념하는 칭경행사를 이용해서 대한제국의 근대화된 모습과 자주국가의 위상을 세계 각국에 과시하고자 하는 계획을 세웠다. 그런데 조선에 콜레라 유행이라는 뜻밖의 상황이 일어나 칭경행사를 예정대로 추진할 수 없게 되고 말았다.[1] 하지만 고종은 칭경행사를 연기해서라도 실행하고 싶었던 것 같다. 《고종실록》 39년(1902) 10월 4일의 기사를 보면 "장례원경(掌禮院卿) 서리(署理) 이용선(李容善)이 아뢰기를 「어극(御極)40년 칭경예식을 음력 계묘(癸卯)년(1903) 4월 初4일(양력 4월 30일)로 날을 받아 거행하고자 하는데, 어떤지요?」 라고 하니 이를 윤허(允許)하였다."라는 내용이 바로 그것이다.

고종은 칭경행사의 연기를 결정함과 동시에 관병식을 위해서 편성된 혼성여단混成旅團을 해산시키고 수도에 불러올린 각 진위대鎭衛隊를 도로 내려보내는 등의 후속 조치도 시행하였다. 하지만 각 부府·군郡에서 그동안 준비해 온 일들을 전부 다 취소시킨 것은 아니었다. 칭경예식 사무위원들이 그대로 존속하였음은 물론이고 계속해서 인력과 비용을 투입해 내년 칭경행사를 준비하는 모습도 눈에 뜨인다.[2] 일단 취소시킨 후 수개월 뒤에 다시 시행하려면 비용과 노력이 그만큼 또 투입되어야 하는 만큼, 준비해 온 일의 성격에 따라서는 당분간 현재의 상태를 유지하면서 시간을 기다리는 편이 더 합리적이라고 생각되는 것이 있기 때문이다. 그리고 고종의 망육순望六旬을 축하하는 외진연外進宴 같은 왕실 내의 행사는 콜레라의 유행에 관계없이 중화전中和殿에서 예정대로 실행되었다.[고종실록 39년(1902) 12월 3일의 기사 참조]

그러면 이제 칭경행사의 연기로 인하여 칭경예식시 방문한 외국사절들을 접대하기 위해 권설權設한 협률사協律司에 어떤 변화가 생겼는지 알아보기로 하자. 협률사協律司란 원래 진연도감進宴都監과 같이 행사를 위해 임시로 설치된 관청인 이상 칭경행사가 수개월씩 연기되게 되면 활동을 일단 중지할 수밖에 없을 것이다. 협률사協律司가 관기官妓·예기藝妓 등 각색의 창기를 조직하여 새로운 음률을 교습한다는 기사를 끝으로 협률사協律司의 활동에 관한 기사가 신문에 등장하지 않는 것은 이상하게 여길 문제는 아니다. 그런데 협률사協律司와는 달리 협률사協律社라는 – 관아(官衙)를 뜻하는 '司' 자가 아닌, 단체를 뜻하는 '社' 자를 쓰고 있음에 주의를 요함 – 단체가 활동을 하기 시작한다는 점에 주목할 필요가 있다.

협률사協律社는 1902년 12월 2일부터 희대戲臺에서 '소춘대유희笑春臺遊戲'로 흥행에 나선 것은 앞서 소개한 바 있는데, 사실 협률사協律社라는 이름은 이보다

한 달가량 전에 이미 세간世間에 알려졌었다. 그것은 협률사協律社가 1902년 10월 31일부터 황성신문(3면)과 제국신문(3면)에 자신의 이름으로 아래와 같은 광고를 게재하였기 때문이다.[광고는 11월 1일과 3일에도 이어졌다]

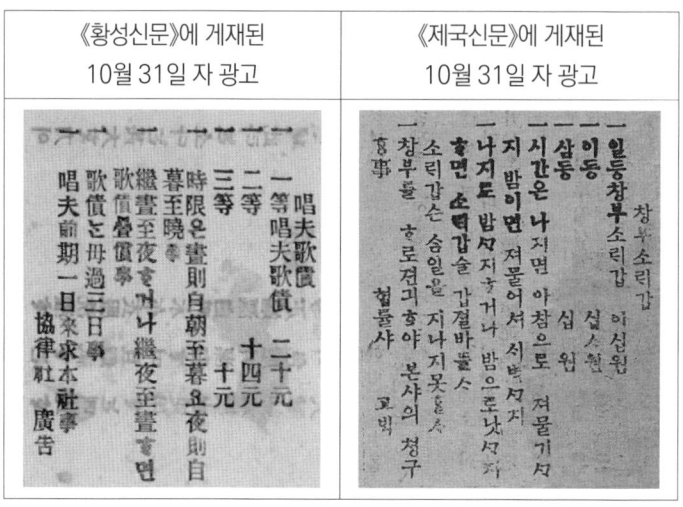

《황성신문》에 게재된 10월 31일 자 광고	《제국신문》에 게재된 10월 31일 자 광고

위 광고의 문안에 차이가 있는 것은 제국신문이 한글 전용을 지향하는 신문사인 관계로 생긴 것일 뿐, 취지는 동일하다. 이 내용을 어떤 성격의 것으로 이해할 것인가에 대해 두 가지의 견해가 있다. 하나는 이것을 "**협률사에서 등급과 일하는 시간에 따라서 임금을 달리하여 창부(唱夫)들을 모집**"한다는 내용으로 이해하여 창부모집 광고로 보는 견해[3]이고, 다른 하나는 위의 광고 이전에 협률社가 이미 창부를 거느리고 있어서 "**소속 창부의 사사(私事)놀음 출장을 요청하는 상대방이 지불해야 할 소릿값[歌債]을 고시**"하는 내용으로 이해하여 영업광고로 보는 견해이다.[4]

저자는 후자의 견해에 동조한다. 광고의 내용을 차례대로 설명해 보면 먼저 창부의 등급에 따라 가채歌債(=소릿값)를 각각 명시한 부분은 특별히 논할 것도 없다. 그다음은 창부소릿값을 계산하는 기준인데, 낮에 소리한다는 것은 '(해가 뜬) **아침부터** (해가 지는) **저녁까지**'이고, 밤에 소리한다는 것은 '**해가 저물고부터 새벽까지**'를 말한다는 것으로, 만약 낮부터 밤까지 이어서 소리하거나 밤부터 낮까지 이어서 하게 되면 소릿값을 명시한 기준의 2배를 받을 것임[歌債疊償]을 명시하는 한편, 그 '**소리값의 지불은 소리를 한 후 3일을 지나치지 못한다**'라고 지급 시한도 명기하였다. 그리고 광고의 말미末尾에는 창부를 청구하는 방식에 대해 안내하고 있다. 협률社의 위 광고를 – 창부 모집 광고가 아닌 – 소속 창부를 활용하려는 영업 광고로 이해하는 것은 다음과 같은 이유에서이다.

첫째는 광고의 문안에는 소릿값의 지급 시한이나 창부를 청구하는 방식이 명시되어 있다는 점이다. 광고의 말미末尾에 부기附記되어 있는 "**창부를 하로 전 긔하야**(=약속한 날짜 하루 전에) **본샤의 청구할 事**[唱夫前期一日來求本社事]"라고 하는 문구는 사대부士大夫 집 잔치 등의 사사私事놀음에 창부를 필요로 하는 날 하루 전에 본사(협률社)에 와서 청구해야 한다는 취지이므로 이를 영업광고로 보아야 한다는 것이다. 이것을 창부모집 광고의 문안으로 보면 이러한 내용이 들어 있는 까닭을 이해하기 어렵다.

둘째는 협률社가 11월 3일자 제국신문(3면)에 위와 같은 광고와 함께 "**본샤 창부 외에**

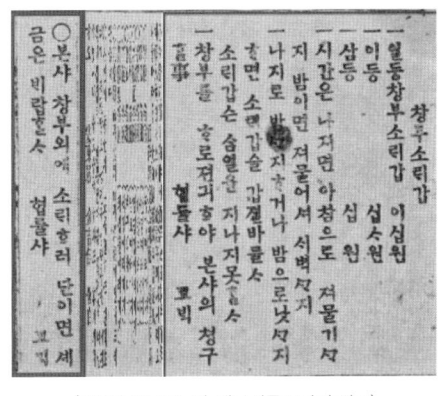

(1902.11.03. 자 제국신문 3면의 광고)

소리하러 단이면(다니면) 세금은 배랍[倍納]할 사[事]."라는 내용의 광고를 함께 하고 있다는 점이다.[황성신문에는 같은 취지의 광고가 2면에 실림]

만약 이 내용이 창부를 모집하는 광고라고 하면 그 왼쪽에다 본사(協律社)의 창부를 사용하지 않는 때에는 불이익이 있음을 고지하고 있는 상황을 결코 이해할 수 없게 된다.

문제는 協律社가 어떤 성격의 단체이길래 자사 소속 창부를 사용하지 않으면 불이익이 있음을 고지할 수가 있느냐 하는 것이다. 이러한 문제 등으로 인해 국악 또는 연극계의 학자들 간에 논의가 분분하다. 즉 칭경행사를 위해 봉상시 내에 설치된 희대戲臺, 관기官妓·예기藝妓 등을 교습한다는 기사妓司인 協律司, 그리고 창부唱夫 등을 데리고 이미 활동하고 있던 協律社의 관계를 어떤 식으로 이해할 것인가를 둘러싼 해석이다. 예컨대 한국민족음악 대학자로 불리는 노동은 교수(2016년 12월 作故함)는 저서 『한국근대음악사【1】』에서 다음과 같이 말하고 있다.

> 협률사는 정부가 재정 충당을 목적으로 설립한 관립 극장이다. ……
> 봉상시(奉常寺)내에 설치한 협률사는 궁내부내의 협률사(協律司)가 관장하였다. 협률사(協律社)가 운영하는 극장 이름과 그 조직체가 협률사(協律司)였다.[5]

요컨대 궁내부의 임시관청인 協律司가 서구식 실내극장인 희대戲臺를 운영하기 위해 설치한 조직체가 協律社라고 주장하는 견해이다. 그 연장선에서 1902년에 설립한 관립극장(희대)의 이름도 協律社라고 생각한다. 이 견해에 의하면 연희단체인 協律社는 協律司의 감독을 받는 산하傘下 조직인 셈이다. "… **협률사라는 명칭은 이 모든 요소, 즉 궁내부 소속의 한 부서라는 기능과 영리를 추구하는 회사의 기능, 공연장소를**

지칭하는 기능을 함의한 명칭으로 쓰였던 것 같다."[6]라는 식의 설명도 노동은 교수와 유사한 견해이다.

이에 대하여 칭경의식의 연기로 인한 희대와 협률社의 관련성은 어느 정도 인정하지만 협률司와 협률社는 각각 독립된 실체라고 보기 때문에 극장인 희대와 연희단체인 협률社를 별개로 보는 견해도 있다. 예컨대 "협률사는 극장 '희대'의 등장과 더불어 구성되어 1902년 10월부터 활동을 시작하였으며, 당시 판소리에서 파생된 새로운 공연형태인 창극을 무대에 선보이며 1907년 1월까지 공연활동을 펼쳤던 단체였다."라고 하면서, "이 시기 등장한 협률사의 용어는 두 가지로, '협률사(協律司)'와 '협률사(協律社)'이다. 이 가운데 협률사(協律司)는 구한국정부의 음악기관이며 …… 반면 협률사(協律社)는 창설 당시부터 영리를 목적으로 한 회사로, 두 단체는 별개의 조직이었다."라고 설명하는 견해[7]가 이에 속한다.

위의 두 견해의 실질적인 차이점은 아래와 같은 것이다. 전자의 견해에 따르면 삼패 등의 민간기생은 물론이고 창부 등의 협률社의 구성원은 모두 임시관청인 협률司에 의하여 모집되었다는 것이며, 협률社는 희대 및 이를 운영하기 위한 연희演戱단체의 명칭이라고 생각한다. 이 견해에서는 협률社는 관청인 협률司의 산하 조직이기 때문에 자사 소속 창부를 사용하지 않으면 불이익이 있음을 고지할 수 있다는 논리를 내세워도 무리가 없게 된다.

이에 대해 후자의 견해에 따르면 칭경행사를 위해 설치된 관청이 협률司이고 봉상시 내에 설치된 희대는 조선 최초의 서구식 실내 극장인데, 협률社는 칭경예식이 연기된 후 사용되고 있지 않은 희대를 이용하여 영리를 추구하려고 흥행에 나서게 된 관계에 불과하다는 식으로 설명한다. 그러므로 칭경행사를 위하여 삼패 등의 민간기생을 모집하고 관리한 것은 협률司이고, 창부唱夫와 같은 부류는 협률社가 따로 모집한 것으로 생각한다. 이 견해에 의하면 영리를 목적으로 설립된 사설私設회사인 협률社가 자사 소속 창부를 사용하지 않으면 불이익이 있음을 고지할 수 있는 지위를 가진 근거를 설명하기 어렵다는 약점이 있다.

따라서 저자는 후자의 견해에 동조하지 않는다. 그렇지만 전자의 **주장 중 "창부 등의 협률社의 구성원도 협률司에 의해 모집되었다"** 라는 설명이 타당한가에 대해서는 의문을 가지고 있으므로 전자의 견해에도 찬성하지 않는다. 협률司란 원래 칭경행사를 위하여 설치된 희대戲臺에서 새로운 음률을 선보일 목적으로 관기官妓·예기藝妓 등을 교습하기 위해 설치된 기사妓司이기 때문이다. 그렇다고 하면 창부를 거느린 협률社가 1902년 10월에 출현하게 된 연유는 과연 무엇인지 검토해 보기로 하자.

---

1 고종의 등극40년 기념을 위한 칭경행사는 이를 시작으로 돌발적인 사태로 인하여 연기를 거듭하다가 결국 치르지 못하고 말았다. 최남선은 《조선상식문답》에서 희대(戲臺)를 설명하는 내용 중에 다음과 같이 말하고 있다.[앞의 책(조선상식문답), p. 345]

"… (前略) 불행히 그해 가을에 호열자의 유행으로 인하여 칭경예식이 명년으로 연기되고, 협률社는 일반 오락기관으로 기생·창우·무동 등의 연예를 구경시키면서 명년을 기다렸습니다. 광무(光武) 7년(1903년)에 이르러서는 봄에 영친왕의 두후(痘候)로 말미암아 가을로 밀린 예식(禮式)이 가을에는 농형(農形)이 근심되고, 또 일아(日俄)의 풍운이 전급(轉急)하여서 …… 모처럼 준비한 희대(戲臺)가 소용없어지고 마니 … "

2 1902년 11월 5일 자 황성신문(2면)에는 "칭경예식시에 원유회 기지(基址)를 북궐(北闕) 內 농상소(農桑所)로 정하고 수축(修築)하더니 요새 들은 즉, 다시 同 궐내 옥류천(玉流泉)으로 의정(議定)하고 공역(工役)을 설시(設始)한다더라."라는 기사가 실려 있다.

3 조영규 저, 바로잡는 협률사와 원각사, 민속원, 2008, pp. 87-88

4　김민수, 초창기 창극의 공연양상 재고찰[국악원논문집 제27집, 국립국악원, 2013, pp. 37-56], p. 43(특히 주17) 참조
5　노동은 저, 한국근대음악사[1], 도서출판 한길사, 1995, p. 509
6　백현미 저, 한국창극사 연구, 태학사, 1997, p. 30의 주2)
7　김민수, 앞 논문(초창기 창극의 공연양상 재고찰), p. 39와 pp. 42-43 참조

4. 협률사의 시발점(始發點)은 민유회(民遊會) ?

《고종실록》39년(1902) 7월 20일의 기사를 보면 등극40년 칭경행사의 세부적인 내용 중 가장 먼저 나오는 항목은 "올해 10월 18일 대황제大皇帝 폐하의 등극40년을 칭경할 때 높고 낮은 신하들과 백성들이 모두 칭송하는 경축 의식을 설행함"이라는 것이다. 고종은 자신의 등극(1863년 12월 13일) 40년이 되는 1902년[*40주년이 아님에 주의]에 치르게 되는 기념행사를 이용해 대한제국의 자주 국가인 위상을 세계 각국에 과시하려고 하였다. 그리하여 고종은 칭경행사를 백성들이 모두 경축하는 전국적인 축제로 치르고자 한 것이다. 1902년 8월 23일 자 황성신문(2면)에 아래와 같은 내용의 기사도 그러한 취지를 보여 준다.

● 연비지획(宴費支劃) - 내부(內部=내무부에 해당)에셔는 각부(府)·군(郡)에 발훈(發訓)하되, 칭경예식 時에 각부·군 경축 연회비(宴會費)를 각 해당 공화(公貨=공금) 중으로 지용(支用)하라 하얏고, 외부(外部=외무부에 해당)에셔는 총 세무사(稅務司)에게 공함(公函=서로 독립된 기관 사이에 공문을 주고받음)하되 각항(各港) 감리서(監理署)에 칭경 연수비(稱慶宴需費)를 각 해관(海關=관세의 징수를 담당하던 기구)으로셔 조획(措劃)케 하라 하얏더라.

또 고종의 탄신일[만수성절萬壽聖節이라 함] 다음 날인 1902년 8월 29일 자의 황성신문(2면)에 보이는 아래와 같은 기사도 같은 맥락이다.

● 민유설회(民遊設會) - 사인(士人) 김용제(金鎔濟)씨가 칭경예식 후에 각국 대사를 인민(人民)이 접대 차(次)로 민유회(民遊會)를 설(設)할 터인데, 현금(現今=지금) 보조금(補助金)을 구취(鳩聚=한 곳에 모으는 일을 함)한다더라.

위 기사에 나오는 김용제는 당시 한낱 사인士人에 불과하지만, 협률사와 관련하여 주목해야 할 인물이다.[1] 그리고 이 민유회가 관변官邊 조직임은 1902년 9월 3일 자 황성신문(2면)의 아래 기사를 통해 짐작할 수 있다.

● 인민성사(人民盛事) - 일작(日昨) 본보에 민유설회(民遊設會)란 일은 대략 듣고 쓰게 된 글이거니와 다시 자세히 들은 즉, 오는 음력 9월 17일(양력 10월 18일) 칭경예식 시에 조야(朝野) 신민(臣民)의 환변지침(歡忭之忱=즐겁고 기쁜 마음)으로 하표(賀表)를 정상(呈上)하고 특별히 기념비를 견립(堅立)할 터이고, 각국에서 오는 축하 대사(大使)를 위하여 인민의 환영절차를 거(행)할 일로, 조야(朝野) 송축소(頌祝所)를 광교(廣橋) 앞 한성은행소(漢城銀行所)에 설(치)하고 사무장은 민병석씨요 부장(副長)은 이창구씨로 하였더라.

위 기사에 등장하는 민병석 씨는 예식원장禮式院長 민영환의 뒤를 이어 '칭경시 예식사무위원장'을 잠깐 맡았다가(1902년 8월 9일~8월 22일) - 곧 궁내부대신 임시 서리(署理)인 윤정구(尹定求)에게 그 직책을 넘겨주고 - 민유회의 사무장을 맡게 된 것이다. 이는 칭경예식의 행사 중 하나로 민유회가 계획하고 있는 일들이 중요하게 여겨지고 있음을 말해 준다. 즉 칭경행사의 기념비를 건립하는 일, 각국에서 오는 축하 사절들을 백성들이 거국적으로 환영하는 절차를 준비하는 등의 일이 바로 그것이다. 이러한 것들은 정부의 공식적인 행사는 아니지만, 관官과 전혀 무관하게 민간인들만의 힘으로 추진될 수 있는 일이 아니다. 따라서 민유회는 일종의 관변官邊 행사를 책임진 조직이라 할 수 있다. 1902년 9월 19일 자 제국신문(3면)을 보면 민유회의 사무장 민병석 씨가 아래와 같이 직접 정부 각 부처에 행사의 참여를 독려하고 있는데,

이는 민유회의 성격을 잘 보여 준다.

●송축소(頌祝所) 통문(通文) - 조야[朝野]송축소에서 칭경기념비를 건립한단 말은 이왕 기재하엿거니와, 사무장 민병석씨가 각부로 통문하기를 국민을 위하야 상업학교를 설시하며 축하하는 의절[儀節=의식 절채]을 설행할 터이니, 음력으로 오는 9월 17일(양력 10월 18일)에 한성은행소 사무소로 와서 함께 경축함을 바란다 하엿더라.

민유회의 실무자인 김용제가 관인官人도 아니면서 일반 수작자受爵者와 기타 대관大官을 대상으로 보조금을 모을 수 있는 것도 조직의 성격을 잘 보여 준다. 민유회가 준비하는 인민의 환영절차란 야외인 광교에 설치한 송축소에서 무동놀이, 탈춤과 같은 민간기예를 펼치는 중에 이루어지게 되므로, 이는 마치 조선시대에 청나라 사신이 올 때 재인청이 수행했던 임무와 비슷한 면이 있다. 《경기도창재도청안(京畿道唱才都廳案)》(1836)의 훈서訓序에 있었던 "대개 우리들이 맡은 일은 나라에서 중국의 칙사를 영접할 때 산대(山臺)를 만들고 놀이를 하여 그들에게 예쁨을 받고 … "라는 내용에서 보듯이 조선시대에는 국가나 지방관청에서 광대와 재인才人을 마음대로 동원하였다. 그러나 갑오개혁 후 근대국가를 표방하고 있는 대한제국에서는 그때처럼 강제로 차출할 수 있는 여건이 아니다. 그러므로 칭경행사의 일환으로 계획된 인민의 환영 절차를 준비하던 민유회는 창부를 포함한 민간기예인을 사전에 모집하였을 터이다. 1902년 12월 16일 자 제국신문(1면)의 '협률샤 구경' 논설 중에 나오는 내용, 즉 "이 회샤에서는 통히 팔로에[通八路=나라 곳곳에 널리 알려진] 광대와 탈꾼과 소리꾼, 춤꾼, 소리패, 남사당, 땅재주꾼 등류[等類]를 모아 합[合]이 80여명이 한 집에서 숙식하고 논다."라는 구절은 민유회가 민간기예인들을 모집해 데리고 있는 모습으로 생각된다.

그런데 콜레라 유행이라는 뜻밖의 상황이 벌어져 칭경행사를 내년으로 연기하라는 고종의 지시(1902년 9월 20일)가 있게 되자 민유회는 그동안 벌여 놓은 일을 어떻게 마무리해야 좋을지 고민하지 않을 수 없게 되었을 것이다. 즉 이 당시에는 민간기예의 예능인(예전의 광대·재인 등)이 국가에 신역身役을 제공해야만 할 의무가 없으므로, 민유회는 이들을 모집해서 연희할 프로그램을 준비시키기 위하여 어떤 형태로든지 금전을 지불할 약속을 하였을 것이다. 그런데 칭경행사가 내년으로 연기되었다고 해서 민유회가 이들을 전부 해산하게 되면, 금전적인 문제는 별도로 치더라도 전국에 흩어진 민간기예의 예능인을 칭경예식일에 맞추어 다시 모집해야 할 판이다. 그러나 그 계획이 그때 가서 다시 차질 없이 이루어진다는 보장이 없다.[민간기예인들은 한성 내에서 선발한 민간기생들과는 생활환경이 전연 다르다] 그런 연유로 민유회 관계자는 이들을 해산시키지 않고 어떤 방법을 써서 연기된 칭경행사일이 도래할 때까지 민간기예인들을 거느리고 있는 편이 더 좋다는 생각을 하였을 법하다. 칭경행사가 연기되면서 민유회를 시발점으로 하여 협률社가 설립되었다고 저자가 추론하는 근거이다. 즉 1902년 12월 16일 자 제국신문(1면)에 실려 있는 '협률샤 구경'이라는 논설에 나오는 내용 중 "이 회샤에 자본이 얼마나 들었는지는 자셰히 알슈 업스나, 벽돌집 지은 것과 여러 소속의 가진 부비[付備=부속 설비]며 용도가 응당 불소한지라. 들으니 몃몃 대관[大官]하시는 량반님네가 자본을 합하야 설시[設施]한

거시라 하니 …"라는 구절은 저자의 추론을 뒷받침한다.[2]

칭경행사가 내년으로 연기되면서 민유회 관계자들이 회사를 설립하고 칭경행사일이 도래할 때까지 어떻게 해서든지 창부들을 데리고 있는 것으로 결정하였다고 보면 황성·제국신문(1902년 10월 31일, 11월 1일, 11월 3일 자)에 사사私事놀음에 필요한 창부唱夫의 가채歌債를 광고하는 등 창부를 이용하여 수입을 올리려는 것은 당연한 일로 생각된다. 협률社가 이 같은 영업 광고와 동시에 "**본사 창부 외에 소리하러 다니면 세금은 배납[倍納]할 사[事]**."라고 고지하는 것이 가능한 이유도 협률社가 관변단체인 민유회를 시발점으로 하여 설립된 특별한 회사이기 때문일 것이다. 1903년 3월 26일 자 황성신문(2면)의 아래 기사는 협률社가 칭경행사를 위해 존재하는 특별한 성격의 회사임을 여실히 보여 준다.

●율사칙승(律社飭僧) - 협률사(協律社)에서 수도에 있는 산의 각 사찰에 고시하되, 현금(現今) 남녀 공인(工人)을 이미 자연히 본사로 관할하게 된 즉, 무릇 기분전환을 위해 놀러가기 좋은 시절이라 부득이 놀러가고 안 가고를 검찰(檢察)하는데, 가장 당연히 엄금할 것은 바로 사찰에 놀러나가는 일이다. 대체로 사찰은 본래 청정(淸淨)을 주로 할 뿐더러 경산 각 사찰에 축지지(祝之地=이 나라의 축하할 일)에 막중(莫重)하지 않은 것이 없는 즉, 그곳의 경근(敬謹)이 다른 것과 달리 특별함[餘他自別]이라,

종금(從今) 이후로 남녀 공인 등을 먼저 본사부터 보통과 다르게 단단히 단속[別般操束]하여 제멋대로 나다니는 것을 못하게 할 것이니 또한 사찰에 있는 모든 사람들[寺中] 스스로 결코 그런 요청에 응하지 않음으로써[切勿酬應] 다시는 감히 이러한 사람들과 접촉하는 일이

없도록 하되, 만약 혹시라도 이를 흔히 있는 일로 생각하여 종전과 같이 다시 나다니면 공인배(工人輩)는 고사하고 승도(僧徒)등이 엄하게 다스리는 것을 면하지 못할 것이니 이를 알고 경계하고 두렵게 생각하여[警惕] 법에 위반되는 일을 하여 형벌을 받게 되는 데까지[犯科抵罪] 이르지 않도록 하라 하였더라.

위의 기사에는 유의할 2가지 점이 보인다. 하나는 신문의 제목에 '율사칙승(律社飭僧)'[=협률社가 승려들에게 신칙(申飭)을 고지함]이라는 표현을 쓴 점이다. 다른 하나는 협률社의 이러한 신칙申飭이 나오게 된 배경, 즉 곧 있게 되는 '이 나라의 축하할 일[祝之地]'과 관계가 있는 조치라는 것을 설명하고 있는 점이다. 즉 협률社에 소속된 공인工人이 얼마 전까지는 사사私事놀음에 불려 다니는 것을 허용하였지만, 칭경행사의 일정이 실지로 4월 30일에 시행되는 것으로 확정되자³ 그런 일을 자체적으로도 금지시킴은 물론 수도에 있는 사찰들에도 주지시키고, 만약 이를 위반할 때는 형벌을 받게 됨을 고지하고 있다. 이러한 조치는 협률社가 칭경행사를 위하여 기능하는 특별한 성격의 회사가 아니라면 할 수 없는 일이다. 1903년 3월 27일 자 황성신문(2면)의 아래와 같은 기사를 보면 고위 관료들마저 협률社가 정한 지침을 따르고 있음을 확인할 수 있다.

●휴기대객(携妓待客) - 작일(昨日)에 내장원경(內藏院卿) 이용익(李容翊)씨와 법부(法部) 협판(協辦) 이기동(李基東)씨가 모(某) 공사(公使)를 접대 차(次)로 기생을 협률사(協律社)로 청구하여 동문(東門) 외 화계사(花溪寺)에 전왕(前往)하여 연회를 열고[設宴] 소창(消暢)한다더라.

여기서 눈길을 끄는 것은 협률社가 기생도 관할하고 있다는 점이다. 1902년 12월에 협률社가 희대에서 행한 '소춘대유희(笑春臺遊戲)'에서는 – 광대의 판소리와 땅재주, 탈춤과 무동놀이와 같은 종목이 연희되었을 뿐으로 – 기생이 출연한 것으로 여겨질 만한 내용이 없었다. 그런데 해가 바뀐 후의 1903년 3월의 '율사칙승(律社飭僧)' 기사를 보게 되면 '남녀 공인(工人)' 즉, 민간기예인과 창부만이 아니고 여자인 민간기생도 협률社가 관장하였음을 알 수가 있다. 이것은 칭경행사의 연기로 인하여 임시관청인 협률司가 모집한 민간기생을 협률社에게 이관移管해 주었음을 시사한다. 그리고 이것은 조선의 전통연희를 서구식 실내 극장인 희대에서 행하고 있는 협률社의 흥행이 신통치 않았음을 간접적으로 알려 준다.

---

1 칭경행사가 연기에 연기를 거듭하다가 러일전쟁이 일어나 결국 무산되기에 이르자 1904년 2월에 통신사(通信司) 전화과 주사(主事)로 임명되고 판임관(判任官) 6등에 서임(敍任)되는 인물이다. 김용제라는 인물에 대해 더 주목해야 할 것은 칭경행사가 무산되는 1904년부터 협률社의 활동이 중지되는데, 1906년에 이를 다시 복설(復設)하는 데 앞장선 고위 관료 3명[김용제(金鎔濟)·최상돈(崔相敦)·고희준(高羲俊)] 중의 한 사람이라는 점이다.
2 송축기념비의 건립과 인민의 환영행사를 맡았던 민유회의 역할이 칭경행사의 연기로 말미암아 둘로 나누어져, 조야송축소(朝野頌祝所)는 송축기념비의 건립 임무를 맡고, 인민의 환영 행사는 협률사(協律社)가 맡기로 한 것으로 결정된 듯하다. 1902년 11월 1일 자 황성신문(2면)을 보면 "각부(府)·부(部)·원(院)·청(廳)의 칙임관(勅任官)·주임관(奏任官)·판임관(判任官)이 조야송축소에 보조금을 수송(收送=거두어 보냄)하는데, 칙임관 100元, 주임관 10元, 판임관 2元 혹은 4元 씩이더라."라는 내용의 기사가 있다.
3 1903년 3월 12일 자 황성신문(2면)의 기사: "●경식절차(慶式節次) – 어극(御極) 40년 칭경예식 일자는 음력 4월 初4일(양력 4월 30일)인데, 그 사무소에서 회의하고 예식절차를 마련하였는데, 동월(同月) 初1일에는 각국 대사를 영접하고, 初4일에는 황상(皇上)폐하께옵서 원구단(圜丘壇)에 행례(行禮)하옵시고, 같은 달 初8일에는 원유회(苑遊會)를 설행(設行)하고 初9일에는 관병식(觀兵式)을 행하고 같은 달 11일에는 각국 대사가 귀국 차(次)로 폐현(陛見)을 청하게 하기로 의정(議定)하였더라."

5. 협률사의 1903년 흥행에서 드러난 실상(實相)
- 협률사는 무엇을 목표로 설립한 걸까?

협률사가 조선 최초의 서구식 실내 극장인 희대에서 전통연희 위주로 흥행한 성적이 썩 좋지 않았다는 것은 신문에 실린 아래와 같은 광고를 통해 짐작할 수가 있다.

a) 1903년 1월 26일 자 황성신문(3면)의 광고 : "본사에서 금월 26일부터 오는 정월 초3일(양력 1월 31일)까지 정무(停務=사무를 정지함)하옵고 문표가(門票價=입장료)는 상등 1元 중등 60錢 하등 40錢이오니 첨군자(僉君子=여러 신사들)는 조량위하(照亮爲荷=오셔서 자리를 빛내주시기 바람).   협률사 고백"

b) 1903년 2월 9일 자 황성신문(3면)의 광고 : "본사에서 음력 정월 12일(양력 2월 9일)부터 문표가(門票價)를 상등 1元 중등 50錢 하등 25錢으로 갱정(更定)하오니 첨군자(僉君子)는 조량위하(照亮爲荷).   협률사 고백"

[1903년 2월 10일 자와 11일 자의 제국신문(4면) 광고는 1903년 2월 9일 자의 황성신문(3면) 광고 문안과 동일함]

협률사가 1902년 12월 2일에 소춘대유희를 개시할 때는 문표가門票價를 상등 1元 중등 70錢 하등 50錢으로 책정하고 흥행하였는데, 채 두 달이 지나지 않아 중등의 입장료를 70전에서 60전으로, 하등의 입장료는 50전에서 40전으로 인하하였다. 그래도 흥행이 되지 않자 열흘도 안되어 중등의 입장료를 60전에서 50전으로, 하등의 입장료는 40전에서 25전으로 연거푸 인하하였다. 이 사실은 민간기예와 창부唱夫 등의 연희로는 인기는 고사하고 관객을 모으는 것조차 신통치 않았음을 말해 주는 것이다. 그런데 1903년 3월 26일 자 황성신문(2면)의 '율사칙승(律社飭僧)'이라는 기사 및 3월 27일 자 황성신문(2면)의 '휴기대객(携妓待客)'이라는 기사를 통해 협률사가 이미 기생도 관할하고 있음을 알게 된 바 있다.

소춘대유희를 개시한 후 열흘이 지난 1902년 12월 12일 자의 제국신문(3면)에는 "●승원부원(陞院附院) – 협률샤[協律司]는 협률원[協律院]으로 개뎡[改定]하고 텰도원[鐵道院]은 통신원으로 부속한다더라."라는 기사가 실려 있다. 이는 칭경행사를 위하여 임시로 설치된 협률사가 민간기예인과 창부 등을 거느리고 있던 협률社를 흡수·통합하여 협률원으로 승격시키려고 계획했던 것으로 추정된다. 협률社는 칭경행사가 연기되어 다시 치르게 되기까지 민간기예인과 창부들을 거느리고 있어야 하는 만큼 희대를 이용해 흥행하는 것을 희대의 주무主務인 장봉환이 양해하지 않을 수가 없었을 것이다. 하지만 그 협률社의 흥행이 신통치 않았던 관계로 협률司가 모집한 민간기생들도 희대에 출연시켜 흥행하고자 하는 움직임이 있자 장봉환은 이를 총괄할 생각으로 협률司를 승격시켜 협률院으로 개정하려고 시도한 듯하다. 그렇지만 이것은 장례원掌禮院 산하에 있는 교방사敎坊司보다 위상이 높아지는 결과가 되므로 그것을 반대하는 목소리에 결국 성사되지 않았던 것으로 보인다. 왜냐하면 그 후에는 신문 기사에서 협률원이라는 이름이 아예 등장하지 않기 때문이다.

협률司의 승격이 좌절된 장봉환은 어쩔 수 없이 삼패도가三牌都家를 통해 모집한 민간기생의 관리를 한시적으로 협률社에 이양한 것으로 보인다.[관기는 칭경행사가 연기되면서 자연히 자신의 소속 부서로 복귀하게 되었을 것이다] 1903년 2월 17일 자 황성신문(2면)의 '정우여기(停優餘妓)' 기사의 일부 내용¹은 틀린 것이지만 "… 재작(再昨) 위시(爲始)하여 창우를 정지하고 기생(妓生)만 유희케 되엿다더라."라는 후반부의 내용은 협률社가 민간기생도 관할하게 되었다는 것을 확인시켜 준다. 다만 황성신문과 동일한 날짜의 제국신문(2면) 기사를 보게 되면 흥행이 되지 않은 것이 광대를 정지하엿기 때문에 생긴 일인 것처럼 기술되어 있어 약간 혼란스럽지만, 입장료를 계속 인하했던 점을 보면 흥행이 되지 않아서 광대를 결국 정지하엿음이 분명하다.

●율사자폐(律社自廢) − 이왕에는 협률샤에서 기생 삼패 광대 등을 모집하야 희학[戲謔]하야 관광쟈에게 돈을 받더니 재작일 위시하야 광대는 영영 물시[勿施=하던 일을 더 이상 하지 않음]한 지라 관광하는 쟈가 업는 고로 사무가 뎡지되엿다더라.

며칠 뒤인 1903년 2월 23일 자의 황성신문(3면)에는 아래와 같은 협률社의 광고가 실려 있다.

본사 사기(事機=일이 되어 가는 형세)가 다일(多日) 영성(零星=보잘것없음)하더니 갱위(更爲=다시) 확정하야 재명일(再明日=내일모레) 위시하야 개회하였스니 완상(玩賞) 첨군자(僉君子) 조량(照亮)함.   협률社 고백

광고는 협률社의 흥행이 신통치 않아서 연희를 중지하였음에도 불구하고 흥행을 성공시키기 위한 새로운 시도 같은 것이 전혀 보이지 않는다. 이와 같은 실상을 보면 협률社가 흥행의 성공에 연연하기보다는 칭경행사를 치를 수 있을 때까지 존립을 유지하는 것이 목표인 것처럼 느껴진다. 다시 말해서 1903년까지 활동한 협률社[저자는 이를 제1기

협률사라고 지칭함]의 목적은 어디까지나 칭경행사이고, 입장료를 받고 하는 연희演戱는 칭경예식일이 도래할 때까지 조직을 유지하려는 하나의 수단에 지나지 않는다고 생각된다.

協律社는 칭경행사란 특별한 목적을 위해서 존립한다는 특수한 성격은 그 후의 활동 행태에서도 그대로 드러난다. 즉 칭경행사가 영친왕英親王[순종의 이복동생]의 천연두 증세로 인해 또다시 가을로 연기되자 協律社는 더욱 난감한 처지에 몰리게 되었다. 왜냐하면 칭경예식일을 가을 중으로 연기함과 동시에 천연두가 궐내로 확산되는 것을 방지하기 위해 궁내부에서 희대도 정지시키는 조치를 하였기 때문이다. 1903년 4월 13일 자 황성신문(2면)을 보면 아래와 같은 내용이 있다.

●예식정퇴(禮式停退) - 영친왕전하께옵서 두진(痘疹)의 환후(患候)가 지금 한창인 고(故)로 칭경예식은 추간(秋間)으로 퇴정(退定)하여 택일(擇日) 거행하옵신지라, … (中略) … 궁내부 소관으로 전궁(殿宮) 수리 및 각 토목 공사와 원유회 수축(修築)의 공사를 모두 정지하고 <u>희대(戱臺)도 정지하고</u> 승후관(承候官)들도 일체 궐내(闕內)에 금입(禁入)한다더라.

[* 1903년의 신문 기사에서 여전히 '희대(戱臺)'라고 지칭하고 있는 것을 보면 協律社가 희대의 명칭이라는 주장은 설득력이 없다고 생각한다]

칭경행사를 치를 수 있을 때까지 존립을 유지해야 하는 協律社의 처지에서는 칭경행사가 또다시 연기되면 수개월을 더 버텨야 할 처지인데, 희대마저 정지됨에 따라 그야말로 막다른 길에 몰린 것이다. 그래서 그때부터는 조직을 유지하는 경비를 보충하기 위해 협률社가 '풍악을 갖추어 놀이하는 회사'라는 인식이 무색할 지경의 일도 서슴지 않았다. 당시의 대중들에게 인기가 있던 활동사진 기계를 희대에다 설치하고 영업을 하기 시작한 것이 바로 그 증거이다. 이 사실은 1903년 7월 10일 자 황성신문(2면)의 아래와 같은 기사를 통해 알 수 있다.

●유완조액(遊玩遭厄) - 근일 동대문 내 전기철도(회)사 중에 활동사진 기계를 구입하여 사녀(士女=신사와 숙녀)의 관완(觀玩)에 제공하므로 관완자(觀玩者)가 오후 8시부터 10시까지 전차에 탑재하여 쉴사이 없이 관람하러 가는데[紛紛往觀], 인산인해(人山人海)를 이루어[簇聚] 매일 저녁 입장료 수입액이 백여元이요, 차표 값도 역시 그러하다.

삼작일(三昨日=3일 전)은 새문안 협률社에도 그와 같은 기계 1좌(坐)를 배치(排置)하고 관완(觀玩)케 하므로 완객(玩客) 유녀(游女) 수천 인이 취집(聚集)하였다가 홀연 전기불꽃[電火]이 파열하여 사람으로 꽉찬 건물에 화광(火光)의 기세가 왕성하므로 많은 사람이 일시에 경동(驚動)하여 자기들끼리 마구 밟아[自相踐踏] 혹은 몇 미터 길이의 담장[數仞墻垣]에 스스로 떨어져서 의관(衣冠)이 파열한 사람, 머리가 깨지고 다리가 부러진 사람, 옆구리와 팔다리를 다친 자의 류(類)가 무수한데, … (이하 생략)

요컨대 협률社가 활동사진 기계를 설치해 영업에 나섰다가 전기화재로 인하여 수많은 관람객이 다치는 큰 사고가 났다는 것이다. 이 사고의 여파餘波로 협률社가 스스로 영업을 정지한 것은 1903년 7월 15일 자 황성신문(2면)의 아래 기사를 통해 확인된다.

●희장정지(戲場停止) - 한성 내에 각항(各項) 물가가 축일(逐日=나날이) 조등(刁騰=걷잡을 수 없이 뛰어오름)할 뿐더러 과월탄건(跨月嘆乾=오랜 기간 군주를 탓함)에 도하(都下) 민정(民情)이 오오(嗷嗷=많은 사람이 원망하여 떠듦)하기로 재작석(再昨夕)부터 협률사에서 칙령을 봉승(奉承)하여 희구(戲具)를 정지하였더라.

위의 기사에서 말하는 희구戲具란 말할 것도 없이 활동사진 기계로[2], 협률社의 영업을 정지하라는 칙령勅令까지 나왔다는 것은 협률社가 영리를 목적으로 설립된 사설회사가 아니라 칭경행사를 위한 특수한 회사임을 여실히 보여 준다. 한 달 후에 협률社는 활동사진 기계의 영업을 재개하였다가[1903년 8월 22일 자 황성신문(3면)의 광고], 얼마 후 "본사에 적유사(適有事=일이 마침 있음) 고(故)하와 금일부터 기일간(幾日間) 업무를 정지하오니 …"[1903년 9월 8일 자 황성신문(3면)의 광고]라고 하였던 것은 9월 26일로 정해진 고종의 등극40년 칭경예식일[3]에 맞추어 그 준비를 하기 위한 조치가 분명하다. 하지만 고종은 가을로 또 연기하였던 칭경행사를 극심한 흉년으로 결국 실행에 옮기지 못한 채 유야무야有耶無耶가 되었다. 칭경행사가 예정한 시기에 열리지 않게 되자 협률社가 잠시 정지했던 활동사진 영업을 다시 시작하였음은 1903년 9월 29일 자 황성신문(2면)의 아래 기사를 통해 알 수가 있다.

●희장갱설(戲場更設) - 근일 협률社에서 유희장(游戲場)을 잠시 정지하더니 작일(昨日) 저녁부터 다시 개설하였는데, 관광인(觀光人)이 전문래부(塡門來赴=문을 다 채울 정도로 찾아옴)한다더라.

그 후 만주와 한반도의 지배권을 둘러싸고 러시아와 일본 간에 러일전쟁이 벌어지게 되자(1904년 2월 10일) 칭경행사 계획은 결국 무산霧散되고 말았다.⁴ 칭경행사가 연기되자 고육지책으로 협률社를 설립했던 연유를 상기하면 칭경행사 계획의 무산과 함께 협률社의 활동이 중단되는 것은 당연하게 생각된다. 따라서 협률사에 관한 기사가 2년이 지날 때까지 보이지 않는다고 해서 이상하게 여길 일은 아니다.

---

1 봉상시 내에 설치된 희대는 칭경행사를 위한 궁내부 재산인 시설이고 장봉환이 주무를 맡고 있다는 점, 협률司가 각색의 창기를 조직해 새로운 음률을 교습한다는 기사를 상기한다면, 관청이 아닌 '협률社'가 희대를 설치한 것처럼 기술한 부분은 잘못된 내용이다.
2 협률社를 관립극장인 희대를 운영하기 위한 연희단체로 보든, 칭경행사의 연기로 사용되지 않는 희대를 활용해 영리를 추구하려고 설립된 연희단체로 보든, 희대에 활동사진을 설치하여 영업을 한다는 것은 연희단체라는 협률社의 성격과 괴리(乖離)가 있는 행태이다. 그러나 그러한 행태는 칭경행사의 연기로 인하여 협률社를 설립하게 된 연유를 알면 이해가 간다.
3 1903년 8월 17일 자 황성신문(2면)을 보면 "**어극(御極)40년 칭경예식은 음력 8월 초6일**(=양력 9월 26일)**에 설행(設行)하기로 의정(議定)하였다더라.**"라는 기사가 있다.
4 다만 '고종 어극(御極)40년 칭경기념비'는 1903년 9월에 건립되어[1903년 9월 2일 자 황성신문(2면)의 '기념입비(紀念立碑)' 기사 참조] 지금 서울시 종로구 세종로 142-3번지에 소재하고 있다.

6. 협률사가 1906년에 갱설(更設)된 배경

고종 등극40년 칭경행사가 처음 연기된 후인 1902년 10월 말부터 실체를 드러내기 시작한 협률社는 1903년 9월 29일 자 황성신문(2면)에 '희장갱설(戱場更設)'이라는 기사가 실린 후 2년의 세월이 흐르는 동안 그 이름이 – 광고든 기사든 간에 – 전혀 보이지 않는다. 그러다 1905년 10월 12일 자 황성신문(2면)의 아래와 같은 기사에서 협률社라는 이름이 사람들의 눈에 다시 뜨이게 되었다.

●청학확장(靑學擴張) – 청년학원을 상동(尙洞) 회당(會堂) 내에 권설(權設)하였더니 목금(目今=지금 현재) 학무(學務)가 점차 진취(進就)하여 생도가 일익(日益) 증가하는 고(故)로, <u>새문안 전협률사(前協律社)</u>를 청원(請願)하여 관허(官許)를 득(得)하였는데, 불일내(不日內) 수리하고 교육을 확장한다더라.

위 기사에 나온 '새문안 전협률사(前協律社)'란 희대에서 흥행하던 연희단체를 가리키는 것이 아니고 前협률社가 사용하던 새문안의 건물, 즉 칭경행사를 위해 협률司가 서북철도국을 밀어내고 사용하던 건물을 지칭한 것으로 보인다. 기사의 요지를 보면 칭경행사가 연기되면서 임시관청인 협률司가 해체되자 새문안의 그 건물을 연희단체인 협률社가 사용하였다가, 상동尙洞 회당 내에 임시 설치한 청년학원을 옮기기 위해서 그 건물을 청원하고 관허를 얻어 수리한다는 내용이다. 그런데 1906년 초부터 협률社라는 이름이 다시 신문 광고에 등장하여 세간世間의 주목을 받게 된다. 1906년 2월 28일 자 대한매일신보(3면)에 실린 광고의 내용이 바로 그것이다.

전협률사(前協律社)를 갱설(更設)하고 제반(諸般) 기예(技藝)를 음력 2월 8일(양력 3월 2일)부터 시작하되, 시간은 오후 6시부터 1시까지이오니 모든 군자(君子)는 편람(便覽)하심을 망(望)함.

협률사 고백

위 광고 앞 부분의 '前協律社'는 사무실로 쓰던 건물을 지칭한 것이 아니고 희대에서 흥행하던 연희단체인 협률社, 즉 '풍악을 갖추어 **노리하는 회사**' 그것을 지칭한 것이다. 그래서 광고 끝 부분의 '**협률社**'는 봉상시 내에 설치된 희대에서 제반諸般 기예技藝를 가지고 1906년에 다시 흥행을 시작하는 연희단체의 이름이다. [저자는 1906년에 갱설된 협률社를 제2기라고 지칭함] 그리고 제2기 협律社가 제반諸般 기예技藝를 내세운 흥행으로 초반부터 관객 동원에 성공하였음은 이틀 뒤인 1906년 3월 4일 자 대한매일신보(2면)의 기사[아래의 그림]를 통해 알 수가 있다.

●율사번화(律社繁華) - 재작일(再昨日) 하오 6시량(量)에 협률사(協律社)를 중개(重開=다시 엶)하고 관희(觀戲) 제인(諸人)에게 수전(收錢)규칙을 4등으로 구별하야 특별상등은 신화(新貨) 1元, 1등 60錢, 2등 40錢, 3등 15錢이라는데, 남녀간 운둔무집(雲屯霧集=때를 지어 모여듦)하여 누천인(屢千人)에 이르렀다 하니,
……

전통연희를 중심으로 한 제1기 협률사協律社의 경우 인기는 고사하고 입장료를 연거푸 인하해도 흥행이 신통치 않아서 사무의 정지를 반복하였고, 칭경행사가 또다시 연기되고 만 1903년 7월 이후에는 아예 동대문 안의 전기철도회사로부터 활동사진 기계를 구입해 그것을 이용해 영업을 해야만 하는 지경까지 몰렸었다. 이에 비하여 제2기 협률사協律社의 개막 흥행 성공은 놀랍기만 하다.

1906년 3월이라고 하면 대한제국이 일본과 을사늑약乙巳勒約을 체결함(1905년 11월 17일)에 따라 이른바 일제日帝에 의한 통감統監정치가 시작되었을 무렵이다. 그래서 논자에 따라서는 제2기 협률사가 갱설된 배경을 정치적인 관점에서 접근하여 "**1906년 협률사의 복설은 을사늑약체결 직후에 발생한 국내 여론을 잠재우고 통감부가 통치기반을 다져나가는 동안 인민들의 관심을 정치가 아닌 놀이문화로 돌리기 위한 목적이었던 것**"으로 추측하기도 한다.[1] 그러나 협률사協律社의 갱설이 그러한 의도로 추진되었다고 해서 저절로 흥행에 성공할 리가 없는 이상 접근하는 관점을 달리해 살펴볼 필요가 있다.

우선 제1기 협률사協律社와 제2기 협률사協律社는 그 목적부터 차이가 있다. 1906년 3월 3일 자 황성신문(3면)의 아래와 같은 기사를 통해서 그 실마리를 찾을 수 있다.

> ●연의사업(演義事業) — 연전(年前)에 **모씨(某氏) 모씨가 군악대를 설치하고** 그 요금을 준비한다고 성총(聖聰)을 옹폐(雍蔽)하여 황실 황금 4만여元을 소융(消融)하여 협률사(協律社)를 설치하매, 외인(外人) 조소(嘲笑)와 내국 방언(謗言=비방하는 소리)이 훤자(喧藉=여러 사람의 입으로 퍼져서 왁자하게 됨)하더니,

지금 최상돈(崔相敦)·김용제(金鎔濟)·고희준(高義駿) 제씨(諸氏)가 주선하여 그 잡극(雜劇)을 복설(復設)한다고 광고하였으니, 이 사업이 개명(開明) 진보에 급무(急務)가 될런지 항의(巷議=일반사람들 사이에 떠도는 이야기)가 낭자(浪藉)하더라.

위 기사의 전반부는 제1기 협률社와 관련된 이야기로, 여기에 나오는 '某씨'가 참령 장봉환을 가리키는 것임은 짐작하기 어렵지 않다. 장봉환은 희대가 설치된 1902년 8월 당시 양악식洋樂式 군악대가 설치된 시위연대侍衛聯隊 대대장大隊長을 맡고 있었던 인물이기 때문이다.[2] 그러나 고종이 황실 황금[內帑金]을 써서 설치한 것은 희대戲臺이고, 협률社가 설립된 것은 칭경행사 연기로 인한 고육지책이었음은 앞에서 설명한 바 있다. 한편 위 기사의 후반부는 1906년에 갱설된 제2기 협률社에 대한 것이다. 제2기 협률社가 대한제국의 고위 관료인 김용제金鎔濟·최상돈崔相敦·고희준高義駿 3인의 주도로 영리를 목적으로 갱설되었다는 점은 학계에서 다툼이 없다. 다만 협률社의 갱설을 주도한 3인 중의 2명이 1902년의 칭경행사와 관련된 업무에 관여한 경력이 있다는 점이 흥미롭다.[3] 대한제국의 현직 고위 관료이던 세 사람이 협률社(제2기)를 갱설하고자 고종을 설득한 명분은 무엇이었을까? 1906년 2월 7일 자의 황성신문(2면)을 보면 '시사개연(時事慨然)'이라는 기사가 있는데, 저자의 눈길을 끄는 내용이 있다.

음력 정월 초5일(양력 1월 29일) 밤에 궁내부 고문관 가등증웅(加藤增雄) 가토오 마스오)씨가 참서관 김용제씨를 통역으로 전도(前導)하고 황상폐하께 사적인 알현(謁見)을 청하여 함흥군 명태동(明太洞) 금광과 평양탄광을 청구하매, 황상폐하께서 금광은 내부대신 이지용이가 청원, 인허(認許)하였고, 同 탄광은 … [이러이러한 이유로] 청구를 허락해 줄 수 없다고[不可許施] 하답(下答)하시되, 가등(加藤)씨가 3시간을 고간(苦懇)도 하며 위혁(威嚇)도 하여 필경(畢竟) 윤허(允許)를 받아냈다는데, 양광(兩礦) 허시(許施) 문적(文籍)을 고쳐 진정(進程)하거늘 부득이 '계(啓)'자를 답(踏)하여 하사하오셨다 하니,

그 내용을 약문(略聞)한 즉, 명태동 금광은 북도(北道)인이 금화 2만元 운동비를 납(納)한 근인(根因)이오, 평양탄광은 … (中略) … 하니, 사실과 같으면 가등(加藤)씨는 궁내부 고문으로 설령 다대한 운동비가 유(有)할지라도 거절하여 고문의 책임을 진(盡)하며 황실의 소유를 유지함이 가(可)하거늘, 김용제의 세언(細言)을 듣고 여간(如干=어지간히 생각할 정도) 뇌금(賂金)을 탐하여 불법행위를 사행(肆行)하여 황실 소유를 할여(割與)하고 …

궁내부 고문 가토오(加藤)는 당시에 '대한제국 황실의 재정 정리를 위하여 활동하는' 제실帝室 제도정리국의 의정관을 겸임하고 있었기에 금광과 탄광의 이권利權에 대해 개입할 수 있는 명분이 있다. 그런데 협률사와 인연이 있는 김용제가 가토오(加藤)고문을 수행한 점이 눈길을 끈다. 아니나 다를까 김용제가 곧바로 제실帝室 제도국 참서관으로 피임被任된 것이다.[1906년 2월 9일 자 대한매일신보(2면)의 잡보] 궁내부 관제의 개정으로(1906년 1월 30일) 설치된 제실 제도국은 황실의 재정 정리를 명목으로 1904년 10월부터 활동하던 제실 제도정리국의 사무를 인계받았다. 이러한 상황에서 김용제는 황실의 재정 정리를 이유로 유휴遊休시설로 전락한 희대를 활용해 수익을 올리는 방안으로 협률社의 갱설을 궁내부 고문인 가토오(加藤) 및 고종에게 제안하였을 가능성이 농후하다.

협률사의 갱설이 고종의 내탕금內帑金으로 설치된 희대를 활용하여 제실帝室의 수입을 늘리고자 하는 방안으로 추진되는 것이면 희대에 대한 장봉환의 관여를 차단할 필요가 있다. 1906년 2월 14일 자 황성신문(1면)을 보면 훈장을 수여받은 사람의 명단과 사유가 명시되어 있고, 장봉환은 '근로파다(勤勞頗多)'를 치하致賀하고 4등 훈장과 팔괘장을 하사한 것으로 되어 있다. 이것은 협률사의 갱설을 위한 사전 정지整地 작업으로 여겨진다. 제2기 협률사는 처음부터 희대를 이용해 수익을 올리려는 점에서 제1기 협률사와 다른 모습을 보인다. 김용제가 실무책임자로 있던 민유회라는 관변官邊조직이 시발점이 되어 만들어진 제1기 협률사는 연기된 칭경행사가 실행될 때까지 희대를 이용해 존립에 필요한 경비를 보충하려는 것이기 때문에 희대의 이용 대가를 지급해야 한다는 인식이 없었다. 그러나 갱설된 협률사(제2기)는 처음부터 희대를 이용한 흥행으로 수익을 올리려는 것이므로 희대의 이용에 대한 대가를 당연히 지급하여야 한다는 인식을 가졌을 것이다. 그것을 차세借貰라고 하는데, 이는 황실 재정에 도움이 된다는 명분을 내세워 고종을 설득하였을 것이다. 하지만 대한제국의 고위 관료인 김용제·최상돈·고희준 세 사람만의 노력으로 이를 성공시키기에는 힘에 부친다. 1906년 5월 3일 자의 대한매일신보(2면)의 기사에 "**협률사 연희장(演戲場)은 궁내부 참사관 김용제, 철도국장 최상돈씨 등이** (궁내부) **고문 가동(加藤)씨와 어떻게 계약을 하고 일인처(日人處**=일본인이 장악한 부처?)**에 인허(認許) 설시(設施)하였든지** …"라는 구절이 있다. 이는 당시 궁내부의 고문인 가등중웅(加藤增雄 가토 마스오)이 세 사람의 배후에 있음을 시사한다.[4]

1 조영규 저, 앞의 책(바로잡는 협률사와 원각사), p. 254
2 1906년 3월 8일 자 대한매일신보(1면)의 '협률사를 논함'이라는 논설에서는 '某씨'가 장봉환이라는 점을 명기하고 있다.
 "협률사는 몇년 전에 장봉환씨가 황상폐하께 상주하되, 군악대를 설치한 경비를 보충할 계획으로 협률사를 창설하자고 누누이 천총(天聰)을 기폐(欺蔽)하여 내탕금(內帑金) 4만원을 내어주게 하여 … "
3 먼저 김용제라는 인물은 1902년에 민유회의 설행(設行)을 맡았던 사인(士人)이었는데, 칭경행사가 완전히 무산된 후인 1904년 2월에 통신사(通信司) 전화과 주사(主事)로 임명되고 곧 궁내부로 자리를 옮겨 참서관(參書官) 겸임 문서과장으로 임명되었으며(1904년 3월), 시종원(侍從院) 시종도 겸임하는가 하면 궁내부 소관의 각궁(各宮) 각사(各司) 세부(稅簿) 조사위원과 내사(內事)과장으로 임명되는 등 고종의 신임을 계속 받았던 인물이다.
 또 최상돈은 1902년에 철도원(鐵道院) 기사(技師)로 근무하다 칭경시 예식사무위원으로 임명되어[1902년 7월 30일 자 황성신문(1면)의 관보] 해당 직무를 수행하면서 주임관(奏任官) 6등, 정3품으로 서임(敍任)되었고[1904년 7월 27일 자 황성신문(1면)의 관보], 1905년에 농상공부 철도국장으로 발탁된 인물이다. [1905년 12월 24일 자 대한매일신보(2면)의 잡보]
 한편 고희준은 일찍부터 일본어에 능통해 교사생활을 하다가, 1904년 10월 25일 자로 예식원(禮式院) 주사 판임관(判任官) 6등으로 임명된 후 1주일 만에 예식원 참리관(參理官) 주임관(奏任官)으로 고속 승진한 인물이다. [1904년 11월 2일 자 황성신문(1면)의 관보] 그는 예식원 예식관(禮式官)으로 근무하던 1905년 12월에 일본국으로부터 훈장을 받고, 고종으로부터 5등 훈장과 팔괘장(八卦章)을 하사받았다.[1906년 1월 19일 자 대한매일신보(3면)의 잡보 참조]
4 김용제와 가등중웅(加藤增雄 가토오 마스오)가 밀접한 관계를 맺고 있었던 것은 앞에서 소개한 바 있다. 또 최상돈도 같은 칭경행사 예식사무위원으로 활동한 가등중웅(加藤增雄)과 접할 기회가 많았던 것으로 생각된다. [예컨대 1902년 7월 31일 자 제국신문(2면)을 보면 " … (前略) 수륜원 부총재 가등중웅씨와 광무검찰관 트뢰불리씨로 칭경예식원 사무위원을 피명하였더라."라는 기사가 있다.]

7. 갱설(更設)된 협률사(제2기)의 흥행 모습과
그에 대한 사회적 반응

   대한제국의 고위 관료인 김용제·최상돈·고희준이 주도한 협률社(제2기)는 처음부터 희대를 이용해 수익을 올리고자 제반諸般 기예技藝를 내세운 흥행으로 엄청난 인기를 끌었다. 그렇게 된 이유는 차차 설명할 것이나, 당시의 시대적 상황은 이를 용인하지 않고 반작용이 일어나 1주일도 지나지 않아 언론으로부터 격렬한 비난이 쏟아지기 시작하였다. 1906년 3월 8일 자 대한매일신보(1면)의 논설인 '논(論)협률사(協律社)'가 대표적이다.

   "협률사는 연전(年前)에 장봉환(張鳳煥)씨가 황상(皇上)폐하께 상주(上奏)하되, 군악대를 설치한 경비를 충보(充補)할 계획으로 협률사를 창설…"로 시작하는 첫 번째 단락은 제1기 협률社에 대한 내용이고[여기서는 이에 대한 설명은 생략함] 제2기 협률社에 대한 내용은 두 번째 단락부터인데, 먼저 협률社의 연희의 내용에 대해 다음과 같이 비난하고 있다.

   매일 풍악(風樂)이 굉천(轟天)하며 염기(艶妓)가 여월(如月)하며
   창부(倡夫)가 여운(如雲)하여 일장(一場) 풍류진(風流陣)을 설(設)하매

년소(年少)한 자제(子弟)들이 심지(心志)가 요양(搖揚)하고 이목(耳目)이 황홀하여 황금을 아끼지 않고 청춘을 허송하여 가산(家産)탕잔(蕩殘)은 말할 필요도 없고 만사(萬事) 영위(營爲)가 이에 따라 헛되이 보내므로 그의 아버지와 형이 개탄분한(慨歎憤恨)하는 소리가 온 도성(都城)에 비등(沸騰)함이 들이오.

위 단락을 통해 제2기 협률社의 연희 내용을 대략 짐작할 수가 있다. 협률社의 연희에 대해서 '매일 풍악(風樂)이 굉천(轟天)하며 …'라고 묘사한 구절은 에밀 부르다레의 《En Corée》에 기술되었던 동료의 감상과 — 즉 "이 음악가들 혹시 코트디부아르에서 온 것 아냐! 맹수에게 들려줄 음악일세! 정말이야. 이런 광란은 예상도 못 했어!" — 그다지 달라지지 않았다는 느낌이다. 제2기 협률社에서도 전통연희 예인藝人들이 실내 극장이라는 환경을 고려하지 않고 여전히 야외에서 하던 방식대로 하기 때문일 것이다. 그러나 그다음에 이어지는 '염기(艷妓)가 여월(如月)하며 …'라는 묘사는 제1기 협률社에서는 볼 수가 없었던 모습으로 생각된다. 1902년 12월 16일 자 제국신문(1면)의 논설['협률샤 구경']에 묘사된 연희에서는 관기官妓의 궁중정재宮中呈才는 말할 것도 없고 민간기생이 등장한 듯한 모습 같은 것도 보이지 않는다. '염기(艷妓)가 여월(如月)하며 …'라는 묘사는 제2기 협률社에 궁중의 관기가 출연하였기 때문이다. 또 제1기 협률사의 연희에는 무동패와 탈춤 같은 민간기예가 들어 있었지만, 제2기 협률社에서는 민간기예는 제외되고 창부 중심의 연희로 바뀌었기 때문에 '창부(倡夫)가 여운(如雲)하여'라고 묘사된 것으로 보인다. 그리고 근대 5명창名唱[1] 중의 한 사람인 김창환金昌煥이 제2기 협률사에 소속하고 있던 사실은 1906년 7월 10일 자 황성신문(2면)의 아래와 같은 기사를 통해서 확인된다.

●명창가자(名唱加資) – 근일 항설(巷說)을 들은 즉 일전(日前)에 군부대신(軍部大臣) 家에서 연회를 설(設)하고 무기(舞妓), 가객(歌客)을 청요(請邀)하여 가무를 청람(聽覽)할 때, 협률사 중 제일 유명한 <u>광대 김창환(金昌煥)</u>이 또한 그 연회에 참석한 지라, …

♣ ♣ ♣

1906년 3월 16일 자 대한매일신보(1면)에는 협률社의 연희演戱를 구경하는 사람을 책망責望하는 글[責協律社觀光者]이 실려 있다. 여기에도 제2기 협률社를 이해하는 데 중요한 사항이 보인다.

근일 협률사 경황을 들은 즉, … (中略) …

해사(該社)는 김용제·최상돈·고희준 3씨가 조직한 것인데, 그 실상(實相)은 일본인의 출자(出資) 영업하는 바라, 일작(日昨)에 **일진회(一進會) 평의장(評議長) 송병준(宋秉俊)**씨가 해사(該社)에 가서 경고하여 책망하며 말하기를, 「협률사 연희(演戱)는 외[外]의 각국에도 또한 있는 것이나 인민(人民)의 영업으로 이를 하는 것이오, 관인(官人)이 이를 한다는 것은 듣지 못하였고, (또) 기녀(妓女)의 고용은 있거니와 관기(官妓)의 사용은 만만부당(萬萬不當)이라」 하였다. 이러한 비리(非理)의 사위(事爲)는 부득불(不得不) 방알(防遏=하지 못하게 막음)이라 하는데, 同 3씨와 일인(日人)이 송씨를 對하여 그 관서(寬恕)를 구걸하였다 하니, …

위의 내용을 통해 우리는 **첫째** 제2기 협률사는 표면상으로는 김용제 등 3인이 조직한 것이지만, 실상은 일본인[궁내부 고문관인 가토오]의 출자도 포함되어 있다는 것, **둘째** 제2기 협률社에 궁중의 관기官妓가 출연한 것은 대한제국의 현직 관료들이 궁내부의 협조하에 이루어진 것임을 짐작할 수 있는 것이다. 제2기 협률사의 연희에 대해 논설로 "년소(年少)한 자제(子弟)들이 심지(心志)가 요양(搖揚)하고 이목(耳目)이 황홀하여 …"라고 비난한 내용은 궁중 관기가 출연하면서 벌어진 현상임은 물론이다.

관기들이 펼치는 궁중정재는 그동안 궁중 전유물專有物이었던 탓에 특별한 때 외에는 일반인들이 볼 수 없었다. 프랑스인 에밀 부르다레가 철도기술 고문 자격으로 고종을 알현한 후에 궁정에서 학연화대鶴蓮花臺 포구락抛毬樂 사자무獅子舞 검무劍舞 항장무項莊舞를 보았다고 하는 예[2]나, 미국 대통령의 영양令孃이 1905년에 대한제국을 방문하였을 때 미국 공관公館이 개최한 연향宴饗에서 관기들의 검무 등이 펼쳐지는 예[3]와 같이 특별한 자리에서는 관기들이 궁중정재를 추는 경우가 있었으나, 이를 감상할 수 있는 사람은 한정되어 있었다. 그런데 고종 등극40년 칭경행사를 위해 봉상시 내에 설치된 희대戱臺가 슬며시 − 칭경행사가 뜻하지 않게 연기되는 바람에 협률社(제1기)가 출현하면서 − 영리극장으로 변모하여 상황이 조금씩 변하기 시작하였다. 칭경행사를 위해 존립하던 제1기 협률社에서 민간기예와 창부 위주로 흥행을 시작하였지만, 신통한 반응을 얻지 못하자 예외적인 조치로 − 예비관기로 생각되는 − 궁중무용수가 무대에 출연한 적도 있었지만[4], 그것은 어디까지나 일시적인 고육지책苦肉之策이었다. 그러나 제2기 협률社는 황실의 재정 정리라는 명분을 내세워 희대를 아예 영리극장으로 변모시켰다. 남녀노소男女老少를 불문하고 입장료만 내면 극장에 드나들 수 있게 하는 한편 흥행을 위해 필요하다는 이유로 궁내부 소속의 관기도 출연시킨 것이다. 1906년 5월 1일 자의 대한매일신보(2면)의 기사를 보면 "오는

5월 1일부터 협률사에서 항장무(項莊舞)를 연희한다는데, 일의(一依) 홍문연(鴻門宴) 당일 광경하여 제반 절차가 십분 굉장(宏壯)이라 하니…"라는 내용이 실제로 들어 있다. 궁중의 전유물이던 관기들의 정재를 제2기 협률社의 희대에서 볼 수 있게 되자 남녀유별男女有別과 같은 유교의 관념에 짓눌려 있던 조선시대의 연소한 자제들이 춤추는 관기들의 어여쁜 모습을 보고 심지가 요양하고 이목이 황홀하지 않을 수 없었을 것이다.

그러자 언론인들은 그러한 열풍熱風을 아주 못마땅하게 여기는 한편[5] 을사늑약乙巳勒約 이후 형성된 국가적 위기감에서 1906년 4월 7일 자의 대한매일신보(1면)는 논설['율사지폐(律社之弊)']에서 협률社를 혁파革罷해야 할 이유를 아래와 같이 설파하였다.

> 협률사의 설치가 민국(民國)에 있어서 백해(百害)는 있어도 일리(一利)도 없음은 본보 상 기재한 것이 여러 번 하였을 뿐 아니라 … (中略) … 지금 협률사는 …… 한편으로는 음악(淫樂)이오 한편으로는 무풍(巫風)이라. 창우(倡優)·기생(妓生)이 매일 밤 군집(群集)하여 **가성(歌聲)이 경천(競天)**하며 **무수번운(舞袖翻雲)**[=무용수의 옷깃이 구름처럼 날아다님]하니 이것이 과연 공(公)에 이로운가 사(私)에 이로운가? … (中略) … 그 전두(纏頭=가무를 한 사람에게 칭찬의 뜻으로 주는 금품) 소득이 하루에 천금(千金)이 되어 국계(國計=국가 경제)에 도움이 되더라도 정도(正道)를 어겨 백성의 재산을 편취(騙取)하는 것이 이미 행할 수 없는 일이거늘, 항차 그 소득은 모두 요마배(幺麽輩=형편없이 나쁜 놈들)의 개인 호주머니에 들어가고 조금도 국고에 보램은 없는데, 백성 모두가 국가경비를 보충하기 위해 협률사를 다시 설립하였다고 말하니, … (中略) …

더욱이 가엽게 여기는 것은 각 학교 학도(學徒)들이 지기(志氣)를 아직 갖추지 않은 청년인 자제(子弟)로, 무리를 지어 따라다니면서 관희(觀戲)에 예민하여 혹은 학교과정을 내던져 그 전에 쌓은 학업을 포기하며 혹은 관희에 열중하고 탐닉하여 다시는 되돌아오지 않고 … (中略) … 끝내는 각서(各署) 내의 허다한 소애(少艾=젊은 미인)들도 여홍(女紅=부녀자의 도리)을 그만두고 손잡고 함께 삼삼오오(三三五五)씩 희장(戲場)에서 옷깃을 스치며 돌아다니니 작약(芍藥)을 선물하여 욕정을 느끼게 하여 추잡한 소문이 낭자하니 …

위의 논설에서 알 수 있듯이 제2기 협률社는 흥행 면에서는 대중들에게 엄청난 인기를 끌어 성공하였지만, 식자識者들은 공연으로 인한 사회적 폐해를 지적하고 그 혁파革罷를 주장하기 시작하였다. 갱설된 협률사에 대해 비판하는 또 하나의 시각은 협률사의 공연을 일단 용인하면서도 영업 방식의 부당함을 지적하는 것이다. 즉 1906년 3월 8일 자 대한매일신보(1면)의 논설[論 協律社]에서 "(협률사가) **황실유희장(皇室遊戲場)이라 칭탁(稱托)하고 궁내부 빙표(憑票)를 사용하여 궁중영업이라 함은 천하 각국에서 처음 보고 듣는 일대 괴사(怪事)이니** …"라고 하는 비판이 그 유형에 속한다. 대한제국의 고위 관료들인 협률사의 운영진이 송병준의 말을 무시하자 일진회도 협률사의 혁파를 거론하기 시작하였다. 1906년 3월 30일 자 황성신문(2면)에는 일진회에서 정부의 각 대신大臣 회석會席에 12안건을 제출한 내용 중에 "**협률사를 혁파(革罷)할 것**"이라는 안건이 포함되어 있다. 협률사를 혁파하자는 논란의 추이는 과연 어떻게 되었을까?

1   일반적으로 창극사(唱劇史)에서는 '근대5명창' 시대라고 하면 고종 후기에서부터 일제강점기 (日帝强占期)인 1930년대까지의 시기를 가리킨다. 김창환·송만갑·이동백 3인에다 — 선정하는 사람의 취향에 따라서 — 김창룡·정정열·유성준·전도성·박기홍·김채만·이선유 명창들 중의 2명을 골라 5명창으로 한다고 한다.[국립민속국악원 장악과 編, 앞의 책(명창을 알면 판소리가 보인다), p. 136 참조]

2   에밀 부르다레가 쓴 《En Corée》에는 고종황제를 알현(謁見)한 후 보았던 궁중 무용수(관기)들에 대해 묘사한 내용이 아래와 같이 나온다.
    "이제 춤을 추는 우아한 무용단을 볼 차례였다. 열다섯에서 열여덟 봄날 같은 기생이라고 하는 젊은 처녀들이었다. 붉고 파랗고 푸른 색의 보기 좋은 옷을 입은 이 귀여운 여인들은 그렇게 빼어난 미모는 아니지만, 우아함을 잃지 않았다. 가발을 얹은 무거운 머리 탓에 목놀림은 약간 경직된 채, 화려한 색상의 비단 옷을 입고 신데렐라의 발걸음으로 그림같이 분장한 이 작은 인형들이 펼치는 춤사위는 눈을 즐겁게만 했다."[에밀 부르다레 지음(정진국 옮김), 대한제국 최후의 숨결, 글항아리, 2009, p. 127]

3   1905년 9월 23일 자 대한매일신보(3면)에 "… 작석(昨夕)에는 다수한 기녀(妓女)를 초(招)하여 검무(劍舞) 등 제반 완구(玩具)를 정(呈)하였고 …"라는 기사가 있다.

4   "이 저녁에 진짜배기 궁궐 무용수들이 등장하는 예외적인 순서가 있었다. 이 새로운 구경거리를 보려고 환장한 군중이 극장에 몰려들었다. 드디어 작은 인형들이 나온다. 머리는 가발로 틀어올리고 발까지 닿는 가짜 소맷자락을 걸쳤는데, 적어도 색상만큼은 꽤 우아하다."[에밀 부르다레 지음(정진국 옮김), 앞의 책(대한제국 최후의 숨결), p. 259]

5   1906년 3월 8일 자 대한매일신보(1면)의 논설['論 協律社'] : "… (前略) 대저(大抵) 지금이 어느 때인데, 옥수후정화(玉樹後庭花)로 국민지의(志意)를 표양(飄揚)=바람에 흩날림)하고 사위(事爲)=일의 추진)를 상실하야 미연(靡然)한 음풍음락(淫風淫樂)으로 일국(一國)을 단송(斷送)=하는 일 없이 헛되게 보냄)케 함을 불승통분(不勝痛憤)=통분함을 억누르지 못함)하노라."

8. 협률사(協律社)(제2기)의 혁파(革罷) 논란의 추이(推移)

　제2기 협률사는 연희를 개시한 지 한 달도 채 지나지 않아 혁파 논란에 휘말렸다. 그중 가장 영향력이 컸던 혁파론은 봉상사奉常司 부제조副提調인 이필화李苾和가 고종에게 올린 상소上疏로, 1906년 4월 19일 자의 황성신문(2면)에는 그 전문全文이 실려 있다. 협률사協律社에 관련된 부분만을 발췌하면 혁파를 주장하는 요점은 크게 3가지이다. **첫째**, 지금 대한제국의 처지는 위태로운 상황인데, 협률사의 연희는 국가의 미래인 청년 자제들의 심성을 타락게 한다는 것. **둘째**는 사람들이 협률사의 연희가 주는 환락에 빠져 금전을 낭비하고 소중한 시간을 헛되이 허비한다는 것. **셋째**는 사설회사인 협률사가 궁내부 빙표憑標를 사용해 부도덕한 영업을 하는 것은 있을 수 없는 처사라는 것이다. 대한제국의 고위 관료인 이필화의 상소가 있자 정부에서도 협률사에 대해 일단은 조치를 하는 듯한 모양새를 보였다. 1906년 4월 20일 자의 제국신문(2면)에는 아래와 같은 기사가 보인다.

●파순금단(派巡禁斷) - (경무청) 경위국으로 처분을 내리시어 경찰관리를 파송하여 협률사에 소위 광대 놀리는 것을 일절 금단하라 하옵셨다더라.

　하지만 1906년 4월 22일 자 대한매일신보(2면)의 기사를 보면 갱설된 협률사에서 연희가 계속되었음이 확인된다.

●율사불혁(律社不革) - 협률사는 정위지음성(鄭衛之淫聲)이라 사람의 심성을 흐리게 하고 민재(民財)를 엽취(獵取)하는 악폐(惡弊)를 각 보관(報館=언론기관)이 누누히 통론(痛論)하였고, 이에 더하여

이필화씨의 소론(疏論)이 있으므로 신칙(申飭)하고 혁파하라신 비지(批旨=상소에 대해 왕이 내리는 조치)가 있었으나, 다시 전하는 말을 들은 즉, 이등(伊藤) 후작(侯爵)이 원래 풍류를 기호(嗜好)하는 지라 한국 관인(官人)들이 同 후작의 오락을 공(供)하기 위하여 협률사를 설시(設始)함인 즉, 혁파가 되지 못하리라더라.

고종이 협률사의 혁파를 실행하지 못하고 있는 이면裏面은 1906년 5월 3일 자 대한매일신보(2면)의 기사에 잘 드러나 있다.

●율사불파(律社不罷) - 협률사 연희장(演戲場)은 … (中略) … 혁파(革罷) 次로 의정부에서 궁내부로 조회하기를 그 연극장은 내부(內部=내무부)로 이조(移照=이첩)하여 경무청에 영(令)을 내려 금단하였거니와, 협률사가 귀부의 소관인 즉 인허가 어떻게 된 것인지 (간에) 즉시 금지시키라 하였더니 궁내부에서 조회하기를 협률사는 본부(本府) 소관이나 인허에 이르는 과정에 대해서는 아는 것이 없다 한지라, 의정부에서 그 연극장 (출)입표를 고열(考閱)한 즉, 궁내부 연극장 표라 하는 故로 그 표를 점련(粘聯=끈질기게 추적함)하여 다시 조회하였는데, 그 일인(日人)은 <u>궁내부에 위약금 25만元을 청구</u>하는지라 처분(處分) 내에 잠시 그냥 놓아두라 하옵셨다더라.

1906년 5월 21일 자 황성신문(3면)을 보면 종2품 김교석金敎碩 씨가 '협률사의 혁파는 불가(不可)하다'라고 한 상소의 전문이 소개되어 있다. 여기에는 협률사의 혁파를 주장한 이필화의 상소 내용을 하나하나 비판해 가는 가운데, "협률사 복설(復設)시 궁내부에 있는 건물을 차세(借貰)하여 매월 백환(圜)을 납입하기로 하고 설립한 것"이라는 이야기를 들었다는 내용이 있다. 그리고 김교석의 이와 같은 진술은 개인적인 추측이 아니라 협률社 운영진의 부탁을 받아서 이루어졌던 것임은 1906년 5월 31일 자 대한매일신보(2면)의 기사 내용에 그대로 드러나 있다.

●김씨피박(金氏被駁) – 김교석씨가 협률사 사건으로 이필화씨의 소사(疏辭=상소에 쓴 글)를 반대하여 상소하였더니 일작(日昨) 일진회에서 총대(憁代)를 파송(派送)하여 김씨를 청거(請去=손님을 청하여 함께 감)한 후에 상소한 주의(主意)를 힐박(詰駁)하였는데, 김씨가 말하기를 최상돈·김용제 양인이 나를 지촉(指囑=지명하여 부탁함)하여 이와 같이 상소하면 협률사 사장으로 천정(薦定=추천해서 정함)하리라 하기로 (해서) 상소하였노라 하였다더라.

김교석은 협률社를 혁파하게 되면 계약의 중도해지로 인해 손해배상 문제가 당연히 발생하게 되고, 배후에 궁내부 고문관 일본인 가토오가 있는 이상 그냥 아무 일이 없던 것처럼 그냥 넘어갈 리 없다는 것이다. 협률사를 혁파하면 위약금이 25만 원元이나 되는 거액인 것을 알게 되자 고종은 잠시 협률사의 영업을 계속할 수 있게 허락하여 투자금을 회수할 수 있게 해 준 것으로 보인다.

제2기 협률社도 혁파 논란이 있는 점을 의식해서 투자금을 빨리 회수하는 방도를 강구하였다. 궁중정재 중에 가장 인기가 있는 항장무項莊舞를 무대에 올리고[1906년 5월 1일 자 대한매일신보(2면)의 기사], 단오와 같은 대목에는 연희시간을 늘려 흥행수입을 최대한 올리고자 하였다. 1906년 6월 27일 자 황성신문(2면)의 기사는 그 모습을 묘사한 것이다.

●율사경황(律社景況) – 협률사에서 작일(昨日)은 천중가절(天中佳節)인데, 허송(虛送)불가라 하여 오전 9시부터 오후 10시까지 기악(妓樂)을

크게 늘렸는데, 호화(豪華) 자제 및 야유랑(冶遊郞)이 삼삼오오(三三五五)하여 모여들어 인산인해(人山人海)를 이루었는데, 이 무렵 써버린 화폐가 수천환(圜)에 이르렀다 하더라.

어쨌든 협률社는 혁파 논란에도 불구하고 7월에도 흥행을 계속할 수 있었음은 1906년 7월 3일 자 만세보(3면)[1]의 아래 비평을 통해 확인된다.

> ▲협률사 혁파한다고 상소도 하고 칙령(勅令)도 내리고 정부 신칙(申飭)도 한두 번이 아니건마는 쿵쾅거리는 풍악(風樂)소리는 날마다 여전하고 궁내부 세입전(稅入錢) 200환(圜)만 오유(烏有=실제로는 없는 가상의 것)선생이네(直說子).

이와 같은 혁파 논란에 직면한 협률사는 관기의 출연이 차단되는 것을 대비해 다른 방안을 모색할 수밖에 없었다. 1906년 8월 8일 자 대한매일신보(2면)의 아래 기사를 보면 협률社가 그 나름대로 대비책을 준비하고 있음을 간취할 수 있다.

> ●율사청원(律社請願) - 소위 협률사 발기인 김동식(金東軾), 총사무(摠事務) 정홍재(鄭弘栽)씨 등이 경무청에 청원하기를, 본사에서 본래는 유부기(有夫妓)만 허입(許入)이 되더니 지금부터는 무부기(無夫妓)도 일체(一體) 허입케 하며, (또) 본사에 종사하는 기녀(妓女)는 홍우산(紅雨傘)을 지참할 수 있게 하고 우산 사방에 금가루[泥金]로 '妓'자를 써 표시케 하라 한지라,
>
> 경무청에서 남서(南署)에 훈칙(訓飭)하기를, 기녀 무리의 색다른 우산도 어불성설(語不成說)이지만, 하물며 가로(街路) 상에서 '妓' 자를 내보여 사람들의 이목(耳目)을 놀라게 한다니! 이러한

나쁜 풍속은 일체 금칙(禁飭)이고 (기녀의) 승차를 권하기 위한 표시는 단지 편리 목적이요 승교(乘轎)의 금제(禁制)는 아니므로 승교·승차와 청·홍의 우산 구분은 다른 사람의 자유에 맡기되, 기녀의 유부(有夫)·무부(無夫)는 무엇을 가리키는 말인지 논할 것도 없다. 모녀(謀女)하고 무부(無夫)로 지내기를 원하는데, 강제로 입록(入錄)시키는 폐단은 어떻게 해서라도 금단(禁斷)하라 하였더라.

협률社의 흥행에 중대한 영향이 있는 안건을 발기인이라는 김동식과 총사무 정홍재가 나서서 청원하고 있다는 것은 대한제국의 고위 관료인 김용제 등 3인이 전면에 나서지 않고 뒤에서 협률사의 운영을 조종하는 모양새이다. 위의 기사에서 협률社 관계자들이 무부기無夫妓를 받아들일 수 있도록 허락해 달라고 청원한 것은 관기의 출연이 차단되기 때문에 그 대안을 마련하려고 하는 움직임이다. 즉 구한말舊韓末의 관기란 흔히 약방藥房·상방尙房기생을 말하고, 이들은 기부妓夫가 있어서 유부기이다. 반면에 이능화의 《조선해어화사(朝鮮解語花史)》에 기술되어 있듯이 외방外方에 있는 향기鄕妓는 무부기이므로, 협률사가 지방의 향기를 출연시키려고 무부기의 허입許入을 청원한 것으로 추측된다.

다만 협률社에 대해서 관기의 출연이 실제로 차단되기에 이른 것은 혁파 논란 때문이 아니라 동궁東宮(후일의 순종)의 가례嘉禮를 위한 습악習樂 때문으로 여겨진다. 다음과 같은 기사가 있다.

1) 1906년 7월 8일 자 만세보(2면)의 기사 : "●가례도감(嘉禮都監)처소 - 가례도감을 태복사(太僕司)로 설시(設施)한다더니, 처소가 부정(不淨)함으로 장례원(掌禮院)으로 완정(完定)하고 도제조(都提調) 이하 당상(堂上)과 낭청(郎廳)이 작일(昨日)부터 제1차 회동하여 사무를 상의하여 각각 차비(差備)를 따라 분장(分掌)하였다더라."

2) 1906년 7월 24일 자 만세보(3면)의 기사 : "●가무헌미(歌舞獻媚) – 근일에 평양기생이 다수히 상경하여 가례도감에 입참(入參)하기로 백방(百方) 주선하여 세력있는 대관가(大官家)에 청촉(請囑)하는데, 청가(淸歌)와 묘무(妙舞)로 청(請)을 받아주도록 주야(晝夜) 분주한다더라."

3) 1906년 9월 5일 자 황성신문(2면)의 기사 : "●가례수기(嘉禮需妓) – 동궁(東宮)가례도감(嘉禮都監)에 기녀(妓女) 40명을 수용(需用)하기로 적정(的定=사람의 선정까지 함)하였다더니 일전(日前)에 궁내대신에게로 모처(某處) 권고가 있어 16명을 약방(藥房) 차지(差知)로 정원을 증가시켜 수용하라 하였다더라."

습악習樂을 위해 관기의 출연이 차단되자 협률社의 연희는 창부 중심으로 하게 되면서 인기도 시들해지고 말았다. 잠시 협률社로 인한 사회적 물의物議를 전하는 기사[예컨대 1906년 9월 26일 자 황성신문(2면)의 '야유탕패(冶遊蕩敗)' 등] 같은 것도 있었으나 마침내 12월 중순에 폐지되었다는 기사가 등장하게 되었다.

1) 1906년 12월 14일 자 대한매일신보(1면)의 기사 : "●율사자폐(律社自廢) – 근래 협률사에서 황음(荒淫)한 연희로 우치(愚蚩)한 한인(韓人)들이 대단(大段) 미혹(迷惑)하여 다수가 전재(錢財)를 소융(消融)하는데, 근일은 전황(錢荒=돈이 돌지 않음) 소치(所致)로 완상객(玩賞客)이 전무(全無)하여 자연히 정폐(停廢)되였다더라."

2) 1906년 12월 15일 자 황성신문(2면)의 기사 : "●불공자폐(不攻自廢) – 협률사를 개설한 이후로 도성(都城) 내의 호부(豪富) 자제(子弟)가 기악(妓樂)을 탐오(耽娛)하여 3,3,5,5 하여 쫓아다니며 작대(作隊)하여 매야(每夜) 질탕하게 즐기므로 가산(家産)을 탕패(蕩敗)한 자가 흔히 있는데, 협률사를 혁파하지 못한다고 물의(物議)가 격하게 일어나더니, 근일에 와서는 전정(錢政=자금을 조달하는 수단)이 고갈함으로 인하여

완상(玩賞) 하는 사람이 자연히 날이 갈수록 적어져서 일전(日前)부터 해사(該社)가 폐지되였다더라."

위 기사의 요지는 협률사의 혁파 논란에도 불구하고 영업을 계속하는 것은 문제가 되지 않았으나 관기의 출연이 차단되고 게다가 경제적인 상황도 좋지 않아 관객이 갈수록 줄어들어 12월경에는 협률사가 스스로 문을 닫았다는 것이다.[2] 그리고 1906년 12월 23일 자 대한매일신보(2면)의 기사를 보면 제2기 협률사가 실제로 영업을 중지하였음이 분명하다.

●덕교이접(德校移接) – 궁내부에서 가례도감의 조회(照會)를 인(因)하여 학부(學部)로 조회하되 가례 시에는 숙설소(熟設所=임시로 설치한 주방)를 덕어(德語)학교에 의정(擬定)하니 불일(不日) 간에 이거(移去=이사해 나감)케 하며, … (中略) … 즉각 지위(知委=알려 준 명령)를 거행하라 한 바, 덕어(德語)학교를 본부(本府=궁내부) 소관의 협률사로 이접(移接)하라신 지의(旨意)를 받들어 지시한 명령대로 하라[奉承仰佈] 하였더라.

위의 기사를 보면 정부가 동궁의 가례 준비를 위해 독일어학교에 임시로 주방을 설치하는 관계로, 그 독일어학교를 협률社로 이전한다는 계획을 보도하고 있는데, 이는 제2기 협률사가 폐지되었기 때문에 가능하였을 것이다.

---

1 천도교 기관지로 1906년 6월 17일에 창간되었으나 1년 뒤에 폐간되었다.
2 1906년 12월 18일 자의 대한매일신보(2면)에는 '병문(屛門=골목어귀의 길가)담화'라 하여 "최상돈씨는 외국에 유학하던 효력으로 철도국장을 노려 손에 넣고 협률사 총무로 화류장(花柳場=희대)에 황금을 농락하더니, 협률사의 관객이 적어지매 …"라고 비난을 하고 있는 것을 보면, 협률사가 폐지되었어도 협률사의 갱설을 주도한 대한제국의 고위 관료들이 희대에 대해 여전히 영향력을 행사하고 있는 것으로 보인다. 1907년에 희대에 생긴 관인구락부(官人俱樂部)가 그러한 예이다.

9. 협률사(協律社)(제2기)가 폐지된 후, 사설(私設)극장의 출현

1906년 3월 초에 갱설된 협률사(協律社)(제2기)는 관객이 없게 되어 연희를 중단한 12월 말에 결국 폐지되었다. 그리고 그 자리로 이전하기로 계획된 독일어학교가 이런저런 사정으로 오지 못하고, 김용제 등이 설립한 관인구락부官人俱樂部가 그 건물을 사용하게 되었다.

1) 1907년 1월 22일 자 대한매일신보(2면)의 기사 : "●구락수렴(俱樂收斂) – 조남익(趙南益)·김용제(金鎔濟)·서정악(徐廷岳) 제씨(諸氏)가 관인구락부(官人俱樂部)를 발기하여 취지서를 각부(各部)에 송교(送交)하였는데, 친임관(親任官)은 10圜이오, 칙임관(勅任官)은 2圜이오, 판임관(判任官)은 50錢으로 수렴한다더라."

2) 1907년 2월 12일 자 대한매일신보(1면)의 기사 : "●악불구(樂不俱) – 재작일에 관인구락부(官人俱樂部)를 前협률사 내에 개설하고 군악(軍樂)을 질주(迭奏)하는데, 참석한 관인(官人)이 희소하여 구악(俱樂=구락부)의 성황을 정(呈)치 못하였다더라."

3) 1907년 3월 15일 자 대한매일신보(2면)의 기사 : "●권형일세(權衡一世) – … (前略) 최상돈(崔相敦)씨의 생재(生財)수단은 신귀(神鬼)가 막측(莫測)이라, 협률사가 재파(纔罷=금방 폐지)하매 관인구락부를 창설하고 비록 판임관의 박봉(薄俸)이라도 월말이면 (회비를) 떼어가니 구락부가 아니라 살아있는 원굴(寃窟)이로고."

제2기 협률사가 폐지되고 희대가 설치되어 있는 건물을 관인구락부가 사용하게 되면서 창우倡優·기생 등 조선의 예인藝人들이 출연하던 연희장演戲場이 없어진 결과가 되었다. 돌이켜 보면 1902년 8월에 칭경행사에 사용할 목적으로 봉상시 내에 희대戲臺가 설치되었지만 뜻하지 않는 사정으로 칭경행사가 연기되면서 협률社(제1기)가 출범하여 민간기예인과 창부들이 가장 먼저 실내극장의 무대에 서게 되었다. 칭경행사가 무산된 후 2년이 지나서 갱설된 협률社(제2기)에서는 관기들이 출연하여 궁중정재도 무대에 올림으로써 연예에 대한 대중들의 관심을 한껏 끌어올렸다. 그러나 이런저런 이유로 인하여 결국 협률사가 폐지되는 바람에 조선의 예인들은 대한제국에서 유일한 실내 극장인 희대에 더 이상 설 수가 없게 된 것이다. 그러자 제2기 협률사가 흥행에 성공하던 모습에 주목하던 자본가들은 협률사가 폐지된 것을 기화로 사설私設극장을 설립하는 데에 흥미를 갖기 시작하였다.

1907년 5월 21일 자의 만세보(3면)에 실린 아래 기사는 그러한 움직임을 가장 먼저 보여 준 사례이다.

●연희개량(演戲改良) - 근일에 전기철도회사 임원 이상필(李相弼), 곽한승(郭漢承), 곽한영(郭漢英) 제씨(諸氏) 등이 우리나라에 전해져오는 제반 연희 여러가지 절차를 일신(一新) 개량하기 위하여, 영남에서 올라온 창가(唱歌)를 부르는 여자어린이 연화(蓮花; 13세)와 계화(桂花; 11세)를 고용하여 각항(各項) 타령(打令)을 연습케 하는데, 미려(美麗)한 용모와 청아한 목소리는 실로 기묘하여 사람으로 하여금 사랑스러움을 느끼게 하고, 또 우리나라 명창으로 칭찬하여 말하는 김창환·송만갑 두 사람을 교사로 정하여 그 여아 등의 타령을 교수하여 장단(長短)·절주(節奏)를 조정하였다.

또 그 임원 등이 그 창윤지절(唱潤之節)을 참작하여 개량하는 일에 착수하였다는데, 그 목적은 동서양 문명국의 연희를 본받아 관청인(觀聽人)의 이목을 유쾌케 할뿐 아니라 심지(心志)를 도발(挑發)하여 애국사상과 사람의 도리·의무를 감흥케 할 터라는 것으로, 무엇보다 먼저 춘향가부터 개량하여 일주일 후에 동대문 안의 전기창(電氣廠)에 부속한 활동사진소에서 그 유희를 연설(演設)한다더라.

위 기사에 나오는 '동대문 안의 전기창에 부속한 활동사진소'라 함은 1906년 4월 30일부터 활동사진을 설치하여 흥행하던 곳이다.[1906년 5월 5일 자 황성신문(4면)의 한미전기(韓美電氣)회사 광고 참조] 그곳은 원래 비 오는 날에는 영업을 정지할 수밖에 없는 노천露天 가설무대인데, 이를 판소리 등의 전통연희도 공연할 수 있도록 지붕을 씌워 극장 형태를 갖추고 명칭을 광무대光武臺로 바꾸게 된다. 또 1907년 6월 7일 자 만세보(3면)의 아래 기사를 보면 단성사도 설립을 준비하고 있음을 알 수 있다.

●연예 단성사(團成社)설립 – 경성 내 실업가 유지(有志)인 신상(紳商) 지명근(池明根)·박태일(朴太一)·주도영(朱燾榮) 제씨(諸氏)가 발기(發起)하여 우리나라 연예계를 발달할 목적으로 관청에 승인하여 일대(一大) 연극장을 지금 파조교(罷朝橋) 근지에 건축 중인데, 3작일(三昨日)에 일반 배우 등을 동문(東門) 외 영도사(永導寺) 대원암(大圓庵)에 취집(聚集)하여 연예의 성질·연혁과 개량·발전할 취지로 연설하고 한 회사를 조성하여 단성사로 명칭하고, 하나는 일반 재인(才人)의 생활상 영업을 무도(務圖)하고, 하나는 수입한 이익으로 교육상[上] 장려와 자선적 사업에 투용(投用)하기로 결정하였는데, …

단성사는 광무대와 달리 설비가 제법 갖추어진 큰 사설극장이라는 것은 1907년 6월 18일 자 황성신문(1면)의 아래 기사를 통해 알 수가 있다.

> ●협률창설(協律創設) – 중서(中署) 통구(洞口) 건너편에 거주하는 주도영(朱燾永)·장석영(張錫永)·일본인 중촌(中村 나카무라) 등 제씨(諸氏)가 협의 발기하여 거액의 자금으로 중서(中署) 통구(洞口)의 모퉁이에 있는 장목전(長木廛)기지(基址)에 광활하게 건축하고 대협률사(大協律社)를 설행한다는데, 연극시 소용물품 가액이 1천원(圓) 예산이라 하더라.

위 기사에 나오는 '대협률사'라 함은 특정 극장의 명칭이 아니라 규모가 큰 '풍악을 갖추어 놀이하는 회사'라는 뜻이다. 1907년 12월 8일 자 대한매일신보(3면)의 아래 기사를 보면 '대협률사'란 장석영 등이 발기한 단성사를 지칭한 것임을 알 수가 있다.

> ●랑패[狼狽]를 보와 – 련동 예수교인 장석영 씨가 단성사를 설립할 차로 몇 사람과 협의하고 한 사람 앞에 육만 오천량 씩 내어서 단성사를 설립하였는데, 장씨가 육만 오천량을 낼 때에 각색 전당[典當=물건을 담보로 돈을 꾸어 씀]을 다하여 낸 것인데, 이때껏 푼전도 빼지 못하여 거산[擧散]할 지경인 고로 매우 근심으로 지내는데, 련동 교당에서 이 일을 알고 교인[敎人]의 행위가 괴패[乖悖]하다 하여 출교[黜敎]하였다 하니 …

또 연흥사演興社라는 사설극장도 설립을 준비하고 있다는 것은 아래의 신문 기사를 통해 드러난다.

1) 1907년 11월 30일 자 황성신문(2면)의 기사 : "●우설연대(又設演臺)
 - 송지만(宋芝萬)·이준동(李俊東)·이종진(李鍾振) 3씨가 경시청에
 청원하되, 연희장을 창설하여 창회악지(暢懷樂志)하여 풍속을 이끌어
 점차 꽃피워 태평의 기상(氣像)을 개발하며 영업으로 하는 고로
 중서(中署) 사동(寺洞) 장윤직(張潤稙) 집에 연희루(演戲樓)를 건축코자
 하니 5년을 기한으로 특히 인가하라 하였더라."

2) 1908년 4월 14일 자 대한매일신보(2면)의 기사 : "●연사풍류(演社風流)
 - 사동(寺洞)에 연흥사를 창립함은 이미 보도하였거니와 중추원 고문
 이지용(李址鎔)씨와 기타 모모(某某) 대관(大官)들이 일작(日昨)에
 전왕(前往=목적지로 가다) 성유(盛遊=신나게 놀음)하였다더라."

그 밖에 장안사長安社도 설립 시기는 불분명하나, 1908년 3월에는 이미 흥행하고 있음이 1908년 3월 20일 자 대한매일신문(2면)의 아래 기사를 통해 확인된다.

●장사풍류(長社風流) - 작야(昨夜)에 승녕부(承寧府) 총관(摠管)
조민희(趙民熙)씨가 장안사에셔 일탁(一卓)을 성설(盛設)하고
영선군(永宣君) 리쥰용씨를 청요(請邀)하얏다더라.

(협률사가 폐지된 후 출현한 사설극장의 현황)			
극장명	위 치	개장시기	설립에 관여한 인물
광무대	동대문內 전기창 부속 활동사진소	1907.05	이상필, 곽한승 등
단성사	중서(中署) 파조교(罷朝橋) 근처	1907.06	주도영, 장석영 등
연흥사	중서(中署) 사동(寺洞)	1908년 초	송지만, 이준동 등
장안사	中署 통구(洞口)내 장대장동(張大將洞)	1908.03 ?	(불 명)

제2기 협률社가 폐지된 후 사설극장 설립의 붐이 일어난 것은 예상을 뛰어넘은 협률社의 흥행 성공을 목격한 자본가들이 실내극장에 대해서 투자의 매력을 느꼈기 때문일 것이다. 제2기 협률社가 폐지되고 나서 광무대, 단성사, 연흥사. 장안사 등 사설극장이 생김으로써 결과적으로 창우(倡優)·기생 등 조선의 남녀 예인(藝人)들이 실내 극장에서 연희할 수 있는 기회가 상대적으로 더 많아지게 되었다.[1] 한성준이 서울에 올라와 연흥사에서 월급을 받고 정기로 흥행했다고 하는데, 이것은 경성에 사설극장이 많이 생겼기 때문에 가능하게 된 것이라고 말할 수 있다.

---

1   1937년 5월 4일 자 매일신보(12면)에 실린 김창룡(金昌龍: 1872~1943)의 회고담(懷古談)을 보면 "서울로 오기는 34, 5세 때이니까 …… 그때 서울에는 원각사(圓覺社)가 생긴 즉후로 …… 장안사가 있었고 … 연흥사가 있었기 때문에 이 세 곳에 늘 출연을 했습니다."라는 내용이 보인다. 여기의 김창룡이 34, 5세라고 함은 1905, 6년경이므로 '원각사'라고 한 것은 1908년에 개장한 원각사의 전신(前身)인 제2기 협률사가 아닐까 생각된다. 제2기 협률사는 1906년 말경에 폐지된 후에 사설극장이 먼저 출현하고, 원각사는 그 협률사를 리모델링하여 1908년 7월에 개장하였기 때문이다.

10. 한성준이 서울에 올라와 생활하기 시작한 시기
– 한성준이 서울에 올라온 계기는 뭘까?

잡지 《조광(朝光)》(1937년 4월 호)에 실린 〈고수50년, 한성준〉을 보면 '四, 사랑받고 돈버른 서울살림'에서 한성준이 서울에 처음 올라왔을 때의 이야기를 아래와 같이 시작하고 있다.

> 서울 와서는 설흔 한살 때에 새문안에 원각사(圓覺舍)라는 것이 이태황제(李太皇帝)께서와 이등박문(伊藤博文) 선생이 짓게 하여 주셔서 생기고, 연흥사(演興寺; 演興社)라는 것도 생겨서 그곳에 가서 월급 45원(圓)식 받고 정기로 흥행하였으며, 사사노름도 있어고 하니 수입이 차츰 늘었읍니다. 또 33세 때에는 … [1]

우선 한성준이 과거를 회상하는 내용 중에 연대年代라는 면에서 종종 착각이 있는 부분이 있음은 이미 설명한 바가 있다.[2] 서울에 처음 올라왔을 때를 회고하는 이야기에서도 연대年代에 모순이 있다고 느껴진다. 한성준이 '**설흔 한살 때**'라는 것은 1904년에 해당된다. 그리고 1908년 7월 26일 자의 황성신문(3면) 및 대한매일신보(3면)에 게재된 원각사의 광고[3]에서 확인할 수가 있듯이 원각사圓覺社가 1908년에 개장되었다는 사실에 대해서는 다툼이 없다. 한성준의 이야기를 1904년에 원각사가 지어졌다거나 혹은 개장되었다고 이해할 여지는 없으므로, 그렇다면 한성준이 '**설흔 한살 때**'인 1904년에 서울에 처음 올라왔다는 이야기인지를 검토해 보기로 한다.

1904년이면 칭경행사의 무산으로 인해 제1기 협률사도 해산하는 판에 한성준이 서울에 올라올 만한 특별한 계기가 없었다는 것이 문제이다. 그리고 한성준은 33세 때(1906년)부터 대원군의 맏자제와 살림하던 평양 명기의 집에서 생활하였다고 말하는데, 그렇다면 1904년부터 2년간은 어디서 무엇을 하고 지냈다는 것인지도 의아하다. 그러므로 한성준이 말한 내용의 연대를 검증하기 위해서는 이어지는 이야기인 서울에서의 생활을 검토하여 객관적으로 확인되는 연대를 기준으로 해서 이야기를 다시 맞춰 볼 필요가 있다.

> 또 <u>삼십삼세 때</u>에는 평양 명기(名妓)로 운현대감(雲峴大監) 맏자제[=이재면(李載冕): 이준용(李埈鎔)의 부친]와 같지 살림하다가 그대로 서울서 살으셨는데, 나는 속으로는 시영[수양(收養)의 방언]아들이나 다름없는 사랑을 받았어. 그곳에서 잠자고 밥먹고 점심은 5전(錢)짜리 설넝탕 한 그릇이면 되었읍니다. 그러고 나도 고생과 천대(賤待)에 분[忿]이 나서 돈냥이라도 모으려고 이를 갈고 점심도 안사먹었지요. 그러나 그 마마는 그때는 천인(賤人)이라 여러 대감마마와 교제하며 지나는 체면이라 시영아들이라고는 못하고 사랑만 받고 있었습니다. 배곺으면 그때는 고련전 한 푼으로 황률(黃栗) 두 개를 사서 먹고 한 푼 두 푼 모아 한성(漢城)은행, 한일(韓一)은행에 20전, 30전 式 저금하야 9년간 모힌 돈이 2,400원(圓)이 되어 <u>사십이(四十二)세에</u> 김성근(金聖根)씨 기지(基地)와 논 여든 한마지기, 집 육십(六十)여 칸을 거저 얻다싶이 사고 사십이(四十二)세 때 시골 신촌(新村) 홍성(洪城)골로 이사하였다가 다시 또 (서울로) 올라왔읍니다.

우선 한성준이 42세(1915년)에 서울로 다시 올라왔다는 이야기는 신뢰할 수 있다. 1915년 6월 1일 자의 매일신보[4](3면)에 실린 경성구파배우조합京城舊派俳優組合의 광고를 보면 조합장 강경수姜敬秀[5]를 필두筆頭로 하여 부조합장 김인호金仁浩·김봉이金鳳伊 등 임원들의 명단이 나열되어 있다. 여기에 한성준이 경성에서 활동하는 구파배우조합의 **'평의장(評議長) 한성준'**으로 명시되어 있기 때문이다.[옆의 그림 참조] 나중에 설명하겠지만 1910년에 대한제국을 병합한 일제日帝는 시정施政 5년 기념으로 1915년에 물산공진회 物産共進會를 개최(09.11.~10.30.)하게

되는데, 일반인들의 관람을 유도할 목적으로 공진회 회장會場 내에 연예관과 조선연극장(흥행관)을 지었다. 1915년 9월 3일 자 매일신보(2면)에는 연예관과 흥행관의 여흥순서가 소개되어 있는데, 흥행관에서는 경성구파배우조합과 신창기생조합新彰妓生組合이 출연하는 것으로 나온다. 따라서 한성준이 42세 때(1915년) 서울에 다시 올라온 것은 분명하다고 할 수 있을 것이다.

또 "한푼 두푼 모아 한성은행, 한일은행에 20전 30전 씩 저금하여 9년간 모은 돈이 2,400원(圓)이 되어 …"라는 것도 구체적인 내용을 담고 있어 신빙성이 높다. 따라서 한성준이 서울 와서 돈을 모으기 시작한 시기를 – 42세에서 9년을 뺀 – 33세부터라고 보면 최소한 1906년경에는 서울에 와 있었던 것은 신뢰해도 좋을 것이다.

한성준이 1906년 무렵에는 서울에 올라와 있었음을 알려 주는 확실한 자료가 또 있다. 《월간조선》 2017년 2월 호의 〈'한국 근대 춤의 아버지' 한성준의 후손들〉(김태완 월간조선 기자)에는 한성준이 구한말에 받은 참봉 교지敎旨가 소개되어 있다.[한성준의 후손이 공개]

참봉 교지는 (한성준의 족보상 이름인) 한춘석韓春錫에 대해 광무光武 11년⁶(1907년) 3월 14일에 교부된 것이다. 한성준이 참봉 교지를 받았다는 것은 그 이전에 서울에 올라와 예인藝人으로 활동하고 있었음을 말해 준다.

한성준이 서울에 올라온 것이 1906년경이라고 하면 그 시기는 제2기 협률社의 흥행에 적신호가 켜졌던 가을 무렵으로 추정된다. 협률社는 혁파 논란에 몰린 후에 동궁東宮의 가례嘉禮 준비로 인하여 인기를 끌던 관기의 출연이 자연히 차단되었던 시기이다. 제2기 협률사에서 창부의 중심이던 김창환⁷이 그렇게 된 상황에서 어떤 식으로

(창극의 첫 발기자로 알려진 김창환의 모습)

대처하였는지를 상상해 보면 관기들이 빠진 자리를 민간기생들이 대신 채우고 민속춤을 무대에 올리는 방안을 고려하였을 법하다. 그렇다면 어린 시절부터 춤꾼으로 이름이 나 있던 한성준을 서울로 불러올리지 않았을까? 하는 것이 저자의 추론이다.

월북越北 국악인國樂人 박동실⁸이 쓴 '창극이 걸어온 길을 더듬어'라는 글을 보면 창부 김창환이 전통연희의 양식을 고민한 것에 대해서 아래와 같이 기술하고 있다.

> 초기의 창극 앞 과정은 뒤늦게 시작한 그것과는 연주 종목상에서 차이가 있었다. 김창환 선생의 원각사[圓覺社] 시기 앞 과정에서는 무용 종목들이 중심이였는 바, 민속 무용인 〈승무〉, 〈검무〉 등이 그것이었다. 이 밖에 광대들이 나가서 판소리를 한 대목 〈마디 소리〉로 불렀다.
> 앞 과정 설정의 리유[理由]에 대하여는 구구한 말들이 많았는데, …⁹

'원각사'에서 전통연희의 양식을 고민한 이야기는 제2기 협률社에서 관기의 출연이 차단된 후에 김창환이 고민했던 이야기로 볼 수 있다. 저자는 김창환이 관기의 춤이 빠진 무대를 민속춤으로 대체하기 위해 춤꾼으로 이름난 한성준을 1906년 가을에 경성으로 올라오도록 부른 것이 아닐까? 추측한다. 한성준은 명고수로 유명해지기 전부터 이미 승무 등으로 이름난 춤꾼이었다.[10] 그렇지만 제2기 협률사에서 김창환이 구상한 전통연희의 양식은 제대로 보여 줄 새 없이 협률사가 문을 닫았기 때문에 그 고민의 결실은 1908년에 개장된 원각사에서 나타났을 것이다.

한성준이 자신의 삶을 회고할 때 서울에 올라온 시기에 착각이 있는 또 다른 이야기가 있다. 1938년 1월 7일 자 조선일보(조간 2면)에는 〈한성준옹(翁) 60평생고난기(苦難期) - 묵은 조선의 새향기〉의 두 번째로 '**가무편(歌舞篇) B**'가 수록되어 있는데, 여기에 아래와 같은 내용이 나온다.

> … (前略) 이 마을서 저 마을로, 이 산에서 저 산으로, 이 물에서 저 물로 끗업시 표류하는 동안에 완성된 북장단과 춤을 가지고 한양길을 차저드럿스니 때는 <u>**삼십오세**</u> 되든 해 가을이엿다. 당시 국창(國唱) 박기홍(朴基弘)은 우연한 긔회에서 한씨를 만나 그 북이 한번 울리매 천고예술의 짝업는 동지라 하여 전후 륙년 동안을 악수하고 다니면서 그 북을 쳐주었다. …

위의 글에서는 한성준은 35세 되던 해, 즉 1908년 가을에 서울에 올라왔다는 말이 된다. 이는 〈**고수50년, 한성준**〉의 글 내용과 조합하여 보면 연대라는 면에서 합치되지 않는다. 앞에서 살펴본 것처럼 한성준은 1906년경에는 서울에 올라와 있었다는 증거가 있기 때문이다. 그러므로 위의 기사에서 '**한양길을 차저드럿스니 때는 35세 되던 해 가을이엿다.**'라는 내용은 서울에서 이미 활동하고 있던 한성준이 국창 박기홍朴基洪[11]을 만났던 시기(1908년)를 기자가 그때 처음 상경해 만났던 것으로 착각한 것으로 생각된다. 한성준이 박기홍과의 만남을 계기로 명고수의 이름을 얻게 된 것은 잡지 **《삼천리(三千里)》**[12] 1935년 11월 호에 수록된 〈**탄금명인예담(彈琴名人藝談)**, 한성준의 '**장고(長鼓)로 진경(眞境) 이르기까지**'〉라는 글을 보면 확인할 수 있다.

> … (前略) 내가 오늘의 60노경(老境)에 이르기까지 장고채에서 세월을 보내오지마는 이 장고만치 힘이 드는 것은 업슬 줄로 안다. 명창 갓흐면 노래나 잘 부르면 그만이지마는, 이 장고만은 참말로 잘 한다는 소리를 듯게 되고 어떠한 곡조, 어떠한 노랫가락이라도 척 듸리대어 거긔에 맞춰 치자면 그야말로 진경(眞境)에 이르지 안코는 못할 노릇인 것이다. … (中略) …
>
> 그러기에 지금은 도라갓지마는, 박기홍씨 같은 유명한 명창(名唱)은 늘 노래 부를 때면 으레히 나하고만 장고를 처달라고 하여서, 어떠한 좌석에 나가드래도 그이와 나는 늘 한 자리에 앉젓든 것이다. … (이하 생략)[13]

전라도의 유명한 광대였던 김창환은 협률사에서 창부들의 수장首長 역할을 하고 있었는데, 제2기 협률사가 관기들의 출연이 차단되면서 흥행에 적신호가 켜지게 되자 그 대안으로 민간기생들을 출연시키기 위하여 춤꾼으로 이름난 한성준을 서울에 불러올렸을 것이다. 한성준은 김창환의 부름을 받고 서울에 올라왔다가 1908년경에 김창환과 이종姨從 사이인 명창 박기홍朴基洪과 조우遭遇하게 되었고, 수행고수隨行鼓手의 역할을 하게 되면서 그때부터는 춤꾼으로 인지하기보다는 고수로서의 명성이 더 자자藉藉하게 되었다.

---

1 김수현·이수정 엮음, 한국근대음악기사자료집 권7[고수50년, 한성준], p. 81

2 한성준이 1937년에 잡지 《조광》의 문책재 기자와 인터뷰하면서 스스로 털어놓은 이야기 중에는 연대(年代)에 대한 기억이 틀린 예가 가끔 나온다.[앞에서 설명한 바 있는 동학란의 종식 시기가 그러하다]

3 원각사의 광고 내용 : "본사에셔 7월 26일로붓터 연극을 개시이온 바, 경셩 내에 제일 굴지(屈指)하는 가기(歌妓)가 24명이오, 창부는 명창으로 저명한 김창환 등 40명이온대, 쳐소는 야쥬현(夜珠峴) 前協律사이오며 시간은 매일 하오 7시에 개(開)하야 同 12시에 폐(廢)하겟사오니 일반 첨군자(僉君子)는 여운(如雲) 내림(來臨)하심을 무망(務望). 원각사(圓覺社) 白"

4 1904년 노일(露日)전쟁을 취재하기 위해 내한(來韓)한 영국인 베델(Bethell)이 양기탁(梁起鐸)과 더불어 창간한 것이 《대한매일신보》인데, 1910년 한일병합이 이루어진 후 조선총독부 기관지이던 《경성일보(京城日報)》가 이를 인수해 제호(題號)에서 '대한'을 빼고 《매일신보》라 하였다. 《경성일보》의 자매지로 발행을 시작한 신문이다.

5 강경수는 이동백의 고수(鼓手)인 동시에 친구이며, 강선영 선생의 큰조부이기도 하다.

6 고종이 일본의 강요에 의해 순종에게 양위한 것은 1907년 7월 20일이므로 양위 이전은 광무(光武) 11년, 그 후로는 융희(隆熙) 1년이라는 연호(年號)를 사용하였을 터이다.

7 조선 말기에 전북 김제에서 출생한 판소리 연구가 정로식(鄭魯湜)은 《조선창극사(朝鮮唱劇史)》에서 김창환에 대해서 다음과 같이 기술하였다.

    "김창환은 전라북도 나주(羅州)인이다. 명창 이날치(李捺致) 박기홍(朴基洪)과 이종간(姨從間)이다. 이조(李朝) 고종·순종 양대 간에 재(在)하여 이날치 후로 서파법통(西派法統)을 독봉(獨奉=혼자 떠받침)하다 싶이 일세(一世)를 진동한 명창이다. 제작(製作)도 능(能)하거니와 제스추워가 창(唱)보다 더욱 능(能)하다. ⋯(이하 생략)"(p. 147)

8 일제강점기에 전라도를 중심으로 활동했던 서편제 판소리의 명창인데, 해방 후에 월북(越北)하여 사회주의 창극 운동을 주도하였다고 알려져 있다.

9 이진원 소개, 박동실의 '창극이 걸어온 길을 더듬어'[판소리연구 제18집, 판소리학회, 2004. pp. 309~329], p. 315

10 〈고수50년, 한성준〉을 보면 한성준은 평양 관찰사의 생신잔치 부벽루(浮碧樓)노름에서 "춤출 때마다 비단을 던져주어 비단 70필 가량을 배에 싣고 왔다."라고 털어놓았고, 또 "저의 춤춘 기록은 인천 주전국(鑄錢局)[1892~1900년, 전당국(典圜局) 주전소(鑄錢所)를 가리킴] 노름에, 그치지 못하게 하여 3시간 동안 춘 일이 있습니다."라고 말한 적이 있다.(김수현·이수정 엮음, 한국근대음악기사자료집 권7[고수50년, 한성준], p. 83 참조)

11 박기홍은 후배 명창들에게 '가선(歌仙)'으로 평가받는 대명창이다. 그는 이른바 '귀족 명품'이라 할 수 있는 판소리 상품을 추구하였던 관계로 대한제국의 몰락으로 인해 명품 판소리를 사 주는 고급 소비층이 사라지자 세상을 등지고 은둔해 버렸다고 한다.[노재명 저, 명창의 증언과 자료를 통해 본 판소리 참모습, 나라음악큰잔치 추진위원회 발행, 2006. p. 129 참조]

12 1929년 6월부터 조선 경성부(京城府)에서 발행된 월간 종합잡지.

13 김수현·이수정 엮음, 한국근대음악기사자료집 권5 - 잡지편(1935) - [장고(長鼓)로 진경(眞境)에 이르기까지 한성준], 민속원, 2008. p. 433

지식창고 8 명창(名唱) 이동백과 고수(鼓手) 한성준의 만남
그리고 강경수(姜敬秀)에 대한 이야기

　잡지《춘추(春秋)》1941년 3월 호에 실린 춘추좌담,〈가무(歌舞)의 제(諸)문제 — 이동백, 한성준 대담〉을 읽어 보면 기자가 처음에 두 사람을 소개할 때에 "지금은 가(歌)에 이동백(李東白)씨, 무(舞)에 한성준(韓成俊)씨가 각각 기둥을 이루고 있다."라고 말하고 있다. 대담이 행해진 1941년에는 무용가의 길로 나섰던 한성준이 성공을 거두었을 때이므로 그렇게 말한 것이지만, 예전에는 고수(鼓手)로 더 유명하였던 것은 아래의 대담을 통해 드러난다.

"[기자(記者)] 명창(名唱)과 명고수(名鼓手) 두 분이 만나셨으니 한 자리 벌리고 싶겠읍니다 그려.

[韓(성준)] 허긴 이통정(李通政) 형님 모시고 북을 친지도 퍽 오래입니다.

[李(동백)] 어떤 때는 갑자기 목이 터지게 한 번 불러보고 싶은 적이 있지. 이럴 때마다 한참봉(韓參奉)이나 옆에 있었으면 하고 생각이 나데. …

[기자] 우리 알기론 고수(鼓手)보다 명창(名唱)되기가 더 어려울 텐데, 흔히 「一, 고수 二, 명창」이라 허잖습니까?

[韓] 어느 것이 어렵다고 따져서 말할 수야 없지요. 고수가 정말 잘 하는지 어떤지는 명창이나 알아 주지 다른 사람이야 어디 알아 줍니까. 알고 싶어도 그럴 재조(才操)가 없죠. 그러기에 명창은 후세까지 이름이 전해지지만 고수야 이름이 전해집니까. 저의 선생님인 박순조(朴順祚)씨야 세상을 놀래게한 명고수였지만 당시의 명창들처럼 어디 알려져 있습니까?

[李] 사실 소리하는 사람에겐 고수처럼 고마운 사람이 없습니다. 북채가 잘 가고 잘 못 가는데 따라 흥이 좌우되죠. 흥이 안 나면 제아무리 만고(萬古) 명창이라도

소리가 잘 될리 없지. 이런건 부르는 우리보담도 한참봉(韓參奉)이 잘 알거여. 그래 창방(唱榜)을 하기 약 20번이나 되고 그뒤로 김창환(金昌煥), 박기홍(朴基洪), 송만갑(宋萬甲), 정정열(丁貞烈), 김창용(金昌龍)의 고수를 되맡잔었나베. 속담에 부처님 살찌고 안찌기는 석수장(石手匠)이 손에 달렸다 듯이 명창의 성가(聲價)도 고수에 달렸다고도 할 수 있어. 한참봉 그렇잔우?

··· (이하 생략)"A

[위의 글에서 이동백을 통정(通政)으로, 한성준을 참봉(參奉)으로 서로 호칭하고 있는 것은 판소리를 애호하였던 조선의 왕들이 명창들에게 ― 중추원 의관, 정3품, 선달 등 ― 행세용(行勢用)으로 사용할 수 있는 벼슬을 하사(下賜)해 주었기 때문이다.]

위의 글에서 이동백이 "(한참봉은) 김창환(金昌煥), 박기홍(朴基洪), 송만갑(宋萬甲), 정정열(丁貞烈), 김창용(金昌龍)의 고수를 도맡지 않았나베."라고 말하였는데, 한성준은 어떻게 해서 그런 위치에 서게 된 것일까? 1939년 3월 15일 자의 조선일보(2면)에는 이동백의 은퇴 기념공연을 소개하는 기사가 아래와 같이 실려 있다.

"이동백씨가 오는 3월 29일과 30일의 이틀 동안 본사 주최로 열리는 부민관에서 공연을 최후로 일선을 떠나 여생을 후진의 배양에 바치리라고 한다. 조선소리하면 우리는 곧 이동백씨를 연상하리만치, 소리로 일생을 보낸 사람을 팔자면 이동백씨로 엄지 손가락을 꼽을 수 있다. 이동백씨는 충남 서천 출생으로 금년 74세의 고령이나, ··· (中略) ··· 그는 상경 후 지금부터 약 30년 전 원각사에 출연하였고, 그 후 연흥사의 주무를 맡아 보았다. ···"

A 김수현·이수정 엮음, 한국근대음악기사자료집 권9 ― 잡지편(1941~1945) ― [가무(歌舞)의 諸문제], 민속원, 2008, pp. 33-34(轉載 기준)

조선일보는 이동백의 은퇴 기념공연(3월 29일과 30일)에 발맞추어서 그의 일대기(一代記)를 3월 21일부터 3월 29일에 걸쳐서 기사로 내보내었다. 3월 28일(조간 4면)에 게재된 일대기❺를 보면 이동백이 서울에 올라와 대관(大官)인 조동윤(趙東允)[B]의 대부인(大夫人) 생신에 불려 갔을 때, 한성준이 고수로 동행했던 내용이 나온다.

"… (前略) 친장[親葬]을 마친 뒤에 다시 서울로 올라오니 강원감사로 잇던 김정근씨는 … 급질로 세상을 떠낫스므로 끈다흘 데가 업서 그대로 광대행세만 하는데, 한번은 당시의 대관인 조동윤(趙東允)씨 대부인[大夫人] 생신에 불려가게 되었다. 시골서 갓 올라왔스니 채림채림도 초라하고 모수[모시]두루매기가 등바디는 기워 입엇스니 의복이 날개란 셈으로 풍채가 보잘 게 업섯다. **고수 한성준(韓成俊)씨와 함께** 큰사랑에 불려드러가 안즈니 안문에는 주렴을 치고 주렴 안에 안식구들과 나인들이 소리 드르려 나와 안젓다가 그 채림을 보고 소군거리는 말이 「광대란 게 꼬락사니가 어쩌면 저래」, 「저 꼴에 소리를 하면 얼마나 할나구」 하는 것이었다. 한성준씨도 듯다가 민망해서 「네, 드러만 보십시오」 하고 북을 잡어 당기나 이씨는 속으로 분코 설어운 생각이 나, 어디 보자 하고 우선 단가[短歌; 짧은 토막소리]로부터 춘향전으로 드러가 이별가를 하니, 그적새는[그제야] 주렴 안이 괴괴해지면서 「흥 잘한다」 소리가 간간이 들려왔다. 다시 「십장가」로 드러가 「여섯 개를 부드치니 육부에 맷친 마음 육실해도 무가내하지요. 연약한 춘향 몸에 벼락가튼 매가 치니 옥 가튼 두 다리에 유혈이 낭자하다」 하는 대목을 넘기는데, 그만 주렴 안에서 흑흑 느껴 우는 우름 소리가 들려왓다. 이렇게 소리를 맛치고 나니 주렴 안에서 듯던 상궁나인으로부터 삼말[=삼베] 두 필, 모수 두 필이 나오면서 이것으로 옷을 해 입으라기에 그것을 밧고 그 뒤로부터는 장안 안 재상가에 무슨 일만 잇스면 반드시 불려다니게 되엇다. —(계속)— 一記者" (이동백의 일화 A)

B 조동윤은 1906년 7월 29일 자로 배종(陪從) 무관장(武官長)에서 시종(侍從) 무관장으로 임용되고, 11월 25일에는 궁내부 특진관(特進官)으로 임용되어 칙임관(勅任官) 1등에 서임(敍任)되었던 인물이다. [고종실록 43년 7월 29일 및 11월 25일의 기사 참조]

이동백이 조동윤 씨 대부인(大夫人)의 생신에 부름을 받고 갈 때는 시골서 갓 올라온 처지라 이름이 아직 알려지지 않아 위의 일화가 생긴 것임을 알 수 있다. 그러면 이동백이 어떻게 해서 대관(大官)인 조동윤(趙東允)의 대부인(大夫人; 모친의 높임말) 생신에 불려 가고 한성준을 고수로 동행하게 되었는지, 그것이 궁금해진다. 《조광(朝光)》 1937년 3월 호에 실린 청엽생(靑葉生)의 〈명창(名唱) 이동백전(李東白傳)〉을 보면 이동백의 회고 중에 강경수와의 인연을 알 수 있는 실마리가 들어 있다.[C]

[二, 방랑10년(放浪十年) 판소리 수련(修鍊)의 영로(荊路)] "장가는 열세살 때 박씨를 마져 십오륙세에는 삼촌댁이 집을 나(가)고 홀어머님을 모시고 있었습니다. 그때도 역시 소리하는 것을 향그럽게 알지 않을 때이니 모친께서나 어른들이 말리기도 하였지마는 한번 결심한 나에게는 꼭 살 길이 그것 밖에는 없어 뵈였읍니다. … 그러다가 25세때 뜻을 품고 경기로 올러와 이곳저곳을 방랑하다가 경상남도 진주로 내려갔읍니다. 그것이 경자(庚子: 1900)년인 해이였든가 봅니다. … 그곳 리곡사에 머물러 옥천암(玉泉庵)에서 옥천대사에게 염불 공부도 두어달 하였지요. 그 후는 차츰 … 소문이 나서 강원도 춘천에 경무사(警務使)이든 김정근(金貞根)씨가 게실 때 가서 있었고 그다음은 창원가서도 있었고 창원은 한창수(韓昌洙) 대감마마의 탄신 때입니다. …… 그러다가 함안군에서 심성륜(沈聖倫)씨가 집을 주고 도와주어서 어머님을 모시고 있다가 그곳서 도라가섰읍니다. … "

[五, 창덕궁(昌德宮)의 화려한 옛 기억] "… (前略) 서울와서 살기는 40세 지난 다음입니다. 서울 와서도 어떤 때는 병(病)과 빈곤(貧困)으로 죽을 지경이든 때도 있었습니다. 그때에 김승지(承旨) 김승혁(金眞爀)씨가 창덕궁에 말슴드려서 한달에 40圓식 내려주어 살든 일도 있읍니다. **내 친한 친구는 나의 고수(鼓手) 강경수(姜敬秀)**씨가 있었고 그의 자제(子弟) 강원삼(姜元參)씨와는

C 김수현·이수정 엮음, 한국근대음악기사자료집 권7 — 잡지편(1937~1938) —[명창 이동백전(李東伯傳)], 민속원, 2008, pp. 47-48 그리고 p. 50(轉載 기준) 참조

지금도 갓가히 사괴나[=지내나] 그 외는 생사(生死)를 같이 할 동무는 없었읍니다. …"

《고종실록》에 의하면 **김정근**은 1898년 11월 4일에 경무사로 임명된 적이 있지만 이틀 만에 면직되고, 강원도관찰사로 춘천에 있었던 시기는 1900년 11월 6일부터 1901년 3월 5일까지와 1901년 4월 25일부터 1904년 2월 19일까지, 또 마지막은 1904년 2월 23일부터 3월 11일까지로 되어 있다. 따라서 '**강원도 춘천에 … 김정근씨가 계실 때**'라 함은 열거한 위 기간 중의 하나로 추정된다. 한편 이동백은 병인(丙寅: 1866)년 음력 2월 3일생으로 알려져 있으므로 40세가 지난 다음에 서울에 왔다면 1905년 내지 1906년경으로 추정된다. 그리고 이동백의 위 회고담(回顧談)에 나오는 '**내 친한 친구는 나의 고수 강경수**'란 – 앞에서 소개한 바 있는 – '경성구파배우조합의 광고'에 '조합장'으로 명기된 바로 그 사람이다. 1939년 3월 26일 자 조선일보(조간 8면)의 '이동백 일대기❹'를 보면 이동백이 강경수를 만나게 된 사연이 나온다.[강경수와 한성준의 관계는 후에 설명함]

"진주서 살림하면서 창원으로 마산으로 돌아다니며 놀기 구년 동안이나 하다가 다시 강원도로 들어가니 그때 마침 강원감사로 잇던 김정근(金政根)씨란 이가 또한 풍류를 조하하는지라 한번 이씨의 명창을 듯자 그만 쏘다지듯 반해서 밤나즐 모르고 소리를 시키면서 대접은 극진히 하얏다. … (中略) … 소리판이 버러질 때는 **고수가 당시의 일류광대로 유명한 강경수(**姜敬守**)**이엇는데, 강경수는 고수로만 유명할 뿐아니라 줄타기로 당시에 단벌이엇다. … (中略) … 이러는 동안 김씨의 총애는 나날이 두터워지는데, 김씨의 성미가 또한 애인하사(愛人下賜) 하는데, 갸륵해서 한번 이씨를 불러가지고 종용[慫慂]이 하는 말이 「네가 비록 광대나 그러케 소리만 하다가 죽기는 아깝다. 그러니 내가 힘을 써서 무어 다른 것을 시켜줄 테니 네 생각이 어떠냐.」 하기에 하도감축해서 그저 「황감합니다」 하엿더니마는 김씨는 고개를 맷번 꺼덕인 다음 서울로 편지질도 하고 사방으로 연락도 해서 얼마 뒤에 충주감영 총수(總帥)로 가게 되엇다는 것이다. 감영총수라면 감영에 잇는 순검들을 총찰하는 것으로서 요새로 말하면 경찰서장 쯤 되는 것이다. … (中略) … 이야말로 도룡룡이 승천하는 격이라 조하라고 서울로 올라왓다. 올라올 때는 물론 김씨의 청[請 부탁]편지와 이러케 저러케 하라는 지도를 바더 가지고 왓스나 호사다마(好事多魔)라 서울와서 얼마 유하는 동안 그 어머니의 문부(聞訃)를 하게 되엇다. … (中略) … 어머니 상사에 유감이 잇게 할 수는 업다고 해서 청운(靑雲)의 노픈 뜻을 헌신짝 가티 버리고 피눈물을 먹으면서 분성(奔星)해 나려가니 그때 그 어머니는 서천서 살다가 외아들 하나이 진주서 살모른 따로 떨어져 잇슬 수 업다고 아들을 차저 진주 근처 창원에 와 살다가 불행햇스므로 밤나즐 다토어 창원으로 나려갓다."^D(이동백의 일화 B)

이제부터 한성준과 이동백이 조동윤 씨의 대부인의 생신에 불려 간 시기가 언제쯤이엇는지를 추론하여 보기로 한다. 잡지 《춘추》 1941년 3월 호에 실린 춘추좌담, '**가무(歌舞)의 제문제** − 이동백, 한성준 대담 −'의 내용 중에 한성준이 이동백에게 "처음 (서울에) 올라오셔서 맨 먼저 소리하신 데가 어댑니까." 묻자, 이동백이 "**창원에서 관노(官奴) 김성표(金聖表)를 고수로 데리고 와서 다방(茶房)골 조병택(趙炳澤)영감 사랑에서 한 것이 처음일 것이요.**"라고 대답한 내용이 나온다. '**다방골 조병택 영감**'이란 1906년 5월에 한일은행을 설립할 때 발기인으로 나섯던 경성(京城)내

D 김정근의 한자 표기가 소개된 글에 따라 金貞根 혹은 金政根으로 달리 되어 있으나, 여기서 말하는 김정근은 강원도관찰사를 지낸 '金禎根'[고종실록의 표기]을 잘못 표시한 것이다. 그리고 이동백이 강경수와 만나 친하게 된 요인으로는 충북 진천(鎭川)이라는 지역 연고를 들기도 한다.[노재명 저, 앞의 책(명창의 증언과 자료를 통해 본 판소리 참모습), p. 158 참조]

유지(有志)로 신상(紳商) 중의 한 명인 조병택趙秉澤[E]을 가리킨 것으로 생각된다. 위의 이야기를 통하여 이동백이 서울에서 소리꾼으로 활동을 하기 시작한 시기를 추론해 볼 수 있다. **(이동백의 일화 B)**는 김정근이 강원도 관찰사를 그만둔 후에 일어난 일들이므로 김정근이 강원도 관찰사로 있던 시기에는 소리꾼으로 서울에서 활동한 적이 없음을 말해 준다.[F] 이동백이 김정근의 주선으로 충주감영의 총수로 가기 위해 1905년경에 서울에 올라와 얼마동안 체류한 적이 있지만 그때는 소리꾼으로 활동하지는 않았다. 또 "창원에서 어머님이 작고했을 적에 내 종제(從弟)와 모시를 가지고 가다가 주막에서 강도 떼를 만났었는데, …"라고 '객사(客死)죽음'을 할 뻔한 일을 언급한 것을 볼 때, 이동백이 모친의 장사를 치르기 위해 창원에 갔다는 사실이 확인된다. 창원에 얼마나 머물러 있다가 서울로 올라온 것인지가 애매하나, "창원에서 관노(官奴) 김성표(金聖表)를 고수로 데리고 왔다"라고 한 것으로 보아 창원에서 한동안 소리꾼으로 활동하였다고 추측된다. 따라서 서울에 와서 소리를 처음 한 시기는 1906년 이후로 보아야 이야기의 연결에 무리가 없을 것이다.

그리고 이동백이 조동윤 씨 대부인의 생신에 불려가 생겼던 **(이동백의 일화 A)**는 1907년에 있었던 일로 추정된다. 조동윤 씨는 1906년 말에야 대관(大官)이라고 지칭되는 칙임관(勅任官) 1등에 서임(敍任)되었을 뿐 아니라[G], 이동백이 생신에 불려갈 때 모시 두루마기를 입고 갔다고 되어

E   1906년 8월 9일 자의 황성신문(4면)에 실린 한일은행의 개업광고에 의하면 조병택은 취체역(取締役)을 맡았던 인물이다.

F   그러므로 이동백이 김창환과 함께 1902년의 협률社에서 활동한 것처럼 기술된 글[예컨대 노동은 저, 앞의 책(한국근대음악사[1]), p. 510]은 오류로 보인다.

G   대관(大官)이란 대신(大臣)에 해당하는 급(級)을 말한다. 조동윤은 1906년 11월 25일에 궁내부 특진관(特進官)으로 임용되면서 칙임관(勅任官) 1등에 서임(敍任)되었다.

있으므로 계절이 여름이라는 점, 또 1906년 가을에 처음 서울에 올라온 것으로 생각되는 한성준이 고수로 동행한 점 등을 고려하면 1906년 여름에 있었던 일화로 보기에는 무리가 따르기 때문이다. 당시 서울에서 아직 명창으로 이름이 알려지지 않았던 이동백이 조동윤 씨 대부인의 생신에 불려 갔던 것은 이동백이 소리한 적이 있는 조병택의 소개가 있었기 때문일 것이다. 조병택과 조동윤이 서로 아는 지인(知人)이라는 것은 1906년 3월 28일 자 황성신문(3면)의 아래 기사를 통해 확인된다.

"●흥교대여(興教大與) - 수동(壽洞) 사립 흥화학교는 교장 민충정공(閔忠正公)이 순사(殉逝)한 후에 교무가 영체(零替)하더니 유지(有志) 신사들이 그 학교에 회집(會集)하야 임원을 갱위(更爲=다시) 조직하얏는데, 교장은 임병항(林炳恒)씨 부교장겸 총교사는 백상규(白象圭)씨 교감은 김석환(金碩桓)씨로 선정하얏스며, 찬무장(贊務長)은 민영휘(閔泳徽)씨로, 찬무원(贊務員)은 한규설·조동윤(趙東潤)·유신혁·최문식·백완혁·조진태·조병택(趙秉澤) 제씨(諸氏)로 추천하얏고, 찬성장(贊成長)은 … (이하 생략)"

위 기사를 보면 민충정공이 설립한 흥화학교의 찬무원(贊務員)으로 조동윤과 조병택이 포함되어 있으므로 두 사람이 서로 아는 사이임은 말할 필요도 없다. 조동윤 씨 대부인(大夫人)은 전동(磚洞)여학교[나중에 명신(明新)으로 改名] 교장으로 공천(公薦)을 받은 여류명사로[1906년 5월 23일 자 대한매일신보(2면)의 기사] 학교를 발전시키기 위해 학생들에게 정성을 다하여 권학(勸學)에 힘쓴다고 소문이 난 것[1906년 10월 24일 자 대한매일신보(2면)의 기사]을 보면 소리꾼을 불러 생신 축하연을 하게 된 것은 협률社의 혁파 논란이 한참이던 1906년 여름이 아니고 제2기 협률사가 폐지된 후인 1907년의 여름이 틀림없다고 생각된다.

11. 황실극장[1] 원각사(圓覺社)가 개장(開場)된 경위

한성준이 잡지 《조광》의 〈고수50년, 한성준〉에서 말한 내용 중에 "새문안에 원각사(圓覺舍; 정확히는 圓覺社)라는 것이 이태황제(李太皇帝)께서와 이등박문(伊藤博文) 선생이 짓게 하여 주셔서 생기고 …"라고 말한 부분이 있는데, 개관開館한 시기는 논외로 하고 어떤 인식을 바탕으로 그렇게 이야기한 것일까? 이등박문이 원각사를 짓게 해 주었다는 인식은 현철(玄哲)[2]을 중심으로 신극운동에 참여한 인사들이 주로 가지고 있었는데, 한성준이 그 영향을 받은 듯하다. 이것과는 달리 융희隆熙황제(즉 순종)의 의지로 탄생한 것으로 이해하는 사람도 있다. 즉 정로식鄭魯湜은 『조선창극사(朝鮮唱劇史)』에서 김창환을 소개하는 중에 다음과 같이 기술하고 있다.

… (前略) 구한국(舊韓國) 융희(隆熙)황제에서 조선의 성악(聲樂)발달을 기도(期圖)하기 위하여 원각사(圓覺社)를 서대문 내에 설치하고 김창환(金昌煥)을 주석(主席)으로 송만갑(宋萬甲) 염덕준(廉德俊)을 그 간부로 선정케 하시다. 원각사는 지금으로 보면 국립(國立)극장이라고 할까. 춘향전 심청전을 창극(唱劇)으로 구성하여서 배우라고 할는지, 170여(餘) 명의 남녀를 끌고 연행한 것이 지금 우리가 보는 창극 춘향가 심청가가 그때 그것을 모방한 것이다. …[3]

〈원각사 전경〉

원각사가 황실극장이라는 성격을 띠고 1908년 7월에 개장開場된 것은 이등박문의 조언에 영향을 받은 것이라 하지만, 그 이면裏面에 있는 내막內幕은 융희황제[4]와 관련이 있다고 생각된다. 정로식이 위와 같은 글을 쓰게 된 배경은 무엇인지부터 먼저 살펴보기로 하자. 우선 1907년 11월 22일 자 대한매일신보(2면)를 보면 아래와 같은 범상치 않은 기사가 보인다.

> ●협률샤복설 - 엇던 사람들이 협률샤를 다시 셜시(設施)하기로 의론하고 재정(財政)을 구취(鳩聚)하는 즁이라더라.

대한제국 최초의 실내 극장인 희대戲臺는 협률사가 한동안 사용하다가 1906년 말에 결국 흥행이 되지 않아 제2기 협률사도 폐지됨으로써 1907년부터는 관인구락부官人俱樂部가 그곳을 운영하게 되었음은 이미 설명한 바 있다. 그런데 일본의 강요에 의해 고종으로부터 양위讓位를 받았던 순종이 경운궁[지금의 덕수궁]에서 창덕궁으로 이어移御(1907년 11월 13일)한 지 열흘도 지나지 않아서 협률사의 복설復設 움직임이 있는 것은 우연이라고 하기에는 석연치 않은 구석이 있다. 그러므로 관인구락부가 운영하던 희대戲臺가 어떤 우여곡절迂餘曲折 끝에 신연극을 내건 원각사로 탈바꿈하게 된 것인지 신문 기사의 내용을 분석·종합해 추론해 보기로 한다.

1) 1907년 11월 28일 자 대한매일신보(2면)의 기사 : "●연희이설(演戲移設) - 대황제폐하께옵셔 창덕궁에 이어(移御)하신 후로 어의궁(於義宮)에 在한 **연희포(演戲舖)**를 관인구락부(官人俱樂部)로 이접(移接)한다더라."

2) 1907년 11월 28일 자 황성신문(1면)의 기사 : "●구미3년(狗尾三年) - 근일 아국인(我國人)은 …… 단지 희대(戲臺)·연극장이나 혹은 협률사(協律社)이나 하는 것을 設하고 음성(淫聲) 추태(醜態)로 청년자제의 심지(心志)를 방탕케 하며 여항(閭巷) 부녀의 음풍(淫風)을 고발(鼓發)하야 금전을 확취(攫取)하니 실로 야만의 악습이라.

다행히 협률사란 것이 혁파되고 관인구락부가 되야 문명적 사회의 기상이 유(有)하더니 일작(日昨)에 (어의궁의) **연희관(演戲館)** 사무원 송영필(宋榮弼)씨가 경시청에 청원하얏다는 개의(槪意)를 견(見)한 즉, 그 연희관을 관인구락부로 이설(移設)하고 기생 16명을 사용하겟스니 인준(認准)하라 하얏다니. 문명사회의 주소가 변하야 또 협률사가 되니 소위 구미(狗尾)3년이 준비한 말이라고 항설(巷說)이 자자(藉藉)하더라."

3) 1907년 12월 12일 자 대한매일신보(2면)의 기사 : "●연희인허(演戲認許) – 서서(西署) 야조현(夜照峴) 소재 관인구락부를 경시청에서 **연희장(演戲場)**으로 인허(認許)하얏다더라."

4) 1908년 1월 31일 자 황성신문(2면)의 기사 : "●협률사선폐(協律社旋廢) – **현영운(玄暎運)**씨가 협률사를 관인구락부에 설(設)하고 매야(每夜) 연희장을 개(開)하더니 해사(該社)를 재작야(再昨夜)부터 폐지하얏다더라."

위 기사들의 내용을 차례대로 검토하기 전에 먼저 염두에 두어야 할 것은 고종이 일본의 강요로 1907년 7월에 양위讓位를 하면서 그때부터는 무료無聊한 나날을 보내고 있었을 것이라는 점이다. 그런 인식하에 위에 나열된 내용을 읽어 보자. 관인구락부가 사용하던 희대戲臺에 연희장을 다시 설치하려는 움직임은 1907년 11월 말부터 구체화되었음을 알 수 있다. 어의궁於義宮이란 효제동에 있던 효종孝宗의 잠저(潛邸=왕위에 오르기 전에 살던 집)를 말하는 것으로 그곳에 연희장이 있었는데, 그것을 관인구락부로 이설移設하려는 계획을 세웠다는 것(기사 1)이 원각사 태동胎動의 시작점이라고 할 수 있다.

그런 계획에 대한 인준을 경시청에 청원한 인물은 어의궁의 연희관 사무원 송영필 씨로(기사 2), 협률사의 복설에 관여했던 대한제국의 고위 관료와 전혀 무관한 인물인데도 경시청의 인허가 났다는 것(기사 3), 그런데 협률사 복설에 대한 부정적 여론을 의식해 송영필 씨는 **표면상 내세운 인물에 불과하고 실질적인 운영자는 현영운 씨**라는 것, 그리고 현영운은 2개월도 되지 않아서 어떤 사유인지는 몰라도 그 협률사를 폐지하였다는 내용(기사 4)이 이어지는데, 이는 원각사 등장을 위한 진통이라 할 수 있다. 그래서 이 기사들이 가지고 있는 내막을 제대로 이해하려면 우선 현영운이 어떤 인물인지부터 알아 둘 필요가 있다. 현영운은 대한제국에서 철도원 감독(1904년 3월), 육군 참장參將(1904년 5월) 등을 거쳐 농상공부 협판協辦(1905년 6월)의 직무를 수행하다가 비위非違를 이유로 징계처분을 받았다가(190년 9월), 고종의 특사特赦로 1906년 2월에 육군 참장으로 복직하고 봉상시 제조提調를 거쳐 광무11년(1907) 5월 29일에 태복사의 장長으로 임용된 인물이다.

고종이 태복사太僕司의 長으로 임용한 현영운은 1907년 7월에 헤이그밀사密使 사건을 빌미로 일본이 고종의 양위讓位를 강요하여 순종이 황제로 즉위한 후에도 계속 그 직책을 유지하고 있었다. 태복사는 황제의 승어乘御와 거마車馬 등을 관장하는 조직이므로 태복사의 長은 황제의 행차 등 일상日常을 숙지하기 마련이다. 하여 현영운은 순종의 심사心思를 잘 헤아릴 수 있는 처지에 있었을 터이다. 그렇다면 현영운이 희대가 있는 관인구락부에다 협률사를 복설하고 운영하려는 동기는 뭘까? 저자는 1908년 3월 4일 자 대한매일신보(2면)의 아래와 같은 기사에서 해답의 실마리를 찾을 수 있다고 생각한다.

●소견주품(消遣奏稟) – 태황제(太皇帝)폐하께옵셔 한적히 게시니, 전일(前日=양위를 하기 전)에 보시던 날탕패[輕才]와 가무별감(歌舞別監)을 초입(招入)하옵셔 기악(妓樂)으로 쇼견(消遣=한가하게 보냄)하실 뜻을 내각(內閣) 제대신(諸大臣) 등이 주품(奏稟)하매, 태황제께옵셔 불가(不可)하다 하고(下敎)하셨는데, 제(諸)대신은 기악과 가무별감을 모집하야 소견(消遣)하시기로 의결하고 前가무별감 현존자(現存者)가 8명(인데), 8명의 비액(費額)은 황실비중(皇室費中)으로 지급하기로 제(諸)대신이 주품(奏稟)하엿다더라.

  위의 기사를 통해서 우리는 고종이 양위讓位를 하기 전에 8명 이상의 가무별감을 두고[5] 날탕패나 기악妓樂을 즐기곤 했는데, 양위 후 태황제로 물러나면서 어쩔 수 없이 가무별감을 모두 해산시켰다는 사실을 알 수 있다. 고종이 타의로 양위한 후 무료無聊하게 지낼 수밖에 없는 처지를 잘 알고 있는 순종이 희대가 있는 관인구락부에다 협률사를 복설하고 날탕패나 소리광대들이 출연할 수 있게 되면 고종이 거처하는 덕수궁에도 불려 가게 하려고 의도할 법하다. 순종의 심사를 헤아리게 된 현영운은 희대가 있는 관인구락부에 연희장을 다시 설치하려는 수순을 밟았던 것이 아닌가 하는 의심이 든다. 현영운이 처음부터 나서지 않고 연희관 사무원 송영필을 내세워 경시청에 청원한 것은 협률사의 복설은 당시의 시국하에서 여론의 지지를 얻지 못할 것으로 예상되었기 때문일 것이다. 그것을 무마하기 위해 경시청으로부터 관인구락부에 연희장을 인허받자 가장 먼저 행해진 행사는 경성고아원의 지원을 위한 관기官妓의 자선공연이었다.

  1907년 12월 21일 자 황성신문(2면)에는 아래와 같은 기사가 실려 있다.

●관기자선(官妓慈善) - 궁내부(宮內府) 행수(行首)기생 계옥(桂玉), 태의원(太醫院) 행수기생 연화(蓮花), 상의사(尙衣司) 행수기생 금선(錦仙) 등이 경시청에 청원한 개의(槪意)를 문(聞)한 즉, 경성(京城)고아원을 설치 이래로 제반(諸般) 경비를 원주(院主)가 담당 지급하다가 현금(現今=지금) 경비가 군졸(窘拙=자금이 모자라고 막힘)하야 다수(多數) 고아가 다시 유리개걸(遊離丐乞=떨어져 나가 비럭질함)할 경(境)에 도달하얏다니, 개불긍측호아(豈不矜惻乎=어찌 불쌍하고 측은하지 않으리오). 본기(本妓) 등이 고아원 연주사(演奏社)를 본월(本月) 21일(양력 12월 25일) 위시하야 관인구락부에 설행(設行)하겟스니 3일간 인준하라 하얏더라.

그리고 1907년 12월 24일 자 황성신문(3면)의 광고에 실린 위의 연희목록을 보면 현영운이 관인구락부에 연희장을 열었던 동기를 짐작게 해 준다. 연희 목록을 살펴보면 검무, 가인전목단, 선유락, 항장무, 포구락, 무고, 학무와 같은 관기의 궁중정재를 중심으로 하여 승무나 북춤과 같은 민속무와 향음영무와 같은 창작춤도 들어 있고, 특히 연희의 앞부분에 평양랄탕패[6], 창부(倡夫) 땅재주 등이 있는 것이 눈길을 끈다. 여기서 과연 궁내부·태의원·상의사 소속의 기생들이 자체적으로 이 모든 것을 준비하였을까? 하는 의심이 들기 마련이다.

1908년 1월 7일 자 대한매일신보(3면)의 기사를 보면 협률사에서 관기들의 자선연주회가 끝난 후에 경성고아원에 기부한 인원과 금액을 공표한 내용이 있는데, 제1회 기부자 중에 현영운(10元)이 포함되어 있다. 1908년 3월 4일 자 대한매일신보(2면)의 '소견주품(消遣奏稟)' 기사를 상기하면, 현영운이 관기들의 자선연주회를 후원하면서 이와 같은 공연 형태를 유도하였다고 추정하더라도 이상한 일이 아닐 것이다.

그러면 현영운은 관인구락부에다 협률사를 복설한 지 2개월도 안 돼서 어떤 이유로 폐지하였느냐의 문제가 남는데, 이는 순종의 의중이 바뀌었기 때문으로 보인다. 당시의 시국時局을 보면 고종의 양위(7월 20일) 후 정미丁未7조약이 체결되어(7월 24일) 대한제국 군대가 해산되고(7월 31일) 이에 대한 반발로 각지에서 의병義兵의 봉기가 속출하는 등 사회 전체가 침통한 분위기였다. 순종은 부왕을 배려하는 차원에서 연희장을 종전의 협률사 형태로 운영하게 할 생각이었지만, 협률사에 대한 비난 여론이 비등해지자 순종은 새로운 방향을 고심하지 않을 수 없었을 것이다. 그러던 중 순종의 처지를 이해한 이등박문伊藤博文이 "일국(一國) 체면에 (연)극장 하나 없고서야 …"라고 하는 권유에 힘입어[해방 후 현철이 회고하면서 한 이야기] '연희장'을 연극장으로 바꾸는 방향으로 전환하게 되었다.[7] 신연극을 내건 원각사가 출범하게 된 과정은 아래의 기사를 보면 확인할 수가 있다.[8]

a) 1908년 7월 10일 자 대한매일신보(2면)의 기사 : "●연극준비 – 김상천(金相天)·박정동(朴晶東)·이인직(李人稙) 3씨가 서문(西門) 내 관인구락부의 연극장을 설시(設施)할 次로 현금(現今) 준비 중이라더라."

b) 1908년 7월 21일 자 황성신문(2면)의 기사 : "●연극청원(演劇請願) – 대한신문(大韓新聞)사장 이인직(李人稙)씨는 신연극장(新演劇場)을 관인구락부에 設하겠다고 경시청(警視廳)에 청인(請認)하얏다더라."

c) 1908년 7월 26일 자 대한매일신보(3면)의 광고[황성신문의 광고도 동일함] : "본사에셔 7월 26일로부터 연극을 개시(開始)이온 바, 경성 내에 제일 굴지(屈指)하는 가기(歌妓)가 24명이오 창부(唱夫)는 명창으로 저명한 김창환 등 40인이온대, 쳐소는 야주현(夜珠峴) 前協률사이오며, 시간은 매일 하오 7시에 개(開)하여 同 12시에 폐(閉)하겟사오니 … (이하 생략).
원각사(圓覺社) 白"

이렇게 보면 한성준이 "원각사라는 것이 이태황제(李太皇帝)께서와 이등박문(伊藤博文) 선생이 짓게 하여 주셔서 생기고"라고 한 말은 전혀 엉뚱한 이야기는 아닌 셈이다.

---

1 원각사(圓覺社)는 협률사(協律社)와 달리 극장의 이름이다. 여기서 황실극장이란 원각사가 단지 대한제국의 황실 내지 궁내부의 소유라는 의미가 아니라, 무대에 올리는 공연물의 내용에 대해서도 황실 내지 정부가 관여하고 있다는 의미이다.
2 현철(玄哲: 1891~1965) : 원각사의 개장(開場)에 관련 있는 현영운과 4촌지간(四寸之間)에 있는 그는 한국 연극이 1910년대의 신파극(新派劇)에서 벗어나 이른바 근대극으로 변모하는 데 많은 공헌을 한 신극(新劇) 운동가이다. 그는 1937년 12월에 조선음악무용연구회가 창립될 때 무용가 한성준, 명창 김석구(金錫九)와 함께 발기인(發起人)으로 참여하였다.
3 정로식 저, 앞의 책(조선창극사), p. 148
4 고종이 1907년 만국평화회의가 열린 네델란드 헤이그에 이준(李儁)을 특사로 파견하자 을사늑약을 위반한 이유로 일본에 의해 양위(讓位)를 강요당하고 — 황제양위식은 1907년 7월 20일에 중화전(中和殿)에서 거행 — 황태자이던 순종이 황제로 즉위하면서 연호(年號)를 융희(隆熙)로 바꾸게 되어 융희황제라고 한 것이다.
5 최초의 근대 공연 재담가(才談家)로 알려진 박춘재(朴春載)가 대한제국시절에 가무별감을 지냈다는 내용은 1914년 5월 17일 자의 매일신보에 수록된 〈예단(藝壇)일백인(一百人)(86) 박츈재(朴春載)〉에서도 기술하고 있다.
6 평양날탕패라 함은 평양 출신의 남성들로 구성된 전문공연집단인데, 산타령[예컨대 앵봉가, 사거리, 방에타령, 담바고타령 등]을 주요 레퍼토리로 삼았다고 한다.

7　현철이 회고한 내용과 같이 이등박문의 권유에 힘입어 조중응(趙重應) 법부대신이 나서서 순종에게 연극장으로 바꾸기 위한 희대의 수리 공역(工役)을 제안하자 협률사를 폐지하고 현영운에게 그 일을 맡겼던 것은 아래와 같은 두 기사를 통해 추정이 가능하다.

　A) 1908년 7월 28일 자 대한매일신보(2면)의 기사 : "●무료퇴거(無聊退去) - 전에 보도한 것처럼 이인직씨가 야주현(夜珠峴) 관인구락부에 연극장을 재작일(再昨日)부터 개설하얏는데, 일인(日人) 구보전삼랑(久保田三朗)이가 와서 말하기를 「이 가옥(家屋) 수리공역(工役)을 현영운씨가 나[余]에게 위임 건축하고 그 공사비 3천원(圓)을 아직 보상하지 않았슨 즉 이 집 건물[家舍]이 나의 소유라」고 한 것에 대해서, 이인직씨가 이 집 건물을 내각에 승인(받아) 설시(設施)하얏다고 거절한 즉, … (이하 생략)"

　B) 같은 날짜 황성신문(2면)의 기사 : "●연극장유희(演劇場有戲) - 대한신문사장 이인직(李人稙)씨가 관인구락부에 연극장을 설(設)하고 재작일(再昨日)에 성황으로 개장하는데, 어떤 일인(日人)이 와서 개장치 못하게 하거늘, 이인직씨가 기 그 이유를 물은 즉, 일인이 답하기를 「월전(月前)에 현영운씨가 이 건물[舍]을 나[余]에게 7천원(圓)의 전집(典執=전당도 잡힘)하얏다.」하거늘, …(中略)… 서로 힐난(詰難)하얏다는데, 관청에 교섭하야 타결한다더라."

8　원각사가 신연극(新演劇)을 내걸었지만 실제로는 김창환 등의 창부가 중심인 창극(唱劇)으로 흥행하였다. 따라서 "원각사는 이등박문의 적극적인 권유와 입안(立案)에 의해 이인직이 주도적인 역할을 했다."라는 주장은 — 차범석(車凡錫) 선생이 의문을 제기한 것처럼 — 다시 검토할 필요가 있다.[1975년 9월 15일 자 동아일보(5면)에 실린 차범석의 글 「그래도 막은 오른다 (8)」 참조]

12. 신연극(新演劇)을 내걸은 원각사(圓覺社)의 실상

　1906년 3월에 갱설된 협률사(協律社)(제2기)가 혁파 논란과 황태자의 가례 등 우여곡절迂餘曲折 끝에 12월 말에 폐지되자, 그 후 출현한 사설私設극장들은 연희의 개량이라는 명분을 내걸었다. 예컨대 극장 설립의 명분을 "우리나라에 전해져오는 제반 연희 여러가지 절차를 일신(一新) 개량하기 위하여 …"(광무대: 1907년 5월 21일 자 만세보 3면), 혹은 "연예의 성질·연혁과 개량·발전할 취지로 …"(단성사: 1907년 6월 7일 자 만세보 3면)라고 하거나, "창회악지(暢懷樂志)하여 풍속을 이끌어 …"(연흥사: 1907년 11월 30일 자의 황성신문 2면)라고 홍보하였다. 그런데 1908년 5월 5일 자 황성신문(2면)의 '대연희장(對演戲場)하야 탄(嘆), 방인(邦人)의 실기상성(失其常性)'이라는 논설을 보면, "근일 한성계(漢城界)에 최(最)히 번영 발달자(發達者)는 협률사와 단성사와 연흥사라. 명창(名唱)·요기(妖妓)가 좌제우설(左提右挈=왼쪽으로 이끌고 오른쪽으로 이끌다)하야 소고(簫鼓)가 굉조(轟噪)하고 가무(歌舞)가 질탕(跌宕)하는 것이 개(皆=모두) 상복지음(桑濮之音=남녀가 몰래 만난 곳에서의 음란한 음악)이오, 정위지풍(鄭衛之風=춘추전국시대의 정나라, 위나라와 같이 망국(亡國)에서 유행하는 풍조)이라. …"라고 한탄하고 있는 내용이므로 연희의 개량이란 하나의 구호에 불과했던 것으로 생각된다.

　한편 황실극장이라는 원각사도 '우리나라 연극을 개량하기 위하여' 신연극을 설행設行한다는 것을 기치로 내걸고 있다. 1908년 7월 28일 자의 황성신문(2면)에는 다음과 같은 기사가 실려 있다.

●소설연극(小說演劇) - 대한신문 사장 이인직(李人稙)씨가 아국(我國) 연극을 개량하기 위하야 신연극(新演劇)을 야주현(夜珠峴) 전협률사에 창설하고 재작일(再昨日) 붓터 개장하얏는데, 은세계(銀世界)라 제(題)한 소설로 창부(唱夫)를 교육하야 2개월 후에는 그 신연극을 설행(設行)한다는데, 중다(衆多)한 창부교육비가 거대함으로 그 경비를 보조키 위하야 7월 26일로붓터 2개월 간은 매월 하오 7시로(부터) 동 12시까지 영업적으로 아국(我國)에 고유하던 각종 연예(演藝)를 설행한다더라.

위 기사의 요지는 (a) '아국(我國) 연극', 즉 창극을 개량하기 위해 이인직이 창작한 소설 '은세계'를 가지고 신연극을 공연하겠다는 것, (b) 신연극을 공연하기 위한 창부의 교육에 2개월이 필요하여 그에 따른 경비가 소요된다는 것. (c) 신연극 은세계를 무대에 올리는 데 필요한 경비의 일부를 조달하기 위하여 그때까지는 우리나라에 고유한 전통연희를 설행한다는 것이다. 요컨대 원각사에서 당분간 전통연희를 설행한다는 것이다.

우선 1908년 7월 26일 자 대한매일신보(3면) 및 황성신문(3면)에 개재된 원각사 광고를 보면 "… 경성 내에 제일 굴지(屈指)하는 가기(歌妓)가 24명이오 창부(唱夫)는 명창으로 저명한 김창환 등 40인이온대, …"라는 내용이 나온다. 신연극에 등장하는 출연자들은 처음부터 가기歌妓와 창부唱夫들로 구성된 것임을 알 수 있다. 또 원각사가 황실극장이라는 특성 때문에 원각사에 고용된 창부와 가기歌妓는 처신處身에도 제약이 있었음은 아래의 기사에서 드러난다.

가) 1908년 8월 27일 자 대한매일신보(3면)의 기사 : "●원각사(圓覺社)의 창부 – 원각사에셔 고용하는 창부 신갑도(申甲道)가 일작(日昨)에 타처(他處) 연극장으로 거(去)하얏더니, 경시청에서 그 창부를 초치(招致)하야 타처에는 왕고(往雇)치 말고 원각사로 환거(還去)하라 하얏다더라."

나) 1908년 9월 16일 자 황성신문(2면)의 기사 : "●부득자퇴(不得自退) – 원각사에셔 사역(使役)하는 기생 24인 중에 6명은 감액(減額=해고)하고 기여(其餘)(는) 18명인데, 결근한 사(事)가 유(有)하면 녕(寧)히[=차라리] 해사(該社)에서 출송(出送)할지언녕 기생의 자의(自意)로는 퇴출(退出)치 못하게 하얏다더라."

이인직이 일본으로 연희장을 시찰하러 떠난 후인 1908년 8월 13일 자 대한매일신보(2면)에는 "야주현(夜珠峴) 원각사에셔 신연극 은세계를 매일 창부 등이 연습하야 미구(未久)에 설행한다더라."라는 기사가 있다. 신연극 은세계의 연습은 이인직이 부재不在 중인 상황에서 원각사의 주석主席인 창부 김창환의 지휘하에 이루어졌을 것이다. 그러나 신연극을 무대에 올리는 일은 생각만큼 쉽지 않았던 듯하다. 1908년 9월 26일 자 대한매일신보(2면)를 보면 "원각사에 고용하는 창부 등이 은세계 신소설을 한숙(嫻熟)히 연습한 고(故)로 내월(來月) 1일부터 해(該) 연극을 개시하기로 예정하얏다더라."라는 기사가 있었지만, 45일이나 더 지체되어 1908년 11월 15일에서야 겨우 공연이 시작되었다.

1908년 11월 13일 자의 황성신문과 대한매일신보에 실린 원각사의 광고(아래의 그림)에 '열월(閱月=한 달을 지냄) 갈망하시던 은세계 신연극'이라는 문구가 그것을 말해 준다.

원각사의 무대에 올린 '은세계' 신연극이란 도대체 어떠한 내용인지는 아래의 기사들을 통해 유추해 볼 수 있다.

1) 1908년 11월 21일 자 황성신문(2면)의 기사 : "●초록(草綠)은 동색(同色) – 영선군(永宣君) 이준용(李埈鎔)씨가 3작야(三昨夜)에 원각사 은세계를 관람할 時에 창부 등이 정감사(鄭監司)의 탐찬(貪餐) 불법(不法)하던 역사(歷史)을 타령(打令)으로 논박(論駁) 호창(呼唱=소리 높여 부름)함에, 이준용씨가 해(該) 곡조를 문(聞)하다가 창부를 초치(招致)하야 분부하야 왈(曰), 「양반의 공박(攻駁)은 치지(寘之=이를 넣다)하라」 하얏다더라."

2) 1908년 12월 1일 자 황성신문(2면)의 기사 : "●원각풍파(圓覺風波) – 혜천탕(惠泉湯) 주인 윤계환(尹啓煥)씨 등 7인이 재작야(再昨夜)에 원각사의 은세계를 관람하다가 정감사가 최병도(崔丙陶)를 압치(押致)하야 시형(施刑) 탈재(奪財)하는 경황에 지(至)하야 윤계환씨가 좌중에 언(言)을 통할 건(件)이 유(有)하다고 공포한 후에 창부(倡夫) 김창환을 호(呼)하야 왈(曰), 「탐찬(貪餐) 관리의 역사를 일[-] 연극(演劇)의 재료로 연희하는 것이 불위온당(不爲穩當) 할뿐더러, 기(其) 탐찬 관리의 결과가 종당(終當) 하처(何處)에 귀(歸)하겠는야」 하고 일장분나(一場紛拏=어수선하고 소란스러움)함으로 해사(該社) 순사(巡査)가 문외(門外)로 축출하얏다는데, 해(該) 사장

안순환(安淳煥)씨는 기(其) 사건에 대하야 타인의 영업을 방해케
하얏다고 장차 재판하야 배상금을 징출(徵出)한다더라."

이인직의 신소설 은세계를 토대로 원각사 무대에 올렸다는 신연극이란
일본을 통해서 들어온 신파극新派劇[1]과 같은 유형이 아니고 창부들이
연기한 창극임이 분명하다. 따라서 원각사가 내걸었던 '신연극'이란
의미는 창극의 내용이 종전과 같이 판소리 레퍼토리[즉 춘향전, 심청가,
흥보타령 등]를 각색한 것이 아니고 '새로 창작한 것'이라는 뜻으로 보인다.[2]

그러나 신연극 은세계는 여러 가지 이유로 일반인들로부터 큰 호응을
받지를 못했던 것 같다. 1909년 3월 13일 자의 대한매일신보(2면)
기사를 보면 신연극을 위해 투입된 비용 등으로 원각사의 흥행에
적신호가 켜졌음을 짐작할 수가 있다.

> ●원각사 폐지설 – 새문안 원각샤는 새로 연극을 실시하야 풍속을
> 개량한다고 각 신문에 게재하더니, 근일에 다시 춘향가 심청가로 탕자
> 음부의 이목을 현혹케 하야 돈을 다수히 빼아섯는데, 그 돈은 어데 모다
> 썻는지 몇천원의 손해가 잇다 하고 불원간에 폐지될 터이라더라.

'은세계' 신연극은 흥행에 실패하였던 것에 비해, 식자識者들의 비난을
받아 왔던 조선의 전통연희는 흥행 면에서 성공하였기에 신연극의 공연
자금을 조달하는 방안으로 이용되었다.
 1908년 11월 6일 자 황성신문(2면)의 논설['원각사 관광의 향객(鄕客)
담화']을 보면, "과연 제공(諸公)으로 하여곰 내각(內閣)을 애(愛)홈이
원각사를 애(愛)홈과 여(如)하면 연극개량보다 정치개량의 실효(實效)가
유(有)할지어늘, 호위호(胡爲乎=어떠한 이유로) 내각(內閣)을 애(愛)홈이

원각사를 애(愛)홈만 불여(不如)한지 차(此)도 지득(知得)키 난(難)한 사(事)라 …"라는 구절이 들어 있다. 이 논설은 원각사에서 신연극 은세계를 무대에 올리기 전에 잠정적으로 설행하였던 전통연희를 보러 간 관리들이 아래의 표에서 보듯 그만큼 많았음을 말해 준다.

(원각사의 전통연희를 보러 간 관리들)	
궁내부 왕마과(王馬課) 마차감(馬車監) 문창규(文昌圭)·이익우(李益雨) 등	1908.09.06. 자 대한매일신보(2면)
중추원 고문(顧問) 이지용(李址鎔), 승녕부 총관(總官) 조민희(趙民熙), 前참장(參將) 신태휴(申泰休), 승녕부 이사(理事) 오일영(吳壹泳)	1908.09.16. 자 대한매일신보(2면)
시종원경(侍從院卿) 윤덕영(尹德榮), 궁내부대신(大臣) 민병석(閔丙奭)	1908.09.19. 자 대한매일신보(2면)
궁내부대신 민병석과 일본인 화사(畫師)	1908.10.10. 자 대한매일신보(2면)
각부 대신(大臣), 일본 소네(曾彌) 부통감(副統監), 영선군(永宣君) 이준용(李埈鎔), 前보국(輔國) 민영휘(閔泳徽), 내각 서기관 한창수(韓昌洙) 등	1908.10.11. 자 대한매일신보(2면)
내부대신 송병준(宋秉畯)과 척식(拓殖)위원 일동	1908.10.11. 자 황성신문(2면)
내부대신 송병준, 일본 나베시마(鍋島) 후작(侯爵) 농상공부 대신 조중응(趙重應)	1908.10.14. 자 황성신문(2면)
내부대신 송병준, 농상공부 대신 조중응 각부 차관 일동, 일본 통감부 고등관(高等官) 수십명	1908.10.18. 자 대한매일신보(2면)
궁내부대신 민병석, 시종원경(侍從院卿) 윤덕영	1908.10.22. 자 황성신문(2면)
총리대신 이하 각부 대신의 부인 일동	1908.10.23. 자 황성신문(2면)
시종원경(侍從院卿) 이회구(李會九), 시종(侍從) 이명구(李明九)·이항구(李恒九)	1908.10.31. 자 황성신문(2면)

1 일본의 신파극(新派劇)은 가부키(歌舞伎)에서 계승된 특이한 과장된 말투와 분장, 선(善)과 악(惡)의 2분법적 구성으로 관객의 감성을 자극하는 줄거리를 특징으로 하고 있다.['이수일과 심순애'가 그러한 유형이다] 우리나라의 신파극은 한일병합 후인 1911년 10월에 임성구(林聖九)의 혁신단(革新團)에 의해서 처음 공연되었다고 말해진다.
2 1909년 7월 6일 자의 대한매일신보(2면) 기사에 보이는 연극["원각사에서 천인봉(千仞峰)이라는 연극을 실행(設行)할 시에 … "], 1909년 7월 27일 자 황성신문(2면)의 기사에 보이는 연극["원각사에서 소설 구마일(驅魔釖)을 실지 연극하는데, … "], 또 1909년 11월 26일 자 황성신문(3면)에 게재된 원각사의 광고에 보이는 연극["본사에서 수궁가(水宮歌)라는 골계적(滑稽的) 신연극을 금일부터 실행하는데, … "] 등이 바로 그 '신연극'에 속하는 예이다.

13. 원각사(圓覺社)에서의 전통연희 양식(樣式)의 변화

　그러면 원각사에서 전통연희의 양식에 어떤 변화가 있었기에 관기官妓의 출연도 없이 '가기歌妓와 창부' 중심의 연희가 흥행 면에서 인기를 얻었다는 것인지 살펴보기로 하자. 1902년 12월에 제1기 협률社가 희대에서 처음으로 행한 전통연희인 '소춘대유희'는 춘향가를 중심으로 줄타기 재주와 탈춤, 무동패놀이와 기타 기예로 구성되었음을 알 수 있을 뿐, 어떤 순서로 진행했는지는 명확하지 않다. 그러나 에밀 부르다레가 1903년 1월 초에 직접 관람했던 소춘대유희에서는 '공 던지는 기예 - 무동패 - 탈춤 - 심청가 - 궁궐 무용수의 춤'의 순으로 진행된 것으로 기술되었다. 이 진행 순서를 보면 협률社의 연희자들이 흥행의 중심을 후반부에다 두고자 하는 의중을 엿볼 수가 있다. 궁궐무용수의 예외적인 출연은 － 정규원기(元妓)가 아닌 예비기(豫備妓)라고 하더라도 － 협률社의 실질적인 운영자의 힘으로 성사시켰을 것으로 생각되지만, 연희의 순서만큼은 연희자 그룹의 우두머리가 결정하였을 터이다. 제1기 협률社는 무동패가 1903년 5월까지는 포함되어 있었음이 확인되지만[1], 1906년 3월에 갱설된 협률社(제2기)는 관기官妓가 본격적으로 출연하면서 무동패나 탈춤 같은 민간기예가 보이지 않게 되었다. 그러므로 협률사 제1기와 제2기 사이에 연희 내용이나 양식에 변화가 있었을 것임은 두말할 필요가 없다.

　제1기 협률社는 연기된 칭경행사가 다시 실시될 때까지 어떻게 해서든지 존립을 유지하기 위하여 희대에서 연희하였던 관계로 － 칭경행사가 실행되면 해산될 처지이기에 － 전문연희 단체로서의 성격이 뚜렷하지 않았다. 또 판소리는 원래 소리꾼이 고수鼓手의 북장단에 맞추어

혼자서 소리하던 형식인데, 대화창對話唱의 형식으로 연희한 것은 실내 극장의 무대에 적응하는 과정의 하나로 여겨진다. 이는 칭경행사가 두 번씩이나 연기된 후부터 전문專門 연희단체로서의 자각自覺이 생겨 제1기 협률사 후반부터 시도되었을 것으로 생각된다.

한편 1906년 3월에 갱설更設된 협률社(제2기)는 처음부터 전문 연희단체의 성격을 띠고 출범하였다. 그리고 대중大衆을 대상으로 하는 연예계에 관기들이 출연하여 커다란 반응을 불러일으키자 제2기 협률사의 공연은 전반부는 창부를 중심으로, 후반부는 관기를 중심으로 하는 형태로 진행되었을 것으로 보인다.[2] 그런데 1906년 8월경부터 동궁東宮(순종純宗)의 가례嘉禮를 위한 습악習樂할 필요가 있어 관기의 출연이 허용되지 않게 되었다. 그로 인해 흥행이 저조하게 되자 제2기 협률사에 소속된 창부들의 수장인 국창國唱 김창환은 협률社의 연희 양식에 대하여 고민을 하지 않을 수가 없었을 것이다. 창부들의 창극이 대화창에서 더 나아가 배역에 따른 분창分唱이란 형식으로 연희되기 시작한 것은 고민의 결과가 아닐까 생각된다. 원각사가 개관되기도 전인 1908년 5월 6일 자 대한매일신보(2면)의 아래 기사를 통해 연희 양식의 변화를 간접적으로 추측해 볼 수 있다.

●화용연희(華容演戲) - 사동(寺洞) 연흥사에서 각종 연희를 확장하는 중인데, 위선 화용도(華容道)를 실시하기 위하여 그 사원 1명을 일작(日昨)에 3남(三南) 등지(等地)로 파송하여 창부(唱夫) 30명을 모집한다는데, 소입(所入) 경비는 지화(紙貨) 800환(圜) 가량이라더라.

즉 화용도를 연희하기 위해 창부 30명을 모집한다는 것은 두 사람 간의 대화창이 아니라 여러 사람이 배역에 따라 분창하며 부르는

형식으로 연희하고자 하는 것을 간접적으로 알려 주는 셈이다.³

　월북越北 국악인國樂人 박동실의 "창극이 걸어온 길을 더듬어"라는 글을 보면 창부 김창환이 전통연희의 양식을 고민한 것에 대해 아래와 같이 기술하고 있다.

> 초기의 창극 앞 과정은 뒤늦게 시작한 그것과는 연주 종목상에서 차이가 있었다. 김창환 선생의 원각사[圓覺社] 시기 앞 과정에서는 무용 종목들이 중심이였는 바 민속 무용인 〈승무〉, 〈검무〉 등이 그것이었다. 이 밖에 광대들이 나가서 판소리를 한 대목 〈마디 소리〉로 불렀다.
>
> 　앞 과정 설정의 리유[理由]에 대하여는 구구한 말들이 많았는데, 광대들에 의한다면 최초의 민족 가극 형태로 등장한 창극이 아직 청소[靑少]한 청중들에게 있어서 눈에 익지 않은 구경거리라 혹이나 지루감을 줄가 하여 다채로운 종목들로 만족을 주자는 데 있었다는 것이다. 또 일방으로는 판소리 공연의 유습[遺習]을 이어 오는 측면도 있었다 한다. 보통 판소리 공연은 삼현육각으로 먼저 〈군악〉을 잡히고 뒤이어 녀기[女妓]들의 가무가 있은 다음에 시작되였다. 바로 이러한 유습이 창극 초기 무대 우엣(=위에)도 전승되여 그 관례를 지키는 하나의 방법이라고 말하였다.⁴

　또 박동실의 글을 보면, "창극의 첫 발기자는 김창환 선생이였다. … (中略) … 첫 작품으로는 〈춘향전〉을 선택하였다."라고 하며, 춘향전의 배역配役을 아래와 같이 소개한 내용이 있다.⁵

　　　　　창군　　- 김 창환
　　　　　춘향　　- 심 명연,　　　리 도령　- 최 득이
　　　　　방자　　- 김 봉이,　　　월매　　- 신 갑도

김창환이 맡은 배역인 창군은 '창唱을 대는 사람'이라는 뜻이고 그가 부르는 창唱은 이른바 '방창傍唱'이라고 불렀다는 것이다.[6] 창극에 창군이라는 배역이 있게 된 것은 분창分唱 형식이던 초기의 창극 형태에서 본격적인 연극의 길로 가면서 부딪히게 된 여러 가지 제약을 임시방편으로 해결하려는 시도로 보인다. 판소리에서는 소리꾼이 창唱[=노래로 부르는 부분]과 아니리[=노래가 아닌 말로, 장면 변화나 주인공의 처지 등 정경 묘사를 하는 부분]를 번갈아 하게 되는데, 배역에 따라 분창을 하게 되면 제3자 시각에서 묘사하는 아니리가 빠지게 됨으로써, 관객이 창극을 볼 때 이야기의 줄거리가 잘 연결되지 않는다는 문제가 생기게 된다. 김창환은 전통연희에 기반을 둔 연극인이기 때문에 이 문제를 극중劇中에 등장하는 인물이 아닌 '창군'을 설정하여 해결한 것이다. 김창환의 이와 같은 창안을 통하여 판소리가 가지고 있던 연극적 특성이 창극에 그대로 반영됨으로써, 원각사에서 신연극을 무대에 올릴 때까지 잠정적으로 설행한 전통연희가 오히려 인기를 끌었던 것으로 여겨진다. 이에 비해 신연극 은세계는 이인직의 창작이므로 전통적인 판소리 레퍼토리를 토대로 만든 창극과 달리 '아니리' 부분 같은 것이 없고, 따라서 '창군'이라는 배역도 따로 둘 수가 없었다.[7] 그 결과 연극적인 완성도라는 면에서 아직 미흡한 수준의 신연극 '은세계'는 관객들의 공감을 끌어내는 '창군'이라는 보조적인 역할마저 사용할 수 있는 장치가 없었기에 흥행에 성공하지 못했던 것으로 보인다.

창극 연구자에 따라서는 박동실의 "창극이 걸어온 길을 더듬어"라는 글에 나오는 원각사의 이야기를 앞선 시기의 협률社에까지 적용해

"협률사의 공연은 앞과장과 뒤과장으로 나누었는데, 앞과장에서는 민속무용 등과 판소리 한 대목을, 뒤과장에서는 창극을 공연하였다."[8]라고 추론하기도 한다. 그런데 이러한 추론은 협률社의 연희 양식이 원각사에서 행해진 공연 양식과 동일하다고 추론할 만한 어떤 흔적이 보이는 것을 전제로 해야 가능할 것이다. 그러나 제1기 협률社는 그런 양식으로 연희가 행해진 흔적을 찾아볼 수가 없고, 제2기 협률社도 관기의 출연이 허용되던 동안에는 그러한 양식으로 연희가 행해졌을 리가 없다는 것은 너무나 자명한 일이다. 따라서 박동실의 '원각사'에 대한 아래와 같은 이야기는 제2기 협률社에 관기의 출연이 차단된 후에 김창환이 고민하기 시작한 내용으로 이해하는 것이 오히려 합리적이지 않을까 생각한다.

> 내가 좀 후에 광주에서 들은 말에 의하면 창극의 첫 발기자는 김창환 선생이였다고 한다. 그는 당시 가장 이름난 판소리 국창의 한 사람이었던 데서 원각사가 신축되고 보니 여기에 적합한 새로운 예술 형태가 필요하다는 것을 생각하게 되었다는 것이다. 그것은 이때까지의 것과는 다른 연주 양식이라야만 하였고, 보다 넓은 범위의 관중들을 대상으로 하면서 보다 힘 있는 설득력을 가진 종합적인 것이 더욱 좋겠다고 생각하였다고 한다.
>
> 또 여기에 모여드는 관중들은 이미 달랐다. 판소리를 가창할 때와 같이 일부는 국한된 범위의 관중들이 아니였으며, 또 판소리를 듣겠다고 모여드는 그러한 애호가들만이 아니었다. 넓디넓은 도시의 광범위한 대중들로서 문화생활에 열의를 가진 일반 시민층이 기본 관중이였고 그들은 새로운 문화에 대하여 열망하고 있었다. 바로 여기에 합당하며 그들에게 만족감을 줄 수 있는 새로운 예술이 창조되여야 하였다. …
> (이하 생략)[9]

위의 글처럼 김창환이 일반관객들의 흥미를 불러일으키기 위해 전반부는 연주회 중심으로 꾸며 민속무용인 승무 등을 무대에 올리고, 후반부는 판소리를 배역에 따른 분창分唱 형식으로 연희하는 양식을 시도한 것은 제2기 협률社에 관기의 출연이 차단되면서부터 흥행이 어려워진 것을 타개하기 위하여 고심 끝에 나온 결과물이라 할 수 있다. 따라서 창극 공연에서 앞과장과 뒷과장을 구분하는 연희 양식이 시도되었던 것은 관기의 출연이 차단된 후의 제2기 협률社에서 시작되었다고 보아야 온당하고, 그와 같은 양식은 원각사에 와서 비로소 완전하게 자리를 잡게 되었다고 생각한다.

---

1 1903년 5월 4일 자 황성신문(2면)의 기사 : "⦿양사절화(兩社絶和) - 전기회사에서 작일(昨日) 용산 등지(等地)에서 왕유(往遊) 차(次)로 협률社 소관의 무동패(舞童牌)를 청하였으나, 근일(近日)에는 협률社 각항(各項) 공인(工人)을 사사놀음[私遊]에 내보내는 것을 불허(不許)하는 규정이 있다고 무동(舞童)을 보내지 않았더니, … (이하 생략)"

2 1906년 4월 7일 자 대한매일신보(1면)의 논설[율사지폐(律社之弊)]을 보면 "창우·기생(倡優·妓生)이 매일 밤 군집(群集)하여 가성(歌聲)이 경천(競天)하며 무수번운(舞袖翻雲)하니 …"라고 묘사한 부분이 있어, 이를 통해 연희의 순서를 짐작해 볼 수 있다.

3 김성혜, 조선성악연구회의 음악사적 연구[영남대학교대학원 석사학위논문, 1990], p. 13

4 이진원 소개, 박동실의 "창극이 걸어온 길을 더듬어"[판소리연구 제18집, 판소리학회, 2004, pp. 309-329)], pp. 315-316

5 이진원 소개, 앞의 글[박동실의 "창극이 걸어온 길을 더듬어"], p. 314

6 김민수, 앞의 논문[초창기 창극의 공연양상 재고찰], p. 46

7 이동백과 한성준의 대담(對談) 〈가무(歌舞)의 제(諸)문제〉[잡지 《춘추》, 1941년 3월 호]에서 원각사 시절을 회상할 때, 이동백이 "원주 사는 양민 한 사람이 정감사(鄭監事)한테 어굴하게 맞어 죽은 것을 원각사에서 상연했는데, … (中略) … 그때 피살된 양민을 김창환씨가 냈는데, 무대에서 죽어 나올라치면 손님들 중에서 엽전(葉錢)을 목에 걸어 주고 인기가 굉장했었지요."라고 말하고 있다. 김창환이 피살된 양민 최병도의 배역(配役)을 맡고 있었던 것을 보면 신연극을 내걸은 창극에서는 '창군'이라는 배역이 따로 없었음을 보여 준다고 생각된다.

8 김민수, 앞의 논문[초창기 창극의 공연양상 재고찰], p. 46

9 이진원 소개, 앞의 글[박동실의 "창극이 걸어온 길을 더듬어"], pp. 311-312

> **지식창고 9**　전통연희 예인(藝人)들에게 원각사 시절이 남다른 이유

잡지《춘추》1941년 3월 호에 실린 춘추좌담인 '**가무(歌舞)의 제(諸)문제** — 이동백, 한성준 대담 —'의 내용을 보면 다음과 같은 이야기가 나온다.

"[李(동백)] 광대나 고수 할 것없이 제일 호화스러웠을 때가 언제라고 할고.

[韓(성준)] 그야 원각사(圓覺社; 황실극장) 시절이겠지요.

[李] 나도 그래. 그때는 정말 비록 상놈 대접을 받았으나 노래부르고 춤출 만했었지. 「순종(純宗)」을 한 대청에 모시고 놀기까지 했었으니까.

[韓] 그때 김인호가 두껍이 재조넘다가 바로 「순종」 무릎에 가 떨어지자 기쁘게 웃으시겠지. 그 광경이 지금도 눈에 선하니 생각됩니다 그려. 그 당시 형님은 「순종」의 귀염을 상당히 받았을걸요. 원각사에서 형님이 소리를 할 때면 「순종」께서 전화통을 귀에 대시고 듣기까지 하셨으니까.

[李] 그때 창극조(唱劇調)로 춘향전을 했지만 그 규모가 지금보다도 훨씬 컸고 또 소리를 들을 줄 아는 사람이 많잖었오? 그러니 무대에 오르는 사람도 저절로 흥(興)이 났지.

[韓] 그때 일로 또 생각되는 건 왜 그 원주감사(原州監事)의 폭정(暴政)을 창극으로 한 것 아닙니까?

[李] 오라, 나 역시[亦] 원각사 이야기만 하면 그것이 곧 생각되거던."[A]

원각사는 1908년 7월 말에 개장하여 창극을 시작한 후 연극장의 역할은 1909년 11월 말로 끝나고, 그 후부터 연설회장과 연희장으로 쓰이다가 1914년에 화재로 소실(燒失)되고 말았다. 따라서 위의 대담에 언급된 '원각사 시절'이란 원각사가 연극장의 역할을 하던 시기를

[A] 김수현·이수정 엮음, 한국근대음악기사자료집 권9[가무(歌舞)의 諸문제], p. 37

가리키는데, 그 시절이 전통연희 예인(藝人)들에게 어떤 의미를 지니고 있는지 한번 살펴보기로 한다.

먼저 1939년 3월 29일 자 조선일보(조간 4면)에 실린 이동백 일대기❻에 기술된 아래 내용을 살펴보자.

"이러케 재상가로 출입하는 동안 무뚝뚝한 사투리도 업서지고 의복 호사도 할 줄 알게끔 되엇는데, 그때는 어찌된 일인지 궁중에서도 연락(讌樂)이 잣고 유희도 숭상해서 어전(御前)에서 줄타니니 탈춤이니 하는 것을 만히 하게 되니까 자연 민간에도 이러한 기풍이 도라 광무대(光武臺) 원각사(圓覺社) 연흥사(演興社) 장안사(長安社) 가튼, 요새로 말하면 연예관이 벗석 이러낫다. 그러니 재담일세 줄타길세 하고 여간 재주깨나 부리는 친구들은 다 모두 한목 보겟다고 서울로 꾸역꾸역 기여드는 판이고, 더구나 팔도 명창들은 구름가티 모여드러 김창환(金昌煥) 송만갑(宋萬甲) 가트니(=같은 이)도 다 당시에 이름을 드날리던 분이다. 이씨도 이 분들과 함께 원각사로, 광무대로, 연흥사로, 장안사로 도라 다니면서 가티 실력을 다투고 명성을 어덧는데, 더구나 원각사는 당시의 대관인 민영찬(閔泳瓚)씨가 사장이고 참녕(參領)인가 다니든 장봉환(張鳳煥)씨가 총무가 뒤 국립극장(國立劇場) 가티 되엇섯는데, … 이씨에게 잇서 일생에 잇치지 못하게 영광된 기회가 도라 오기는 바로 덕수궁 **고종 태황제의 칠월탄신(七月誕辰) 때의 어전연주(御前演奏)**이엿다.

위의 정숙한 진연절차가 다 마친 뒤에 준명당(浚明堂) 넓은 마당에서 가진 풍류 음악과 왼갓 기예가 벌어져 요천순일(堯天舜日)을 구가하는 이날에 이씨도 민영찬씨와 장봉환씨에 따라 덕수궁에 드러가 어전에서 창을 했다. 일생에 두 번 업는 일이라 마음것 한것 한바탕 하여 천청(天聽)에 들리엿더니 그때에 장봉환씨 주청으로 **통정대부(通政大夫) 가자(加資)를 바더서** 은영총탕(銀纓聰宕)에 옥관자를 부치고 나니 과거의 영광이 이에서 더할소냐. 지금도 이씨를 부를 때 '이 통정 이통정' 하는 것은 그때에 부르은 통정대부의 직함을 이르는 것이다."

위의 글에서 등장하는 태황제(고종)의 탄신을 축하드리는 진연(進宴)은 1908년 9월 8일에 있었던 일이다.[B] 이 당시 무라카미 덴신(村上天眞)이 촬영한 아래의 사진[가현문화재단이 개관하였던 한미사진미술관이 공개하였던 것]을 보면 이동백의 '어전(御前)연주'가 준명당(浚明堂)에서 이루어졌음이 확인된다.[C]

덕수궁 준명당에서 찍은 고종 탄생일 기념사진 (1908년 9월 8일)
왼쪽부터 원로 각료인 이정로(남작), 심상훈, 김윤식(자작), 김성근(자작), 이용원(남작), 고종, 김병익(남작), 민종묵(남작), 서정순, 이주영(남작), 김영진.
괄호 안은 1910년 10월 총독부로부터 받은 조선 귀족 작위. 김윤식은 3·1운동에 참가해 박탈됐다.
원본은 대지(臺紙)로 포장돼 있다.
무라카미 덴신(村上天眞) 촬영. /한미사진미술관 제공

이동백이 회고하는 내용 중에 원각사의 사장 민영찬이나 총무 장봉환과 인연을 가진 듯한 이야기는 나오지 않는다. 그렇다면 이동백의 '어전연주'가 누구의 주선으로 이루어지게 된 것일까? 하는 저자의 호기심이 발동된다.

B 1908년 8월 26일 자 대한매일신보(2면)의 기사 : "●가무연습 - 내월(來月) 8일 만수성절(萬壽聖節)에 덕수궁에 가무를 거행할 기생 기십명(幾拾名)을 일간(日間) 선택하야 … "
C 국립민속국악원 장악과가 편찬한 앞의 책(명창을 알면 판소리가 보인다) p. 152에는 이동백이 "*1900년* 고종황제의 탄신 축하연에서 소리를 하여 … 정3품 통정대부(通政大夫)에까지 오르게 되었습니다."라고 기술되어 있는데, *1900년이 아니라* 본문에 소개된 이동백의 일대기에 맞추어 *1908년으로 수정*되어야 할 것이다.

저자는 그 실마리를 중요무형문화재 제92호 태평무의 예능 보유자이셨던 강선영(姜善泳) 선생이 〈조선춤의 아버지, 한성준을 말한다〉[『춤과 담론』 제3호(2010_여름호)에 실린 대담]에서 말씀한 아래와 같은 내용 중에서 찾을 수가 있었다.

> "강선영_ 나의 고향은 경기도 안성군 양성면 명목리에요. …… 우리 아버지는 아들이 없던 큰조부 강경수(姜敬秀)의 양자로 들어갔어요. 큰조부는 강경수, 그리고 친조부는 강정수(姜正秀)였어요. 우리 큰 할아버지 강경수는 한말 **의전실 재인담당관**으로 봉상시(奉常寺)에서 근무했어요. 주로 가무를 담당할 예인들을 선발하여 궁중으로 들여보내는 일을 맡아 했지요. 또 명창 이동백의 수행고수이기도 했고 한성준에게 북장단과 춤을 가르치기도 했다고 해요. …
> (이하 생략)"

위의 내용 중 강선영 선생이 말한 '재인(才人) 담당관'이라는 것은 모친에게 들은 것으로 실제로 있었던 직책명은 아니고[D], 고종 때 두었다는 가무별감을 지칭한 것으로 보인다. 앞서 소개한 '이동백의 일대기❹'를 보면 강원감사 김정근이 자신에 대한 인사이동을 인지하고서[E] 이동백에게 호의를 베풀어 충주감영 총수(總帥)로 갈 수 있게 해 준 내용이 나온다. 그것을 유추해서 생각해 보면 '애인하사(愛人下賜)'한다는 김정근이 궁내부의 경위원(警衛院) 총관(摠管)으로 임용되면서 이동백보다 먼저 데리고 있던 강경수를 가무별감(歌舞別監)으로 추천하는 정도는 어렵지 않았을 것이라고 생각된다.

D 정조가 나례도감(儺禮都監)을 폐지하기 전에는 청나라에서 칙명(勅命)을 가져오는 사신이 올 때 국가가 산대(山臺)행사를 주관하는 나례도감을 임시로 설치하여 책임자인 도감(都監) 밑에 당하관(堂下官)인 낭청(郎廳)을 두었는데, 신청(神廳) 혹은 재인청(才人廳) 출신들이 낭청이 될 수가 있었기에 이들이 전국의 재인들을 체계적으로 동원하는 것이 가능하였다고 한다.

E 《고종실록》에 의하면 강원도관찰사 김정근이 1904년 2월 20일에 (궁내부의) 경위원(警衛院) 총관(摠管)으로 임용되었다.

또 실지로 강경수가 고종의 가무별감이었다면 이동백이 조동윤 씨 대부인의 생신에 불려 갈 때, 강경수가 '내 친(親)한 친구는 나의 고수(鼓手) 강경수(姜敬秀)'라고 할 정도의 관계였지만 고수로 나갈 수는 없는 노릇이다. 그래서 강경수 자신이 사사로이 고수로 나서지 못하는 대신 이동백에게 같은 충청도 출신의 한성준을 추천해서 동행하도록 한 것으로 보면 조동윤 씨 대부인의 생신에 관한 내용이 이해된다. 결국 이동백과 한성준은 강경수를 통해서 알게 된 사이인 셈이다. 그리고 한성준이 고종으로부터 1907년 3월에 참봉 교지를 받았던 것은 후손이 말하는 것처럼 고종 앞에서 춤을 추었던 행사와 관련이 있다고 추측되고[F], 또 1907년 1월 26일에 있었던 황태자 가례(嘉禮) 후 벌어지는 잔치에 한성준이 불려 갈 수 있었던 것은 당시 강경수가 가무별감으로 있었기에 도움을 받았다고 생각된다.[G]

1915년 6월 1일 자 매일신보(3면)에 실린 경성구파배우조합(京城舊派俳優組合)의 광고를 보면 조합의 구성원과 역할이 명기되어 있다. 조합장인 강경수를 필두(筆頭)로 하여 부조합장은 김인호(金仁浩)와 김봉이(金鳳伊)가, 선생은 김창환·이형순(李亨順)·이동백이 열거되어 있고 평의장은 한성준·김봉문(金奉文), 회계는 아들인 강원삼이 맡은 것으로 되어 있다. 그런데 판소리 계통에서는 소리꾼을 상위에 두었던 당시의

[F] 같은 시기에 판소리 명창에게 가자(加資)를 해 주었다는 이야기가 전혀 없는 것을 보면 한성준이 춤꾼으로 참여하여 참봉교지를 받은 것으로 보인다.[앞에 소개한 월간조선 2017년 2월 호의 기사에는 "구한말 고종·대원군 앞에서 춤을 춰 '참봉직' 교지 받아"라는 부제(副題)가 달려 있는데, 대원군은 1898년에 이미 사망하였으므로 '대원군'의 맏자제인 이재면(李載冕)으로 고쳐야 할 것 같다.]

[G] 노재명이 펴낸 앞의 책(명창의 증언과 자료를 통해 본 판소리 참모습)을 보면 "강선영 부모의 말에 따르면 한성준이 참봉 벼슬을 받은 것 역시 강경수가 힘써주었기 때문이라고 한다."라는 강선영 선생의 증언이 수록되어 있다.(p. 178)

시대 관념을 감안할 때 고수(鼓手)인 강경수가 경성구파배우조합의 대표자가 될 수 있었던 것은 고종의 가무별감을 지냈던 관계로 구성원들의 이의(異議)가 없었을 것으로 생각된다.

제3편 우리의 전통공연예술이
1910년대에 전개되어 간 양상

앞서 소개한 바 있는 《**한국의 명무**》 서설序說에는 아래와 같은 글이 나온다.

> 재인(才人)·광대(廣大)·예기(藝妓)·사당들은 과거 우리들의 **직업적이며 전문적인 공연예술가들**이다. 재인청(才人廳)에서, 교방(敎坊)에서, 권번(券番)에서, 또는 사당패에서, 손에서 손으로 몸에서 몸으로 예부터 전해오는 춤과 가락, 장단을 배워 이어 받아온 그들은 역사만큼이나 소중한 우리의 뿌리를 지켜온 사람들이다. 근세 조선 사회에서 그들이 사회적으로 천인(賤人) 계급에 속했거나 소외계층이었다 해도, 개화기와 일제(日帝) 식민시대, 해방과 서구화의 물결 속에서 그들이 현대적인 예술가로 제자리를 찾지 못하고 잊혀졌다 해도, 남아 있는 그들과 그 후예들의 몸에 실린 재주는 분명히 우리의 소중한 유산이다.[1]

1980년대에는 대학이 무용교육은 물론이고 무용계의 활동을 대부분 점하고 있던 상황에서 "재인(才人)·광대(廣大)·예기(藝妓)·사당들은 과거 우리들의 직업적이며 전문적인 공연예술가들 …"이라는 구희서 기자의 글은 생경生硬한 느낌마저 든다. 하지만 재인才人이나 광대의 삶을 살아온 사람들의 이야기를 하지 않고서는 창극唱劇의 형성이나 발달을 논할 수 없고, 예기藝妓²들의 삶을 살펴보지 않고서는 전통춤이 어떻게 전승되고 발전되었는지를 알 길이 없다는 사실을 인지하는 순간 그들을 전문적인 공연예술가라고 호칭하는 구희서의 견해에 찬동하지 않을 수 없을 것이다. 오늘날의 한국에서 '근대 전통춤의 뿌리'로 자리매김하고 있는 한성준韓成俊이 재인才人의 삶을 살았다는 것을 안다면 더 이상 말할 필요도 없을 것이다. 이병옥 교수는 〈재인 한성준의 삶과 무용사적 의의〉라는 글에서 한성준을 "**단순히 예인이며 춤의 대가 측면에서만 볼 것이 아니라 계통적으로 재인·광대계통에서 전통춤을 보는 시각을 가져야 한다.**"라는 점을 지적하였다.³

일제강점기日帝强占期라고 하면 법적으로는 대한제국이 1910년 8월 22일의 경술국치庚戌國恥로 일본에 병합되어 조선총독부朝鮮總督府가 한반도를 통치하던 시절을 지칭하겠지만, 일제가 그것을 준비하는 작업은 3년 전부터 이미 시작되었다고 할 수 있다. 즉 고종이 헤이그에 이준李儁을 특사로 파견하였다는 이유로 양위를 강요당하고 황태자이던 순종이 황제로 즉위하였는데, 이것은 대한제국의 소멸을 알리는 신호탄이 발사된 것과 마찬가지였다. 1907년 7월 24일에 체결한 한일新협약(丁未7조약)을 보면 다음과 같은 내용이 들어 있기 때문이다.

(제1조)	한국정부는 시정(施政)개선에 관하여 **통감(統監)의 지도**를 받을 것.
(제2조)	한국정부의 법령의 제정 및 중요한 행정상의 처분은 미리 **통감의 승인**을 거칠 것.
(제3조)	한국의 사법(司法)사무는 보통의 행정사무와 이를 구별할 것.
(제4조)	한국 고등(高等)관리의 임면(任免)은 **통감의 동의**로써 이를 행할 것.
(제5조)	한국정부는 **통감이 추천하는** 일본인을 한국관리로 용빙(傭聘)할 것.
(제6조 이하) 생략	

[요컨대 일본통감이 없으면 대한제국이 작동하지 않는다는 상황에 이른 것으로, 대한제국은 일본제국의 속국(屬國)과 다름없게 되었다.]

며칠 후에는 순종이 군대해산의 조칙詔勅을 내리고(1907년 7월 31일), 이틀 뒤에 일본인 환산중준(丸山重俊 마루야마 시게토시)을 초대 경시총감警視總監으로 임용함으로써, 일제의 통치력이 조선 사회의 각 분야에 실질적으로 미치게 되는 상황을 맞이하였다. 대한제국이 법적으로 국권國權을 상실한 것은 1910년 8월 22일이지만, 1년 전부터 숨을 거두기 직전과 비슷한 모습을 보였다. 1909년 12월 4일에 일진회一進會가 나서서 한일합병성명서를 발표하고는 순종황제에게는 상주문上奏文을, 일본통감에게는 건의서라는 형식으로 합병요구를 제출하였다.[1909년 12월 5일 자 대한매일신보(2면)의 기사 참조] 대한제국은 이미 허울뿐으로 일본의 뜻대로 좌지우지左之右之되는 속국의 처지에 놓이게 되었다.

그러므로 일제강점기 동안에 우리의 전통공연예술이 전개되어 간 양상樣相을 제대로 이해하자면 한일병합 직전부터 대한제국에서 관기官妓나 악공樂工 등으로 근무하던 예인藝人들이 어떤 처지였는지에 대해서 명확히 알아 둘 필요가 있다.

---

1 구희서(글)/정범태(사진), 앞의 책(한국의 명무), p. 22
2 구희서 씨가 말하는 '예기(藝妓)'는 '賣藝而不賣淫[기예는 팔아도 몸은 팔지 않는다]' 하는 기녀라는 뜻으로 사용된, 관기를 포함한 개념이다. 고종의 등극40년을 기념하는 칭경행사를 준비하던 협률사(協律司)가 각색의 창기(娼妓)를 조직할 때 관기(官妓)와 구분되는 그 '예기(藝妓)'의 개념이 아니고 관기를 포함한 개념이다. 일제강점기에서는 민간기생들이 생계가 어려워 몸을 파는 사례가 제법 있었으므로 그런 부류를 배제하려고 애써 '예기(藝妓)'라는 호칭을 썼다고 생각된다. 자연히 관기보다는 넓은 개념인 셈이다.
3 이병옥 글, 재인 한성준의 삶과 무용사적 의의[송방송 외 11인 공저, 『한국 춤의 전개양상 : 전통사회에서 근대사회로의 이행기』, 보고사, 2013. pp. 448-471], p. 448

1. 한일병합(韓日併合)이 되기도 전에
   관기(官妓)들에게 밀어닥친 변화

　조선의 왕실 음악을 관장하는 기관이던 장악원은 1894년의 갑오개혁 후에 명칭의 변경과 함께 그 기능이 점점 축소되어 가다가, 1906년 8월경에는 장례원 산하의 장악과掌樂課라는 명칭으로 존속하게 되었던 것은 앞에서 설명한 바 있다. 그러다가 1908년이 되면서 남아 있던 음악 기구마저 전방위에 걸쳐 축소되고 있음은 아래의 기사에서 확연히 드러난다.

1) 1908년 3월 18일 자 대한매일신보(2면)의 기사 : "●궐기물보(闕妓勿補) - 현재한 기생 합수(合數)가 100명인데, 그 중 30명만 관기로 선치(選置=골라 배치함) 하야 장악과에 부속하야 매일 가무를 교수(敎授)하고 기외(其外)는 임시로 놔두어[姑爲仍置] 결원이 있어도 보충하지 않기[有闕勿補]로 정한다더라."

2) 1908년 7월 1일 자 대한매일신보(2면)의 기사 : "●악공감액(樂工減額) - 장례원 장악과에 악공(樂工)이 원래 700여명이더니 작일(昨日)에 그 악공을 회집(會集)해 시재(試才)하야 240명을 선치(選置)하고, 그 나머지는 해산케 하고 종당(從當=나중에) 은사금(恩賜金)을 지급할터이오, 선치(選置)한 악공은 매일 습악(習樂)케 한다더라."

3) 1908년 7월 2일 자 대한매일신보(2면)의 기사 : "●18 감액(減額) - 겸내취(兼內吹) 원액(原額=원래의 정원)이 66명인데, 재작일(再昨日) 악공(樂工) 해산 時의 겸내취를 초집(招集)하야 악공과 같이 48명을 시재(試才) 선발하야 장악과에 부속하고 그 나머지 18명은 해산하얏다더라."

위와 같은 내용은 멸망 직전의 대한제국에서 왕실 음악과 춤을 담당한 기구의 역할이 점차 축소됨에 따라 기생과 악공 및 겸내취[1]의 수효를 점점 줄여 가는 흐름을 보여 준다. 그런데 곧이어 등장한 1908년 7월 16일 자 황성신문(2면)에 실린 아래의 기사는 성격이 전혀 다른 것으로 특별히 주목할 필요가 있다.

> ●창기혁신(娼妓革新) - 아국(我國) 경성(京城)에 소위 창기(娼妓)가 2종이 있으니, **하나는 관기(官妓)요 둘은 삼패(三牌)인데,** 유부(有夫)매음(賣淫)은 일반이라 … (中略) … 내부(內部=내무부)에서 이를 혁신코져 하여 창기의 장정규칙(章程規則)을 제정한다는 전설(傳說)이 있다 하더라.

위 기사에서의 '창기'라는 개념은 관기(이른바 一牌)와 민간기생인 삼패三牌를 모두 포괄하고 있는 점에서 1902년의 협률司가 새로운 음률을 교습하기 위해 각색의 '창기'를 조직한다고 할 때의 그것과 같은 용례이다. 그러나 기사妓司인 협률사는 예능을 가지고 분류한 것이지만, 위 기사의 취지는 관기와 삼패를 화류계花柳界에 종사하는 점은 같다고 보아 경시청에서 풍속의 면을 관리하려는 의도가 보인다. 1908년 9월 15일 자 황성신문(2면)의 아래 기사는 그러한 의도를 실지로 구체화하고 있음을 보여 준다.

> ●경청(警廳)의 창기구관(娼妓句管) - 경시청에셔 지난 토요일에 경관을 각 기생가(妓生家)에 파송(派送)하야 기생 이름 밑[名下]에 기부(妓夫)의 도장(圖章)을 수(受)하얏는데, 종금(從今) 이후는 **상방(尙房)과 약방(藥房)과 장악과에는 관여하지 않게 하고** 해청(該廳=경시청)에서 구관(句管)한다더라.

관기는 조선시대에는 장악원掌樂院이 관리하였다가 대한제국 왕실의 음악 기구가 축소되면서 장례원掌禮院 장악과掌樂課가 관리하고 있었지만, 위 기사의 취지는 기생을 관리하는 기관이 앞으로 경시청으로 바뀐다는 것이다. 경시청이 기생을 관리한다는 것은 기생이 담당하는 악樂·가무의 예능에 중점을 두지 않고 그들을 화류계의 한 여자로 보아 풍속적인 면을 단속하겠다는 취지이다. 이는 음악 기구 조직의 축소나 변경과는 차원이 아주 다른 기사이다. 그래서 다음 날인 9월 16일 자 황성신문(2면)에 "●**기창자유매음(妓倡自由賣淫) - 관기 등을 경시청에서 구관(句管)한다 함은 이미 보도하였거니와 다시 물어본 즉, 기부(妓夫)의 명칭은 폐지하고 자유로 매음케 한다더라.**"라는 기사가 있는 것이다. 이는 성병의 검사 대상을 장차 관기까지 확대할 계획이라는 점을 시사示唆한다.

경시청은 1908년 9월 25일 자로 〈**기생(妓生)단속령**〉(경시청령 제5호)과 〈**창기(娼妓)단속령**〉(경시청령 제6호)을 동시에 반포하였다.² 1908년 9월 30일 자의 황성신문(1면)에는 본문 4개의 조문과 부칙 1개의 조문으로 구성된 똑같은 형태의 〈기생단속령〉과 〈창기단속령〉이 실려 있다.

위의 그림은 〈기생단속령〉의 전문全文인데, 각 조문에서 '妓生'이라는 용어를 '娼妓'라는 글자로 바꾸기만 하면 곧 〈창기단속령〉이 된다.

여기서 특히 유념해야 할 사항이 있다. **하나는** 기생단속령과 창기단속령은 경성과 경기도의 조선인에게만 적용되는 경시청령이라는 점 [8년 후인 1916년부터는 전국적으로 통용되는 경무총감부령이 새로 제정됨]이고, **다른 하나는** 두 개의 단속령이 동시에 반포된 이상 이때부터는 '기생'과 '창기'는 서로 배타적인 개념이 되었다는 점이다. 그러므로 단속령이 반포된 이후에는 '관기'는 '창기'의 용어에 포함되지 않게 되었다.³ 두 단속령에서 가장 핵심이 되는 것은 제2조 "**기생은**[창기는] **경시청에서 지정하는 시기에 조합을 설**(設)**하고 규약을 정하야 경시청의 인가를 수**(受)**함이 가**(可)**함.**"이라는 내용이다.

국가기록원이 제공하는 기록정보콘텐츠 중의 '기록데이타베이스'로 분류되어 있는 **조선총독부기록물**⁴에 〈**기생 및 창기에 관한 서류철**〉이라는 것이 있다. 여기에 경성유녀조합京城遊女組合규약 인가를 청원한 것에 대해 관할 경찰서인 동현분서銅峴分署가 상부에 '기생 및 창기단속령 제정의 건'을 품의하는 서류가 들어 있다. 그 서류에는 「**기생조합규약 표준**」이 첨부되어 있는데, 그 안에 들어 있는 아래와 같은 조항은 기생조합의 설립을 강제하는 취지가 어디에 있는지를 단적으로 알려 준다.

(제5조)   조합의 경비는 조합원의 부담으로 한다.
(제7조)   조합은 매월 1회 경시청이 지정하는 의사로 하여금 건강진단을 행하게 하여 전염(傳染) 병독(病毒)에 걸린 자는 치료소에 수용하는 것으로 한다.⁵

그러므로 기생단속령과 창기단속령을 우리 민족문화의 말살책의 일환으로 도입되었다고 주장하는 일부의 견해는 지나친 해석인 셈이다.⁶ 어찌 됐든 기생단속령이 시행됨에 따라 경성에서 기생이 영업하려면 경시청에서 요구하는 대로 기생조합을 설립하고 가입하지 않으면 안 되는 처지가 되었다. 1908년 10월 1일 자의 황성신문(2면)에 보이는 아래 기사는 그 사실을 잘 보여 준다.

●창기(娼妓)단속의 설명 — 경시청에서 이번에 기생 및 창기단속하기 위하여 규칙을 정함은 이미 보도하였거니와, 오늘[本日] 具경시부감(警視副監)이 하마시마(濱島) 경시(警視)와 함께 경성(京城)내 기생을 관인구락부(官人俱樂部)에 소집하여 이번 신(新)규정으로 제정한 취지를 설명한다는데, 이 규정에는 궁중에 출입하는 관기(官妓)라도 영업인가를 받게 하고, 또 경성(京城) 관기에 특별히 있는 가부(假夫)라도 금후에는 불허하고 점차 지정하여 조합을 설립하게 한다더라.

[다만 신문에서는 기생단속령과 창기단속령이 동시에 반포되었음에도 불구하고 한동안 관기를 포함해 '창기'라는 용어를 쓰고 있어 주의를 요한다.]

---

1 겸내취(兼內吹) : 궁중 취타대(吹打隊)의 역할을 한 군악대
2 국가기록원이 제공하는 '기록정보콘텐츠' 안에 '기록데이터베이스'로 분류되어 있는 조선총독부 기록물에는 〈기생 및 창기에 관한 서류철〉이라는 것이 있다. 그 내용을 보면 관할서인 동현분서(銅峴分署)에서 '기생 및 창기단속령'이라는 이름의 1개 법령으로 품의를 하였지만, 관기에 대해서 잘 알고 있던 내부대신(內部大臣) 송병준이 그 취급을 달리하고자 하여 〈기생단속령〉, 〈창기단속령〉 2개로 나누게 한 것으로 추측된다.
3 앞서 소개한 1908년 7월 16일 자 황성신문(2면)의 기사['창기혁신(娼妓革新)']에 나오는 '창기'란 관기를 포함하는 개념이다.
4 여기서 말하는 '조선총독부(朝鮮總督府)'란 조선통감부(朝鮮統監府) 시절도 포함한 개념이라고 한다.
5 1911년 8월 2일 자 매일신보(3면)의 기사 : "●예기(藝妓)건강진단규칙 — 예기 및 창기 등에게 대하야 횡현(橫眩), 매독(梅毒) 기타 제반 질병의 유무(有無)를 방어하기 위하야 건강진단을 실행하기로 규칙을 작일(昨日) 관보(官報)로 발표하얏더라."
6 1894의 갑오개혁 후 조선시대에 천민(賤民)으로 살아온 기녀들이 신분이 자유로워지면서 이른바 화류계(花柳界)에서 각자도생(各自圖生)의 길을 찾아 여러 유형으로 분화하게 되었다. 즉 예능이 뛰어나지 않은 기녀는 생계를 유지하기 위해 매음(賣淫)을 하는 창녀(娼女)로 전락되어 가는 경우가 제법 있었다. 그리고 조선이 일본의 강압으로 1876년 2월에 강화도 조약을 체결한 이후 개항(開港)을 하자, 개항지를 중심으로 성병(性病)이 확산되는 환경이 조성되었다. 1907년 5월 7일 자 대한매일신보(2면)의 아래 기사를 보면 기생도 병원에서 성병검사를 받아야만 하는 상황이 되었고, 다만 정규관기는 예외로 하였음을 알 수 있다.

"●화소면검(花訴免檢) - 예비기(豫備妓) 경파(鏡波)·계화(桂花)·향화(香花)·벽도(碧桃)·녹주(綠珠)·이화(梨花)·월출(月出)·모란(牧丹)·류색(柳色) 등이 대한병원장에게 청원하되, 저희들이 적구박명(賊軀薄命=천한 몸으로 좋은 팔자 아님)으로 기안(妓案)에 이름을 올려[著名妓案] 화조월석(花朝月夕=아침에는 꽃이 되고 저녁에는 달이 됨)으로 탕객(蕩客)의 손에 맡겨지는 신세이오니, 어찌 전염병이 두렵지 않아 그것을 놔두겠습니까? 검사법이 신설된 이후부터 병이 있건 없건 묻지 않고 매월 수 차례씩 검사장에 들어오니 대저(大抵) 상·약방(尙·藥房) 원기(元妓)도 같은 기생이지만 이 검사를 면할 수 있는데, 예비와 정규 관기의 차별[豫元之別]이 이와 같다면 너무 심하지 않습니까. 외국의 규칙을 전해 들어보니 기생이라 하여 검사를 하게 하는 예가 없다 하오니 진실로 그렇다면 너무나 원통(寃痛)하옵기에 이에 청원하오니 특별히 통촉(洞燭)하시어 정규 관기의 예와 같이 저희들 9명을 검사 명부에서 빼버린다는 취지로 경무청에 발훈(發訓=명령을 내림)하신 후 검사명부를 작성해 주시어, 이 천(賤)한 몸으로 하여금 정규관기가 되게 하여 국가의 넓으신 은혜의 맛을 볼 수 있도록 해달라」고 하였다더라."

지식창고 10 구한말(舊韓末)의 관기와 기부(妓夫)의 관계

  우선 조선시대의 기녀는 천민(賤民)인 노비(奴婢)의 신분이지만 자색(姿色)과 재예(才藝)가 있는 기녀가 담당한 악(樂)·가무(歌舞)의 예능이란 아무나 그 자리를 대체(代替)할 수 없다는 인식이 있었다. 그래서 국가가 관리하는 관물(官物)로 취급하였다. 기녀(妓女)는 자신의 예능을 신역(身役)으로 제공하는 관비(官婢)라는 특수한 성격을 지니고 있기에 관기가 왕실의 종친 사이에 아들을 두어 그 아들이 벼슬을 해도 내연(內宴)에서의 기역(妓役)만은 수행하도록 하였다.[성종실록 21년(1490) 1월 24일의 기사 참조] 기부(妓夫)라고 하면 으레 '기녀를 데리고 사는 지아비'를 떠올리게 되지만 조선시대에서는 글자 그대로의 뜻을 가진 단순한 용어가 아니다. 조선 전기에 경중여기(京中女妓)를 집에서 첩으로 데리고 사는 종친과 재상이 많지만, 그들을 기부(妓夫)라 칭하지 않고 대신 기첩(妓妾) 또는 첩기(妾妓)라는 용어를 사용하여 두 사람의 관계를 나타내었다. 그러다가《연산군일기》10년(1504) 5월 6일의 아래 기사를 보면 실록에서도 기부(妓夫)라는 용어가 사용되고 있음을 확인할 수 있다.[아래의 그림]

  "예조(禮曹)가 장악원(掌樂院)과 함께 기생들의 기부(妓夫)를 적어서 아뢰니[禮曹與掌樂院書妓夫以啓] 전교하기를,

  「여악(女樂)을 설치한 것은 오로지 대비전에 잔치 올리는 일 및 사신 잔치와 명절 때 경축하는 잔치를 위하여서이다. 그런데 지금 종친(宗親)이나 조사(朝士=조정에서 근무하는 벼슬아치)들이 차지하여 자기 것으로 만들고 공공 연회에도 보내지 않는데도,

해당 관청에서 부동(符同)하여 죄를 주지 않으며 (장악원)제조(提調) 역시 버려두고 문책하지 않으니, 이 어찌 기녀를 두어 악(樂)을 익히는 본의이겠는가. 공공 연회에는 정한 수가 있으므로 공가(公家)에서 부르면 사가(私家)의 노비라도 또한 달려 나가 모이기를 쉴 사이 없이 하여야 할 것인데, 하물며 <u>관물(官物)</u>은 더 말할 필요가 있겠느냐. 이후로는 기녀가 열심히 나오지 않거나 지아비가 숨기고 내보내지 않거나, 혹은 이런 일로 원망을 자아내고 말을 만들어 외방에 전파하는 자가 있으면 통렬히 법으로 다스릴 것이니, 이것을 널리 효유하여 경계할 줄 알게 하라.」 하였다."

위의 기사 내용을 보면 기부(妓夫)의 존재를 인정하면서 기녀가 관물(官物)인 만큼 습악(習樂)을 게을리하거나 혹은 지아비가 이를 방해할 경우에는 처벌하는 식으로 바뀌었음을 알 수 있다. 그러다 조선시대 후기에 와서는 지아비를 가지는 것을 공식적으로 허용하였던 것으로 보인다. 숙종 32년(1706)에 편찬된 전록통고(典錄通考) 권7 예전(禮典) 下의 잡령(雜令) 조에는 속록(續錄=大典續錄)항목에 "여기(女妓)가 습악(習樂) 및 근무일에 빠지면 그 지아비도 함께 책임을 추궁해서 죄를 묻는다."라는 규정이 있는데, 이것은 생활을 같이하는 기생의 지아비를 법적으로 인정하고 있음을 보여 준다.

그러나 조선시대에 관비(官婢)이던 관기와는 달리 구한말(舊韓末)의 관기란 갑오개혁 후 법적으로 자유로운 신분의 기녀가 관(官)에 의해 선발되어 급여를 받고 근무하는 기생을 말한다.[A] 따라서 얼핏

A 1908년 3월 21일 자 대한매일신보(2면)에는 "기생 30명을 장악과(掌樂課)에 부속하여 관기로 정하고 음악을 교수한다는 說은 전보(前報)에 이미 실었거니와, 당해 기생의 교수(敎授)時 오료(午料=점심값)를 지급하라고 장례원(掌禮院)에서 내장사(內藏司=왕실의 제반 경비를 관리, 지급을 담당하던 관청)로 청구하였다더라."라는 기사에서 보듯, 구한말의 관기란 官에 의해 선발되어 대가를 받고 근무하는 기생임을 알 수가 있다.

생각하면 구한말(舊韓末)에서의 기부(妓夫)란 법적으로 자유로워진 기생과 부부생활을 같이 하는 지아비라고 생각하기 쉬우나, 그런 개념이 아니다. 이능화의 《조선해어화사(朝鮮解語花史)》를 보면 〈유부기(有夫妓)·무부기(無夫妓)〉(제34장)라는 제목하에 '근세기부(近世妓夫)의 사회적 계급'이라는 항목이 있다. 여기에는 먼저 1886년에 출간된 《근세조선정감(近世朝鮮政鑑)》[B]에 들어 있는 아래의 글부터 인용하고 있다.

> "무릇 기부(妓夫)는 각 궁전의 별감(別監)과 포도청(捕盜廳)의 군관(軍官), 정원(政院)의 사령(使令)과 금부(禁府)의 나장(羅將)을 제외하고도 여러 종류가 있었는데, 궁가(宮家)[=왕의 형제들인 대군(大君)과 왕자들, 공주 및 옹주(翁主) 등 왕족이 사는 집]의 청지기 및 무사 외의 자(者)는 기부(妓夫)가 될 수 없었다. 대원군은 금부(禁府)와 정원(政院)에 속한 하인들에게 명령을 내려 단지 창기의 지아비가 되는 것만 허용하고[只許爲娼夫] 관기의 주인이 되는 것은 허용하지 않았다.[不許主官妓]"[C]

이능화는 위와 같은 내용을 소개한 다음 이어서 각전 별감, 포도청 군관, 각 궁가의 청지기 및 무사[禁府羅將]를 **이른바 4처소 외입장(外入匠)**이라 하면서, 이들이 기부(妓夫)의 유형으로 등장하고 있는 이유를 설명하고 있다.[D] 저자가 이를 정리하면 대략 다음과 같은 요지이다.

(1) "고종 말년에 국가에 경사가 빈번하고 겹쳐서 매번 진연(進宴)이 행해지니, 평양의 기생들이 다수 선상(選上)되는 상태라 정재(呈才)행사 후에 그대로 경성(京城)에 머물러 기업(妓業=기생 영업)을 하는 자도 적지 않다."라는 것.

B 갑신정변 당시 피살된 개화파 요인인 박제형(朴齊炯)[본명은 제경(齊絅)]이 상하 2권으로 나누어 썼지만 하권은 출판되지 못하고 상권만 전해진다.
C 박제형 저, 근세조선정감(상), 중앙당, 1886, p. 66
D 이능화 저, 앞의 책(조선해어화사), pp. 267-268[도서관에서 부여한 쪽수 기준]

(2) "각 궁전의 별감(別監) 등이 혹은 (그) 선상기(選上妓)를 취하거나 혹은 스스로 지방으로 나가 기생을 선발하고 서울로 돌아와 집에서 양육하여, 혹은 내의원(內醫院)에 이름을 올리거나 혹은 상의사(尙衣司)에 기생명부에 올려 궁중의 행사에 여악을 베풀며 집에 있을 때에 기업(妓業)을 행하기 때문에, 기생이라고 하면 필히 양방(兩房=약방기생, 상의사 기생)을 말하는 것이고, 기부(妓夫)라고 하면 4개 처소에 있다고 말하는 것으로, 기부 중에 대전(大殿) 별감이 가장 많은 것은 별감과 기생은 (모두) 궁정 노비인 관계[宮庭奴婢之關係]인 탓에 그렇다."라는 것.

(3) "그리고 만약 그 기생을 데려다 첩으로 삼을 욕심이 있는 사람은 반드시 기부(妓夫)에게 금전을 지급해야 기생의 신분을 면하게 되는데, 그것은 기생을 뒷바라지하는 동안의 비용을 상환하는 취지"라는 것이다.

기부(妓夫) 중에 가장 많은 대전별감(大殿別監)이란 왕의 시중과 호위를 담당하던 하급 내시(內侍)이므로 일반적인 부부생활을 할 수 없는 남성이다. 그리고 각전의 별감 등이 스스로 지방으로 나가 기생을 물색·선발해서 키우고 약방·상방의 기생명부에 오르도록 영향력을 행사한다는 점, 자신이 육성한 기생을 욕심내는 사람이 있는 경우에는 대가를 받고 넘겨준다는 점 등으로 보아 구한말의 관기에게 있어서 기부(妓夫)라는 존재는 부부생활을 함께하는 지아비의 개념과는 조금 다르다는 것을 알 수 있다. 오늘날로 친다면 연예인의 스케줄을 관리하는 개인적인 매니저(Manager)와 비슷한 후견인(後見人)으로 생각하면 좋을 것이다.ᴱ

1907년 11월 22일 자 대한매일신보(2면)의 아래 기사는 기부(妓夫)가

E 이능화가 "향기(鄕妓)는 무부(無夫)이고 유모(有母)하니, 대저(大抵) 향기[鄕妓]의 어미란 마치 경기(京妓)의 지아비와 같다."라고 한 말도 그런 취지이다.[앞의 책(조선해어화사), p. 268 참조]

오늘날로 치면 매니저의 성격이기 때문에 나올 수 있는 것임은 설명할 필요도 없을 것이다.

> "●기생회사 - 궁내부 상의사(尙衣司)와 약방(藥房)에 소속되던 기생은 이번 새 관제(官制)에(서) 빼버린 고로 회사를 조직하여 기생들을 모집하되, 기부(妓夫)는 모두 쫓아 보내고 회사에서 (직접) 관할하기로 한다더라."

궁내부의 관기(官妓)인 상의사와 약방에 소속된 기생들이 음악 기구가 축소되어 더 이상 관(官)에 남아 있을 수 없게 되자 다른 기생들을 모집하여 회사를 조직하면서 기부(妓夫)를 모두 쫓아 보낸다는 것은 그들이 부부생활을 하는 지아비가 아님을 말해 준다.[앞서 1902년에 임시관청인 협률사(協律司)가 예비기(豫備妓)를 대상으로 예기(預妓) 그룹을 조직하면서 기부(妓夫)가 없는 것을 요건으로 삼은 것도 기생에게 개인적인 매니저가 없어야 된다는 의미이다] 그러한 연유로 가부(假夫=이름만 올려놓은 지아비)라는 말도 있는 것이며[F], 두 사람의 신세나 형편에 따라 생활을 같이하는 경우도 있지만 생활을 같이하는 것이 기부(妓夫) 개념의 본질은 아니다.

이렇게 보면 어떤 기생이 유부기(有夫妓)냐, 무부기(無夫妓)냐 하는 것은 상대적인 것으로, 무부기(無夫妓)라는 것이 '지금까지 기부(妓夫)를 가져 본 적이 없는 기녀(妓女)'라는 뜻이 아님을 알 수가 있다. 기부(妓夫)라는 의미가 '개인적인 매니저'를 뜻하는 이상 유부기에서 무부기로, 또는 무부기에서 유부기로 변화하는 것도 가능할 터이다. 1912년 10월 23일 자 매일신보(3면)의 〈사면팔방(四面八方)〉이라는 독자투고란에

F 1908년 10월 1일 자 황성신문(2면)의 기사에서 "경시청에서 금번에 기생 및 창기 단속하기 위하여 규칙을 정함은 기보(旣報)하였거니와, … (中略) … 또 경성(京城) 관기에 특별히 있는 가부(假夫)라도 금후에는 불허(不許)하고 점차 지정하여 조합을 설(設)케 한다더라."라고 하면서 '가부(假夫)'라는 용어를 쓰고 있다.

쓰인 아래의 내용이 그것을 잘 보여 준다.

"▲ 근일에 무부기가 점점 확장이 되어 평양에서 손꼽히는 기생이 모두 올라와서 영업장을 만든다지. 「다동생(茶洞生)」

▲ 평양기생도 많이 올라왔으려니와 이왕[已往=지금보다 이전에] **유부기**[有夫妓]로 가야금 잘하고 춤 잘 추고 노래 잘 부르던 산월(山月)이도 **무부기**[無夫妓] 영업장을 맡았다는 걸. 「일묵두(一纆頭)」"

2. 한성기생조합소(漢城妓生組合所)의 출범(1909년)

기생단속령이 시행됨에 따라 경성에서 기생이 영업을 하자면 경시청이 요구한 대로 조합을 설립하고 가입하지 않으면 안 되는 처지가 되었다. 1908년 10월 말에 보이는 아래와 같은 기사들은 그러한 움직임이 나타난 것을 보여 준다.

1) 1908년 10월 27일 자 황성신문(1면)의 기사 : "●기생조합(妓生組合) 성립 – 박한영(朴漢英) 등 20여 인이 발기(發起)하여 한성(漢城) 내 기생 영업을 조합하여 풍속을 개량하기로 목적하고 규칙을 규정하여 경청(警廳)에 청원하였다더라."

2) 1908년 10월 31일 자 대한매일신보(2면)의 기사 : "●청원을 환퇴 – 기부 박한영 등 수십 명이 한성기생조합소를 설립하려고 경시청에 청원하였더니 그 청원하는 의도가 단속령에 위반될 뿐 아니라 일반기생이 자유로 행동하지 못할 염려가 있어 즉시 환퇴하였다더라."

3) 1908년 12월 9일 자 대한매일신보(2면)의 기사 : "●조합(組合)사항 협의 – 재작일(再昨日) 하오 1시 경에 한성 내 기부(妓夫) 백여 명이 새문안[新門內] 원각사(圓覺社)에 회동하야 기생조합소 설립할 사항을 협의하얏다더라."

기생을 대상으로 조합을 설립하면서 처음에 조합원의 자격을 기생이 아닌 기부에 부여하는 형태로 하였기 때문에, 경시청이 그 청원을 되돌려 보냈고, 이에 관해 기부들이 모여 대책을 협의하였다는 것이 기사의 내용이다. 경성에서 기생조합이 기부妓夫들에 의해 운영되는 것은 경시청의 방침에도 어긋날 뿐 아니라[1], 기생단속령이 의도하는 소기所期의 목적을 달성하기 어렵다고 판단하여 내린 조치이다.

기부들이 경시청의 요구 조건에 맞춰 기생이 중심이 되어 운영하는 것으로 청원서를 고쳐서 다시 제출하여 인가를 받은 것은 1909년 3월 31일 자 황성신문(3면)에 실린 한성기생조합소의 광고를 통해 간접적이지만 알 수가 있다.

> ○ 문천군(文川郡) 기근(饑饉)을 위하야 한성기생조합소에셔 음(陰) 윤월(閏月)(양력 4월) 11일로 10일을 한도로 연주회를 원각사(圓覺社)에서 설행(設行)하여 다소간 기부(寄附) 하올되, 원각사 성의 더욱 감사하와 자이(玆以) 공포(共布)이오니 모든 군자(君子)는 왕림하심을 망(望)하옵.　　　　　　　　　　　　　漢城妓生組合所 白

  기생단속령이 반포된 후에 처음 출현한 조합이 한성기생조합소漢城妓生組合所인 셈이다. 조합의 명칭 뒤에 '소(所)' 자를 덧붙여 한성기생조합소라고 한 것은 한성[일제강점기에서는 京城이라고 호칭]에서 활동하는 기생이라면 누구나 가입할 수 있는 포괄형의 조합이라는 뜻을 나타낸 것으로 보인다. 1909년 4월 15일 자 대한매일신보(3면)에는 자선연주회를 정산한 한성기생조합소의 광고가 실려 있는데, '**한성기생 87인이 10일 연주회 한 매표금(賣票金) 783원 60전 …**'이라는 문구가 나온다. 이는 한성기생조합소에 속한 기생이 적어도 87인 이상이라는 점을 짐작게 한다.

  당시의 연주회에서 설행한 공연 종목의 명칭이 기사에 나오지는 않았으나, 한성기생조합소의 기생들이 공연한 레퍼토리에는 궁중정재가 들어 있었을 터이다. 이는 6개월 후의 1909년 10월

22일 자 대한매일신보(3면)에 "한성기생조합소에셔 원각사로 연주회를 하옵는데, 항장무와 션유락과 각색 기무[妓舞]가 구비하오며 …"라는 한성기생조합소의 광고를 통해 짐작할 수 있다. 1907년 12월 말에 궁내부 소속의 관기들이 경성고아원을 위한 자선공연을 할 때, 그 공연 목록에 선유락과 항장무가 포함되어 있었고, 상의사尚衣司 기생 '앵무(鸚鵡)'의 이름이 행사의 발기인 명단에 들어 있었던 것도 기억할 것이다. 1910년 4월 12일 자 황성신문(3면)에 실린 광고를 보면 '한성기생조합소' 기생으로 앵무의 이름이 들어 있다.

본소에셔 경성고아원 경비에 보조하기 위하야 슈13일(음 3월 4일)붓터 연주회를 원각사에서 한(限) 1주간 개(開)하오니 자선(慈善)하신 첨각하(僉閣下=여러분)는 광고(光顧=찾아옴의 높임말)하심을 절망(切望).

한성기생조합소 기생 : 연홍(蓮紅), 앵무(鸚鵡), 농월(弄月) 등 고백

요컨대 관기들은 기생단속령에 따라 설립된 한성기생조합소의 일원으로 연주회를 개최할 때 궁중에서 연행하던 정재(예컨대 선유락과 항장무)를 일반인에게 선보였음을 알 수가 있다. 이는 정치·사회적인 환경의 변화에도 불구하고 관기들이 궁중정재의 맥脈을 꾸준하게 이어 가고 있음을 보여 준다. 그리고 1910년 4월 10일 자의 황성신문(1면)을 보면 아래와 같은 기사가 보인다.

●고원연주(孤院演奏) 속문(續聞) - (한성)기생조합소에서 고아원의 연주회를 설행(設行)한다는데, 위치는 신문내(新門內 새문안) 원각사로 의논해서 정하고 구연극(舊演劇)을 행하려고 연극의 재료는 궁내부에 청구하고, 오는 14일을 시작으로 1주일간을 설행한다더라.

위 기사에 나오는 '구연극'이란 판소리를 바탕으로 진행하는 창극唱劇 형태를 지칭하는 것으로[2] 기생들이 자신들의 궁중정재를 펼치는 것으로 만족하지 아니하고 다른 유형의 예능도 준비하고 있음을 알려 준다. 이러한 것은 말할 필요도 없이 가기歌妓들이 주도하였을 것이지만, 기생들이 불특정한 관객을 상대로 공연해야 하는 점을 의식하고 여러 프로그램을 준비하려는 것이다. 한편 1910년 4월 14일 자 대한매일신보(3면)에 실린 아래 기사를 통해 한성기생조합소와 조합원인 기생과의 관계를 짐작할 수 있다.

> ●연주개회(演奏開會) - 한성기생조합소(漢城妓生組合所) 기생 연홍(連紅)·앵무(鸚鵡)·농월(弄月) 등이 발기(發起)하야 경성고아원 경비를 보조할 차(次)로 자선연주회를 설행(設行)함은 기보(既報)하얏거니와, 기한은 작일(昨日)부터 1주내로 정하고 위치는 서대문 내 원각사로 정하고 예인(藝人) 초(僬 난장이) 김원기(金元基)도 무료로 기술을 공급한다더라.

1910년 4월의 경성고아원을 위한 자선행사는 한성기생조합소가 직접 주최하는 것이 아니라 소속 조합원 중 자선행사에 뜻이 있는 기생들 몇 사람이 발기하여 그들 자신의 책임으로 행사를 치르는 형태라는 것이 주목된다. 따라서 자선행사의 결과인 손익 계산도 모두 그들에게 귀착될 것임은 말할 필요도 없다. 이렇게 보면 한성기생조합소는 경시청의 요구로 기생들이 마지못해 만든 조직체이지만[3], 부수적으로는 서로 마음이 맞는 기생들이 모여 공연을 기획하고 실행할 수 있는 기반이 자연히 조성되도록 도와준 셈이 되었다.[4] 기생조합 내의 소그룹의 기생들이 자선행사라는 명분으로 원각사라는 서구식 극장에서 불특정한 일반관객을 상대로 공연을 기획할 수 있는 것은 1906년에 갱설한 제2기 협률사의 공연에서 관기들이 이미 흥행하였던 경험이 있었기 때문일 것이다.[5] 기생단속령이 시행되기 전인 1908년 5월 26일 자의 황성신문(3면)에 실린 광고는 광무대에서 영미연초주식회사의 협찬을 받아 행한 공연인데, 그 공연 목록이 눈길을 끈다.

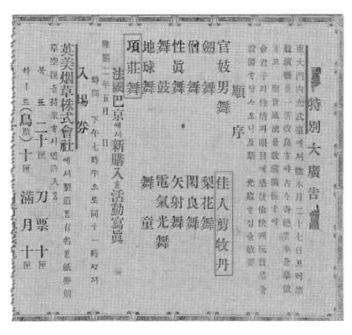

옆에 보이는 광고를 보면 공연 목록에는 승무나 무동舞童도 들어 있지만 가인전목단佳人剪牧丹이나 항장무項莊舞와 같이 궁중정재도 들어 있다. 이는 구한말, 음악 기구의 축소로 해고된 관기 출신의 기생들이 출연하였음을 말해 준다. 더구나 여기에는 기생들이 창작한 것으로 여겨지는 춤들이 다수 보인다. 관기 남무官妓男舞·이화무梨花舞·성진무性眞舞·시사무矢射舞·전기광무電氣光舞·지구무地球舞가 바로 그런 춤이다. 이러한 것은 기생들이 불특정한 일반 관객을 상대로 공연해야 하는 점을 의식하여 다양한 레퍼토리를 준비함과 동시에, 춤의 양식이나 내용에 변화를 주어야 할 필요를 느끼고 있다는 징표이다.

얼마 후 대한제국이 멸망되어 궁중에서 풀려난 관기들은 다른 민간기생들과 같은 처지가 되어 그와 같은 자각은 더욱 심화하였을 것으로 생각된다. 궁중에서 추던 정재呈才 중에 어떤 종목은 서구식 극장에서 일반 관객을 상대로 하여 그대로 재현하는 것이 불가능한 것도 있고, 어떤 종목은 굳이 궁중에서 추었던 것과 같은 모습으로 재현할 필요가 없다고 판단했을 것이다. 한마디로 말해 기생들이 궁중에서 연행하던 정재를 극장 무대에서 일반인을 상대로 연희하는 상황이 되자 기존 작품을 개작하거나 혹은 간단한 안무按舞를 직접 하는 식으로 '춤의 무대화舞臺化'에 나서게 된 것은 예인藝人으로서 자연스러운 일이라 볼 수 있다.[6]

---

1 기생조합규약표준 제12조에는 "조합은 본부(本夫) 또는 가부(假夫)를 가지고 있다고 인정되는 자에 대하여 가업계(稼業屆)에 연서(連書)를 거부하여야 한다."라고 규정하고 있다.
2 구연극(舊演劇)이란 신파(新派)연극에 대비되는 개념이다. 일본에서 들어온 신파연극이라 함은 창극의 형식과 전통에서 벗어나 당대의 세상 풍속과 사람들 사이의 슬픈 이야기 등을 소재로 해서 만든 통속적인 연극으로, 1910년대부터 유행하기 시작하였다.
3 한성기생조합소가 기생들 모두의 이익을 위해 역할을 하고 있는 예로는 1911년 12월 22일 자의 매일신보(3면)에 실려 있는 '기생수수료'에 관한 광고 같은 것을 들 수 있다.
4 1910년 4월 30일 자의 황성신문(2면)의 기사에 "한성기생조합소 기생 20여 명이 경성고아원에 회동하여 연주회 기념 촬영을 하였다."라는 내용이 나온다.
5 1906년에 갱설된 제2기 협률사에서 관기들이 공연한 경험, 또 1907년 12월 말에 태복사장(太僕司長) 현영운이 관인구락부(官人俱樂部)가 있던 희대를 연희장으로 다시 인허받았을 때 관기들이 행한 자선공연 경험 등이다.
6 무용평론가 김영희는 논문 〈일제강점기 초반 기생의 창작춤에 대한 연구〉 ― 1910년대를 중심으로 ― [한국음악사학보 제33집, 한국음악사학회, 2004, pp. 197-235]에서 1900년대 후반부터 1920년대 초반까지 기생들에 의해 개작 혹은 창작된 춤들을 열거하는 한편, 이른바 '춤의 무대화' 작업이 어떤 식으로 이루어졌는지를 깊이 분석하였다.

3. 한일병합을 전후(前後)로 한 창부들의 활동 양상
- 연극장으로서의 원각사가 사설극장에 미친 영향

한일병합을 계획한 일제日帝는 1909년 12월 4일에 일진회一進會로 하여금 한일합병성명서를 발표하게 하여 그러한 분위기를 조성하기 시작하면서 조선의 전통연희를 선보이던 원각사에도 영향이 미치기 시작하였다. 1909년 10월 30일 자 황성신문(2면)의 아래와 같은 기사는 황실극장인 원각사의 운명을 미리 암시하는 셈이었다.

> ●연사풍파(演社風波) - 재작야(再昨夜) 원각사에 관람하는 자가 충만(充滿)하야 각종 연극을 설행(設行)할 제(際)에 순사(巡査)가 내도(來到)하야 설명하기를, 이등공(伊藤公) 조난(遭難)한 사(事)에 대하야 3일간 가사(歌詞)·음악을 폐지하라는 궁내부령(宮內府令)이 有하다 하고 (연극을) 금지하매, 관람자들은 입장권 매득금(買得金)을 환추(還推)코져하야 일장풍파(一場風波)가 일어났다더라.

위 기사의 '이등공(伊藤公) 조난(遭難)한 사(事)'라 함은 1909년 10월 26일 안중근 의사義士가 만주 하얼빈역에서 前조선통감인 이등박문(伊藤博文 이토 히로부미)을 사살射殺한 사건을 말한다. 얼마 후에 원각사가 연극장으로서의 운영을 중단하게 된 것은 판소리를 각색한 창극唱劇이 관객들에게 조선인으로서의 자각自覺을 하게 하지 않을까 우려했기 때문일 것이다. 원각사는 연극장으로서의 운영이 중단될 처지에 놓이게 되었지만, 공연을 준비하던 작품이 이미 있어서 그 시기가 약간 늦추어진 듯하다. 수궁가水宮歌라는 골계적滑稽的 신연극을 1909년 11월 26일부터 설행한다는 원각사의 광고가 황성신문과 대한매일신보에 실린 것으로 보아, 연극장으로서의 운영이 중단된 것은

1909년 12월경부터라고 생각된다.

　원각사는 그 후 대관貸館 위주로 운영되어 연설회장이나 혹은 기생들의 자선연주회의 연희장으로 사용되었다. [1910년 2월 15일 자 황성신문(1면)의 '국민회연설' 기사, 1910년 2월 22일 자 대한매일신보(3면)의 '한성기생조합소' 광고 참조] 그로 인해서 원각사에서 창극을 연희하던 창부들은 활동무대가 없어진 결과가 되었다. 국립민속국악원 장악과掌樂課에서 편찬한 《**명창을 알면 판소리가 보인다**》를 보면 '근대 5명창'의 한 사람인 〈김창환〉 편이 기술되어 있는데, 여기에 기술된 내용을 통해 원각사의 무대를 빼앗긴 후의 명창들의 처지를 엿보기로 하자.

> … (前略) 1909년 11월 원각사가 폐쇄되자 일단 고향으로 돌아왔다가 이듬해 전라도 출신의 명인 명창들을 규합하여 최초의 직업창극단인 '김창환 협률사'를 조직하고 지방순회공연을 하여 큰 인기를 끌었습니다. … (中略) … 이 당시에는 송만갑이 조직한 협률사가 함께 활동했는데, 김창환의 협률사는 동대문 근처에 상설극장을 새로 지어 이름을 '동대문 협률사'로 고쳐 개관하였고, 이때부터 송만갑·이동백·유공열·한성준·허금파·강소향 등이 고정출연하였습니다. 그러나 1910년 일제에 의한 강제 합방 이후, 협률사 공연이 민족혼 고취와 전통예술을 통한 한국인의 동질성을 고무시킨다고 판단한 일제에 의해 두 협률사는 모두 문을 닫게 됩니다.[1]

　김창환과 송만갑은 개인적인 협률사協律社를 조직해 활동하다가 한일병합이 된 소식을 듣고 스스로 해산하였지만[2], 한일병합이 되기 전부터 창부唱夫들의 연희 활동에 대한 제약이 있었던 것은 아래와 같은 기사를 통해 짐작할 수 있다.

1) 1910년 2월 19일 자 황성신문(2면)의 기사 : "●한이오백(限以五百) – 동대문 내 광무대에는 근일에 연예관람인이 천여명씩 달하는 故로, 소관 경찰관서에서 일작(日昨)에 해사(該社) 총무를 초유(招諭)하되, 다수 인중(人衆)이 매일 회집(會集)하면 위생상 방해가 불무(不無)하니 매일 5백명 이상은 허입(許入)지 말라 하얏다더라."

2) 1910년 6월 17일 자 대한매일신보(2면)의 기사 : "●음희금지(淫戲禁止) – 경찰과장 이헌규(李憲珪)씨가 재작야(再昨夜) 연흥사(演興社)에 전왕(前往)하야 가기(歌妓)와 창부(唱夫) 등의 음탕한 가곡은 절물출구(切勿出口=입에서 일체 나오지 않음)케 금지하얏다더라."

3) 1910년 6월 26일 자 황성신문(2면)의 기사 : "●창부행락(倡夫行樂) – 연흥사(演興社) 창부 김창룡(金昌龍)은 모모(某某) 대관(大官)의 별실(別室)을 통간(通奸) 하얏다는 설이 낭자(浪藉) 함으로 모처(某處)에셔 그 김창룡을 주목(注目) 중이라더라."

4) 1910년 7월 27일 자 대한매일신보(2면)의 기사 : "●음희당금(淫戲當禁) – 경시청 총감부 경시(警視) 이헌규(李憲珪)씨는 재작야(再昨夜)에 사동(寺洞) 연흥사를 시찰하고 상풍패속(傷風敗俗)의 연극은 일절 금지하얏다더라."

위의 기사들을 보면 위생을 이유로, 또는 상풍패속傷風敗俗 등 여러 이유를 들어 창부들이 출연하는 사설극장을 단속하고 있음을 알 수 있다. 단속의 구실을 액면 그대로 받아들일 수 없는 것은 안중근 의사의 의거義擧가 알려진 후에 조선 내에 형성된 사회적 분위기와 관련이 있기 때문이다.

한편 위의 《명창을 알면 판소리가 보인다》에서는 "… (前略) 김창환 협률사는 동대문 근처에 상설극장을 새로 지어 이름을 '동대문 협률사'로 고쳐 개관하였고, … "³라고 하였지만, 이는 극장을 새로 지은 것이 아니라 광무대를 고쳐서 개관하였던 것이 아닐까 싶다. 이 글의 맥락을 이해하기 위해서는 1908년 7월에 원각사가 개장되면서부터 사설극장의 운영 상황이 나빠졌다는 것을 먼저 인식할 필요가 있다.

우선 광무대에 대해 살펴보면 1909년 5월 1일 자의 대한매일신보(2면)에 "근일(近日) 모모(某某) 대관(大官)들이 자금을 준비하야 동대문 내 광무대를 복설(復設)하고 가장 유명한 연극 각종을 설행(設行)하는데, 5개월 후에는 흥행성적에 따라 폐지하기로 작정하얏다더라"라는 기사가 있고, 1909년 6월 26일 자 황성신문(2면)에는 "전동(典洞) 도화서동(圖畫署洞)에 거주하는 박성칠씨는 금년 20세라는데, 자생(資生)할 길이 없어 광무대에서 고용되어 사무를 보더니, 일작(日昨)부터 광무대가 정폐(停廢)되기에 다른 직장으로 자생할 길이 만무(萬無)하므로 재작일(再昨日) 상오 10시 경에 술에 취한 중[醉酒中]에 아편을 피우고 이로 인해 넘어져 죽었다."라는 기사가 실려 있다. 그러므로 광무대는 이 무렵부터 일단 문을 닫았던 것으로 추측된다. 1907년 5월에 광무대가 처음 출범할 때 김창환이 송만갑과 함께 여자 어린이들의 타령을 교수한 인연이 있음은 앞서 소개한 바 있는데, 그런 인연으로 김창환이 문을 닫은 광무대를 고쳐 개관하였던 듯하다.

또 단성사의 경우에는 1908년 10월 1일 자의 황성신문(2면)에 "단성사는 재정의 군졸(窘拙=있어야 할 돈이 없어 어려움)로 폐지하얏는데, 해사(該社)를 계속 유지하기 위하여 청나라 사람 3, 4인이 합동하야 창시(唱市)연극을 설행하가로 방금 준비 중이라더라."라는 기사가 있고, 또 1909년 2월 19일 자의 황성신문(2면)에는 "단성사 사장

이익우(李益雨)씨가 해사(該社) 경비로 인하야 3천환(圓) 손해를 당(當)함은 이미 보도하얏거니와, …"라는 기사가 있다. 그러므로 단성사도 그동안 흥행이 신통치 않았음을 알 수 있다.

연흥사도 흥행에 성공하지 않았던 것 같다. 1908년 11월 29일 자의 황성신문(2면)에는 "연흥사의 근황을 들은 즉 재정이 군졸(窘拙)하야 일반임원의 3개월 봉급을 지급치 못하얏는데, 해사(該社) 총무 이모(李某)는 피신까지 하얏다는데, 불기일(不幾日=며칠 못 가서) 해사(該社)는 폐지되겟다더라."라는 기사가 보인다. 그러나 1909년 2월 2일 자 대한매일신보(2면)의 아래 기사를 보면 연흥사가 고비를 일단 넘기고 흥행을 계속할 수 있었던 것 같다.

> ●막견호은(莫見乎隱) - 前참장(參將) 김승규, 前경무사(警務使) 신태휴(申泰休) 양씨(兩氏)가 자기의 친절한 가인(家人)을 지사(指使)하야 거액금을 출급(出給)하고 사동(寺洞) 연흥사를 일층 확장하야, 탕자음부(蕩子淫婦)의 약간 전재(錢財)를 탈인(奪人=사람으로부터 빼앗음)하면서 자기의 성명이 노출할까 백배구속(百倍區束=수백번 입단속을 함)하므로 그 양씨(兩氏)의 행동을 사람들 모두 타매(唾罵)한다더라.

하지만 그 후에도 흥행이 신통치 않았던 듯하다. 1909년 3월 23일 자 대한매일신보(2면)에는 머지않아 폐지할 염려가 있다는 아래와 같은 기사까지 등장하였다.

> ●연사장폐(演社將廢) - 중부 사동(寺洞) 연흥샤에셔는 소위 배비장타령(裵裨將打令)을 설행(設行)하고 탕자음부(蕩子淫婦)를 유인하야 거다(巨多)한 전액(錢額)을 탈취코자 하야 별종(別種) 흉계를 백배 주출(做出=만들어 냄)하되, 족(足)히 관람할 것이 없어 매야(每夜)

완상(玩賞)하는 남녀의 수효가 30여 명에 불과하므로 불원간(不遠間) 폐지할 염려가 있다더라.

장안사도 마찬가지이다. 1909년 11월 12일 자 황성신문(3면)에 "●극사정연(劇社停演) - 신문내(新門內 새문안)에 在한 원각사와 통구내(洞口內)에 在한 장안사는 근경(近頃)에 관람인이 희소한 故로 재작야(再昨夜)붓터 폐지하얏다더라."라는 기사가 보인다.

제2기 협률사가 폐지된 후 출현한 사설극장들이 한때는 좋았던 흥행 실적이 위와 같이 신통찮게 된 것은 말할 필요도 없이 황실극장인 원각사의 흥행이 성공을 거두었기 때문일 것이다. 그런데 원각사가 돌연 1909년 12월경부터 연극장으로서의 운영을 중단하게 되자, 그것은 곧 사설극장들의 명맥을 유지할 수 있는 여지를 마련해 주었다.[4] 그러한 결과는 한일병합 후의 신문 기사에 실린 아래와 같은 기사를 보면 확인할 수 있다.

a) 1910년 9월 11일 자 매일신보(2면)의 기사 : "●연사장관(演社壯觀) - 향일(向日)에 연화술(煙火術)을 사동(寺洞) 연흥사에 설행하엿는데, 관광하는 인사가 구름과 같이 모여 성황을 드러내엿고, 또 본월(本月) 11일 하오 7시부터 연화술과 수품가곡(手品歌曲)과 기외 각색 연예를 설(設)하는데, 장관(壯觀)이 많으리라 하더라."

b) 1910년 9월 30일 자 매일신보(5면)의 기사 : "●연사(演社)의 음풍의금(淫風宜禁) - 장안사 연극장에 관람하는 남녀 중 탕자(蕩子) 음부(淫婦)가 근일 치성(熾盛=불길이 일어나듯이 세력이 커짐)하야 풍속을 방해케 함으로 본보(本報)에서 경계적으로 게재하얏거니와 갱문(更聞)한 즉, 재작일 북부 경찰서에서 창부 이동백(李東伯)

등을 초치(招致)하야 엄중히 단속하야 종금(從今) 이후로는 음풍패속(淫風敗俗)에 관한 가곡(歌曲) 등을 일체 폐지하되, 일향(一向) 불준(不竣)하면 별반(別般) 처리하겟다 함으로 이동백은 목하(目下) 황공(惶恐) 중이라더라."

c) 1910년 10월 6일 자 매일신보(2면)의 기사 : "●연사성황(演社盛況) – 중부 사동(寺洞) 연흥사는 작일(昨日)부터 특별한 신연극을 설행(設行)하고 풍속의 선량한 재료를 연구하야 축야(逐夜) 개설(改設)하므로 관람자가 운집[雲集=구름같이 모여듦]한다더라."

d) 1910년 10월 22일 자 매일신보(2면)의 기사 : "●연극장악폐(演劇場惡弊) – 장안사에셔는 소위 춘향가와 심청가로 연극을 매야(每夜) 설행함으로 음부탕자(淫婦蕩子)가 회동 관람하는데, 기중(其中) 부랑(浮浪)자제들은 부인석을 대하야 패언망담(悖言妄談)을 加하며 혹은 외설(猥褻)한 언동이 왕왕 있다는데, 재작야(再昨夜)에는 관광인이 남녀 물론하고 8백명 이상에 달하는 지라, 당직순사가 해사(該社) 주무(主務) 이응규씨를 대하야 논책(論責)하야 왈(曰), 5백명 이내로 허입(許入)하라고 증왕(曾往)에 신칙(申飭)함이 유(有)하거늘 금야(今夜)에는 이와 같이 다수 인중(人衆)을 허입하얏슨 즉, 위생에 방해가 불소(不少)할 뿐더러 잡답(雜沓)이 파극(頗極)하니 일후(日後) 주의하라 하고 재삼(再三) 계유(戒諭)하되 … (以下 생략)"

위에 열거한 기사들을 보면 원각사가 연극장으로서의 운영을 중단한 후에 사설극장들은 활기를 띠고 흥행하고 있음을 알 수 있다. 다만 경찰 당국이 극장의 입장객 수를 통제한다거나 창부 김창룡이나 이동백에 대해 심리적 압박을 가하고, 춘향가 같은 것을 상풍패속傷風敗俗의 연극이라 하여 못하게 하는 등 여러 수단을 총동원하여 창부들의 연희 자체를 위축시키려고 하였다. 이러한 조치는 관객들이 창극을 관람하면서 조선인이라는 자각을 일깨우게 되는 기회를 최대한 줄이고자 하는 의도가 깔려 있음은 말할 필요가 없다.

일본이 한국을 병합하여(1910년 8월 22일) 대한제국이 멸망하자 조선의 예인藝人이라는 창부 그룹과 기생 그룹은 공연 환경의 면에서 상반된 변화가 초래되었다. 창극을 발전시켜 오던 창부들은 원각사라는 무대를 빼앗기고, 또 일본에서 신파극이 들어오기 시작하면서 구극舊劇[5]의 인기는 점차 하락하는 추세를 보인다. 그에 비하여 관기들은 타의에 의하여 결성한 기생조합이지만 이를 발판으로 무대(즉 사설극장)에서 공연하는 기회가 늘어나게 된 것이다. 그로 인해 무대에 서는 기생들에 대한 대중들의 관심도 커져 궁중정재를 위시한 춤에 대한 인기 또한 점점 높아졌다.

---

1 국립민속국악원 장악과 編, 앞의 책(명창을 알면 판소리가 보인다), p. 141
2 《한국민족문화대백과사전》[한국정신문화연구원, 1991]에 의하면 '김창환 협률사'는 원각사가 폐쇄된 후에 조직되어 한일병합이 되자 해산한 것으로 나온다.[권4의 '김창환'(p. 943)] 그러나 최근 On-line에서는 박황의 이야기를 근거로 해서 '김창환 협률사'가 1907년에 벌써 조직된 것으로 나온다.
3 여기의 '동대문 협률사'란 표현은 '동대문 안에 있는 광무대'를 말하는 것으로 보인다. 박황이 쓴 《판소리 2백년사》[도서출판 성사연, 1987]에는 '광무대 협률사'라는 표현이 나오지만(p. 150) 이것도 광무대가 '풍악을 갖추어 놀이한다'는 뜻에서 '협률사'라는 용어를 덧붙인 것으로 생각됩니다.[판소리에 관한 박황의 저서를 보게 되면 '1902년에 건립된 원각사'라고 태연하게 기술하고 있듯이 많은 부분에서 두찬(杜撰)이라는 비평을 받고 있다. 1902년은 1908년에 개관한 원각사의 전신이라 할 수 있는 희대(戱臺)가 만들어진 해이다.]
4 단성사의 경우에는 1910년 3월 19일 자 황성신문(2면)의 '조산부양성소(助産婦養成所) 연주회' 기사, 1910년 5월 26일 자 대한매일신보(3면)의 단성사 광고가 그 증거이다.
5 1911년 10월에 임성구(林聖九)가 혁신단(革新團)을 창단하여 신파극 '불효천벌(不孝天罰)'을 공연한 이후에 전통적인 창극(唱劇)을 이와 구분하기 위해서 구극(舊劇)이라고 부름.

4. 한일병합 직후의 연예계(演藝界) 상황은 어떠했나?

일본에 국권國權을 빼앗긴 울분이 채 가시지도 않은 1911년에 특별한 연예계 소식이 없는 것은 이상한 일이 아니다.[1] 기껏해야 단성사에서 풍속을 괴란壞亂케 한다고 엄중 단속하였다거나[1911년 4월 29일 자 매일신보(3면)의 기사] 혹은 연흥사에서 내분이 일어났다거나[1911년 5월 11일 자 매일신보(3면)의 '연흥사의 大風波' 기사] 혹은 한성기생조합소가 조산부 양성소의 경비를 보조하기 위해 연흥사를 빌려 자선연주회를 한다거나[1911년 10월 3일 자 매일신보(3면)의 '기생조합의 자선연주' 기사] 하는 정도가 눈에 뜨인다. 그중 눈여겨볼 것은 1911년 6월 13일 자 매일신보(2면)의 아래 기사이다.

> ●조양구락부(朝陽俱樂部) 개명(改名) - 조양구락부에셔는 해(該) 명칭을 조선정악전습소(朝鮮正樂傳習所)라고 개칭하고 가악(歌樂)의 교습과 기타 음악을 전습(傳習)한다더라.

조양구락부는 각종 가곡歌曲 등의 보급을 목표로 1909년 12월 29일에 발족하였는데[2], 그러한 목표와 관련된 움직임으로 1910년 1월 15일 자 대한민보(3면)에 실린 아래의 기사에 주목할 필요가 있다.

> ●금기습악(禁妓習樂) - 도동(刀洞)에 설립한 조양구락부에서 각종 음악을 교습하는 터인데, 기생조합에서도 묘년(妙年=20살 전후)의 기생을 선고(選考)하야 음악을 연습코저 하야 기개일(幾個日=한 며칠)을 실습케 하더니 경시부감의 명령으로 기생의 습악을 금지한다는 설이 有하더라.

위의 기사는 조양구락부의 음악 교습에 한성기생조합소가 협조하려는 것을 경시청이 — 기생조합의 본의와는 다르다는 이유로 — 금지시켰음을 보여 준다. 그래서 조양구락부의 후신인 정악전습소는 교육 대상을 한성에 있던 유부기有夫妓에서 무부기無夫妓, 즉 지방에서 올라온 향기鄕妓로 전환하였다. 그것이 바로 1912년 2월 7일 자 매일신보(4면)의 아래 기사이다.

> ●무부기(無夫妓)모집 – 중부 황토현(黃土峴)에 있는 **정악전습소(正樂傳習所)**는 일반유지(有志)·신사(紳士)의 조직으로 그 확장·발전에 대하여 고심(苦心) 연구함은 세상사람들이 모두 알고 있거니와, 당소(當所)의 사무원 중 이영환(李永煥), 하순일(河順一), 백용진(白容鎭), 하규일(河圭一) 등이 각 지방에서 상경하여 두류(逗遛=체류)하는 무부기녀(無夫妓女)를 모집하여 당소 내에서 음악을 교습코저 한다는 전설(傳說)이 있더라.

이는 정악전습소가 대한제국의 소멸과 함께 관기제도가 사라져 조선 가무의 전통이 단절되는 것을 우려해 교습 대상을 – 경시청에서 금지한 한성기생조합 소속의 기생, 즉 유부기(有夫妓)에서 – 무부기無夫妓로 전환한 것을 말해 준다. 1912년 7월에 정악전습소는 경성京城 중부의 상다동上茶洞에 여악분교女樂分校를 개설하고 무부기를 대상으로 여악女樂을 본격적으로 교습하였다. 그로 인해 관기 출신의 경중여기京中女妓와 지방에서 올라온 향기鄕妓 사이에 보이는 가무歌舞 수준의 격차가 점차 좁혀지게 되었다.

한편 이 무렵 매일신보는 연예계 소식을 전하는 '연예계'란을 3면에 신설하였는데, 1912년 2월 13일 자에서 아래와 같은 소식을 전하였다.

● 평화회(評花會) 창설 - 김영제(金英濟)·신장균(申章均) 양씨가 평화회를 창설하기로 계획 중인데, 그 재료를 물어본 즉, 다수 명기(名妓)의 기능을 좇아가 가무(歌舞) 혹은 탄금(彈琴)을 종료한 후에는 그 기생의 사진을 환등(幻燈)케 하고, 일등 창부(倡夫)로 하여금 그 기생의 일생을 창(唱)으로 만나게 하여 무한(無限)한 흥미가 있으리라더라.

위 기사에 나오는 신장균은 일본에서 사진술의 원리를 연구하고 돌아온 신세대로[3] 이재理財의 목적을 가지고 위와 같은 계획을 실행하려고 하였지만 생각대로 잘되지는 않았던 것 같다.[4] 그러나 1912년 2월 25일 자 매일신보(3면)에 실린 〈**연예소식(演藝消息)**〉에서 전하는 글을 보면 평화회評花會의 설행 계획은 연예계에 커다란 반향反響을 일으켰던 것으로 보인다.

▲석일(昔日) 기생(妓生)은 춘방(春坊=敎坊) 소속으로 궁정무악(宮廷舞樂)에 참가하고 공회(公會)의 연석(宴席)에 시(侍)함으로 가무(歌舞)에 열심히 하든 터인데, ▲수십년 이래로 규모가 문란하여 가무는 척치(擲置=던져 버림)하고 오로지 음란한 1개의 농물(弄物)이 되어 창기(娼妓)와 형이(逈異=뚜렷한 차이)함이 없더니, ▲근래에 조합을 조직하여 폐풍(弊風)을 점차 개량하고 기생의 본분 되는 가무를 장려하는 뜻밖의 현상이 생기어, ▲기생 등도 가무에 열심히 하는 모양이로되, 가(可)히 세계에 과장(誇張)할 만한 명기(名妓)의 출현을 아직 보지 못하더니, ▲김영제·신장균 양씨 등이 이를 유감으로 여겨 기생에게 가무를 장려하고 이 분야의 발전을 꾀하기 위하여 **평화회(評花會)를 조직하고** 경성 기생의 인물·가무 등을 평판하기로 음력 정월 22일부터 서부 원각사에서 개최할 터이라는데, ▲경성 인사 중 이런 계획에 대하여 찬성하는 자도 많고 목하(目下)

그 설비에 급급(急急) 중인데, 제생당(濟生堂), 화평당(和平堂), 명일관(明日館), 초선각(招仙閣) 등에서 미려한 휘장을 기부하여 금상(錦上)에 첨화(添花)한다 하며, ▲기생 중에는 근일(近日)에 주야를 불분(不分)하고 가무(歌舞)에 열심한다 하니, ▲제일(第一) 명기(名妓)의 월계관을 얻게 되는 자는 어느 기생일까? ▲ … (이하 생략) (百面子)

그런데 경시청이 '기생 경연 형식'의 평화회 계획을 풍속을 괴란케 한다는 이유로 설행設行 자체를 금지한 것은 1912년 3월 6일 자 매일신보(3면)의 아래 기사에서 확인된다.

> ●평화회설행 금지 – 남부 마전다리 사는 신장균(申章均), 남부 다방골 사는 김영제(金英濟) 양씨는 자본금 1,500원을 구취(鉤取=끌어모음)하여 서부 야죠개(夜珠峴) 원각사 안에서 경성 기생사진 환등 평화회 (評花會)를 설행하고 그 재주와 경험을 설명하여 일반관람자에게 그 등급을 투표하여 상품을 주기로 계획한다 하더니, 이것은 풍속을 괴란케 하는 것으로 인정하고 일전에 서대문 분서[分署]에서 그 양씨를 호출하여 금지하였다더라."

여기서 우리가 한번 생각해 볼 것은 신장균과 같은 신세대가 가무 혹은 현악기를 다루는 유명한 기생들을 흥행의 중심에다 놓는 계획이 성공할 것이라는 확신은 무엇에서 나온 것이냐 하는 점이다. 그것은 아마도 당시의 사람들이 일본에 국권國權을 빼앗긴 울분으로 1년을 보내고 1912년을 맞이하면서 과거의 조선에 대한 향수鄕愁를 달래는 방편으로 기생의 공연이나 창부의 구극舊劇을 보고 싶다는 분위기가 사회 전반에 깔려 있었기 때문일 것이다. 이러한 추론은 매일신보가 '연예계'란에서 전하는 아래의 소식을 보면 틀리지 않는 것 같다.

1) 1912년 2월 28일 자의 매일신보(3면)의 '연예계' : " … (前略) 장대장동(張大將洞) 장안사에서는 시곡(詩谷)예기(藝妓)가 각종 정재(呈才)와 기타 명가(名歌)묘무(妙舞)로 흥행하는데, 매야(每夜) 입장자(入場者)가 천여 명에 달하고, … "

2) 1912년 4월 2일 자의 매일신보(3면)의 '연예게 정황' : "▲중부 장대장골, 장안사(長安社)에서는 각종의 구일[舊日]연극을 설행하는데, 심정순(沈正淳)의 가야금병창과 리동백(李東伯)의 판소리로 관람자의 환영을 받는다 하고, ▲중부 파조교 단성사(團成社)에서는 구일연극을 설행하는데, 밤에는 시곡(詩谷)예기들이 각종 정재(呈才)를 보는 중 롱선(弄仙)의 승진무[僧眞舞=性眞舞]와 채경(彩瓊)의 승무(僧舞)로 인하여 관람자의 손뼉치는 소리가 화사하며, 낮이면 씨름판을 부쳐서 관람자의 흥미를 돋는다 하고, ▲동대문 안 광무대(光武臺)에서도 구일연극을 설행하는 중, 옥엽(玉葉)과 채란(彩蘭) 두 기생의 명창 단가(短歌)로 밤마다 관람자가 답지(遝至)한다더라. … "

그러한 흐름의 속에서 1912년 4월 12일 자 매일신보(3면)의 '연예계'란에는 "단성사에서는 강선루(降仙樓)라 하는 환등회를 일간 설행코져 하여 지금 굉장히 설비하는 중이더라."라고 전하고 있다. 그리고 1912년 4월 20일 및 21일 자 매일신보(3면)를 보면 **'공전절후(空前絶後)의 기생가무(妓生歌舞)'**라는 캐치프레이즈를 내건 '강선루(降仙樓) 일행'의 단성사 개연開演 광고[옆의 그림]가 실려 있다. 1912년의 연예 소식에서 가장 관심을 끈 이슈는 바로 단성사에서의 '강선루(降仙樓) 일행'의 공연이라고 할 수 있다.

1912년 4월 26일 자 매일신보(3면)의 '연예계' 소식에 실린 강선루의 공연에 대한 평['登降仙樓하여 試一評']⁵을 보면 "…(前略) 입장하는 어구로부터 장내 각 처소의 설비는 선미[鮮美] 화려하여 가[可]히 신선이 강림하는 루대[樓臺]라 할 만하겠으니 …"라는 표현, 또 4월 30일 매일신보(3면) '연예계' 소식에 실린 공연평['강선루의 선악(善惡) 일평(一評)']⁶을 보면 "…(前略) 기생환등과 금강산 사진은 근일 연극장에서는 처음 보는 …"이라는 표현이 나온다. 단성사가 강선루라는 이름을 내세운 것은 기생들의 공연 모습을 사진으로 찍어, 다음 공연에서 여신女神이 강림하는 것처럼 환등으로 보여 줌으로써 색다른 여흥餘興을 제공한다는 취지로 추측된다. 이는 평화회評花會가 원래 하려고 했던 구상, 즉 "**다수 명기(名技)의 기능을 좇아가 가무(歌舞) 혹은 탄금(彈琴)을 종료한 후에는 그 기생의 사진을 환등(幻燈)케** …"한다는 계획을 단성사가 차용한 것으로 여겨진다.⁷ 경시청이 '기생 경연 형식'의 평화회 계획의 설행設行을 금지하였음에도 불구하고 일본인이 단성사의 단주團主로 등장하자⁸ 평화회가 시도한 계획과 유사한데도 설행이 허용되었을 것이다.

그러면 1912년의 단성사에서 행해진 '강선루(降仙樓) 일행'의 공연 내용과 그 공연이 가지고 있는 의미는 무엇인지에 대해서 다음 글에서 자세히 살펴보기로 하자.

---

1 그에 비해 일제(日帝)의 천장절(天長節=천황탄생일) 봉축회(奉祝會)는 성대하게 열렸음은 말할 필요도 없다. 1911년 11월 3일 자의 매일신보(2면)를 보면 일본 예기(藝妓), 조선 기생의 수용(手踊), 강도(綱渡), 동무(童舞) 등의 유흥이 행해졌고, 총독관저 구내의 대원유회에서는 타양화화(打揚花火=불꽃놀이), 일선악대(日鮮樂隊)의 주악(奏樂)과 선인승도(鮮人繩渡 조선인의 줄타기), 조선각력(朝鮮角力), 희극(喜劇) 등이 행해졌다고 되어 있다.

2 1909년 12월 29일 자의 황성신문(3면)의 기사 : "●조양구락부(朝陽俱樂部) - … (前略) 한석진씨의 발기로 조양구락부를 조직하여 가야금·단소(短篇)·남창(男唱) 등 각종 가곡(歌曲)의 선수(善手=솜씨 좋은 사람)를 임원으로 선정하고 신선한 서양악까지 혼화(混和)하여 신구(新舊)를 참작 교수(敎授)하기로 의정(議定) 하였다더라."

3 1907년 2월 27일 자 대한매일신보(3면)의 기사 : "●제조사진(製造寫眞) - 현금(現今) 한어(漢語)학교의 수업하는 신장균(申章均)씨는 지금 나이 18이라, 작년에 일본의 도거(渡去)하여 사진술의 원리를 연구한 결과로 사진기술을 정민(精敏)히 제조하여 염가(廉價) 발매한다더라."

4 1912년 2월 23일 자 매일신보(3면)의 기사 : "●평화회(評花會)개설기(開設期) - 신장균씨의 계획했던 평화회(評花會)는 즉시 설행코져 하더니 설비 및 장식의 미비로 인하여 오는 음력 정월 22일로 연기하고 사람의 눈을 현요(眩耀)케 할 전등의 장치와 조화(造花)의 장식 등은 지금 현재 준비에 급급 중이라는데, 만약 그 설행하는 때에는 도하(都下)의 관람자가 반드시 많을 것이오. 기계(妓界)의 일대 광영이 되겠다더라."

5 1912년 4월 26일 자 매일신보(3면)의 '연예계' : "●등강선루(登降仙樓)하야 시일평(試一評) - 근일 경성 내의 신구연극을 물론하고 연극열(演劇熱)이 굉장하니 그 중에도 혹 찬성한 자가 없는 것은 아니로되, 대체로 말하면 아직 조선 인민 정도에 대하여는 도저히 득당(得當=합당한 것을 얻음)하다고 말할 수는 없도다. 그런 고로 … 모모 몇 사람이 조선기생을 망라(網羅)하여 구일[舊日=옛날]의 가무를 개량하고 수일 전부터 파조교단성사(罷朝橋團成社)에서 강선루일행(降仙樓一行)이라는 연극을 흥행한다 하기에 그 장소의 설비와 연예의 재료가 어떠한가 하고 기자가 수일 밤을 시찰하였노라. 입장하는 어구로부터 장내 각 처소의 설비는 선미[鮮美] 화려하여 가[可]히 신선이 강림하는 루대[樓臺]라 할 만하겠으니, 이것은 일반관람자의 위생에도 얼마큼 유익하다 할 것이요, 연극 면목에도 광채를 도울 만한 즉, 주장하는 자의 진심을 가히 알 것이며. … (이하 생략)"

6 1912년 4월 30일 자 매일신보(3면)의 연예계란 : "●강선루(降仙樓)의 선악(善惡) 1평(一評) - 중부 파조교 단성사(團成社)에서 흥행하는 강선루 일행(降仙樓 一行)의 장처[長處]와 단처[短處]를 들어서 일차 경고한 결과로, 박춘재(朴春載)와 유영갑(柳泳甲) 등의 풍속괴란하는 재료는 일체로 없어지고, 순전한 기악[妓樂=기생의 樂舞]으로 흥행하는 중에 서민안락무(庶民安樂舞)·향령무(響鈴舞)·헌반도(獻盤桃)의 모든 가무와 줄풍류는 진실로 성대태평(聖代太平)의 기상을 자랑할 뿐 아니라 그 청아한 가곡과 반선[盤旋=원활하게 넘어감]한 춤장단은 가히 관람자의 심신을 화열[和悅]케 하며 기타의 전기춤과 나비춤이며 기생 환등과 금강산 사진은 근일 연극장에서는 처음 보는 바인 즉, 구일연극으로는 십분 완전하다고 할 만(하다) … "

7 1912년 3월 20일 자 매일신보(3면)의 기사 : "●평화회(評花會)의 후신(後身) - 중부 중부ㅅ골 사는 주건영(朱建榮)씨는 일간 중부 파죠교 단성사에서 기생의 가무와 기생환등회를 설행하겠스니 인허하야 달나고 모처에 대하야 청원을 제출하얏는데, …"

8 1912년 2월 25일 자 매일신보(3면)에 실린 '연예소식(演藝消息)'에서 "통구(洞口)내 단성사는 단주(團主) 등원(藤原)씨 및 단장(團長) 조중장(趙重章) 기타 …"라는 내용을 전하고 있다.

5. 단성사에서 '강선루(降仙樓) 일행'이 공연한 의의

　단성사에서의 '강선루 일행'은 1912년 4월 21일에 개연開演하여 한 달 이상 롱런(long-run)하고 있음은 광고나 연예계 소식을 통해 확인할 수가 있다. 이는 강선루 일행'의 공연이 흥행이라는 면에서 대단한 성공을 거두고 있음을 말해 준다. 경시청이 금지하였던 평화회評花會의 설행을 단성사가 그 구상을 차용하면서, 산하 조직으로 연예회 내에 '강선루 일행'을 두고 흥행하는 형태로 만들었기에[1] 금지를 피할 수 있었을 것이다. 1912년에 행해진 단성사의 강선루 공연은 학자들이 궁중정재의 전승이라는 면에서 많은 관심을 가지고 다루고 있는 것 같다. 다만 강선루에 출연한 기생들의 실체에 대해서는 아직 제대로 파악을 하지 못한 것으로 보인다. "**강선루의 공연은** … (中略) … **첫날부터 5월 14일까지는 단성사 강선루 일행이 공연했고, 이후부터 5월 26일까지는 시곡기생들이 공연했다.** … (이하 생략)"[2]라고 설명하는 것이 하나의 예이다. 이는 단성사에 출연한 강선루 일행과 시곡기생들을 완전히 다른 배타적 그룹으로 오해하고 있어 곧 설명하는 것처럼 정확한 답이 아니기 때문이다. 이에 대한 설명은 잠시 뒤로 미루고 그에 앞서 '강선루 일행'의 공연 내용부터 살펴보기로 하자.

　1912년 4월 26일 자 매일신보(3면)의 '연예계' 소식을 보면 강선루降仙樓의 공연에 대한 평평評이 실려 있다. 그 내용 중에 "**월중선(月中仙)의 거문고와 가패(假佩)·채련(彩蓮)의 가야금과 화향(花香)·점홍(點紅)·명옥(明玉)의 양금[洋琴]으로 한 음악합주(音樂合奏)**"라고 하거나, 또 "**채련·화향·화봉(花鳳)의 전기춤과 점홍의 호접무(蝴蝶舞)**"라고 하는 식으로 기생의 이름과 함께 연주 악기 혹은 춤의 명칭을 명기하고 있는 점이 눈길을 끈다.

지금까지는 무대에서 공연을 하는 기생의 이름과 기예를 함께 명기하는 이러한 형태의 보도는 없었는데[3], 1912년 4월 2일 자 매일신보(3면)의 '연예계 정황'에서 처음 등장한 것이다. 본래의 평화회評花會의 계획, 즉 "**다수 명기(名技)의 기능을 좇아가 가무(歌舞) 혹은 탄금(彈琴)을 종료한 후에는 그 기생의 사진을 환등(幻燈)케 하고**", 그리고 "**경성 기생의 인물·가무 등을 평판한다.**"라는 내용이 커다란 사회적 호응을 불러온 점을 인식한 신문에서 인기가 있는 기생들의 이름과 개개인의 기량을 함께 보도하게 된 것으로 보인다. 단성사가 강선루의 공연 광고를 할 때 – 1912년 5월 7일부터 5월 26일 사이에 매일신보의 '연예안내'에다 아래의 그림과 같은 모습으로 – 공연할 춤의 명칭과 출연 기생의 이름을 명기한 것도 같은 취지일 것이다. 또 매일신보의 '연예계' 소식에서 단성사의 강선루에 출연하는 기생의 이름과 춤의 명칭을 동시에 명기하고 있는 것도 강선루에 출연한 기생들이 오늘날의 대중 연예인처럼 일반인들의 관심사가 되었다는 사실을 알려 준다.

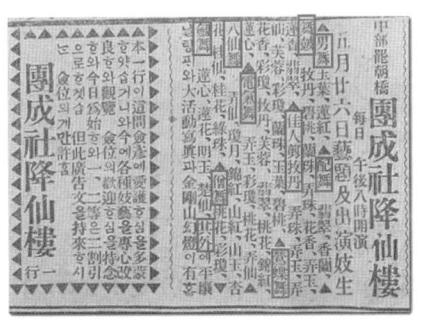

매일신보에 게재된 아래의 가십(gossip) 내용을 보면 그 당시의 상황을 확연히 알 수 있다.

1) 1912년 5월 5일 자 매일신보(3면)의 '도청도설(塗聽途說)':
"…… 여보게, 그러나저러나 기생들의 경쟁이 야단들일네. 단성샤강선루(團成社降仙樓)에셔 뎜홍(點紅)이가 호졉무(蝴蝶舞)를 잘 츈다고 매일신보에 나지 안이하얏나. ▲응, 그랫지 ▲압다, 그 신문(에 기사가) 난 이후로 련흥이가 덤홍더러 '춤은 내가 너보다 잘 츄는데, 신문에는 너만 나고 나는 안이(아니) 낫스니 무슨 까닭이냐' 하고, 덤홍이는 '내가 너보다 낫게 츄길래 신문에 낫지' 하며 셔로 경쟁을 하다가 필경 격이 나서[=감정이 격(激)해져서] 덤홍이가 오는 날은 련흥이가 안이(아니) 가고 련흥이가 가는 날은 덤홍이가 안이(아니) 가데 그려. ▲어, 그것 참. 한번 우슬 일이로구나.「화류계문답(花柳界問答)」"

2) 1912년 5월 15일 자 매일신보(3면)의 '도청도설(塗聽途說)': "▲그젹게 밤에 하도 심심하기로 단성샤강션루(團成社降仙樓)의 구경을 갓셧지. ▲응, 나도 갓셧지. ▲처음 소문에는 우대기생들이 한다더니, 엇더케 되여서 시곡기생(詩谷妓生)들이 와서 하던 걸. ▲나도 이샹해서 무러보닛가 져녁 내로 변경되엿되여. ▲나는 우대기생 할 때에 구경하고 지금 시곡기생의 가무도 보앗네만은 우대기생 즁에는 련홍(蓮紅) 국희(菊姬)가 뎨일이오, 시곡기생 즁에는 롱션(弄仙) 채경(彩瓊)이가 뎨일이라 할 슈밧ᆨ 업셔.「연예문답(演藝問答)」"

3) 1912년 5월 18일 자 매일신보(3면)의 '도청도설(塗聽途說)': "… (前略) 단성샤의 강션루(降仙樓)로 말하면 풍속개량이라던지, 인민발달에는 소용이 없다고 하겟지만은, 시곡기생(詩谷妓生)들의 가무음악과 금강산 샤진이며, 그 즁의 롱션(弄仙)의 셩진무, 도화(桃花)의 승무, 채경(彩瓊)의 검무는 일시 관람쟈의 심신을 위로할 만하더라.「연(演)의 연(演)」"

위의 도청도설의 내용 중에 나오는 "**우대기생들이 한다더니 시곡기생들이 와서 하더라.**"라는 관객의 이야기는 - 그저께 밤에 보았다는 - 5월 13일의 공연에 대한 것인데, 5월 15일 자 매일신보(3면)의 '연예계' 소식에 실린 아래의 내용을 보면 그 전후 사정을 짐작할 수 있다.

중부 파조교 단성샤(團成社)에셔 흥행하는 강선루일행(降仙樓一行)은 재작일 밤부터 시곡기생(詩谷妓生) 일판이 가셔 흥행하는데, 기생의 가무도 잘 할뿐더러, 기부[寄附]들의 단톄(단체)된 것이 가샹하거니와 오늘 밤에 흥행할 재료는 좌[左 여기에서는 아래]와 갓흠.
▲모란(牧丹) 련홍(蓮紅)의 남무[男舞], ▲부용(芙蓉) 화향(花香)의 남무박지, ▲채경(彩瓊) 련심(蓮心) 향란(香蘭) 명옥(明玉)의 금무[劒舞], ▲롱선(弄仙)의 성진무(性眞舞), ▲도화(桃花)의 승무, ▲롱쥬(弄珠) 채경 경월(瓊月) 금홍(錦紅) 모란 계화(桂花) 계선(桂仙) 경패(瓊佩)의 무고[舞鼓], ▲련홍, 화향, 부용 향란 롱쥬, 명옥, 련심, 계선의 가인전목단[佳人剪牧丹], ▲채경, 롱선, 도화의 던긔츔[電氣舞], ▲옥엽(玉葉) 란쥬 벽도(碧桃) 채경의 안진쇼리[坐唱]

위의 가십에서 이야기하는 '우대기생'이란 대우를 받는 기생, 즉 이름이 제법 알려져 사전에 계약한 명기名妓를 의미하고, 시곡기생이란 '시곡(詩谷)[4]에 거주하는 기생'을 지칭한 것으로 앞글에 소개한 '연예계' 소식[1912년 2월 28일 자 매일신보(3면)의 장안사, 1912년 2월 28일 자 매일신보(3면)의 단성사에서 각종의 정재呈才를 보여 준 '시곡예기(詩谷藝妓)'와 동일한 실체이다. '우대기생'과 '시곡기생'을 호칭이 다르다는 이유로 완전히 다른 배타적 그룹으로 오해하기 십상十常이다. 그러나 시곡기생 일판[=한 지역 전부]이 흥행한다고 언급된 5월 15일의 공연에서 가인전목단佳人剪牧丹에 출연한 '련홍(蓮紅)'은 앞서 소개한 가십에서 우대기생 중에 국희와 함께 제일이라고 칭찬을 받은 기생이다. 그러므로 '우대기생'과 '시곡기생'은 서로 배타적인 개념이 아니라, 분류하는 기준이 다른 것임을 알 수가 있다. 문제는 '시곡(詩谷)기생' 혹은 '시곡예기(詩谷藝妓)'의 실체에 대해 논란이 있다는 점인데, 이에 대해서는 【지식창고】에서 따로 다룰 생각이다.

그리고 강선루 일행은 기생들의 정재 공연은 물론 민속춤과 서민안락무庶民安樂舞와 같이 스스로 창안한 춤도 선보이는 한편, 환등기를 이용한 사진 감상과 재인才人들의 연희 등도 곁들인 복합적인 공연 형태를 취하고 있다. 이는 1907년 12월 말에 궁내부 소속의 관기들이 관인구락부의 희대에서 '경성고아원을 지원하기 위한 자선연주회'를 설행設行할 때, 여러 장르의 흥행물을 함께 연희한 방식과 유사하다. 그런데 '강선루 일행'의 공연에 대한 평을 보면 궁중에서 추어지던 정재를 극장 무대로 옮겨 공연할 때 약간의 변화를 준 기생들의 춤들은 좋은 평가를 받았지만, 그 반주를 담당했던 악공들의 장단에 대해서는 궁중에서 하던 방식대로 너무 느리게 연주해서 관람자가 지루한 느낌이었다고 비판을 받았다.[5] 또 시대가 바뀜에 따라 고종이 좋아했던 날탕패와 같은 재인才人들의 연희도 평론가들에게 환영을 그다지 받지 못하였다.

1　'강선루 일행'의 성격을 "당시의 신극과 전래의 구극을 포함한 신구연극(新舊演劇)으로 흥행하던 연극 단체"로 보는 견해가 있다.(송방송의 논문 〈1910년대 정재의 전승양상 — 기생조합의 정재 공연을 중심으로〉[국악원논문집 제17집, 국립국악원, 2008, pp 147-185], p. 158)
　　그러나 저자는 흥행주(興行主)인 단성사가 기생이나 재인 등과 대가를 약조(約條)하고 극장에 출연시키기 위하여 만든 일시적인 흥행기구로 본다. 1912년 6월 19일 자 매일신보(3면)의 '연예계' 소식에서 "중부 파조교, 단성사에서 흥행하는 강선루는 고재원(高在元)씨 등이 인계하여 시곡기생(詩谷妓生)의 각종 가무로 흥행한다 함."이라고 전하고 있어 저자의 견해를 뒷받침한다.
2　김영희 저, '개화기 대중예술의 꽃, 기생', 민속원, 2006, p. 65
3　그전까지 기생의 이름이 명기된 보도를 보면 예컨대 1899년 3월 17일 자 매일신문(2면)의 "평양 기생 매설이가 방년이 15세인데, 국한문이 문장이오 그림이 명화라, … (中略) … 장안에 가인 자제들이 날마다 구름 모이듯 한다더라."라는 내용, 또 1899년 4월 20일 자 독닙신문(3면)의 "외부[=지금의 외교부]에서 일전에 유성기를 사서 … (中略) … 먼저 광대의 춘향가를 넣고, 그다음에 기생 화용 및 금랑이 가사(歌詞)를 넣고, 말경에 진고개패 계집 산홍 및 사나이 학봉 등의 잡가를 넣었는데, … (이하 생략)"에서 보듯이 사회적인 관심사와 관련해서 이름만 명기되었을 뿐이다.
4　시곡(詩谷)은 시동(詩洞)의 옛 명칭이다.

5　1912년 4월 26일 자 매일신보(3면)의 '연예계': "●등강선루(登降仙樓)하야 시일평(試一評)
: … (前略) 연예의 재료로 말하자면 월중선(月中仙)의 거문고와 가패(假佩)·채련(彩蓮)의
가야금과 화향(花香)·점홍(點紅)·명옥(明玉)의 양금[洋琴]으로 한 음악합주(音樂合奏)와 금강산
환등(幻燈)은 가히 관람자의 정신을 화열[和悅]케 하고, 채련·화향·화봉(花鳳)의 전기춤과 점홍의
호접무(蝴蝶舞)는 가[可]히 관람자의 흥기[興氣]를 용동[踊動]케 하여 만장의 박수갈채할 뿐더러
이것은 조선의 유리하던 가무·음악이니 어디에서든지 발달하도록 찬성하는 바이로다. 그러나
악공의 춤 장단이 너무 느려서 관람자의 지루한 생각을 발[發]케한 즉, 아무리 전일의 습관이라
하더라도 시대와 인정[人情]을 인[因]하여 좀 속[速]하도록 개량하는 것이 좋을 듯하며, 제일
결점(缺點)만 될 뿐아니라 제반 음담패설이 곧 풍속을 괴란[壞亂]한 것은 소위 문영갑(文泳甲)
등의 날탕패와 박춘재(朴春載)의 성주푸리이니, 제석[帝釋]타령이니 하는 것은 제 집안 안방에서
혼자라도 못할 것이거늘, 하물며 수백 명의 남녀노유[男女老幼]가 모인 연극장[에서 할 일]인가? … (이하
생략)"

6. 단성사에서 '강선루(降仙樓) 일행'이 보여 준 공연의 내용과 그 의미

신문의 광고나 연예계 소식을 종합해 단성사에서 강선루 일행이 보여 준 공연의 내용 및 출연한 기생들을 정리해 보면 아래와 같이 된다.

출연한 기생 이름	(단성사 강선루의 공연 종목 및 공연 날짜)	
	[범례] 長生=장생보연지무, 佳人=가인전목단, 電氣蝴=전기호접무. 검무=금무, 配舞=男舞바지, 性眞舞=승진무, 竹竿子=안락무, 坐唱=안진소리, 줄풍류=현악기 합주	
	詩谷 ○ ×	* 5.13 이후의 출연자는 시곡(詩谷)기생 일판
가패(佳佩)	×	4.26(가야금), 5.08/5.09(검무/무고)
국희(菊姬)	×	5.07(팔선무/검무)
금련(錦蓮)	×	5.07(長生/검무/가야금), 5.08/5.09(長生/검무/줄풍류) 5.10/5.11/5.12(무고/줄풍류)
금화(錦花)	×	5.07(竹竿子), 5.0/5.09(무고/竹竿子)
매홍(梅紅)	×	5.10/5.11/5.12(검무/무고/팔선무)
매화(梅花)	×	5.08(무고). 5.09(무고/竹竿子)
봉낭(鳳娘)	×	5.07(거문고), 5.08/5.09(무고/長生/줄풍류)
비연(飛燕)	×	5.10/5.11/5.12(무고/항장무)
산월(山月)	×	5.07/5.08/5.09(長生)
설월(雪月)	×	5.10/5.11/5.12(무고/팔선무/항장무)
설향(雪香)	×	5.08/5.09(長生/줄풍류)
월중선(月中仙)	×	4.26(거문고)
유색(柳色)	×	5.08/5.09(무고)
점홍(點紅)	×	4.26(양금/호접무)
채련(彩蓮)	×	4.26(전기무/기야금)
채옥(彩玉)	×	5.08/5.09(무고), 5.10/5.11/5.12(팔선무/항장무)
채운(彩雲)	×	5.10/5.11/5.12(무고)

출연한 기생 이름	(단성사 강선루의 공연 종목 및 공연 날짜)	
	[범례] 長生=장생보연지무, 佳人=가인전목단, 電氣蝶=전기호접무, 검무=금무, 配舞=男舞바지, 性眞舞=승진무, 竹竿子=안락무, 坐唱=안진소리, 줄풍류=현악기 합주	
	詩谷 O ×	* 5.13 이후의 출연자는 시곡(詩谷)기생 일판
행희(杏姬)	×	5.10/5.11/5.12(무고)
향희(香姬)	×	5.10/5.11/5.12(줄풍류)
화봉(花鳳)	×	4.26(전기무). 5.10/5.11/5.12(竹竿子)
경월(瓊月)	O	5.07(長生), 5.08/5.09(長生/줄풍류), 5.14(줄풍류), 5.15(무고), 5.16(팔선무), 5.18(性眞舞), 5.19과 5.21(앵접무/性眞舞), 5.22(佳人/팔선무), 5.23/5.24/5.25/5.26(팔선무)
경패(瓊佩)	O	5.07(양금), 5.14(무고/팔선무/향령무), 5.15(무고), 5.16(팔선무), 5.18(포구락), 5.19(무고/性眞舞), 5.21(전기무/性眞舞/팔선무), 5.22(佳人/팔선무)
계선(桂仙)	O	5.15(佳人/무고), 5.16/5.17((무고), 5.18(性眞舞/앵접무), 5.22/5.23/5.24/5.25/5.26(팔선무)
계홍(桂紅)	O	5.14(佳人/검무)
계화(桂花)	O	5.15과 5.26/5.17(무고), 5.18(性眞舞), 5.19(佳人/性眞舞), 5.21(앵접무), 5.22(佳人/팔선무), 5.23/5.24/5.25/5.26(팔선무)
금선(錦仙)	O	5.21(팔선무)
금주(錦珠)	O	5.07(승무/팔선무), 5.08/5.09(승무/팔선무/줄풍류), 5.10/5.11/5.12(검무/승무/팔선무), 5.14(무고/팔선무/향령무)
금홍(錦紅)	O	5.15/5.16/5.17/5.18(무고). 5.19(性眞舞/앵접무), 5.21(팔선무), 5.23/5.24/5.25/5.26(앵접무/팔선무)
난주(蘭珠)	O	5.07(長生), 5.15/5.16/5.17(坐唱), 5.18(포구락/앵접무/坐唱), 5.19(佳人/무고/坐唱), 5.21(포구락), 5.23/5.24/5.25/5.26(佳人/무고)
녹주(綠珠)	O	5.07(電氣蝶), 5.08/5.09(電氣蝶/검무/줄풍류), 5.10/5.11/5.12(電氣蝶/항장무/줄풍류), 5.14(무고/電氣蝶/팔선무/향령무/줄풍류), 5.16/5.17(佳人), 5.18(性眞舞), 5.19(무고), 5.21(전기무), 5.22(佳人), 5.23/5.24/5.25/5.26(팔선무)

출연한 기생 이름	詩谷 O ×	(단성사 강선루의 공연 종목 및 공연 날짜) [범례] 長生=장생보연지무, 佳人=가인전목단, 電氣蝴=전기호접무, 검무=금무, 配舞=男舞바지, 性眞舞=승진무, 竹竿子=안락무, 坐唱=안진소리, 줄풍류=현악기 합주 * 5.13 이후의 출연자는 시곡(詩谷)기생 일판
농선(弄仙)	O	5.10/5.11/5.12(검무/무고/팔선무), 5.14(佳人/검무/팔선무), 5.15(性眞舞/전기무), 5.16/5.17(佳人), 5.18(검무/性眞舞/전기무), 5.19(性眞舞/앵접무/전기무), 5.21(검무/팔선무/포구락), 5.22(검무/配舞/전기무/팔선무/포구락), 5.23/5.24/5.25/5.26(佳人/전기무/팔선무), 5.30(性眞舞)
농옥(弄玉)	O	5.16/5.17(佳人), 5.18(포구락/전기무), 5.19(佳人/전기무), 5.21(앵접무), 5.22(전기무/포구락), 5.23/5.24/5.25/5.26(佳人/무고)
농주(弄珠)	O	5.15(佳人/무고), 5.16(무고/坐唱/줄풍류), 5.17(무고/坐唱), 5.18(포구락/坐唱), 5.19(佳人/줄풍류), 5.21(앵접무), 5.22(남무), 5.23/5.24(佳人/무고), 5.25/5.26(佳人/무고)
도화(桃花)	O	5.15(승무/전기무), 5.16/5.17(승무), 5.18(포구락/승무), 5.19(佳人/승무/電氣蝴), 5.21(포구락/승무), 5.22(佳人/전기무), 5.23(승무/앵접무/전기무), 5.24/5.25/5.26(승무/앵접무/전기무), 5.30(승무)
명옥(明玉)	O	4.26과 5.07(양금), 5.10/5.11/5.12(팔선무/항장무/줄풍류), 5.15(검무/佳人), 5.16/5.17(佳人), 5.18(무고/앵접무/검무), 5.19(앵접무/性眞舞/검무), 5.21(앵접무/검무), 5.22(佳人/검무), 5.23/5.24/5.25/5.26(검무)
모란(牧丹)	O	5.15(남무/무고), 5.16/5.17(佳人/무고), 5.18(坐唱/앵접무), 5.19(佳人/무고/坐唱), 5.21(포구락), 5.22(남무), 5.23/5.24/5.25/5.26(무고)
벽도(碧桃)	O	5.15(坐唱), 5.16(坐唱/줄풍류), 5.17(坐唱), 5.18(무고/坐唱/앵접무), 5.19(전기무/坐唱/줄풍류), 5.21(포구락), 5.22(佳人), 5.23/5.24/5.25/5.26(佳人/무고),
부용(芙蓉)	O	5.08/5.09(무고), 5.15(佳人/配舞), 5.16/17(佳人), 5.18(무고), 5.19(앵접무), 5.21(配舞), 5.22(配舞/포구락), 5.23/5.24/5.25/5.26(佳人)

출연한 기생 이름	(단성사 강선루의 공연 종목 및 공연 날짜)	
	[범례] 長生=장생보연지무, 佳人=가인전목단, 電氣蝴=전기호접무. 검무=금무, 配舞=男舞바지, 性眞舞=승진무, 竹竿子=안락무, 坐唱=안진소리, 줄풍류=현악기 합주	
	詩谷 ○ ×	* 5.13 이후의 출연자는 시곡(詩谷)기생 일판
비취(翡翠)	○	5.10/5.11/5.12(竹竿子). 5.14(竹竿子/팔선무/향령무/줄풍류), 5.16/5.17(팔선무), 5.18(무고), 5.19(검무), 5.21(포구락), 5.23/5.24/5.25/5.26(무고/配舞)
산옥(山玉)	○	5.16/5.17/5.18(佳人), 5.19(검무/性眞舞/앵접무), 5.21(검무/전기무), 5.22(포구락/검무), 5.23/5.24/5.25/5.26(팔선무)
산호주(珊瑚株)	○	5.14(佳人/검무)
산홍(山紅)	○	5.16/5.17(팔선무), 5.18(무고), 5.19(앵접무), 5.22(포구락), 5.23/5.24/5.25/5.26(팔선무)
연심(蓮心)	○	5.10/5.11/5.12(줄풍류), 5.15(佳人/검무), 5.16/5.17(무고), 5.18(포구락/검무/앵접무), 5.19(佳人), 5.21/5.22(앵접무/팔선무), 5.23/5.24/5.25/5.26(검무/앵접무),
연향(蓮香)	○	5.14(佳人/무고), 5.16/5.17(팔선무), 5.18(性眞舞), 5.21/5.22(팔선무), 5.23/5.24/5.25/5.26(무고)
연홍(蓮紅)	○	5.07(長生), 5.15(남무/佳人), 5.16(무고/줄풍류), 5.17(무고), 5.18(포구락/앵접무), 5.19(佳人/줄풍류/坐唱), 5.21(남무), 5.22(앵접무/포구락), 5.23/5.24/5.25/5.26(남무)
연화(蓮花)	○	5.14(佳人/검무/竹竿子), 5.16/5.17(팔선무), 5.18(性眞舞), 5.21(팔선무), 5.22(포구락), 5.23/5.24/5.25/5.26(검무)
옥련(玉蓮)	○	5.07(검무/양금), 5.19(佳人)
옥엽(玉葉)	○	5.15/5.16/5.17(坐唱), 5.18(포구락/坐唱/앵접무), 5.19(坐唱), 5.21(남무), 5.23/5.24/5.25/5.26(남무/佳人)
이화(梨花)	○	5.14(佳人/무고/竹竿子)
채경(彩瓊)	○	5.15(검무/무고/전기무/坐唱), 5.16(坐唱/줄풍류/승무), 5.17(승무), 5.18(앵접무/전기무/승무/電氣蝴), 5.19(앵접무/전기무/줄풍류/승무), 5.21(포구락/승무), 5.22(승무/앵접무/전기무), 5.23/5.24/5.25/5.26(佳人/승무), 5.30(승무)

출연한 기생 이름		⟨단성사 강선루의 공연 종목 및 공연 날짜⟩
		[범례] 長生=장생보연지무, 佳人=가인전목단, 電氣蝴=전기호접무, 검무=금무, 配舞=男舞바지, 性眞舞=승진무, 竹竿子=안락무, 坐唱=안진소리, 줄풍류=현악기 합주
	詩谷 O ×	* 5.13 이후의 출연자는 시곡(詩谷)기생 일판
채홍(彩紅)	O	5.07(竹竿子), 5.14(佳人/무고/竹竿子)
채희(彩姬)	O	5.14(竹竿子/팔선무/향령무/줄풍류)
초선(楚仙)	O	5.16/5.17(팔선무), 5.18(무고), 5.21(전기무/팔선무), 5.22(佳人/팔선무), 5.23/5.24/5.25/5.26(검무)
춘외춘(春外春)	O	5.08/5.09(팔선무/줄풍류), 5.10(/5.11/5.12검무/팔선무), 5.14(무고/팔선무/줄풍류)
취련(翠蓮)	O	5.07(가야금/검무), 5.08/5.09(검무/무고), 5.18(性眞舞), 5.19(앵접무/性眞舞), 5.21(性眞舞/팔선무)
행화(杏花)	O	5.16/5.17(팔선무), 5.18(性眞舞), 5.19(앵접무), 5.21(앵접무/팔선무), 5.23/5.24/5.25/5.26(팔선무)
향란(香蘭)	O	5.14(竹竿子), 5.15(佳人/검무), 5.16/5.17(佳人), 5.18(포구락/검무), 5.19(검무), 5.21(검무/포구락), 5.22(검무), 5.23/5.24/5.25/5.26(配舞)
홍매(紅梅)	O	5.14(佳人/승무),
화향(花香)	O	4.26(양금/전기무), 5.10(팔선무/줄풍류), 5.11/5.12(팔선무/항장무/줄풍류), 5.14(무고/팔선무/향령무/줄풍류), 5.15(配舞/佳人), 5.16/5.17(무고), 5.18(포구락/전기무), 5.19(佳人/전기무), 5.21(配舞), 5.22(포구락/앵접무), 5.23/5.24/5.25/5.26(무고)

[* 줄[絲]풍류라 함은 시곡기생들이 거문고·가야금·양금 등의 현악기로만 구성하여 양반들의 시조나 가곡을 부르는 것이고, 안진소리[坐唱]는 잡가나 민요를 앉아서 부르는 것을 말함]

표로 정리된 내용을 검토해 보면 처음부터 강선루 일행으로 출연하던 기생이 — 시곡기생 일판이 출연한다는 — 5월 13일 이후에도 출연하는 자가 적지 않은 반면, 시곡기생 일판이 출연하면서 더 이상 출연하지 않는 기생도 있음이 확인된다. 그러므로 강선루 일행의 우대기생과 시곡기생은 서로 배타적 개념이 아님은 위 표의 내용만 훑어보아도 알 수가 있다. 시곡기생 일판이 출연하기 전에 출연하던 기생을 이른바 우대기생이라고 부르는 것은 단성사가 미리 구상하였던 흥행 계획에 따라 출연 계약을 맺은 기생들이라 그렇게 호칭하는 것이다. 단성사가 평화회評花會의 계획이었던 출연 기생 환등을 5월 14일까지만 제공하였던 것도 출연 계약에 의한 것 같다. 그런데 단성사가 막상 흥행해 보니 관객들의 반응이 신통찮은 종목이 있어서[長生寶宴之舞가 그런 예] 이를 제외하는 대신에 새로운 가무 종목을 대거大擧 선보이기 위해서 시곡기생 일판을 출연시켰던 것으로 추측할 수 있다. 1912년 5월 16일 자 매일신보(3면) '연예계' 소식을 보면 "즁부 파죠교 단셩샤 강션루(團成社降仙樓)에셔 시곡기생(詩谷妓生)이 흥행한 이후로 밤마다 인사태[人沙汰=사람이 한꺼번에 많이 몰려나옴]가 나게 되얏는데, … (이하 생략)"라고 한 내용이 있으므로, 흥행의 성공을 이끈 시곡기생들의 인기가 어느 정도인지를 짐작할 수 있다.

1912년에 시곡기생이 단성사 등의 극장 무대에서 공연한 춤의 종목은 아주 다양하다. 궁중정재에 속한 것은 물론이고 민속춤에 속한 것도 있으며, 기생들 스스로 창안한 것도 있다. 시곡기생에 의하여 극장 무대에 올린 춤의 목록과 1912년 이전에 관기(혹은 관기출신의 기생)들이 일반인을 대상으로 추었던 춤들을 서로 대조해 가며 살펴보는 것은 그 나름대로 의의가 있을 듯하다.

우선 이른바 우대기생 그룹이 궁중에서는 추어졌으나 1912년 이전에는 일반인에게 선보인 적이 없었던 춤인 **장생보연지무**長生寶宴之舞를 무대에 올린 것에 주목할 필요가 있다.[1] 장생보연지무는 조선 순조純祖 때 효명세자孝明世子가 당악정재唐樂呈才의 양식으로 예제睿製한 것이다. "**이 정재는 50여 종의 궁중정재 중에서 가장 대형[隊形]의 변화가 많고 무태(舞態)가 다양하며 화려하면서도 전아(典雅)한 춤이다.**"라는 설명[2]에서도 짐작할 수 있듯이, 흥행을 막 시작한 단성사가 강선루 일행의 장생보연지무를 흥행카드의 하나로 고려했을 법하다. 그러나 실제로는 이 춤에 대한 일반인들의 반응이 신통치 않았기에 3일 정도(5.07.~5.09.) 공연한 다음 더 이상 공연 목록에 오르지 못했다. 장생보연지무를 추는 멤버 중에 있는 련홍蓮紅이 관기 출신으로 한성기생조합소의 기생이라는 것은 의문의 여지가 없다. 앞서 소개한 경성고아원을 위한 자선연주회 광고[1910년 4월 12일 자 황성신문(3면)의 광고]에 이름이 명기되어 있다. 우대기생으로 출연하다가 시곡기생 일판이 출연하여 흥행할 때도 련홍이 포함되어 있다는 것[3]은 "시곡(詩谷)에 거주하는 기생은 관기 출신이 아니다."라고 단정해서는 안 된다는 점을 말해 준다.

대한제국이 존속하고 있던 1907년 말 관기들의 자선연주회에서 일반인에게 선보인 궁중정재에 가인전목단佳人剪牧丹, 선유락船遊樂, 포구락抛毬樂, 항장무項莊舞, 검무劒舞, 무고舞鼓 등이 들어 있었다. 그런데 선유락은 한성기생조합소가 1909년 10월 22일에 경비 마련을 위한 공연에서 한 번 재연再演된 후에는 더 이상 추어진 기록이 없다. 또 포구락抛毬樂은 1907년의 자선연주회에서 관기들이 일반인에게 선보인 유일한 당악唐樂정재로 그 뒤로는 연행되지 않았는데, 1912년에 시곡기생들에 의해 재연된 것이다. 계사년癸巳年(1893)의

정재무도홀기呈才舞圖笏記에서는 포구락의 전대全隊는 12인으로 구성된다고 하였는데, 시곡기생들은 포구락을 10인 또는 8인이 연행하였다.

　가인전목단佳人剪牧丹은 조선 순조 때 효명세자에 의하여 예제睿製된 정재로, 무대 중앙에 모란꽃을 꽂은 화준花樽[=꽃병]을 두고 많은 수로 구성된 무원舞員들이 편을 짜서 꽃을 희롱하며 서로 즐기는 춤이다. 1907년의 자선공연에서 관기들이 처음 일반인에게 선보인 후에 광무대가 영미연초英美煙草주식회사의 협찬4을 받아 기획한 공연[1908년 5월 26일부터 6월 4일까지 공연함]에서 추어진 다음에는 4년이 되도록 볼 수가 없었다. 그러던 중 1912년 5월 14일에 시곡기생들이 이를 다시 무대에 올린 것이다. 계사년(1893) 정재무도홀기에서는 무원舞員들의 수가 12인으로 되어 있었는데, 시곡기생들은 8인으로 연행하였다. 가인전목단은 일반인들의 반응이 매우 좋아 그때부터 레퍼토리에 자주 오르는 종목이 되었다. 그리고 항장무項莊舞는 원래 평안남도 선천宣川지방의 무극舞劇[* 항우와 유방 사이의 홍문연(鴻門宴) 고사(故事)를 무용극으로 만든 것]을 고종 10년(癸酉 1873)에 처음 궁중으로 들여와 연희演戲한 것으로 알려진 궁중정재이다. 그것을 1906년에 갱설된 협률사에서 일반인에게 처음 선보인 후 인기가 많아 대한제국 시절에는 제법 추어졌다.5 그래서 강선루 초기에는 항장무를 무대에 올렸던 것이지만 3일 정도(5.10.~5.12.) 공연한 뒤 더 이상 공연 목록에 올리지 않았던 것으로 보아, 일제강점기에서는 관객들의 반응이 별로 크지 않았던 것 같다.

　검무는 1905년 9월에 미국 대통령 영양令孃이 대한제국을 방문한 것을 계기로 미국 공관公館에서 향연을 개최할 때 검무 등을 감상하였다는 기록을 시작으로 궁중 밖의 행사에서도 제법 추어졌다.[6] 하지만 광무대가 기획한 공연(1908년)에서 검무가 추어진 뒤로는 4년 동안 한 번도 공연되지 않았다. 그런데 단성사의 강선루가 1912년 5월에 무대에 올린 후에는 거의 매일 공연할 만큼 흥행목록에서 결코 빼놓을 수 없는 인기 종목이었다. 강선루에서는 검무를 항상 4명의 무원舞員들이 춘 것으로 보아 계사년 정재무도홀기에 수록된 검기무劒器舞로 여겨진다. 그러면 어째서 검무가 그토록 인기가 많았는지를 생각해 본다면 춤의 형식이 서구식 극장 무대에 잘 어울렸던 것도 있지만, 일제강점기에서 조선 사람들의 항일抗日 감정이 검무를 통해서 표출되었기 때문으로 여겨진다. 1909년 3월 19일 자의 대한매일신보(1면)에 실린 투고投稿를

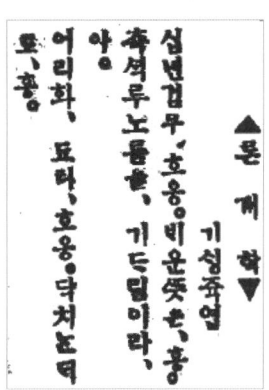

보면 그러한 감정을 확인할 수 있다. 기생 죽엽竹葉이 '론개학[論介學]'이라는 제목으로 "10년 검무 배운 뜻은 촉석루(矗石樓) 노름을 기다림이라."라는 시詩를 투고한 것은 함축된 의미가 있다.[7] 기생 죽엽은 1907년 관기들의 자선연주회를 할 때 상의사尙衣司 소속의 관기로, 곧 설명하게 될 '시곡예기(詩谷藝妓)' 중의 한 명이다. 죽엽은 구한말의 국채보상운동에도 동료 기생들과 적극적으로 참여해서 1907년 5월 10일 자의 대한매일신보(3면)에 '6기보국(六妓報國)'이라는 기사까지 나온 기생이다. 그러므로 일제강점기 하에서 시곡기생들은 검무를 진주의암별제晉州義巖別祭에서 논개를 기리기 위해 헌무獻舞로 올리는 진주검무와 같은 기개로 추었고, 나라를 잃은 조선 사람들은 이심전심以心傳心으로 이에 응하였을 것이다. 시곡기생들이 연행한 궁중정재 중에 관객들의 사랑을 가장 많이

받은 것은 검무劒舞와 무고舞鼓였다. 그렇게 본다면 시곡기생이 즐겨 연행하였던 무고舞鼓라는 것도 – 대한제국 시절에 '하늘거리는 한 쌍의 나비가 즐겁게 꽃을 감도는 듯한 무태(舞態)'의 무고(舞鼓)로 추는 것이 아니라 – 통영에서 추어진 승전무勝戰舞[8]와 같이 기개 있는 모습으로 연행하였던 것은 아닌가 생각된다. 관기들이 1907년에 자선연주회에서 일반인에게 선보였던 북춤이 이른바 통영북춤이라고 하면 저자의 추측이 마냥 엉뚱하다고 볼 일은 아니지 않을까 싶다.

승무僧舞는 1906년 고종의 만수성절萬壽聖節을 경축하는 원유회園遊會에서도 추어진 기록이 있고, 1907년 관기들의 자선연주회에서도 추어진 것으로 보아 관기들도 즐겨 추었던 민속무이다. 1912년의 단성사 강선루의 공연에서도 관객들에게 가장 인기가 많았던 종목은 궁중정재가 아닌 민속춤인 승무였다. 1912년에 단성사에서는 승무가 1인무로 추었던 날보다 2인무, 즉 쌍승무雙僧舞로 추었던 날(5.08.~5.12., 5.16.~5.21., 5.23.~5.26.)이 더 많았던 것이 특기할 점이다.

기생들이 스스로 안무한 새로운 춤은 1908년 광무대의 기획공연에서도 등장한 적이 있는데, 1912년 단성사의 강선루 공연에서도 이런 흐름이 계속 이어졌다. 예컨대 안락무安樂舞를 비롯하여 팔선무八仙舞와 전기무電氣舞/전기호접무電氣胡蝶舞가 그런 유형이다. 그런데 1912년 단성사의 강선루에서 등장하기 시작한 팔선무八仙舞는 1908년에 광무대의 공연에서 선보인 성진무性眞舞[1912년의 어법語法으로 승진무라고 표기하기도 하였대와 비슷한 형태의 춤으로 생각된다.[9] 그것은 조선 숙종 때 김만중金萬重이 지은 구운몽九雲夢을 보면 육관대사六觀大師 제자 성진性眞이 형산衡山의 팔선녀八仙女와 석교石橋에서 만나서 노닐던 이야기가 있는데, 시곡기생들이 이를 소재로 해서 1인무, 8인무, 9인무로 구성해 공연 상황에 따라 성진무 혹은 팔선무라는 식으로 이름을 달리해서 추었던 듯하다. 이렇게 본다면 시곡기생들이 새로 선보인 춤인 앵접무鶯蝶舞에 대해 궁중정재의 춘앵전春鶯囀과 박접무撲蝶舞를 차용해 만든 것은 아닐까? 하는 추론[10]도 충분히 가능할 것 같다. 같은 내용의 춤을 가지고 공연 상황에 따라 무용수의 숫자를 달리하며 공연을 하고 있는 것을 보면 시곡기생 그룹 내에도 예술감독과 같은 리더가 있었던 것처럼 느껴진다. 또 (서민)안락무安樂舞는 단성사에서 처음 선보인 이후 10년 넘게 추어졌다. 춤의 구성과 형식 등은 알려진 바가 없으나 시곡기생들이 안무한 춤들이 형식과 내용이라는 면에서도 상당한 수준이었음을 보여 주는 예로 생각된다.

---

1 1912년 5월 7일 자 매일신보(3면)의 '연예계' 소식 : "▲(降仙樓) 중부 파조교, 단성사에서 흥행하는 강선루 일행은 오늘밤 흥행하는 재료가 … 련흥(蓮紅) 란주(蘭珠) 산월(山月) 경월(瓊月) 금련(錦蓮) 등의 장생보연(長生寶宴)이라는 춤, …(이하 생략)"
2 성경린 저, 한국전통무용, 일지사, 1979, p. 88
3 1912년 5월 15일 자 매일신보(3면)의 '연예계' 소식 : "▲강선루(降仙樓) 중부 파조교 단성사에서 흥행하는 강선루 일행은 재작일 밤부터 시곡기생(詩谷妓生) 일판이 가서 흥행하는데, 기생의 가무도 잘 할 뿐더러 … 오늘밤에 흥행할 재료는 … 모란(牡丹) 련흥(蓮紅)의 남무, …(中略) … 롱주(弄珠) 채경 경월(瓊月) 금홍(錦紅) 모란 계화(桂花) 계선(桂仙) 경패(瓊佩)의 무고[舞鼓], …"
4 1908년 5월 26일부터 6월 4일 사이의 황성신문에 실린 광무대의 공연광고를 보면 영미연초(주)의 지권연초(紙卷煙草=담배)의 광고도 함께 하고 있음을 알 수 있다.
5 1906년 9월 14일 자 황성신문(2면)의 '만수성절(萬壽聖節)경축성황' 기사와 1908년 3월 27일 자 대한매일신보(2면)의 '설홍문연(設鴻門宴)' 기사에 항장무가 등장하고, 1908년 5월 26일 자 황성신문(3면)의 광무대 기획공연 광고와 1909년 10월 22일 자 대한매일신보(2면)의 한성기생조합소 광고에도 항장무가 나온다.
6 1905년 9월 23일 자 대한매일신보(3면)의 '유상(遊賞)속보' 기사 및 1907년 9월 7일 자 대한매일신보(2면)의 '경성박람회의 연희장' 소개 기사에서도 검무가 등장하고, 1907년 12월 24일 자 대한매일신보(3면)의 관기자선연주회 광고와 1908년 5월 26일부터 6월 4일까지 황성신문(3면)에 게재된 광무대 기획공연 광고에도 검무가 들어 있다.

7 논개는 진주목(晋州牧)의 관기로 선조 26년(1593)에 경상우도(右道) 병마절도사(兵馬節度使)인 최경회(崔慶會)가 전사하자 왜군이 진주의 촉석루(矗石樓)에서 벌이는 잔치에 참석해 왜군 장수인 게야무라 로쿠스케(毛谷村六助)를 끌어안고 남강에 투신한 의기(義妓)이다.
8 충무공 이순신의 충절과 덕망을 높이 받들며 승전을 축하하는 이 춤은 궁중에서 전래한 무고와 거의 같은 형태이므로, 시곡기생들이 무고(舞鼓)를 높은 기상이 드러나도록 춤으로써 일제강점기하의 관객들의 마음을 사로잡았을 개연성이 크다.
9 1912년 5월 22일 자 매일신보(3면)의 '연예계' 소식에는 강선루에서 **승진무**를 공연한다고 되어 있지만, 그 신문 2면에 실린 단성사 강선루 광고에는 승진무는 없고 대신 **팔선무**가 들어 있다.
10 김영희 저, 앞의 책(개화기 대중예술의 꽃, 기생), p. 69

지식창고 11 시곡(詩谷)기생/시곡예기(詩谷藝妓)의 실체

    시곡(詩谷)기생이란 '시곡(詩谷; 詩洞의 예전 지명)에 거주하는 기생'을 지칭하는 것으로 시곡예기(詩谷藝妓)라고도 한다. 시곡예기(詩谷藝妓)라는 명칭은 1908년 9월 30일에 〈기생단속령〉 등이 반포되기 전에 쓰이던 것이다.

    1904년 3월에 경무사(警務使)로 다시 임명된 신태휴(申泰休)는 매음녀(賣淫女)들과 일반인들의 잡거를 막는 집창화(集娼化)를 통해 만연되고 있는 성병을 통제하려고 매음녀의 거류지를 - 현재의 중구 압정동 부근인 - 시동(詩洞)[종전의 한성부(漢城府) 남부 훈도방(薰陶坊) 시곡(詩谷)이라는 지명이 시동(詩洞)으로 바뀜] 이하로 획정하고 6월 3일까지 이주하라고 하는 조치를 취하였다.[A] 이때부터 사람들이 집창촌(集娼村)의 기준이 되는 시동을 윤락가의 상징처럼 여기기 시작하였다. '시곡(詩谷)'이라는 지역 명칭에 대한 선입견으로 시곡예기의 실체에 대해 혼란스러운 주장을 하는 사람이 많은 것은 그 때문일 것이다. 1912년에 단성사의 강선루에 시곡기생들이 출연하여 궁중정재를 펼치고 있는데도, 그들이 시곡에 거주한다는 이유만으로 삼패인 창기로 본다는 것은 어불성설(語不成說)이다. 그러면 문제를 명확히 정리한다는 의미에서

[A] 1904년 6월 8일 자 황성신문(3면)의 기사 : "●매음구별(賣淫區別) - 일전(日前)에 경무청(警務廳)에서 한성(漢城)내 소위 매음녀(賣淫女)의 거류지(居留地)를 남서(南署) 시동(詩洞) 이하로 획정(劃定)하고 음력 4월 20일 내로 이주케 하였더니 정한 기한 날짜가 지나가도록 일부가 시행하지 않는 고로, 그저께 경무청에서 각 매음녀의 부(夫)를 초치(招致)하여 일체의 매음가(賣淫家)는 특별한 문패를 정해서 갖추는데, 본국인에게 매음하는 집은 상화가(賞花家)라고 문미(門楣=문 위에다 가로지른 나무)에 크게 써 붙이고, … (中略) … 각별히 훈계하였다더라."

시곡예기(詩谷藝妓)가 과연 관기 출신의 기생인지, 아니면 정말로 삼패인 창기인지 구체적으로 검증해 보기로 하자.

먼저 1908년 6월 30일 자 황성신문(1면)에는 '**기부예기(寄附藝妓)**'라는 기사가 아래와 같은 내용으로 실려 있는데, 여기에 '시동(詩洞)에 거주하는 예기(藝妓)'[詩洞居藝妓] 38인의 명단이 나온다.

> "조병욱(趙秉郁) 모모(某某)씨가 경성고아원 수리비에 보충하기 위하여 자선(慈善)연주회를 단성사로 개최하였는데, 이순서(李淳瑞), 신순근(申淳根), 박춘경(朴春卿) 제인(諸人)이 '<u>시동에 거주하는 예기(藝妓)</u>' 강진(康津), 월색(月色), 연심(蓮心), 류색(柳色), 홍도(紅桃), 경패(瓊珮), 옥엽(玉葉), 채경(彩瓊), 해주(海州), 모란(牧丹), 벽도(碧桃), 도화(桃花), 운향(雲香), 비취(翡翠), 농옥(弄玉), 매화(梅花), 진홍(眞紅), 금홍(錦紅), 난주(蘭珠), 화선(花仙), 강진(康津), 명옥(明玉), 연련(娟蓮), 월출(月出), 농선(弄仙), 월희(月姬), 죽엽(竹葉), 계심(桂心), 계화(桂花), 취월(翠月), 도화(桃花), 농주(弄珠), 연홍(蓮紅), 행화(杏花), 옥향(玉香), 봉희(鳳姬), 이화(梨花), 농월(弄月) 등 38인을 영솔(領率)하고 연예로써 기부하기를 작정하였다더라."[B]

위 기사의 예기(藝妓) 명단 속에 있는 죽엽(竹葉)은 1907년 12월 말에 前협률사[즉 관인구락부(官人俱樂部)]에서 열렸던 '경성고아원을 위한 관기의 자선공연' 행사를 주도했던 발기인(發起人)의 한 사람이다. [1907년 12월 24일 자 황성신문(3면)의 관기들의 자선연주회 광고 참조] 그러므로 '시동(詩洞)에 거주하는 예기(藝妓)' 죽엽이 관기 출신의 기생이라는 점은 의문의 여지가 없다. 또 예기(藝妓) 명단 중에 있는 류색(柳色) 모란(牧丹) 벽도(碧桃) 월출(月出) 계화(桂花) 이화(梨花) 6명은 자신들이 예비기(豫備妓)라고 밝히면서, 대한병원장에게 성병 검사에서 상·약방(尙·藥房)의 원기(元妓)와의 차별

B 이 명단 속에는 강진(康津)과 도화(桃花)라는 이름이 두 번 나오나, 성씨(姓氏)가 서로 다른 기생일 것이다. 과거에 기생은 성씨를 표시하지 않는 관행이 있었기 때문이다.

대우가 부당하다는 청원을 냈던 기생들이다.[앞서 소개한 1907년 5월 7일 자의 대한매일신보(2면)의 기사 참조] 예비기 중의 한 사람인 벽도가 1907년 12월 말에 열렸던 '경성고아원을 위한 관기의 자선공연' 행사의 광고에 죽엽과 같이 발기인의 명단에 포함되어 있음을 볼 때, 청원을 낸 6명의 예비기는 대부분 정규관기로 승격되었다고 추정해도 무방할 것이다.

또 1908년 7월 11일 자 대한매일신보(2면)를 보면 "시곡에 거주하는 예기 연심[詩谷居藝妓蓮心]이가 단성사(團成社) 자선연주회를 열 때에 고아원 정형(情形)에 대하여 격절(激切)한 언사(言辭)로 일장연설(一場演說) 하였는데, 만좌(滿座) 제씨(諸氏)가 감탄과 치하를 금(禁)치 못하였다더라."라는 기사가 있다. 위 기사에 '시곡에 거주하는 예기'로 열거된 38명 중의 한 명인 그 연심인데, 이와 같은 연설을 할 수 있는 예기를 매음녀 혹은 삼패라고 하는 것이 가당키나 할까?

그리고 1908년 9월 30일에 〈기생단속령〉과 〈창기단속령〉이 동시에 반포된 후에는 '창기'와 '기생'은 서로 배타적인 개념이 되었으므로, 매일신보가 단성사의 강선루에 출연하고 있다고 보도하는 시곡'기생'을 시곡삼패인 '창기'라고 생각하는 것은 논리상 모순되는 말이다. 1912년에 단성사에 출연한 시곡기생들이 시곡삼패인 '창기'가 아닌 증거는 또 있다. 1910년 4월 10일 자 대한민보(3면)의 기사를 보면 한성기생조합소가 고아원 경비를 보조하기 위하여 자선(慈善)연주회를 개최하면서, 연주회 개최 취지서의 말미(末尾)에 아래와 같이 발기인 명단을 발표하였다.

"… (자선연주회 취지서는 생략함)
발기인 한성기생조합소기생 : 연홍(蓮紅), 앵무(鸚鵡), 농월(弄月) 옥엽(玉葉)
연심(連心) 월출(月出) 향심(香心) 행화(杏花) △향(△香) 금향(錦香) 죽향(竹香)
월중선(月中仙) 경옥(瓊玉) 기화(琪花) 난주(蘭珠) 녹주(綠珠) 비연(飛燕)

향희(香姬) 이화(李花) 초선(楚仙) 도홍(桃紅) 도화(桃花) △향(△香) △희(△姬) 초월(初月) 등 告白"

위 발기인의 명단 중 굵은 활자체와 밑줄로 표시된 연홍, 옥엽, 연심, 행화, 난주, 녹주, 이화, 초선, 도화는 한성기생조합소에 소속된 기생들인데, 이들이 1912년의 단성사 강선루 공연에 시곡기생 일판이 가서 흥행할 때 출연하였다는 사실은[앞에 게시한 '강선루의 공연 종목과 출연한 기생' 도표 참조] '시곡기생'들이 말 그대로 기생임을 말해 주는 증거이다. 시곡예기(詩谷藝妓)가 삼패인 창기라고 하면 〈기생단속령〉과 〈창기단속령〉이 반포된 후인 1909년 3월에 조직된 한성기생조합소(漢城妓生組合所)의 일원(一員)으로 활동한다는 것은 있을 수 없는 일이기 때문이다.

그런데 송방송(宋芳松)은 1909년 3월에 조직된 한성기생조합(소)를 1909년 9월에 경시청의 인가를 받은 한성창기조합과 동일한 실체로 잘못 이해하고 있는 듯하다. 그의 논문 「1910년대 정재의 전승양상 — 기생조합 정재 공연을 중심으로 — 」[국악원논문집 제17집, 국립국악원, 2008, pp. 147-185]을 보면, 1910년대에 기생들이 공연한 정재종목을 점검하면서 여러 종류의 도표를 — 〈표 2〉1912년 5월 중 단성사에서 공연된 춤 일람표, 〈표 3〉1912년 5월 중 정재 공연에 출연한 시곡기생 일람표, 〈표 4〉1908년 당시 시곡기생의 나이와 기부의 이름 및 거주지 일람표 등을 — 작성하는 노고(勞苦)를 아끼지 않았다. 그러나 시곡(詩谷)기생을 조선총독부기록물의 〈기생 및 창기에 관한 서류철〉에 나오는 경성유녀조합과 연결시켜 아래와 같이 설명하고 있는 것은 착각에서 나온 오류이다.

1) "시곡기생의 시곡(詩谷)은 한성기생조합소가 설립되던 1909년 당시 한성(漢城) 곧 경성부의 남부(南部) 훈도방(薰陶坊)에 있던 시궁골이라는

지역명이었고, 시곡 소재의 기생 사무실이던 **상화실(賞花室)의 김명완**이 발기인의 대표로 한성기생조합소를 1909년에 설립하였다. 그러므로 …"C

2) "〈표3〉에 나오는 시곡기생은 모두 한성기생조합소가 설립되기 직전인 1908년의 경성유녀조합(京城遊女組合)에 소속된 유부기였다. … (中略) … 1908년 경성유녀조합에 소속된 시곡기생의 이름과 나이, 기부의 이름, 그리고 거주지의 주소는 서울시립대의 서울학연구소가 영인본으로 펴낸 통감부(統監府) 경시청(警視廳)의 '기생급창기서류철(妓生及娼妓書類綴)'에 전한다. …"D

위와 같은 송방송의 잘못된 견해는 먼저 발표했던 논문인 「한성기생조합소의 예술사회사적 조명」에서, 1909년 3월에 출범한 한성**기생**조합소를 1909년 9월에 경시청의 인가를 받은 한성**창기**조합과 동일한 실체로 잘못 이해하였던 착각과 궤(軌)를 같이하는 것이다. 그는 1909년 3월 31일 자 황성신문(3면)에 실린 광고에 등장하는 한성기생조합소에 대해서 아래와 같이 설명하였다.

"아마도 한성기생조합소가 경시청으로부터 정식 인가증을 취득하기 이전인 1909년 4월부터 이미 경성부에서 공연활동을 전개한 것으로 보인다. 다시 말해서, 1908년 6월 경성유녀조합 설립 관련의 청원서를 제출한 이후 한성기생조합소가 이미 공연활동을 전개하면서 … (中略) … 인가증을 받은 때가 **1909년 9월**이라고 해석된다. …… 비록 경시청에 등록된 명칭은 한성**창기**조합이었다고 할지라도 실제로 대한제국 말기의 신문에서 사용했던 명칭은 한성**기생**조합소였음이 『황성신문』의 두 기사(〈사료 4-1과 4-2〉)에 의하면 분명하다. … (이하 생략)"E

C 송방송, 앞의 논문(1910년대 정재의 전승 양상), p. 162
D 송방송, 앞의 논문(1910년대 정재의 전승 양상), pp. 166-167
E 송방송, 앞의 논문(한성기생조합소의 예술사회사적 조명), pp. 25-26

한성기생조합소는 기부(妓夫) 박한영 등 20여 인이 설립을 청원한 반면에, 한성창기조합은 경성유녀조합의 발기인 총대(總代) 김명완(金明完)[F]이 규약의 인가를 청원함으로써 시작된 것으로 두 조직은 결코 동일한 실체가 아니다. 국가기록원에서 제공하는 조선총독부기록물의 〈기생 및 창기에 관한 서류철〉에는 '창기조합조직 명령의 건'이라는 것이 있다. 이에 의하면 한성창기조합은 경시청의 창기조합조직명령을 받은 361명의 창기들이 창기건강진단소에 모여 1906년의 경성유녀조합 규약서를 변경하고 **시곡(詩谷)상화실**의 한연심(韓蓮心)을 취체(取締)로, 김명완을 상담역(相談役)으로 선출함으로써 1909년 8월 30일에야 비로소 경시청의 인가를 받았다. 따라서 기부(妓夫) 박한영 등 수십 명이 1908년 10월 말에 기생조합의 설립을 경시청에 청원하였다가 환퇴(還退)되는 우여곡절이 있었지만 1909년 3월에 이미 출범한 한성**기생**조합소와 한성**창기**조합은 전혀 다른 별개의 조직이다.

〈기생 및 창기에 관한 서류철〉에는 김명완이 제출한 '경성유녀조합설립 청원서'를 동현분서가 상부에 보고하면서, 참고로 관기(官妓)에 대해서도 조사를 하여 '**관기 참고의 건**'이라는 보고서를 작성하였다. "기생은 약방(藥房)의 기생, 상방(尙房)의 기생이고 모두 관기(官妓)이다. … " 라는 글로 시작하는 보고서에 첨부되어 있는 기부와 89명의 기생 명단은 말할 것도 없이 전부 관기에 대한 것이다. 그런데 송방송은 이것을 경성유녀조합원의 명단인 줄로 오인하여 시곡기생의 이름이

F   1908년 10월 23일 자 대한매일신보(2면)의 기사("●화실개명(花室開明) ― 남부 시동(詩洞) 상화실 도수령(都首領) 김명완(金明完)이가 재작일(再昨日)에 거(渠)의 두발을 자수(自手) 삭거(削去)하고 … 〈以下 생략〉"]를 보면, 김명완이 매음이 허용된 상화실(賞花室)의 도수령(都首領)임을 알 수가 있으므로 기생조합이 아니라 창기조합을 설립하는 데 관여한 인물이라는 점은 바로 확인된다.

명단에 들어 있는 것을 보고 삼패로 잘못 생각한 것 같다. 요컨대 시곡(詩谷)이라는 지역 명칭이 있다고 하여 시곡예기(詩谷藝妓)를 삼패인 창기로 보는 것[G]은 지역 명칭에 너무 매몰되어 잘못 해석한 것이다. 신문 기사를 검색해 보면 당시의 시동에는 금광 채굴에 대한 관청의 허가를 받을 정도의 재산가, 전직 군장교인 인물들도 살고 있었음이 기사에서도 확인된다.[H]

그리고 1912년 5월 22일 자 매일신보(3면)의 아래 기사에 주목할 필요가 있다.

> "●시곡기생(詩谷妓生)의 진보 - 작년 경에 기생들이 조선음악을 배우고져 하여 조선정악전습소에 청원하고 며칠 동안을 배우는 중에 기생의 포주(抱主)들이 무슨 생각이 났던지 기생의 음악을 배우지 못하게 하는 고(故)로 물시(勿施=하려던 일을 더 이상 하지 않음)가 되었다더니, 근일 남부(南部) 시동(詩洞) 기생들이 조선음악을 기어이 발달할 목적으로 그 전습소에 대하여 청원하고 견습(見習)할 처소를 지금 일신(一新) 수리하는 중이라 하더라."

기사의 전반부는 조선정악전습소가 무부기(無夫妓)를 모집하기 전의 일로, 유부기(有夫妓)의 기생들이 조선정악전습소에서 음악 교습을 며칠 받다가 매니저[포주(抱主)는 일본식 용어]들의 반대로 좌절되었다는 내용이다. 후반부는 시동(詩洞)에 거주하는 기생들이 1912년 5월경에 조선정악전습소에 음악의 교습을 청원하고 견습할 처소를 새로

G 권도희의 글 '20세기 관기와 삼패'[여성문학연구 제16호, 한국여성문학학회, 2006, pp. 81-119]도 그런 인식 때문에 '시곡 삼패(詩谷三牌)'라는 표현을 쓴 것으로 보인다.

H 1909년 7월 21일 자 황성신문(1면)의 기사 : "금번에 농상공부(農商工部)에서 광업법에 의하여 허가한 광업이 좌(左)와 같다더라. 아국인(我國人)에게는, ▲ 평안남도 안주군(安州郡) 내면(內面)에 있는 금광 56만 5,764평은 경성 남부 시동에 거주하는 장기현에게[京城南部詩洞居張箕鉉]. … (이하 생략)"

수리하면서까지 배우겠다는 적극적인 자세를 보인다는 내용이다. 그런데 앞에서 소개한 것처럼 시곡예기(詩谷藝妓)들은 이전부터 이미 장안사나 단성사에서 각종 정재(呈才)를 관객들에게 펼쳤다.[1912년 2월 28일 자의 매일신보(3면) '연예계' 소식과 1912년 4월 2일 자의 매일신보(3면) '연예계 정황' 참조] 그러므로 시곡기생들이 조선정악전습소에 음악의 교습을 청원하였던 것은 일반인들을 상대로 무대에 서는 자신들이 더 많은 정재를 갈고닦아 발전할 욕심으로 청원한 것임을 알 수 있다.

여러 궁중정재를 위시하여 각종의 연예물을 무대에 올린 시곡기생들이 단성사 강선루 일행의 흥행을 성공적으로 이끈 주역이라고 해도 지나친 말이 아니다. '시곡(詩谷)'이라는 지역 명칭이 가진 선입견에 매몰되어 시곡기생 혹은 '시곡(詩谷)예기(藝妓)'를 '창기(娼妓)'로 취급하는 것은 전혀 이치에 맞지 않음은 말할 필요도 없을 것이다.

지식창고 12 시곡(詩谷)기생의 활약상(活躍相)

　시곡(詩谷)에 거주하던 관기 출신의 기생들은 한성기생조합소가 생기기 전부터 뜻을 같이하여 고아원을 위한 자선연주회 등 사회봉사 활동도 함께 한 관계로 '시곡예기'라는 명칭이 일찍부터 생겼다. 1912년 5월에 단성사의 강선루에 시곡기생 일판이 출연하기 전부터 일반대중에게 인기가 있었음은 아래의 신문 기사를 통해 확인된다.

1) **1912년 2월 28일 자의 매일신보**(3면)**의 '연예계' 소식** : "… (前略) 장대장동(張大將洞) 장안사에서는 <u>시곡(詩谷)예기(藝妓)</u>가 각종 정재(呈才)와 기타 명가(名歌)묘무(妙舞)로 흥행하는데, 매야(每夜) 입장자(入場者)가 천여 명에 달하고, …"

2) **1912년 4월 14일 자 매일신보**(3면)의 '**도청도설(塗聽途說)**' : "… (前略) 매일신보사(每日申報社)와 경성일보사(京城日報社)에셔 일반 경성 내외의 인민을 위로하기 위하야 춘계대운동회(春季大運動會)를 주최하고, … (中略) … 사동 연흥샤에서 하는 혁신단(革新團)의 신연극 일행의 기절묘절한 신연극, 광대 줄걸니기, 일본기생의 다름박질 춤노리 검무, 일본연극의 각종, **조션기생**의 검무 남무 승진무 포구락 항쟝무 승무 각색 노름바지오, … (이하 생략) ▲[운동회문답]"

3) **1912년 4월 17일 자의 매일신보**(1면)**의 '본사 주최 대운동회' 홍보기사** : "… (前略) ▲시곡(詩谷)기생 – <u>시곡조션기생</u> 30명과 악사(樂師) 20명의 출연은 이미 보도한 바 있거니와 그들은 모두 신식으로 참신한 무도(舞蹈)를 하고 또 의상까지 신조[新調=새로 맞춤]하얏다 하며, …"

4) **1912년 4월 17일 자 매일신보**(3면)의 '**도청도설(塗聽途說)**' : "… (前略) ▲나는 어제 밤에 모모 친구로 작반[作伴=길동무로 삼음]하야 <u>시곡기생(詩谷妓生)</u>의 집을 차저 갓더니 압다 이 애들이 금번 대운동회에 나가서 명예를 한번 엇으려고 전후 복색을 휘황찬란하게 준비하며, 츔노래 공부하노라고 손[孫] 대접할 여가가 업나부데. 이 기생의 집이나 가볼가 하고 간 즉 거기도 그

모양이오 저 기생의 집이나 가볼까 하고 간 즉, 거기도 그 모양이라 할 일업시 집으로 도라왓지만은 부지 중에 구경은 잘 힛거니[探花郞]"

5) 1912년 4월 23일 자 매일신보(3면)의 '도청도설(塗聽途說)' : "…(前略) ▲<u>시곡기생</u>들이야 말로 이번에 큰 심 썻더라. 복색도 일신하게 잘 차리고, 외양[外樣]들도 절등[絶等]하고 그 우중[雨中]에서 츔도 잘 츄고 아죠 생기가 되록되록 하는 것이 참말 기생 갓던 걸[評花生]"

6) 1912년 4월 29일 자 매일신보(3면)의 '도청도설(塗聽途說)' : "…(前略) ▲이 사람아 그것을 가지고 그리하나. 나는 <u>시곡(詩谷)</u>기생들 가무하는 것 좀 보러갓다가 여러 만명이 드리미러서 무대판이 빠지고 지둥이 부러지는 바람에 넘어져서 할 일 업시 죽을 줄 알엇더니, 헌병경관의 극진 보호한 덕으로 간신히 살어나서 나왓다가, 기생들의 각색 정재(各色呈才)를 잘 할 뿐더러 항장무(項莊舞)를 춘다기에 또 드러간 즉, 그 복잡한 중에서 제반 절차를 극진히 찰이지는 못하고 건성건성하데만은 번쾌의 방패들고 찰츔츄는 바람에 어데가 부러진지데도 모르겟데 그려. ▲ …(中略)… 그런 중에 제일 시곡기생들이 아조 웃뚝하게 올너(올라)섯지. …(이하 생략)"

위의 내용을 읽으면서 시곡기생에 대한 대중들의 호평이 어느 정도인지를 느낄 수 있을 것이다. 매일신보에서 강선루 일행에 관한 보도를 할 때 시곡삼패인 '**창기**'를 시곡'**기생**'이라고 호칭한다는 일은 있을 수가 없음을 또 다시 강조하고자 한다.

1912년 당시 한성기생조합소에 속해 있던 유부기(有夫妓)인 시곡기생들에게 운신(運身)의 폭을 더욱 넓혀 준 계기는 화류계(花柳界)에 대한 경시청 방침의 변화였다. 1912년 5월 22일 자 매일신보(3면)에 실린 '**도청도설(塗聽塗說)**'을 보면 아래와 같은 내용이 보인다.

"▲ …(前略) 이름난 꽃과 아름다운 버들이 몇몇 추업자(醜業者)의 매매하는 물건이 되어 화류계의 큰 결점이 되었더니, 수모[誰某=아무개] 수모하는 사람이 이것을 개탄히 여기고 서방없이 기생노릇을(無夫妓)하게 하여 몇 백 년 타락하였던 화류계를 한번 개량할 차[次]로 주선을 한다더니, 요사이에 필경[畢竟] 진홍(珍紅)이라 하는 평양기생이 서방없이 영업하겠다고 청원을 하여 인허까지 얻고, 장차 인허를 얻을 기생이 셋이 있다 합디다. 기생의 집에 좀 가라면 기생서방의 꼴 보기슬터니, 인제는 잘 되얏셔. 다 같은 기생일 바에야 서방업는 기생의 집으로 가지, 서방잇는 기생의 집으로는 안이 갈 터이야.(風流郞)"

1912년 7월 14일 자 매일신보(3면)에 아래와 같은 기사가 보인다.

"●화류계(花柳界)의 엄유(嚴諭) ▲ 기생영업에 대한 설유[說諭]

작일(昨日) 오전 십시에 북부경찰서에서 관내에 사는 기생포주(抱主)이니 소위 기부[妓夫] 등을 소집하여 설유하기를, 「조선의 기생이라 하는 것은 각 포주들이 몇 십원, 몇 백원씩 주고 사서, 일변[一邊]으로는 기생영업도 하며, 일변으로는 첩 모양으로 데리고 사는 폐습이 있은 즉, 이것은 풍화[風和]에 관계만 있을 뿐 아니라 윤리를 패상[敗喪]함이니, 종금[從今] 이후부터는 각기 주의하여 기생영업을 하도록 하는 동시에 전일의 습관을 일체 버리되, 만일 첩과 같이 인정하여 비밀관계가 발각되는 경우이면 몇 백원의 자본을 들여서 샀을지라도 기생영업은 폐지하고 영구히 첩을 삼아 사는 것이 정당한 일이오, 만일 이것을 위반하는 자가 있으면 별반[別般=보통의 것과 다름] 처분을 시행하겠다.」 하였다더라."

한마디로 말해서 기생으로 데려왔으면 기부(妓夫)는 후견인으로서 공사(公私)를 분명히 구별해 처신하라는 이야기이므로, 경시청에서는 기부(妓夫)에 대해 두 개의 역할을 인정하지 않겠다는 것이다. 경시청은 1908년에 기생단속령을 제정할 때부터 기생조합규약 표준 제12조에 "조합은 본부(本夫) 또는 가부(假夫)를 가졌다고 인정한 자에 대하여 가업계(稼業屆)에 연서(連書)를 거부해야 함."이라는 규정을 두었으면서도,

현실 상황을 고려하여 일정 기간 그 적용을 유예하다가 더 이상 방치할 수 없어 이제는 규정대로 하겠다는 취지이다. 이러한 방침은 5월경에 벌써 실시되었기에 평양기생 진홍(珍紅)이 무부기(無夫妓) 영업 인허를 받았다는 소문이 나온 것이다. 경시청의 이런 조치는 한성기생조합소에 속하지 않더라도 기생 영업을 할 수 있으므로, 유부기(有夫妓) 기생들에게 무부기(無夫妓)로의 전환을 장려하는 효과를 낳았다. 1912년 10월 23일자 매일신보(3면)의 독자투고란 '**사면팔방(四面八方)**'에 쓰여 있는 아래의 내용을 읽어 보면 더욱 분명히 알게 된다.

"▲ 근일에 무부기가 점점 확장이 되어 평양에서 손꼽히는 기생이 모두 올라와서 영업장을 만든다지. 「다동생(茶洞生)」

▲ 평양기생도 많이 올라왔으려니와 이왕[已往=지금보다 이전에] 유부기[有夫妓]로, 가야금 잘하고 춤 잘 추고 노래 잘 부르던 **산월(山月)**이도 무부기[無夫妓] 영업장을 맡았다는 걸. 「일묵두(一纆頭)」

▲ 그나 그뿐인가. 시곡기생으로 성명이 일시[一時] 자자하던 **롱선(弄仙)**이도 무부기 영업장을 맡았는데, 이름을 롱주(弄珠)라고 고치고 새로 가무, 음률 공부를 열심으로 한다는 걸. 「전문생(傳問生)」

▲ 자! 그러하면 당초에 무부기라는 것을 처음 발기[發起]를 하여 고심열성[苦心熱誠]으로 주선하던 **련심(蓮心)**이가 인제는 목적을 달[達]하게 된 모양이오구려. 「일과객(一過客)」

▲ 무부기가 그와 같이 확장되는 중 은근히 당파[黨派]가 있어 산월[山月]이 이하 30명은 남도[南道] 사람인데, 남도 기생들은 별[別]로히(=따로이) 한 조합을 성립할 경륜이라는 전설[傳說]이 있으니 과연인지요. 「일문생(一問生)」

▲ 남도 기생이 각립[各立]하는 것도 관계치 않소. 천하 이치가 처음에 호[好]이면 나중에는 합[合]하는 법이니 각립을 한번 한다 해도 공부만 잘하면 필경은 한데 단체되는 날이 있어 무부기조합이 확실히 될 줄로 하오. 「일주무(一主務)」"

위의 두 번째 문장에 등장하는 산월(山月)은 조선총독부기록물의 〈기생 및 창기에 관한 서류철〉의 '기부 및 관기 명단'에 김상순(金相順)이 기부(妓夫)라고 기술되어 있는 유부기(有夫妓)이고, 세 번째 문장에 등장하는 롱선(弄仙)은 조영빈(趙英斌)이 기부라고 기재된 유부기(有夫妓)인데, 이들 모두 무부기(無夫妓)의 영업장을 맡았다는 것은 매니저로 있던 기부를 떼어 냈음을 의미한다.《조선해어화사(朝鮮解語花史)》를 쓴 이능화의 말처럼 화류계 풍속에 "기생(妓生)은 불성(不性)하고 단(但) 호기명(呼其名)하니"[기생은 성을 쓰지 않고 단지 이름으로 부르니.]라는 관행이 있어서 동명이인(同名異人)인 기생이 많기에, 네 번째 문장에 나오는 '련심(蓮心)'이 과연 한성기생조합소의 기생 명단에 있던 '蓮心'인지, 이름만으로는 단정할 수 없다고 생각하는 사람도 있을 것이다. 그러나 1912년 5월 22일 자 매일신보(3면)의 기사['시곡기생(詩谷妓生)의 진보']에서 보듯이 조선정악전습소의 음악 교습에 대한 시곡기생의 자세를 보면 네 번째 문장에 나오는 '련심(蓮心)'이 1912년에 단성사의 강선루에서 검무·가인전목단·무고(舞鼓)·포구락·앵첩무(鶯蝶舞)를 추었던 시곡기생 연심(蓮心)이 틀림없을 것이다. 1912년 8월 29일 자 매일신보(3면)의 아래 기사는 그런 흐름의 연장선으로 볼 수 있다.

"●정악(正樂)의 분교실(分校室) - 조선정악전습소 분교실(朝鮮正樂傳習所分校室)에서는 **무부기(無夫妓) 련심(蓮心)** 등 14명을 열심히 교수[敎授]하는 중인데, 그 과정은 가사[歌辭], 국어, 수신시조[修身時調], 잡가[雜歌], 법무[法舞], 승무, 검은고[玄琴], 가야금, 양금[洋琴], 생황[笙簧], 단소[短簫], 습자[習字], 도화[圖畵], 내지[內地]춤(일본춤), 사미센 등인데, 교사 제씨(諸氏)도 열심하려니와 무부기[無夫妓]들도 불철주야[不撤晝夜] 하고 부지런히 공부를 한다더라."

앞서 소개한 1907년 11월 22일 자 대한매일신보(2면)의 기사에서 본 것처럼 기생단속령이 제정되기 전에 관제 변동으로 해고되는 상의사·약방의 관기들이 스스로 기부(妓夫)를 떼어 내고 기생영업을 하려는 움직임은 이미 있었다. 그러나 유부기이던 시곡기생들이 1912년에 와서 기부를 떼어 내려는 것은 단순히 기부의 횡포에서 벗어나려고 한다기보다는 자신들이 하나의 예능인이라는 자각(自覺)에서 무부기가 되어 정악전습소의 교습을 받는 것을 더 중요하게 생각하였기 때문일 것이다. 따라서 위 기사에서 '무부기 련심(蓮心)'이라는 말은 기생 련심이 "지금까지 기부(妓夫)를 둔 적이 없다"라는 뜻은 아니라는 것이다. 무부기(無夫妓)라는 호칭은 결국 고정된 것이 아니라는 점이 확인된다. 정악전습소 분교실에서 교습을 받고 있는 '무부기(無夫妓) 련심(連心) 등 14명'도 대부분 그러한 유형일 것이다.

7. 공연단체로 변모해 가는 기생조합(妓生組合)
— 광교조합, 다동조합, 시곡기생조합의 결성(1913년)

　한성기생조합소는 경성에서 처음으로 결성된 유일한 기생조합이었지만, 1913년 2월 20일 자 매일신보(3면)의 아래 기사를 보면 기생조합이 여러 개 생겼음을 알 수가 있다.

> 경청[警廳]에서 다동[茶洞]과 광교[廣橋]에 기생조합을 조직하고 조합규약을 정하여 두 조합 모두 당국에 인가를 받았으나, 그 목적하는 바는 이왕[已往] 폐습을 선량하도록 고치고 품성을 함양하여 영업에 발달과 영업자 사이에 친목을 기약함에 있으며, 또 화채[花債]를 일정하고 특별히 거짓서방[假夫] 있는 것을 허락치 아니하며, 단독영업 하는 일을 목적하는 것이 내지[內地, 즉 일본] 예기[藝妓]조합과 대강 같은 방법으로 영업할 일을 정하였다더라.

　위 기사의 요지는 경시청의 새로운 방침에 맞추어 처지가 비슷하거나 마음이 맞는 사람들끼리 조합을 따로 조직하였다는 것이다. 앞서 소개한 1912년 5월 22일 자 매일신보(3면)에 게재된 '도청도설[途聽塗說]'에 올라온 소문으로 짐작해 보면 경시청이 무부기無夫妓에 대해 인가증을 주기 시작한 것은 1912년 5월경으로 보이지만, 무부기들로만 구성된 기생조합이 언제 만들어졌는지는 명료하지가 않다. 다만 1912년 7월 23일 자 매일신보(3면)에 게재된 '**도청도설(途聽塗說)**'에 "**수모**[誰某] **수모하는 자산가는 요사이 무부기조합(無夫妓組合)을 조직하려고 거대한 금액을 주선하여 열심히 도모를 한다.**"라는 내용이 있는 것으로 보아 1913년을 맞이할 즈음에는 무부기조합이 이미 결성되었을 것 같다.

다동茶洞과 광교廣橋에 있는 기생조합이 경시청의 새로운 규칙에 따라 조직하고 인가를 받았다고 되어 있는데, 다동조합은 무부기조합이고 광교조합은 유부기조합이다. 하지만 무부기냐, 유부기냐의 차이를 빼고는 기생조합의 본질적인 성격은 동일하다. 그러나 처지가 비슷하거나 마음이 맞는 사람들끼리 모여서 조합을 따로 만들게 되면서 기생조합이 마치 공연단체인 것처럼 변모하기 시작하였다. 그 배경에는 시곡기생들이 단성사 강선루의 공연을 펼치는 동안 보여준 관객들의 열광적인 반응을 보고 다른 기생들도 자신이 하나의 예능인이라는 자각을 하였기 때문일 것이다. 1913년 3월 20일자의 매일신보(5면)에 실린 아래의 기사를 보면 광교조합의 기생들이 자선연주회를 설행設行하여 재편된 기생조합 중에 가장 먼저 공연활동을 시작하였음을 알 수 있다.

●화류계(花柳界)의 공익심(公益心) - 광교기생조합소(廣橋妓生組合所) 기생일동은 조산부양성소(助産婦養成所)가 우리 사회에 중대한 책임을 부담하고 … (中略) … 다만 경비가 군졸[窘拙]하여 직원 일동의 고심과 유지[有志] 제씨의 개탄함을 민망히 여겨 본일부터 이후 3일 동안을 통구 안 단성사에서 조산부양성소를 위하여 자선연주회를 설행한다는데, 유지 제씨[諸氏]의 찬성 연조[捐助]하기를 기생 일동이 갈망한다 하며, … (이하 생략)

위의 기사를 보면 '광교기생조합소 기생 일동'이라고 하여 '조합소'라는 표현을 쓰고 있는데, 이는 광교조합이 한성기생조합소의 후신後身이라는 인식을 드러낸 것이다. 유부기로 구성된 한성기생조합소에 소속되어 있다가 무부기로 전환하여 다동조합으로 빠져나가는 조합원이 나오면서 남아 있게 된 유부기들이 종전의 명칭을 광교기생조합소로 변경한 것이다. 매일신보를 보면 그 후에도 광교기생조합이 조산부양성소를 위한 자선연주회를 여러 번 열었음[1]을 알 수가 있는데, 이는 기생조합이 하나의 공연단체로 변모하여 가는 징표로 볼 수 있을 것이다.

이에 비해 새로운 길을 개척해 가려는 무부기의 다동기생조합은 1914년 6월에서야 처음 무대에 오르게 되었다. 1914년 6월 2일 자 매일신보(3면)의 기사는 그 모습을 아래와 같이 묘사하고 있다.

> ●무부기(無夫妓)의 시출연(始出演) - 벌써부터 바라고 바라오던, 나올 듯 나올 듯하던 경성 남부 다동기생조합(茶洞妓生組合)에서는 그 동안 모든 준비와 절차가 완전히 되어 내일 밤(음력 초 열흘날)부터 경성 중부 단성사에서 처음으로 무대에 올라 각기 재주를 자랑하는 무부기(無夫妓) 일동은 새로 지은 찬란한 화복[華服]을 갖추고 각종 아름다운 연숙[鍊熟]한 연예로 굉장한 대성황을 이루고저 결심함은 한번 구경할 만할 것이며,
>
> 일주일 동안은 그 조합경비로 제[除]하고 그 나머지 사흘 동안의 연주하는 수입금은 조산부양성소(助產婦養成所)에 기부하기로 작정하였다는데, 만일 성적이 좋지 못할 지경이면 내지[乃至=더 나아가서] 며칠간이라도 더하여 기어이 좋은 결과를 얻기로 결정하였다 하니, 그 조합의 공익상 자선사업은 다시 말할 수 없거니와 근래 연주회가 종종 있었지마는 무부기의 연주는 처음인 즉, 한번 볼 만하다는 평론이 자자하더라.

1914년 6월 7일 자 매일신보(3면)에는 다동조합의 무부기無夫妓 연주회에 대해 〈**무부기연주회(無夫妓演奏會) 예평(譽評)·훼평(毀評)의 일필(一筆)**〉이라는 제목으로 아래와 같은 내용이 실려 있다.

> 사방에 우거진 록음[綠陰]은 아침 안개, 저녁 이슬에 날로 무르익어 가는데, 때 아닌 오색 꽃이 수일 전 동구 안 단성사(團成社) 연극장에

만발하였다. 이는 경성 시내 풍류남자의, 오래 기다리고 기다리던 무부기조합 기생의 연주회라. 폐단 많고 화객(花客)에게 좋지 못한 감정을 사던 조선 상례의 화류계에 한 혁명(革命)을 일으킨, 무부기조합이 시작된 지 해수로 삼년에, 그동안 허다 신산[辛酸]한 풍상을 많이 지내고 비상한 관난[關難]을 적지 않게 겪어 금일에는 기생이 76명에 이르고, 명기[名妓]도 적지 아니하여 조선 화류계의 한 특색(特色)으로, 몇 백년의 역사를 가진 유부기[有夫妓]의 뒤에 떨어지지 아니하니, 한편은 시세[時勢]의 자연을 인[因]함이나, 한편으로는 이를 시작한 몇몇 기생을 기특히 여기지 아니치 못할지라. … (中略) … 풍류와 가곡의 합창·독창은 없을 망정, 첫번 연주회로는 기예도 꽤 잘 하며 준비도 제법 잘 하였다만, … (이하 생략)

다만 아래의 기사를 종합하면 무부기 다동조합의 공연은 성공적으로 치렀던 것으로 생각된다.

1) 1914년 6월 18일 자 매일신보(3면)의 기사 : "●무부기(無夫妓) 자선연주회 – 경성 남부 다동기생조합(茶洞妓生組合)이 경성 중부 단성사(團成社)를 빌려 열흘간 대성황으로 열던 중 이레 동안 수입금은 그 조합 경비로 쓰고 그 나머지 사흘 연주회 수입금은 조산부양성소(助産婦養成所)를 위하여 전부 기부하기로 작정하였다가, 그 후 다시 변경되어 중부 사동(寺洞) 연흥사(演興社)를 얻어 오늘 밤부터 삼일 간 자선연주회를 열고 대대적 흥행하여 전부 금액을 조산부양성소에 기부하기로 결의 하였다더라."

2) 1914년 6월 20일 자 매일신보(3면)의 기사 : "●조산부연주회 성황 – 일반이 아는 바와 같이 경성 남부 다동기생조합(茶洞妓生組合)에서 모든 기생의 공익과 자선을 위하여 조산부양성소(助産婦養成所) 특별연주회를 개최하여 오는 중인데, 요새 상황을 보건대 매일 밤마다

입장자가 어떻게 많던지 해가 떨어지기 전부터 표를 사는 사람이 문에 메였고(=가득 찼었고) 그대로 돌아가는 구경꾼의 유감이 적지 않다는데, 여러 기생의 한숙[嫺熟]한 기예와 아름다운 태도는 더욱 구경꾼의 환영을 도와 갈채하는 소리가 우뢰[雨雷] 같다 하며 연주회는 오늘 밤까지 마칠 터이므로 점점 더 성황을 이루리라 하더라."

그런데 다동조합 광교조합과는 별도로 시곡기생들도 1913년에 조합을 따로 만들었던 사실은 1913년 5월 8일 자 매일신보(3면)에 실린 아래의 기사를 통해 확인할 수 있다.

▲시곡기생연주회(詩谷妓生演奏會) - 시곡기생조합에서 전례[前例]를 의지하야 오늘밤(음력 4월 3일)부터 동구안 장안사에서 2주일 동안으로 연주회를 열고, 그 조합의 경비를 보충할 뿐 아니라, 부인사회의 중요 기관 되는 조산부양성소(助產婦養成所)의 경비를 보조하기 위하야 수입되는 중[中] 반절[半折=절반]은 조산부에 기부하기로 작정하얏다 하니, … (이하 생략)

위의 기사에서 말한 '시곡기생조합'이란 1912년에 단성사 강선루에서 공연한 '시곡 일판'들 중 다동조합에 합류하지 않은 무부기와, 유부기지만 광교조합에 합류하기 싫은 기생들로 결성한 조합을 지칭하는 것이다. 1913년 3월경에 광교조합소가 조산부양성소를 위한 자선연주회를 먼저 개최하였음에도 불구하고 시곡기생조합이 같은 취지로 자선연주회를 또 개최하였다는 사실은 시곡기생조합이 광교조합과는 별개의 단체임을 말해 준다. 다만 시곡기생조합은 원래 한성기생조합소에 소속된 유부기 기생들과 연심蓮心과 같이 도중에 무부기로 전환한 기생이 다동조합에 가지 않고 남아 유부기·무부기가 혼재하고 있던 관계로 조합의 명칭을 명쾌하게 정하지 않았던 듯하다. 그 결과 매일신보는 기사의 날짜에 따라 '시곡예기(藝妓)조합', '시곡기생들', '시곡창신(彰新)기생조합', '시곡신창(新彰)기생조합'으로 조금씩 다르게 호칭하고 있다.[2]

예컨대 1914년 2월 3일 자 매일신보(3면)의 기사['●앵도폭발(櫻島爆發)과 예기연주(藝妓演奏)'][3]에서는 '시곡예기조합'으로 표기하고, 1914년 2월 9일 자 매일신보(3면)의 기사['●금상첨화(錦上添花)의 자선연주회'][4]에는 '시곡창신기생조합'이라고 호칭하는가 하면, 1914년 2월 20일 자 매일신보(3면)의 기사['●시곡기생의 이재의연금(罹災義捐金)은 2백圓'][5]에서는 '시곡신창기생조합'이라고 호칭하는 식이다. 이처럼 기사의 날짜에 따라 조합의 호칭은 조금씩 다르게 나오나, 기사의 내용을 보면 모두 시곡기생들로 구성된 조합을 지칭하고 있는 점은 의심의 여지가 없다.[6] 그리고 1914년 2월 15일 자 매일신보(3면)의 아래와 같은 기사를 보면 시곡기생들의 인기는 1912년에 단성사 강선루에서 공연할 때와 비교해 전혀 손색이 없음을 알 수가 있다.

> ●기여화(妓如花) 인여해(人如海) – 며칠째 연속하여 오며 경성 중부 동구안 단성사(團成社)의 시곡기생 자선연주대회(慈善演奏大會)는 더욱 전무후무한 대성황을 이루어 구경꾼이 구름 모이듯 답지[遝至]하여 그저께 밤 하오 일곱시가 채 못되어서 표파는 곳에는 각등 만원(各等 滿員)이라 대서[大書]·특서[特書]한 종이를 붙이어 원근간[遠近間] 모여드는 구경꾼의 유감이 적지 않았으며, 더욱이 연예는 날로 진보되어 색색[色色]이 무대 위에서 나부끼는 기생의 섬섬[纖纖]한 옥수[玉手]와 아리따운 발자취는 질탕[跌宕]히 흥미를 돋우는 음악소리를 따라 우줄우줄거리는[=가볍게 춤추듯이 움직이는 모양] 동시에 만장[滿場] 관객의 박수갈채 성[聲]은 집이 떠나갈 듯하였고, … (中略)

… 하오 열시가 좀 넘어서 흥미가 일층 도도[滔滔]하는 가운데 기생의 경란(瓊蘭)이라 하는 미인이 무대 앞에 출두하여 아리따운 아미[蛾眉]를 반쯤 숙이고 고개를 자주 조아(려) 가며 이번 자선연주회의 취지와 여러 기생의 발기한 목적을 일장[一場] 설명하는 동시 서로 향하여 손뼉치는 소리와 갈채[喝采]하는 형상은 참으로 처음 보는 연주회이더라.

1　1914년 1월 25일 자 매일신보(3면)의 기사 : "●화류계의 공익 열심 - 광교기생조합소에서는 공익사업에 찬조하기 위하야 수고[手苦]됨을 불계[不計]하고 조산부양성소(助産婦養成所)에 대하야 여러 번 연주 기부[寄附]함은 다 아는 바어니와, 그 기생조합소에서는 음력 정초를 이용하야 그 양성소의 경비를 보조코저 연주회를 열기로 작정하얏다는데, 기생조합의 공익상 열심을 사람마다 칭송하더라."
　1914년 3월 16일 자 매일신보(3면)의 기사 : "●홍군단(紅裙團)의 대분발(大奮發), 광교조합기생의 자선연주회 개최 - 사립조산부양성소(助産婦養成所)는 설립된 지가 여러 해에 조산부를 양성하여 한편으로는 널리 난산을 구하야 유익한 자선을 베푼 일이 많으나 …(中略)… 경비의 곤란은 도저히 구제할 도리도 없고 금전을 기부하는 독지[篤志]도 많이 얻을 수 없어 모모 관계 제씨는 유지방책에 고심하는 중이더니, 광교기생조합에서 이 말을 듣고 연약한 여자의 모인 단체이라 돈은 모아 기부할 수는 없지만은 몸쓰기나 기부하여 곤경을 구하도록 힘쓰겠다는 뜻으로 18일[음력 15일 토요일]부터 일주일 동안 단성사에서 연주회를 열고 조합기생이 총출[總出]로 가무 정재를 연주하여 독지 인사의 찬성하는 관람료를 모아 전부 기부하기로 작정하고 방금 열심히 연습 중이라더라."
　1914년 3월 21일 자 매일신보(3면)의 기사 : "●자선연주회는 광무대(光武臺) - 경성 서부 내수사[內需寺: 지금의 중구 내수동에 있던 사찰] 안에 잇는 조산부양성소(助産婦養成所)의 경비가 군졸함을 애석히 여겨 광교기생조합(廣橋妓生組合)에서 사흘간 연주회(演奏會)를 명일 밤부터 파죠교 단성사(團成社)에서 한다더니, 무슨 상치[相馳]되는 사고가 잇셔 지금 경셩 남부 황금유원(黃金遊園) 안에서 흥행하는 광무대(光武臺) 주임 박승필(朴承弼)씨와 교섭이 되야 내일 밤부터 대대적 흥행한다 하니, 오늘날 광무대 안의 기생연주회는 처음 보는 연예인 듯."
2　다만 '신창(新彰)' '창신(彰新)'이라는 표현이 등장하는 것을 보면 시곡기생들의 의중(意中)은 기부(妓夫)의 유무로 한성기생조합이 다동조합과 광교조합으로 갈라지는 것이 못마땅한 듯하다.
3　1914년 2월 3일 자 매일신보(3면)의 기사 : "●앵도폭발(櫻島爆發)과 예기연주(藝妓演奏) - 시곡예기조합에서는 금번 앵도폭발에 대하여 근일 중에 자선연주회를 개설하고 수입금으로 기부한다더라."
4　1914년 2월 9일 자 매일신보(3면)의 기사 : "●금상첨화(錦上添花)의 자선연주회 - 명일(즉 음력 1월 17일, 양력 2월 11일) 밤부터 4일간 시곡창신기생조합(彰新妓生組合) 기생 일행이 단성사(團成社)에서 내지[內地] 동북 지방의 흉년 재앙과 앵도(櫻島)폭발의 재앙에 대한 기부금자선연주회를 연다 함은 이미 게재한 바, 연주회에는 여러 시곡기생의 절등[絶等=매우 뛰어남]한 가무 이외에 일등명창의 광대라는 이동백, 박팔괘, 채란(李東白·朴八卦·彩蘭) 등이 밤마다 가곡을 아뢰온다 한 즉, 금상첨화로 이번 연주회는 새 봄의 한 좋은 구경거리겠더라."

5　1914년 2월 20일 자 매일신보(3면)의 기사 : "●시곡기생(詩谷妓生)의 이재의연금(罹災義捐金)은 2백원(圓) - 나흘간을 연속하여 오며 앵도폭발과 동북구주 이재민(櫻島爆發 東北九州 罹災民)의 참상을 구조하기 위하여 자선연주대회(慈善演奏大會)라고 표방하고 경성 동구안 단성사(團成社) 안에서 연예회를 개최한 경성 남부 시곡신창기생조합(詩谷新彰妓生組合)에서는 여러 기생의 특별한 공익심과 자선심으로 나흘간 전에 없는 대성황 가운데 무사히 마치고 그 수입금 중에서 전후 경비를 제[除]한 후 현금 2백원을 작일 본사로 보내고 전달하기를 의뢰하였는데, 기생조합의 이와 같은 공익심이 현저함은 가[可]히 치하할 만한 일이라고 일반의 칭찬이 자자하더라."

6　시곡기생조합은 1914년 4월부터는 신창조합(新彰組合)이라는 명칭을 선호한 것으로 보이고, 1915년에 경성에서 열린 물산공진회에도 광교조합·다동조합과 함께 초청을 받아 공연을 하게 된다. 특히 물산공진회에서는 조선연극장에서 경성구파배우조합(京城舊派俳優組合)과 주야(晝夜) 교대로 공연을 한 점에 주목할 필요가 있다.

8. 1915년의 물산공진회(物産共進會)와 여흥(餘興)단체

시곡기생조합은 조합의 명칭을 명료하게 사용하지 않다가 1914년 4월경부터 '신창조합(新彰組合)'이라는 명칭을 사용한 듯하다. 국내 사립私立인 호동壺洞학교를 후원하기 위해 시곡기생들이 자선연주회를 열었는데[1], 이때부터 '신창기생조합소' 또는 '신창기생조합'이라고 호칭한 것이다. 1915년 9월에 열린 조선물산공진회를 축하하는 각 기생조합의 광고를 보면 신창조합은 비록 조합원의 수가 많지 않아도 인기가 많은 시곡기생들로 구성되었다는 자부심을 보여 주는 듯하다.

(1915년 9월 11일 자 매일신보의 8면 광고란)

위 광고를 보면 광교조합이 무교정武橋町에 소재하고 다동조합이 다동정茶洞町에, 신창조합은 황금정黃金町[지금의 을지로 1가, 2가 사이]에 소재하였다. 물산공진회는 조선총독부가 시정施政5년을 기념한다는 취지로 기획해 1915년 9월 11일부터 10월 31일까지 열렸던 대규모의 행사였다. 이 행사를 성공적으로 치르기 위해 조선총독부는 사람들이 여흥餘興을 즐길 수 있는 연예관과 흥행관(즉 조선연극장)을 임시로 건립하였다. 신문사들이 공진회의 여흥을 보도함에 있어서 처음에는 기생조합의 규모와 관계없이 시곡기생들을 광교나 다동조합의 기생들과 동등하게 다루었다. 이것은 1915년 9월 10일 자의 매일신보(3면)에 실린 아래의 사진을 보면 한눈에 알 수 있다.

1915년 9월 4일 자 매일신보(3면)를 보면 〈**축하 당일에 만도화개 (滿都花開)**〉라는 제목으로 아래와 같은 기사가 실려 있다.

> 어제 보도한 바와 같이 11일 개회일에는 경성협찬회에서 大축하회를 연다는데, 당일은 오전 8시경부터 다동기(茶洞妓) 90명, 광교(廣橋)(妓) 90명, 신창기(新彰妓) 30명이 각각 웅장성식(雄裝盛飾)으로 광화문 앞에 집합하여 도보로 창덕궁을 경유하여 총독부 의원(醫院) 앞까지 이르고 다시 회보(回步)하여 총독부를 예방하고 공진회장 되는 경복궁에 입장하여 11시 개회식에 참열(參列)한다는데, …

여기서 눈여겨볼 것은 공진회의 개회식에 동원되는 다동조합과 광교조합의 기생 수는 각각 90명인 데 비하여, 시곡신창조합의 기생 수는 30명에 불과하다는 점이다. 1915년 9월 10일 자 매일신보(2면)는 기생들이 사전에 리허설하는 모습을 아래와 같이 보도하였지만, 여기에 시곡신창조합의 모습이 보이지 않는 것은 조합원의 수가 그만큼 적기 때문일 것이다.[2]

> 지나간 9일 오전 10시부터 공진회장 안 연예관(演藝館)에서는 내지(內地) 예기 50여명이 연습 次로 시작하여 오후 1點(=時) 때까지 춤을 익히고, 그 후는 조선기생 두 조합에서 각각 30명씩 와서 복식을 갖추고 실습을 하였는데, 먼저 **광교기생조합**이 출연하였으나 당일은 시간의 나머지가 많지 못함으로 여러 가지 춤 중에서 가장 어려운 봉래의와 그외 수삼[數三=두서너] 가지를 연습하였으나, 그 춤의 전부를 들어 말하건대 봉래의(鳳來儀)에는 춘외춘(春外春) 란홍(蘭紅) 채운(彩雲) 채옥(彩玉) 춘홍(春紅) 단계(丹桂) 명옥(明玉) 초월(初月) 부용(芙蓉) 국화(菊花) 등 10명이 출연하였으며, 수연장(壽延長)에는 춘외춘 란홍 채운 금화(錦花) 춘홍 단계 명옥 초월 진홍(眞紅) 국화 등 10명이며, 무고(舞鼓)에는 단계 채운 소춘(笑春) 명주(明珠) 란홍 채옥 가패(佳珮) 홍매(紅梅) 등 8명이며, 오양선(五羊仙)춤에는 단홍 홍매 채운 국화 초월 소춘 춘홍 등 7명이요,
>
> **다동기생조합**에서는 당일 연습한 춤을 들어 말하건대 처음에는 공진회기념무(共進會紀念舞)와 헌천화(獻天花) 두 가지를 연습하였는데, 공진회 개회 당일부터 두 조합에서 두 패씩 나누어 한 패가 나흘에 한번씩 몰려들어가 공진회 연예관에서 가무 정재를 행할 터인데, 다동조합의 신기한 새 가무, 광교조합의 역사있는 옛날춤은 각각 관객의 흥미를 도웁겠더라. 이번 공진회에 출연하는 다동기생조합에서는 특별히 새로 춤을 만들어 여흥을 돕게 하는

중에도 그 중에 가장 특출한 춤은 '시정5년기념(施政五年記念) 성택무(聖澤舞)'이니, 그 춤은 기생 13사람이 13도[道]로 나누어 여러 가지 색으로 지방을 대표하여 일선[日鮮=일본과 조선]이 융화하여 장래에 발전하기를 축원하는 춤이라, … (이하 생략)

기생조합이 각각 공연단체로 탈바꿈하는 모습을 보이면서 유부기의 광교조합과 무부기의 다동조합은 리허설에서 서로 자신들의 특색을 드러내 보였다. 이 리허설이 있기 5개월 전인 1915년 4월 24일에 이미 두 기생조합에 의한 연무演舞의 실습이 있었는데, 4월 27일 자 매일신보(3면)에는 이를 지켜본 기자의 소감이 아래와 같이 실려 있다.

●조선기생편 — 광교조합에서는 무고·쌍검무요, 다동조합편에서는 박접무(撲蝶舞)와 연화대무(蓮花臺舞)를 내었는데, 이에 대하여 기자의 감상을 대강 말하건대,

서로가 역사가 다른 것과 같이 각기 특색이 있으니, **광교편**은 수백년 래[來]의 역사가 있어 가무는 순수한 고대식 그 중에도 고대의 어떻게 말할 수 없는 우미한 곳이 있고, **다동편**은 비유하면 진보주의, 무엇이든지 새 것을 한번 보이려고 애를 쓰는 모양이라. 춤에도 다소 기량을 더하여 변화를 많이 하고 의상도 새 것을 쓰며 빛깔을 복잡하게 하는 등 시대의 요구에 응하여 점차로 새 법을 내는 것도 좋고, 고대의 깊고 고상한 취미가 폐[廢]하지 아니하도록 하는 것도 필요한 것이라.

시곡신창조합은 광교조합과 다동조합에 비하여 기생 수가 적다는 이유로 받은 불이익은 리허설 등 연습에서 제외된 것만이 아니다. 공진회는 여흥을 위하여 연예관과 흥행장 시설을 임시로 마련하였는데, 광교와 다동조합은 일본예기들과 마찬가지로 연예관에서 공연하고,

시곡신창조합은 따로 흥행장 내에 설치된 조선연극장에서 경성구파배우조합舊派俳優組合과 주야晝夜 교대로 공연하는 식이었다.[다만 경성구파배우조합의 일원인 한성준에게는 물산공진회가 열렸던 기간 내내 시곡기생들의 궁중정재를 직접 목도(目睹)할 수 있는 자연스러운 기회가 생기게 되었다] 1915년 9월 16일 자의 매일신보(3면)를 보면 공진회의 여흥에 대하여 아래와 같이 보도하고 있다.

> … (前略) 연예관은 매일 오전 오후로 갈라 일본기생 두 조합, 조선기생 두 조합에서 각기 돌려가며 각종 정재가 있고 밤에는 활동사진이 있는데, 15일에는 활동사진 틈에 조선기생의 일본노래와 정재가 있다고 큰 평판이오, 흥행장 구역의 조선연극장에도 낮에는 **광대의 가곡**이 있는데, 김창환·리동백의 입창[立唱]으로 손(님)을 많이 끌며 밤에는 7시반부터 **시곡미인의 정재**이라 매일 만원의 큰 성황으로 여러 가지 춤과 정재로 많이 멀리온 손님의 이목을 즐겁게 하는 모양이오. …
> (이하 생략)

위의 내용에서 보는 것처럼 같은 조선의 기생조합이지만 광교조합과 다동조합은 공진회의 연예관에서 일본예기들과 요일별로 경연하듯이 교대로 공연하는 데 비하여, 기생 수가 적은 시곡신창조합은 매일 조선연극장에서 (구파배우조합의) 광대들(김창환·이동백 등)과 주야晝夜로 공연을 하는 모양새가 된 것이다. 주된 여흥관은 연예관이고 조선연극장은 보조적인 여흥관이라는 사실은 1915년 9월 12일 자 매일신보(3면)에 보도된 흥행물의 입장료를 비교해 보면[3] 알 수가 있다. 또 연예관의 여흥에 대해서는 매일신보에서 거의 매일 '**금일의 연예관**'이라고 하여 출연하는 기생조합의 명칭과 함께 공연 종목 및 출연자를 소개하였으나, 흥행장 내의 조선연극장에 대해서는 매일 소개하지는 않고 1915년 9월

24일 자의 매일신보(3면)에 아래의 기사가 실린 다음에 9월 26일부터 5일 동안만 소개함으로써 뉴스의 빈도에서도 많은 차이를 보인다.

● 신창기생(新彰妓生)의 가무(歌舞) - <u>시곡신창조합</u> 기생 25명은 공진회 개회하는 50일 동안은 공진회 장내에 있는 조선연극장(朝鮮演劇場) 안에서 매일 흥행하는데, 오후 8시부터 11시까지 각항 정재와 좌창[坐唱]·입창[立唱]을 하여 여러 관람자의 귀와 눈을 유쾌히 하여 매우 찬성을 받는데, 그 중에도 더욱이 잘 하는 것은 채선(采仙)의 승무와 련심(蓮心)의 춘앵전(春鶯囀)이라. 좌창과 입창은 원래 시곡조합기생의 특별히 능한 것으로 모두가 아는 바이거니와 정재에 이르러도 근년에는 능란하게 되었을 뿐 아니라 이번 공진회에는 더욱 익숙하고 화려한 품을 보이고저 하는 마음으로 두어 달 동안이나 연습하였으므로 야간에 여흥장을 구경하는 사람은 반드시 한번 구경할 가치가 있는 명가묘무[名歌妙舞]가 구비하였다더라.

게다가 공진물산회와 같이 열렸던 가정박람회의 여흥으로 기생의 명함 교환경쟁이라는 재밌는 행사가 있었는데[광교조합은 10월 26일, 다동조합은 27일], 시곡신창조합은 여기서도 제외된 채 폐막일인 10월 30일에 열린 '기생운동회'에 단독 출장하는 것이 고작이었다.[1915년 10월 30일 자 매일신보(3면)의 기사 참조] 시곡신창조합에 대해 이러한 차별대우를 깨달은 많은 시곡기생들이 물산공진회가 종료된 후 규모가 더 큰 광교조합이나 다동조합으로 이동하게 되자, 시곡신창조합은 더 이상 조합으로 존립할 수 없는 지경이 되어 결국 해체되기에 이른 것으로 보인다. 그것은 물산공진회가 종료한 다음 해인 1916년에 '<u>비로소 기생으로 된</u>' 시곡삼패詩谷三牌들이 조합을 조직하여 '신창조합'이라는 명칭으로 활동을 시작하였기 때문이다.

♣ ♣ ♣

  이로 인해 오늘날 시곡기생들의 '**신창조합**'과 관련해서 주의를 하지 않으면 안 되는 사안事案이 등장하였다. 1913년에 한성기생조합소가 무부기의 다동조합과 유부기의 광교조합으로 갈라서게 되면서 그것에 거부감을 느낀 시곡기생들이 조합을 따로 만들고, 활발하게 자선연주회 활동을 해 온 것은 앞에서 이미 살펴보았다. 1914년부터 신창조합이라는 이름을 사용한 시곡기생조합은 1915년의 물산공진회에 광교나 다동조합과 함께 여흥단체로 선정되어, 흥행장 내의 조선연극장에서 경성구파배우조합과 교대로 흥행하였던 사실도 설명하였다. 그런데 이와 같이 관기 출신의 시곡기생들로 결성된 시곡신창조합을 1916년에 '**비로소 기생으로 된**' 시곡삼패詩谷三牌들의 신창조합과 혼동하는 사람들이 있다는 것은 정말로 큰 문제이다. 1916년 5월 21일 자의 매일신보(3면)를 보면 〈기생된 신창조합(新彰組合)〉이라는 제목으로 장문長文의 기사가 실려 있는데, 필요한 부분을 소개하면 아래와 같은 내용이다.

  원래 <u>**창기의 영업장을 가지고**</u> 한 달에 몇 번씩 검사를 맞아 가며 세상사람의 <u>**시곡삼패**</u>라는 지목과 이름을 받던 그 시곡계집들로 말하면, … (中略) … 이번에는 시곡미인 일동은 연명으로 소관 경찰서에 청원하여 ▲기생영업장을 하여 달라고 일제히 청원한 까닭에 지나간 19일에 본정[本町]경찰서에서 <u>**창기 20여명을 불러**</u> 기생의 몸삼가가지는 일을 훈유[訓諭]하고 일체 매음은 하지 못할 줄로 알게 한 후 기생인가증을 내어주매, 새기생 일동은 감격함을 못이기더라. … (中略) … 신창조합기생이 정말 감종의 기생이 되기까지는 비상한 고생을 겪어온 것이라. … (中略) … 이번에 새규칙이 실시된 뒤에는 더욱이 기생과 같은 조처를 하여달라고 애원한 결과 이번에 다년[多年]의

소원을 성취하여 확실한 기생이 된 것은 … (이하 생략)

위 기사에서 '새규칙'이라 함은 1916년 3월 31일에 반포한 '예기(藝妓)·작부(酌婦)·예기치옥(藝妓置屋) 영업취체규칙(營業取締規則)'을 말한다. 이전에 경시청령으로 반포된 〈기생단속령〉과 〈창기단속령〉은 원래 경성과 경기도 내의 조선인에게만 적용되고, 각 지방에서는 내지인內地人과 조선인 모두에게 적용되는 경무부령으로 기녀들에 대한 단속규칙을 따로 만들어 내용이 구구區區하였다.[4] 물산공진회가 끝난 다음 해인 1916년에 들어서면서 그러한 것을 통일하여 전국적으로 모두 통용되는 새규칙(경무총감부령警務總監部令 제3호)을 반포하여 시행하게 된 것이다. 그러므로 1916년 5월에 비로소 〈기생된 신창조합(新彰組合)〉을 1912년에 단성사의 강선루에서 공연을 펼친 시곡기생들이 조직하여 1915년까지 활발하게 활동한 시곡**신창조합**과 혼동한다는 것은 동명이인同名異人을 같은 사람으로 오인誤認하는 잘못을 범하는 것이다. 시곡詩谷이라는 지역 명칭에만 매달려 양자를 혼동한다는 것은 1910년대의 궁중정재의 전승양상을 이해하는 데에 있어서 결코 있어서는 안 될 엄청난 착각이다. 그런데도 시곡詩谷이라는 지역 명칭에 구애拘礙받아 양자를 혼동하고 엉뚱한 결론을 도출하는 사람이 실제로 있어서[5] 안타까운 마음이다.

1   1914년 4월 3일 자 매일신보(3면)의 기사 : "●호교지폐(壺校之廢)와 시기지미(詩妓之美) – 이미 누차 게재한 바 경성 동부 통안에 있는 사립호동학교(統内 壺洞學校) 사정이 군졸[窘拙]하여 장차 폐지할 지경이다는 말은 모두 아는 바이거니와. 요사이 소식을 들은 즉, … (中略) … 이즈음 사회의 공익을 힘쓰는 경성 남부 시곡, 신창기생(詩洞新彰妓生)조합소 기생 일동은 이 말을 듣고 무한 개탄히 여기어 우리가 비록 여자의 신분이나 오늘날 폐교된 호동학교를 다시 일으키자고 발론[發論]되어 일동이 비상히 찬성하는 뜻으로 결정하고 한[限] 3일간 하고 호동학교를 위하여 일간[一間] 날 따뜻하기를 기회하여 특별자선연주회(慈善演奏會)를 열기로 목하 준비 중이라는데, …"

    1914년 5월 20일 자 매일신보(3면)의 기사 : "●신창기생(新彰妓生) 연주회 준비 – 누차 게재한 바, 경성 남부 시동(詩洞) 신창기생조합(新彰妓生組合)에서는 그 조합 취체[取締]로 있는 기생 농옥[弄玉]과 부취체 향란[香蘭] 등 이하 모든 기생의 발기[發起]로 경성 동부 순라동(巡邏洞)에 있는 사립 호동학교(壺洞學校)의 폐교됨을 개탄히 여겨 1주일 간을 한[限]하고 특별연주회를 개최한다 함은 일반이 아는 바이거니와, 요사이 소문을 들은 즉 그 동안 모든 기생이 각항[各項] 연예를 실습하여 더욱 장래 무대(舞臺)에 올라 굉장한 재주를 자랑하기로 열심 연습한 결과 어제까지 다 마친 고[故]로 크게 연주회(演奏會)를 열기로 결정하고, 금명간으로 경성 남부 황금유원(黃金遊園) 안에서 흥행하는 광무대 박승필(光武臺 朴承弼)씨와 교섭 중이라더라."

2   아래의 기사에 열거된 광교조합의 기생 중에 춘외춘·명옥·부용·홍매가 1912년에 단성사의 강선루에 시곡기생 일판이 나가 공연할 때의 기생의 일원—員이었다는 것, 또 시곡기생들 중에서 무부기로 전환하여 다동조합으로 빠져나간 사람이 있음을 머리에 떠올리면 시곡신창조합 기생의 수가 적은 이유를 짐작할 수 있을 것이다.

3   연예관은 '특등 30錢, 1등 20전 2등 15전 … 소아(小兒)는 반액'으로 되어 있고, 조선연극장은 '특등 대인(大人) 15錢. 소인(小人) 8전, 평석(平席) 대인 10전, 소인 5전 …'이었다.

4   예컨대 평안남도와 경상북도는 갑종예기(甲種藝妓), 을종예기(乙種藝妓)로 분류하고, 평안북도·황해도와 강원도는 예기와 작부(酌婦)로 분류하였다.

5   이정로의 논문 〈일제강점기 '조선춤'의 전개 양상 연구〉[한국학중앙연구원 한국학대학원 박사학위논문, 2013]에서는 1912년 '단성사의 강선루(降仙樓)' 공연을 논하면서 여러 곳에서 **잘못된 주장**을 전개하고 있다. 예컨대 "우대기생이 중심이 되어 가무를 공연한지 약 일주일이 지나 강선루 공연은 시곡기생으로 대체되었고, … (中略) … 시곡기생의 공연 종목은 우대기생의 종목과 다소 차이를 보이고 있다. 이들의 춤 공연이 중요한 사실은 본래 시곡기생, 즉 삼패들은 관기들의 춤을 추지 못하던 신분이었기 때문이다."[p. 29]라고 한 것이나, "시곡기생들은 과거 삼패들로 1908년 시곡예기라는 이름으로 불렸던 기생이었다. 이들은 일패 기생들의 가무를 배우고, 근대극장에서도 일패의 공연 양상이었던 자선연주 활동을 부단히 전개했다. 1916년 삼패는 창기(娼妓)에서 비로소 '기생(妓生)'의 신분을 갖게 되는데, 이 배경에는 바로 근대극장에서 기생의 가무로 공연한 노력들이, 대중들에게 기생으로 인식되어지게 한 바탕이 되었다고 보아진다."[pp. 29-30]라고 한 것, 또 "삼패인 시곡기생은 본래 관기들의 춤을 추지 않는 신분이었으나, 우대기생을 대체하여 춤을 추었다. 그 배경은, 이들이 '창기(娼妓)'에서 벗어나 '기생(妓生)'이 되기 위해 '기생(妓生)'들의 가무(歌舞) 종목을 연습한 노력의 결과이다."[p. 35]라고 기술하고 있는 것 등이 대표적인 예이다.

저자가 이것이 **잘못된 주장이라고 하는 이유**는

첫째 1912년의 단성사 강선루 공연에서 처음부터 '기생'이라고 호칭된 시곡기생을 — '시곡'이라는 지역 명칭에 과도한 의미를 부여하여 — '창기'인 삼패라고 전제하고 자신의 주장을 전개하고 있기 때문이다. 그러나 1908년 9월 30일에〈기생단속령〉과〈창기단속령〉이 동시에 반포된 이후에는 '기생'과 '창기'는 서로 배타적인 개념이 되었으므로, 신문이나 단성사가 강선루 공연을 보도 혹은 광고할 때 삼패인 '창기'를 시곡'기생'이라고 내세우거나 호칭한다는 것은 있을 수가 없는 일이다.[또 덧붙이자면 우대기생과 시곡기생은 서로 배타적인 개념이 아님은 '강선루의 공연 종목 및 공연 날짜'를 정리해 놓은 앞의 도표를 통해 이미 입증하였다.]

둘째 시곡기생들은 조합을 따로 조직하여 1913년부터 광교조합 다동조합과 마찬가지로 자선연주회를 개최하는 등의 활발한 활동을 하였고, 1915년의 물산공진회에서 여흥단체로 선정되자 1915년 9월 11일 자 매일신보에 '신창(新彰)조합'이라는 이름으로 축하광고를 하고 50일 동안을 조선연극장에서 경성구파배우조합과 주야(晝夜)로 교대하면서 공연한 후에 해산하였으므로, 1916년에 비로소 기생된 '시곡삼패'들의 신창(新彰)조합과는 전혀 다른 실체이다.

9. 경성구파배우조합(京城舊派俳優組合)의 등장(1915년)

1915년 9월 7일 자 매일신보(2면)에는 〈공진회 구경〉이라는 이름하에 '외부 각 단체의 준비활동과 기세(氣勢)'라는 부제副題로 아래와 같은 기사가 실려 있다.

> … (前略) **다동조합기생** 등은 개회일 오전 8시에 백삼(白衫=흰저고리) 남상(藍裳=남색치마)에 연두색 혜(鞋=신)를 신고 옥색(玉色) 양산, … (中略) … 또 **광교조합기생**은 남상(藍裳)에 상의(上衣)는 임의로 입고, 연두색 혜(鞋)를 신고 분홍의 양산, … (中略) … 각 75명씩과, (시곡)**신창조합기생** 30명은 흰 미투리에 옥색 양산에 … (中略) … **구파배우조합(舊派俳優組合)** 재인(才人) 일동은 춘향극의 복색(服色)으로 혹은 이도령, 춘향, 군노(軍奴) 통인(通引=고을 수령의 심부름꾼) 등 형형색색으로 분장하고 경성호텔에 집합하여 … (이하 생략)

위의 기사를 보면 공진회의 개회일에 기생조합 외에 춘향극의 복색으로 분장한 구파舊派배우조합이 등장하고 있다. 오늘날 '**배우**'라고 말하면 '영화나 연극에 출연해 연기하는 사람'을 가리킨다. 영화나 연극과 달리 각본 없이 전통연희를 펼치는 사람을 배우라고 부르지 않는다. 그런데 1902년 봉상시奉常寺 내에 희대戲臺가 설치되고 나서 희대에서 행해진 전통연희를 '**연극**演劇'이라고 호칭하는 사람[1]도 있기에 배우라는 용어를 폭넓게 사용한 듯하다. '배우'라는 용어를 처음에는 신파극을 하는 사람에게도 쓰다가 얼마 후부터 전통예능의 연희자演戲者에 대해서도 쓰는 것이다. 조선시대에 재인才人 또는 광대라고 부르던 사람을 일제강점기에 들어와서 배우俳優라고 호칭하였던 것은 아래의 기사를 통해 확인할 수 있다.[나중에는 무대에 출연하는 기생도 배우라 힘]

1) 1914년 2월 15일 자 매일신보(3면)의 기사 : "●광무대도 연주회 - 경성 남부 황금유원 안에서 흥행하는 광무대(光武臺) 박승필 일행(朴承弼 一行)은 금번 앵도폭발에 대한 참상을 구조키 위하여 명일 밤부터 자선연주회(演奏會)를 대대적 개최하고 그날 수입한 돈을 전부 기부하기로 결정하였다는데, 이에 대하여 **배우단** 이형순(李亨順)·김인호(金仁浩)·조양운(趙良云) 등 기타와 … (이하 생략)"

2) 1914년 4월 24일 자 매일신보(3면)의 〈예단(藝壇) 100인(65) 채희(采姬)〉: "단성사의 출연하는 **구극 여배우** 채희는 단가로 명창의 이름을 듣는 채란이의 아우라, 금년이 14세로 체격은 잔약[孱弱]하나 소리는 숙달하여 난형난제[難兄難弟]의 평론을 듣겠더라. 각종 잡가와 성주푸리·단가·산타령·흥타령·개구리타령으로 관객의 박수갈채를 받으며, 승무는 채희의 제일 잘하는 것이라. 3년 전부터 그 형[兄] 채란에게 가무를 배워 지금은 매야[每夜] 출연하여도 한 배우의 직책을 능히 하는 고(故)로 … (이하 생략)"

1911년 10월에 임성구林聖九가 혁신단革新團을 창단하여 신파극 '불효천벌(不孝天罰)'을 공연한 이후, 전통적인 창극唱劇을 신파극과 구분하기 위해서 **구극**舊劇이라고 부르게 되자, 창극을 연희하는 사람들을 '**구파배우(舊派俳優)**'라고 한 것이다. 그리고 1915년 4월 1일 자 매일신보(3면)를 보면 아래와 같은 기사가 있다.

●광대의 조합설립 - 경성부 훈정동 등지에 설립한 경성구파배우조합 (京城舊派俳優組合)은 그동안 당국에 청원 승인된 후 지나간 26일 경성 광무대와 연흥사 두 곳에 있는 남녀 배우 일동과 기타 배우 등이 많이 모여 장래에 이행하여 갈 사무분장을 행하였는데, 김창환·이동백은 선생으로, 조합장은 장재욱[강재욱의 誤記], 부조합장은 김인호·김봉이로 정하였고 기타 총무는 조양운·한문필 등으로,

사찰은 곽천희로 모두 분장[分掌]한 후, 장래에 아무쪼록 정신을 차려 남의 치욕을 면[免]하고 잘 수신[修身]하여 감이 조합 발전의 기초라고 강재욱의 설명이 있었다는데, …

이 기사를 보면 광무대와 연흥사 두 곳에 있는 남녀 배우 일동과 기타 배우 등이 구파배우조합의 조직원이고, 3월 26일에 모여서 그 이전에 당국의 허가를 받은 조직의 업무 분장分掌을 하였다고 되어 있다. 하지만 구파배우조합이 언제, 어떤 목적으로 결성되었는지는 나타나 있지 않다. 그러나 《조광(朝光)》(1937년 3월 호)에 실린 청엽생靑葉生의 〈**명창(名唱) 이동백전(李東白傳)**〉이라는 글에는 이동백이 회고하는 내용 중에 '배우조합'이라는 말이 나오므로 조합의 결성 시기를 짐작해 볼 수가 있다.

… (前略) 또 하나 그때 <u>**배우조합**</u>이 있었습니다. 그것은 그리 오랜 일이 아니올시다. … (中略) … 그런데 그것이 내종에 배우조합으로 되여 송대신(宋大臣; 송병준)께서 만드시고 종묘(宗廟) 앞에 있었읍니다. 우리들도 이 조합에도 드러서(=가입하여서) 궁(宮)에 드러갔읍니다. 그런데 처음 기생이 궁내에 드러가기는 지금 조선권번(朝鮮券番) 즉 다동(茶洞)조합에서 드러갔는데, 그때 마츰 광교조합은 궁을 직히는(지키는) 직속(直屬)조합이라 싸훔(싸움)이 났었으나 다동[茶洞조합]서는 우리는 배우조합에 들어서(=가입하여서) 드러간 것이라고 하야 마츰내 소송까지 있었는데, 광교조합이 진 일이 있읍니다. 이렇게 우리들도 배우조합에 들어서 여러 번 궁궐에 드러갔읍니다. 어떤 때는 궁(宮) 뜰에서 춘향전을 지금 가극(歌劇)과 같이 배우를 내여서 실연(實演)하여 본 일이 있읍니다. 매화가 만발한 뜰에서 건네(그네)를 매고 그때 춘향이에는 인물 곱고 아릿다운 기생 향심(香心)이가 하였고, 이도령은 설경패라는 기생이고 어사는 남수라는 기생입니다. …[2]

위에 기술된 광교·다동 조합 간의 다툼은 고종탄신일 축하연 이후에 있었던 어떤 행사에서 벌어진 일로 생각된다. 김영운의 논문 〈**1913년 고종 탄신일 축하연 악무 연구**〉'— 장서각(藏書閣) 소장 『조선아악(朝鮮雅樂)』에 基하여 —'를 보면 광교기생조합 15명과 다동기생조합 15명이 1913년 9월 8일에 있었던 축하연에 함께 참가하였음[3]이 나온다. 그리고 1915년 4월 25일 자 매일신보(3면)의 아래와 같은 기사는 실지로 이동백의 이야기와 상통하는 내용이다.

●진문(珍聞), 기(妓)의 동맹(同盟) — 엄청난 유부기의 동맹, 무부기조합과 큰싸홈 : … (前略) 근년부터 기생 주산월(山月), 김명옥(明玉)의 발기로 무부기조합이라는 것이 생겨, 기생서방[=妓夫] 없이 기생노릇하기를 시작하매, … (中略) … 미미하던 무부기조합기생은 날로 늘어 지금은 92명이오, 경성화류계를 독점하였던 유부기조합, 즉 광교조합(廣橋組合)은 … … 자연 흥왕[興旺]치 못하여 근 200명 기생이 3, 4년 사이에 일흔 아홉으로 줄어들어 두 조합은 서로 눈을 흘기게 되어 유부기 무부기가 섞여서 노는 좌석은 기생의 화기(和氣)가 적어 서로 재미없이 여기며 또는 그런 좌석에서 풍파도 난 일이 있어 두 조합은 점점 사이가 벌어져 가더니, 일전(日前) 창덕궁에서 연회가 되어서 리왕직[4]에서 기생을 부를 때에 유부기와 무부기를 한데 쓰려고 하였다가 유부기는 이것을 하겠느니 저것을 못하겠느니 몇 번 말을 바꾸는 까닭에 리왕직에서는 유부기를 퇴[退]하고 무부기만 불러 쓰게 된 바, 무부기 일동이 창덕궁의 어람[御覽]에 받들어 바친 바, 연무[演舞]는 춘향가 일판인데, 그때 무부기들은 기생의 복식대로 가장(假裝)을 하지 않고 혹은 북상투를 끌어올리며 혹은 머리를 땋아 내리며 기타 여러 가지로 아주 사당패같이 복색을 변장하고 길로 왕래하여 괴이하게 사람을 놀래였으므로

… (中略) … 유부기들은 한 구실(口實)을 얻어 「무부기의 변복[變服]은 여사당이나 다름없고 우리는 고래[古來]로 내려오던 약방, 상의방 관기라 기생의 원조로 여사당 노릇하는 기생과 어찌 같이 놀리오!」 하며 호기[豪氣]를 한번 피우고 저희끼리 엄청나게 동맹을 하여 이후 어떠한 곳에서든지 무부기와는 한 좌석에서 놀지 않는다는 편지를 각 요리점으로 보내고 …

위의 기사 내용을 통해서 다동조합기생들이 1915년 순종탄신일(양력 3월 25일)의 축하 행사의 일환으로 춘향전을 연행하기 위해서 궁에 들어가는 것을 광교조합이 문제를 삼았다는 것을 알 수 있다. 이동백의 회고 내용에 따르면 다동조합기생들이 자신들은 배우조합에 가입해 있어서 들어간 것이라고 광교조합기생들에게 말했다는 것으로 보아, 구파배우조합은 그 이전에 이미 결성되어 있었을 터이다. 그리고 구파배우조합에는 창부들과 구극舊劇을 같이 하는 가희歌姬들도 가입되어 있었음을 알 수 있다. 여기서 생기는 의문은 구파배우조합에 가입되어 있는 다동조합의 무부기가 관기 출신으로 구성된 광교조합을 상대로 창덕궁의 출입을 당당하게 내세울 수 있는 배경이 무엇이냐 하는 것이다. 저자는 경성구파배우조합의 조합장인 강경수가 고종의 가무별감이었을 것으로 추정한 바 있다. 그와 같은 인연이 있는 이상 구파배우조합이 창덕궁 연희에 불려 가는 것은 이상하게 생각할 일도 아니다.

1915년 4월 23일 자 매일신보(3면)에는 "금년 가을 공진회(共進會)의 개회 중에 여흥으로 연주할 경성 두 조합의 기생과(및) 일본 두 조합의 기생들은 연무의 실습을 이미 개시하였는데, …"라는 기사가 있다. 이는 이 무렵에는 공진물산회를 후원하는 경성협찬회京城協贊會가 여흥을 담당할 단체를 이미 선정하였다는 것을 시사한다. 경성구파배우조합이 1915년 4월 초에 조합원의 업무를 정하였다는 것은 그전에 경성협찬회로부터 공진회의 여흥단체로 선정되었다는 증거이다. 경성협찬회가 구파배우조합을 공진회의 여흥단체로 선정한 이유는 물론 구극舊劇에 대한 조선사람들의 기호嗜好를 고려하였기 때문일 것이다. 하지만 당시에 인기가 많았던 신파극 대신에 구극을 선택한 결정을 한 배경에는 약간 흥미로운 면이 있다. 공진회의 여흥에 관한 건은 경성협찬회京城協贊會의 이사회에서 결정한 것인데, 그 전임專任이사의 명단 속에 실업가實業家를 대표해 최상돈崔相敦과 김용제金鎔濟 등이 들어 있었던 사실이 흥미를 끈다.[1915년 2월 26일 자 매일신보(2면) 참조] 이들은 1906년에 협률사의 복설을 주도하였던 고위 관료였고, 특히 최상돈은 경성협찬회의 전임이사이면서 여흥계餘興係의 직책을 겸임하고 있었다.[1915년 2월 28일 자 매일신보(2면) 참조] 경성협찬회가 공진회의 조선연극장에서 공연할 여흥단체를 선정할 즈음에 이른바 눈물연극으로 인기몰이를 하던 신파新派극단을 제외시키고 구파舊派배우조합을 선정한 것은 1906년에 자신들이 협률사를 복설할 당시에 조합장 강경수가 고종의 가무별감으로 있었던 과거의 인연이 작용하였던 것은 아닐는지?

---

1 1906년 3월 8일 자 대한매일신보(1면)의 '논(論)협률사(協律社)'를 보면 "협률사는 연전(年前)에 … (中略) … 예기(藝妓)를 초선(招選)하며 창우(倡優)를 모집하여 소위 춘향가·화용도(華容道)타령을 백반(百般) 연극으로 완희(玩戲)를 정(呈)하여 … "라는 구절이 있다.
2 김수현·이수정 엮음, 한국근대음악기사자료집 권7['명창 이동백傳'], pp. 50-51
3 김영운, 1913년 고종 탄신일 축하연 악무 연구[장서각 제18집, 한국학중앙연구원, 2007, pp. 27-55], p. 39
4 이왕직(李王職) : 일제강점기에 대한제국의 황실이 이왕가(李王家)로 격하됨에 따라 설치된 기구.

10. 경성구파배우조합의 활동과 강경수(姜敬秀)의 역할

경성구파배우조합의 사무분장은 1915년 4월 1일 자의 매일신보(3면)에 간략히 소개되었지만 1915년 6월 1일 자 매일신보(3면)에 게재揭載한 광고를 통하여 조합원들의 이름과 직책을 아래와 같이 명시하였다.

조합장	강경수(姜敬秀)
부조합장	김인호(金仁浩), 김봉이(金鳳伊)
선생	김창환(金昌煥), 이형순(李亨順), 이동백(李東伯)
총무	조진영(趙鎭榮), 박상도(朴尙道)
사무	윤병두(尹炳斗)
회계	강원삼(姜元三)
평의장	한성준(韓成俊)
평의원	김봉문(金奉文), 김창룡(金昌龍), 김기봉(金奇鳳), 김창진(金昌鎭), 임학준(林學俊), 조양운(趙良云), 지성근(池成根), 곽천희(郭千喜), 장도순(張道舜), 신경연(申京連), 이봉운(李鳳雲), 김봉영(金奉榮), 박팔괘(朴八卦)
여배우	박금홍(朴錦紅), 오옥엽(吳玉葉), 김해선(金海仙), 박이화(朴梨花), 엄계월(嚴桂月), 이금희(李錦姬)

위 내용을 1915년 4월 1일 자 매일신보(3면)의 기사와 비교해 보면 조합장의 이름이 강재욱에서 강경수로 바뀐 것이 눈에 띈다. 이것을 조합장이 교체된 것으로 이해하는 견해가 있으나, 저자는 경성협찬회와의 협약서에 강경수의 본명인 강재욱으로 기재되었기에 생겨난 혼선으로 생각한다. 1915년 5월 30일 자 매일신보(4면)에 게재된 '**독자기별**'란에는 아래와 같은 내용이 나온다.

▲지금 배우조합장으로 잇는 강경슈는 아모 것도 몰으는 배우들을 다리고 속을 썩혀가며 일을 하야 볼가 하나, 도로아미타불이라는 걸. 웨들 그 모양인지 모르겟서.「一俳優」

위의 내용에서 알 수 있듯이 구파배우조합은 당시 조합장의 역할이 상당히 중요할 때이므로, 경성협찬회의 의뢰가 들어온 지 2개월도 채 되지 않은 때에 조합장의 교체란 있을 수 없는 이야기로 생각된다. 왜냐하면 경성협찬회의 의뢰를 받은 당시에는 구파배우조합이 하나의 단체로 활동할 수 있는 기반이 마련되어 있지 않아서 조합원들이 광무대와 연흥사 등에서 개별적으로 활동하고 있었던 것으로 알려져 있기 때문이다. 경성구파배우조합이 사무 분장을 하고 본격적으로 활동을 시작할 즈음에 그 당시의 내부 상황을 엿볼 수 있는 자료가 몇 개 보인다.

1) 1915년 5월 18일 자 매일신보(4면)의 '독자기별'란 : "소위 배우조합의 선생이라는 김창환과 또 그 아들 부조합장 김봉이 부자[父子]는 아무 말 없이 남원으로 내려가서 무슨 회사를 꾸며가지고 돌아다니며 흥행을 한다고 아주 동류[同類] 간에 비평이 야단이야. 조합규칙은 벌써부터 허리띠가 클러졌으니까. 나도 그와 같이 하면 누가 말할 터인가.「한 광대」"

2) 1915년 7월 16일 자 매일신보(4면)의 '독자기별'란 : "배우조합에 소위 선생으로 있다는 김창환이는 돈에 눈이 팔려서 슬그머니 시골로 내려갔다 하더니 요새 소문에 의관[衣冠]을 갈기갈기 찢기고 매를 죽도록 맞았대요. 필경 시골사람이라고 업신여긴 게지.「一俳優」"

위의 내용은 구파배우조합이 사무 분장을 하고 공진회의 여흥 준비를 하는 동안에 선생인 김창환이 개인적인 협률사를 조직해 남원에서 활동하는 것에 대해 동류同類들의 못마땅하다는 인식을 보여 주는 것이다. 김창환의 행태는 조합장인 강경수가 고수鼓手 출신이라는 것과 그것도 이동백의 친한 친구라는 점에 대해 불만을 드러낸 것 같다.[1]

그러나 1915년 8월 17일 자 매일신보(3면)의 '독자기별'란에는 "배우조합에서는 요사이 개량(한) 춘향가를 연습하여 가지고 공진회 때에 할 작정이라는데, 그저께 단성사에서 경성에 있는 배우들을 모두 모아서 실지 연습을 하였다네요. … 「구경꾼」"이라는 내용이 있는 것을 보면, 강경수가 결국 경성구파배우조합을 원만하게 이끌어 공진회의 여흥을 차질 없이 준비하고 있음이 확인된다. 더욱이 구파배우조합은 1915년 9월 4일 자 및 8일 자의 매일신보에다 아래와 같이 야심 찬 광고를 하였다.

⦿ 근 고(謹 告)

본 조합이 창립된 이후로 점차 진보하야 흥왕(興旺)하옴은 감사 무비(無比)하오며, 온[=오는) 시정(施政)5주년기념 조선물산공진회 시기를 당(當)하야 각항(各項) 복색(服色)을 일신(一新) 준비하옵고, 개최 당일브터 50일 주야(晝夜) 흥행하올 뿐 불시라(不啻라=뿐만 아니라) 조합을 찬성하시는 제위(諸位)에게 혜택을 만분지일(萬分之一)이라도 보답키 위하와 통구(洞口) 내 단성사에셔 모범적 자미(滋味)가 유(有)하온 각본으로 주야(晝夜) 흥행하오니 우극(尤極) 찬성하심을 망(望)함.

경성부(京城府) 수은동(受恩洞) 단성사 內
통구내(洞口內) 경성구파배우조합 출장소

구파배우조합이 공진회가 열리는 50일 동안 조선연극장만이 아니라 단성사에서도 공연한다는 내용이다. 공연의 구체적인 내용은 이진원 교수의 논문 〈**조선구파배우조합(朝鮮舊派俳優組合) 시정오년기념(施政五年紀念) 물산공진회(物産共進會) 참여**의 음악사적 고찰〉에 자세히 수록되어 있다.[2] 구파배우조합을 연구하는 사람들에게 소중한 자료라고 여겨지는 그 내용은 위 논문에 잘 설명되어 있으므로 생략하기로 하고, 여기서는 아래와 같이 몇 가지 사항만 언급하고 싶다.

- 첫째, 경성협찬회의 섭외가 있기 전에는 구파배우들이 각 극장에서 개인적으로 공연을 하다가, 섭외가 있은 후부터는 경성구파배우조합에 합류하여 하나의 공연단체로서 활동하는 모습을 보인다는 점.
- 둘째, 경성협찬회와의 협약에 따라 공진회의 여흥은 경성구파배우조합이 수행할 책임을 지지만, 단성사의 공연은 경성구파배우조합 외에 다른 배우들을 참여시켜 '조선구파배우조합'이라고 하는 임시적인 명칭을 사용한다는 점.
- 셋째, 단성사의 공연에는 경성구파배우조합의 여배우 멤버 중에서 오옥엽(광무대 전속기생)이 빠지고 김채란·염계향·박월선·김계선·엄금선이 추가되었는데, 이들은 1916년에 경성구파배우조합의 여배우女俳優로 대부분 가입하게 된다는 점.[3]
- 넷째, 조선구파배우조합의 이름을 내걸고 시행한 연예과목에는 전통적인 舊연극[심청가·수궁가(水宮歌)·춘향가·박타령(朴打令) 등]만 있는 것이 아니라 이인직의 은세계(銀世界)도 포함되었으며, 그밖에 영남루(嶺南樓)·남교자(男教子)·황공자극(黃公子劇)·효양가(孝養歌)·황학루(黃鶴樓) 등의 창작으로 생각되는 舊연극도 다수 포함되어 있다는 점.
- 다섯째, 기생들의 가무도 오동봉황무(梧桐鳳凰舞)·부용호접무(芙蓉胡蝶舞)·쌍고4승무(雙鼓四僧舞)·전래별검무(電雷別劒舞)·죽림칠현무(竹林七賢舞) 등 새로 창작한 춤을 공연하고 있다는 점이다.

강경수가 임시적인 조선구파배우조합이라는 이름을 내걸고 다른 구파배우들을 대거 끌어들여 단성사에서 전통연희의 형식과 내용을 총망라한 다채로운 공연을 한 것을 보면 그의 역량을 짐작할 수가 있다. 또 위의 내용을 음미해 보면 구파배우조합은 공진회를 하나의 계기로 삼아서 신파극의 흥행으로 몰락해 가는 구극舊劇의 활로를 찾고자 하는 활동을 하였던 것으로 여겨진다.

1915년의 조선물산공진회의 개최를 계기로 하여 구파배우조합이 성공적인 성과를 거두었다는 것은 여러 면에서 확인된다. 우선 1915년 6월 1일 자 매일신보에 게재한 경성구파배우조합의 광고와 1916년 3월 5일 자의 매일신보(3면)에 실린 '**축3천호 기념**' 광고를 비교해 보면 조직이 대폭 확대되었음을 알 수 있다. 조합장 강경수와 평의장 한성준은 그대로이나, 부조합장과 총무·회계·사무 담당자들이 이동 또는 교체되었고 간사나 감독이라는 직책이 신설되는 등으로 조직이 재편·확대된 점이다.[4] 특히 여배우로는 초기부터 이름을 올린 조합원 외에 많은 기생들도 추가되어, 광무대와의 분쟁 당사자였던 김채란金采蘭[5]의 이름도 보이고 그 밖에 염계향·박월선·김경파·김계선·문명월의 이름도 보인다.

그리고 경성구파배우조합의 명창들이 물산공진회의 여흥활동을 통해서 경제적인 이익을 얻게 되는 기회를 가진 듯하다. 1915년 9월 22일 자 매일신보(4면)에 실린 '독자기별'란에 아래와 같은 내용이 보인다.

이번의 배우조합 김창환·이동백·김봉이 세 배우는 유성기에 소리를
넣고 돈 천원이 생겼대요. 그런데 돈 때문에 말썽이 많다나 보지.
　　「이어자(耳語者)」

[위에 언급된 음반은 당시 일본축음기상회(日本蓄音機商會)[6]와 경쟁하던 미국빅타
음반회사가 제작함[7]]

　김창환·이동백·김봉이 세 명의 배우가 유성기에 소리를 취입하고
받은 천 원은 – 공진회장에 설치된 조선연극장의 입장료가 '특등 대인(大人) 15錢'인
것을 기준으로 생각하면 – 대인(특등)이 약 6,660명이 입장해야만 들어오는
큰돈이다. 그러한 거래를 성사한 것은 조합장 강경수의 대외적인
섭외력으로 보아야 할 것이다. 그리고 '**돈 때문에 말썽이 많다**'는
이야기는 김창환·이동백·김봉이 세 사람 간에 돈의 분배액을 둘러싼
다툼으로 생긴 문제가 아니라, 조합장 강경수가 이것을 개인별로 돈을
전부 분배하는 대신 그 일부를 구극舊劇을 개량하려는 용도에 쓰자는
제안을 두고 논란을 벌인 일이 아닐까? 하는 생각이 든다.

　조합장 강경수는 공진회의 행사를 계기로 경성구파배우조합의
인지도가 높아진 것으로 만족하지 않고 구극舊劇이 시대의 흐름과 호흡을
같이하기 위한 새로운 방향을 모색하기 시작하였다. 1916년 8월 26일
자의 매일신보(3면)에 실린 경성구파배우조합의 광고가 그런 표현이다.

　　8월 25일브터 3주일 간을 한(限)하야 동구(洞口)내 단성사에셔
　　추기(秋期)연주회를 개(開)하옵니다. 금반(今般)에는 구극(舊劇)의
　　기예(技藝)도 잘 연습하얏삽고 내지인(內地人=일본인) 극사(劇師)를

초빙하야 신파(新派)의 기예도 투득(透得)하와 매야(每夜) 구극(舊劇)과 신극(新劇)으로써 흥행하겟사오니 애극가(愛劇家) 제씨(諸氏)는 배구(倍舊=이전보다 2배로) 찬성지지(贊成之地)를 복망(伏望=엎드려 바람).

경성구파배우조합 告白

위의 광고에는 조합장 강경수가 일본인 연극전문가를 초빙하여 신파극의 무대 양식과 연출기법을 배워 구극의 공연에 이를 접목하려는 취지가 드러나 있다. 그와 함께 구극과 신극을 합동으로 흥행하여 신파극을 선호하는 당시의 관객들을 끌어들이면서 구극의 새로운 모습을 알리기 위한 기회로 삼으려는 의도도 보인다. 이는 동일한 날짜의 매일신보(3면)에 실려 있는 아래의 기사를 보면 확연해진다.

> 경성구파배우조합(京城舊派俳優組合)에서는 25일부터 3주일간 작정하고 단성사에서 연주회를 한다는데, 구연극도 몇 달 동안 연습하였고, 또 신연극도 흥행하기로 작정하여 혁신단 배우와 합동으로 흥행한다더라.

이러한 움직임이 계속되었던 것은 아래의 기사를 통해서도 확인되는데, 그러한 과정을 거치면서 구극의 외연外延도 넓어지는 결과를 낳았다.

1) 1916년 10월 15일 자 매일신보(3면)의 기사 : "●구파우(舊派優)의 지방순회 – 단성사에서 오래동안 신파연극의 합동으로 흥행하던 경성구파배우조합 배우 이동백(李東伯) 일행은 각군(各郡) 지방을 순회하여 흥행을 할 次로 거번(去番)에 먼저 대전으로 내려가서 지나간 7일부터 **신구파연극**으로 흥행하였다는데, 이왕(已往)보다 배우기술이 발달되어 지방인사의 大갈채를 박득(博得=널리 얻음)한다는데, 순차로 각군[郡]을 돌아다니는 중이라더라."

2) 1917년 2월 4일 자 매일신보(3면)의 기사 : "●구파배우의 연극 – 경성구파배우조합(京城舊派俳優組合) 일행은 지난 1일부터 단성사에서 **신구파연극**으로 흥행 중이라는데, 구연극이 마친 뒤에는 날마다 다른 각본의 신파로써 흥행을 하여 환영을 받는다더라."

3) 1917년 2월 25일 자 매일신보(3면)의 기사 : "●구파배우의 신파극 – 지금 단성사에서 개연[開演]하는 <u>**신구극개량단(改良團)**</u> 일행은 고대소설 장화홍련전을 신파로 꾸며 그동안 실습을 다 마치고 24일부터 흥행한다는데, 매우 자미[滋味]가 있다더라."

4) 1917년 4월 1일 자 매일신보(3면)의 기사 : "●사씨남정기를 흥행한다 – 경성구파배우조합 <u>**개량단일행**</u>(京城舊派俳優組合 改良團一行)은 그동안 남성사에서 개연[開演]하다가 (단성사의) 이번 기생연주회가 마치게 됨을 따라 4월 1일부터 구소설 사씨남정기(謝氏南征記)를 18막에 나누어 단성사에서 흥행한다더라."

5) 1917년 9월 28일 자 매일신보(3면)의 기사 : "●개량단환영됨 – 경성(구파)배우조합 <u>**신파개량단**</u> 김도산일행(金陶山 一行)은 대구 동래 부산 마산 제주 목포 여러 지방에서 성대한 환영을 받고 지난 16일에 전남 광주에 와서 그날 밤부터 흥행하여 호평을 받은 바, … (이하 생략)"

6) 1918년 1월 24일 자 매일신보(3면)의 기사 : "●개량단일행의 개연 – 경성구파배우조합의 <u>**신파개량단**</u>(新派改良團) 일행은 그동안 삼남지방에서 순업흥행 중이던 바, 이번에 도로 올라와서 23일부터 동구안 단성사에서 개연하게 되었는데, 향자<u>**장화홍련전**</u>의 갈채 받던 대신에 더욱 자미있는 각본을 만들어 흥행할 터이라더라."

경성구파배우조합의 위와 같은 일련의 시도는 잊혀 가는 구극舊劇의 활로를 찾기 위하여 시대의 흐름에 맞춰서 변화해 가려는 움직임의 표현이다. 강경수는 신파와 구파의 합작을 통한 개량을 시도한 신구파新舊派극이라는 형태[8]도 선보였다. 그런 과정 속에서 구연극도 종전의 판소리 레퍼토리에서 벗어나 외연을 확대하여 장화홍련전, 사씨남정기와 같은 고대소설을 신파처럼 각색하게 되었다. 그 결과 이와 같은 **새로운 구파연극**(이른바 新舊劇)이 한동안은 관객들로부터 호평을 받게 되는 큰 성과를 거두게 되었다. 하지만 경성구파배우조합이 '구극을 신파로 꾸며 연희한다'는 의미가 구극을 신파극으로 변모시키려고 하는 의도가 아닌 이상 그것도 한계가 있을 수밖에 없다. 그 결과 1918년 3월 3일 자 매일신보(3면)의 아래 기사에서 보듯이 신파개량단 제도를 조직에서 없애는 방향으로 결론을 내렸다.

> ●단성사의 신파연극 – 경성배우조합에서는 이래[以來] 신파개량단 김도산 일행을 조직하여 경향 각지에 다니며 순업흥행을 하여 큰 찬성을 받아왔는데, 이번 그 조합에서는 개량단의 제도를 없애고 신파에 련숙[練熟]한 배우 수십인을 모아 취성좌(聚星座)라 하고 좌당을 김소랑(金小浪)으로 하여 지난 27일부터 단성사에서 개연한다는데, … (中略) … 자미있는 각본을 밤마다 제공한다더라.

그 후 신파개량단의 김도산 일행은 독자적인 길을 걸어 연쇄극 連鎖劇[9]이라는 장르를 개척하게 되지만, 조선의 구극은 1920년대에 들어서면서 침체기에 들어서게 된다. 그것은 내재적인 한계라기보다는 경성구파배우 조합장인 강경수가 – 1919년에 3.1운동이 일어난 조선의 엄중한 시국에 – 갑자기 실종되면서 조합 활동이 1920년부터 중단되어 이른바 신구극의 발전 방향에 대한 모색을 지속할 수 없었기 때문일 것이다.[강경수의 실종에 대해서는 뒤에서 따로 설명함]

1 이동백과 강경수의 특별한 관계에 대하여서는 이미 【지식창고】의 글 〈명창名唱 이동백과 고수 한성준의 만남〉에서 설명한 바 있다.
2 이진원의 논문, '조선구파배우조합(朝鮮舊派俳優組合) 시정오년기념(施政五年紀念) 물산공진회 (物産共進會) 참여의 음악사적 고찰'[한국고음반연구회 발행, 한국음반학 제13호, 2003, pp. 43-63], p. 52
3 1916년 3월 5일 자의 매일신보(3면)에 실린 경성구파배우조합의 '축(祝) 3천호(三千號)기념' 광고 참조
4 부조합장 김인호는 신설된 직책인 감독으로 취임하고 부조합장에는 김봉이(김창환의 아들)와 함께 평의원이던 김봉문(박기홍의 제자)이 승격하여 맡았다. 또 총무이던 조진영과 박상도는 회계와 검찰로 각각 이동하였다.
5 광무대와 기생 김채란과의 분쟁은 매일신보의 1913년 3월 16일 자(3면) 및 5월 29일 자(3면), 6월 25일 자(3면)의 기사 참조
6 일본축음기상회는 1907년에 일미축음기(日米蓄音機) 제조회사로 출발하여 1910년에 사세(社勢)를 확장하면서 한국음반을 녹음하기 시작하였다.(송방송, "일제강점기 이동백 명창의 공연활동"[진단학회 발행, 진단학보-94, 2002, pp. 205-238], p. 219)
7 노재명 저, 앞의 책(명창의 증언과 자료를 통해 본 판소리 참모습), p. 379
8 신파·구파의 합작으로 만든 신구파극의 모습은 1917년 10월 16일 자의 매일신보(2면)의 기사를 통해서 엿볼 수 있다. : "●광무대에 신구파극 − …(前略)그 예제(藝題)는 「홍안박명(紅顏薄命)」이라는 35막으로 새로이 개량을 하여 신구파의 합작으로 만들어, 명창 배우가 중간마다 창(唱)을 대고 재미있게 (신파배우가) 실연(實演)을 하는 중, 부인의 절조와 가정문제에 모범적이므로 첫날 만원이 되며 모두 연극에 대하여 눈물을 많이 흘리더라는데, … "
9 연쇄활동사진극(連鎖活動寫眞劇)이라고도 하는데, 연극과 활동사진을 절충한 공연 양식이다. 연극 무대 뒤쪽에 미리 영화를 상영할 수 있는 스크린을 설치해 놓고서 배우가 등장해 직접 연극을 하다가 무대 위에서 실연(實演)하기 어려운 장면에 다다르면 이미 촬영해 놓은 활동사진을 영사(影寫)하고 다시 배우가 등장하여 연극을 이어 가는 식이다. 1919년 10월 27일 단성사에서 공연된 연쇄극 〈의리적(義理的) 구토(仇討)〉(박승필 제작, 김도산 감독·주연)가 그 효시(嚆矢)이다.

11. 한남권번(漢南券番)에 모습을 드러낸 한성준

경성구파배우조합의 조합장을 맡은 강경수가 구극舊劇의 활로를 찾기 위하여 여러 방안을 모색할 때 평의장을 맡고 있던 한성준도 일조一助를 하였을 것임은 말할 필요도 없다. 그 밖에 한성준이 개인적으로 어떠한 활동을 했는지를 짐작할 수 있는 사진이 있어 흥미를 불러일으킨다. 경성신문사가 1918년 7월에 발간한 《조선미인보감(朝鮮美人寶鑑)》[1]을 보면 한성권번漢城券番·대정권번大正券番 다음에 한남권번漢南券番을 소개하고 있는데, 첫 표지에 한성준으로 보이는 인물이 '한남예기권번'이라는 간판이 보이는 대청마루에서 3명의 예기藝妓들과 찍은 사진[아래의 그림]이 들어 있다.

(漢南券番)

권번券番이란 종전의 기생조합이라는 명칭을 일본식으로 바꾼 것이다. 1915년 10월 16일 자 매일신보(2면)의 '예기(藝妓)변장 대행렬'이라는 기사를 보면 "경성권번(京城券番)·중권번(中券番)과 광교(廣橋)·다동(茶洞) 양(兩) 기생조합(妓生組合) 예기(藝妓) 200명으로 성(成)한 변장대행렬은 오는 24일 협찬회장에서 행하기로 결정하였다더라."라고 기술되어 있다. 기사의 내용을 살펴보면 내지內地(=일본) 예기藝妓들의 단체에 대해서만 권번이라는 명칭을 사용하고 있음을 알 수가 있다. 그런데 일제는 1916년 3월 31일 자로 '예기(藝妓)·작부(酌婦)·예기치옥(藝妓置屋) 영업취체규칙(營業取締規則)'(警務總監部令 제3호)을 반포하고 조선에 일본식 예기권번藝妓券番제도를 이식하기 시작하였다. 조선의 기생조합 중에서 한남조합이 제일 먼저 권번의 호칭을 사용하였음은 1917년 8월 2일 자 매일신보(3면)의 아래 기사를 통해 확인된다.

> 한남기생조합은 7월 28일부로써 경기도 경무부장으로부터 한남권번(漢南券番) 허가장을 하부(下付)한 고[故]로 (8월) 1일 오전 9시에 종로경찰서 보안계로부터 그 조합기생 정금죽(丁琴竹) 외 1명을 불러 권번 설치에 대한 규칙의 설명과 기생이 손(님)에 對한 친절한 주지[周知] 기타 장래 이행할 일을 자세히 훈시한 후 허가장을 주어 보내였더라.

그러므로 조선인의 기생조합이 권번이라는 호칭을 사용하기 시작한 것은 1917년이라 할 수 있다.[2] 위 기사에 나오는 한남기생조합이란 다동조합에 있던 영남 기생 30여 명이 나와 따로 설립한 조합이다. 1917년 2월 27일 자의 매일신보(3면)에는 다음과 같은 기사가 실려 있어 그 내막을 알 수 있다.

> ●다동조합의 영남군(嶺南裙) 독립 - 경성의 다동조합기생은 본래 평양기생이 중심이 되어 창립한 것으로 지금도 평양기생은 70명에 이르나, 영남기생은 그 반수[半數]되는 약 30여 명에 불과한데,

성질과 특장이 서로 다른 서관[西關=황해도와 평안도를 가리킴]기생과 남방기생 사이에는 서로 융합이 되지 못하여 그동안 허다한 층절[層節=많은 사단이나 곡절]이 내용으로 있어 내려왔는데, 이번에 영남패 30여명은 아주 다동조합을 벗어나가서 별도히 다른 조합을 세우고 영남기생끼리만 조합을 유지하여 가자는 의론을 결단하고 청진동에다는 조합을 두되, 이름은 한남기생조합(漢南妓生組合)이라 지었는데, 경찰서에 신청하여 설립인가를 받은 뒤에는 크게 다동조합기생과 경쟁을 하여볼 심[心]이라더라.

조합원이 일부 빠져나간 다동조합도 약 3개월 후에 한남권번의 예를 따라 대정大正권번으로 바꾸는 청원을 하였다.[1917년 11월 9일자의 매일신보(3면) 기사 참조] 그리고 그 이듬해, 경성에 있는 기생조합이 모두 권번으로 명칭이 바뀌었다는 사실은 1918년 1월 27일 자 매일신보(3면)의 기사를 통해서 확인된다.[3]

●조합(組合)을 권번(券番)으로 - 경성 각 기생조합에서는 이왕부터 조합이라는 이름을 써 왔으나, 지금은 그때와 달라 조합의 이름도 반드시 고칠 필요를 생각하고, 광교조합은 <u>한성권번(漢城券番)</u>으로, (1916년에 비로소 기생된) 신창조합은 <u>경화권번(京和券番)</u>으로, 다동조합은 <u>대정권번(大正券番)</u>으로 고치고 본정[本町]경찰서에서 청원한 결과 일전[日前] 경기도 경무부장의 인가가 있었더라.

조선총독부가 기생조합을 권번이라는 호칭을 바꾼 의도는 일본의 '게이샤(藝者)' 문화를 조선에도 이식시키고자 하는 것이다. 권번은 어린 동기童妓를 모집하여 가무歌舞를 가르쳐 예기藝妓를 양성하는 한편, 요정料亭 및 요리점料理店에 대한 기생들의 출입을 관리하고 전표에 쓰인

화대花代를 대신해서 받아 주는 중간 역할을 담당하였다. 즉 종전에 교방敎坊이 담당하던 기생학교의 기능과 기부妓夫가 담당하던 매니저의 역할을 겸하게 된 제도가 권번인 셈이다. 한성준이 한남권번의 예기들과 찍은 사진이 《조선미인보감》에 실려 있는 것은 그가 한남권번의 예기들을 가르치는 선생임을 암시한다. 한남권번은 어떤 인연으로 한성준을 선생으로 초빙하였을까 궁금해진다. 1917년 3월 2일 자 매일신보(3면)에는 한남조합[한남권번의 前身]의 취체가 된 김남수金南壽에 관한 기사가 실려 있다.

●영남기생(嶺南妓生)의 면목(面目)을 보전(保全)하옵고져 – 한양성 봄바람 란만[爛漫]한 화류촌에 령남기생도 타향 기생만 못지 아니한 줄을 '풍류남아 네 좀 알아다오' 하는듯이 35명의 동무와 손목을 이끌고 평양기생이 주인되는 다동조합을 벗어 나와 새로 한남조합이라는 것을 세우고 이번에 취체가 된 남수는 새조합 성립 겸 취체된 인사 차[次]로 1일 오후 1시 본사에 찾아와서 …… 말솜씨 있어 보이는 단순[丹脣=붉은 입술]으로 춘향가 연극에(서) 이도령 노릇하던 구변[口辯]으로 조합의 설립한 사정과 장래의 일에 대하여 설명이 유수[流水] 같다. … (中略) … 조합에서는 벌써 임원을 선정하였는데, 취체에 김남수요, 고문에 최옥주, 부취체에 김숙자, 좌총무에 현계옥, 우총무에 정금죽, 평의장에 김기화 외에 평의원 10명으로 남수의 말로 「사무를 보아가는 중」이라더라.

위의 기사를 통해 한성준에 대한 연결고리를 찾을 수가 있다. **첫째로**는 무부기의 평양기생과 영남기생으로 구성되어 있던 다동조합에서 영남기생들이 따로 나와 한남조합을 설립하였다는 점이다. 이동백이 배우조합을 회고할 때의 이야기를 상기해 보면 광교와 다동 두 조합이 서로 다투던 시절에 다동조합의 기생이 창덕궁 뜰에서 춘향전을 연희한 것에 대해 광교조합이 문제를 삼자, "우리는 (구파)배우조합에 들어서 드러간 것"이라고 말했던 내용이 있다. 따라서 1915년 순종[일제강점기에서는 李王] 탄신일(양력 3월 25일)의 축하행사에서 춘향전을 연희한 기생들은 구파배우조합의 사람들과 서로 알고 지내는 사이라 할 수 있다.

둘째로는 이동백이 회고하는 이야기 중에 "(창덕)궁 뜰에서 춘향전을 지금 가극(歌劇)과 같이 배우를 내여서 실연(實演)하여 본 일 있습니다, …(中略)… 그때 춘향이에는 인물 곱고 아릿다운 기생 향심(香心)이가 하였고, 이도령은 설경패라는 기생이고 어사는 남수라는 기생입니다."라고 하는 내용이 있는데, ― 춘향이와 사랑을 나누던 이도령 役과 이도령이 출세한 후의 어사 役을 창극에서는 두 사람이 나누어 맡은 것으로 보임. ― '어사 役'을 맡았던 '남수'란 한남조합의 취체인 김남수로 생각된다는 점이다.

《조선미인보감》 한남권번 편篇에 수록되어 있는 김남수(18세)에 대한 내용을 보면, 기예技藝란에는 '선(善) 가곡(歌曲), 정재무(呈才舞), 남중이요(南中俚謠), 현하웅변(懸河雄辯), 장수승무(長袖僧舞), 독보염계(獨步艶界)'라고 쓰여 있고, 이력란에는 아래와 같이 기술되어 있다.

> 팔공산이 수려하고 낙동강이 맑고 맑아 대구 달성 동편에서 김남수가 출생하여 11세에 이름이 화적[花籍]에 실려 가무가 숙성하더니 13세에 상경하여 절묘한 승무, 구중[九重]에 입문[入門]되어 소명[召命]이 나리시니 재조야 있다 한들 황공함이 어떠할꼬. 지존[至尊]에서 칭찬 하사[下賜] 천금[千金]을 상사[償賜]하시니 기생 중 이런 영광 500년에 몇몇인고. 백발[白髮] 편모[偏母]를 봉양코자 강호에

윤락[淪落]하여 봉래산 영주동에 우음[偶吟=문득 떠오르는 생각을 시가로 읊음]으로 생활하다가 20세에 되던 해에 사람을 좇아 상경하야 4년간 치산[治産]하다가 이별이 잦은 후에 화류계에 다시 나와 다동조합에 투신타가 자립[自立] 문호[門戶] 목적하야 한남권번 반[班] 창립하고 뭇 사람 추천으로 취체역이 되었더라.

[김남수는 1918년에 발간된 조선미인보감에 '18세'로 표기되어 있으므로 '13세' 때란 순종이 조선의 이왕(李王)으로 있던 1913년이 된다]

한남권번의 취체역을 맡은 김남수가 한성준을 권번의 선생으로 초빙한 것은 제2기 협률사에서 창부의 수장首長인 김창환이 춤꾼으로 이름난 한성준을 서울로 불러온 것과 같은 의도로 생각된다. 1918년 7월에 발간된 《조선미인보감》에 한성준이 한남권번의 예기들과 찍은 사진이 실려 있는 것이 그가 한남권번의 예기를 가르쳤던 시기를 짐작하게 한다. 즉 한남조합이 권번으로 바뀐 것은 1917년 8월이므로 한성준이 권번의 선생으로 김남수로부터 초빙을 받은 시기는 1917년 8월 이후라는 말이 된다. 그런데 한성준이 한남권번의 선생으로 있던 시절인 1917년 12월 2일 자 및 4일 자의 매일신보(3면)에 한 기자가 쓴 '**한남기생(漢南妓生)의 연주를 보고**'라는 글이 실려 있어 흥미를 끈다.

(12월 2일 자) : "… 前略 지금 한남조합연주회를 보니 전일[前日] 다동조합연주회를 보던 때와 비교하면 과연 남북 양(兩) 지방에 기분이 확실히 다르다. (평양기생이 주축인) 다동조합에서 느낀 기분을 '장고의 채편 치는 소리' 같다 하면, (영남기생 중심의) 한남조합연주회에서 느끼는 기분은 '장고의 북편 치는 소리' 같다 하겠다. ◉슬픈 조[調]로 느릿하게 넘기는 류자박이는 확실히 조선사람 인정을 나타내는 소리니, 영남기생의 독특한 목청으로 굴러넘길 때에는 과연 관객의 오장[五臟]이 다 찌르르해진다. … (中略) …

◉ 새로 연출하는 구운몽이 하도 유명하다기에 시간이 느껴가는 것을 불고하고 기다렸더니 … (中略) … 남슈[*한남권번의 취체]와 계옥이로 말하면 한남됴합의 두 큰 별인 것은 물론이어니와 공평한 눈으로 보더라도 됴선기생으로는 남에게 빠지지 안이 할 만하다."

(12월 4일 자) : "◉구운몽을 연극으로 함에는 막[幕] 끗는 법과 사연 배치를 일층 더 정교하게 할 데가 아즉도 만히 잇스나 가부간 그만큼 한 것도 우리 장차 생길 가극계(歌劇界)를 위하야 감사하는 바라. … (中略) … ◉ 다시 세별하여 감상을 말하건대 다동조합은 항상 그 무슨 경향(傾向)을 지어내어 관객을 기쁘게 하려 하는 뜻을 취하겠고, 한남조합에서는 고래[古來]로 전해 내려오는 가무를 아무쪼록 다시 일으키려 하는 뜻을 칭찬하겠도다. … (이하 생략)"

1915년에 공진회의 여흥을 위한 광교·다동조합의 리허설을 본 기자의 감상평[4]과 위의 글을 대조해 보면, 다동조합에서 분리된 한남조합[한남권번] 기생의 가무가 다동조합 시절의 분위기와 달라진 것을 알 수 있다. 이는 선생으로 초빙한 한성준의 영향을 받아 형성된 것은 아닐는지? 하는 생각을 떠올리게 된다.

---

1 조선미인보감이란 — 민속원이 2007년에 영인판으로 발행한 조선미인보감의 해제(解題)에 의하면. — 아오야기 츠나타로오(靑柳綱太郎)과 지송욱(池松旭)이 공동으로 만든 기생들의 인명사전이다. 경성일보와 그 자매지인 매일신보의 기자들을 통해 권번과 지방 기생조합의 예기에 관한 정보를 수집하여 예기들의 용모와 기예를 평가한다는 취지로 조선연구회의 이름으로 편찬한 것이다. 이 같은 책이 출판되었다는 것은 당시의 기생들이 인기가 대단했음을 말해 준다.
2 김영희 저, 앞의 책(개화기 대중예술의 꽃, 기생), p. 165
3 다만 지방의 예기(藝妓)조합이 전국적으로 권번이라는 명칭을 사용한 것은 1920년대부터이다.
4 1915년 4월 27일 자 매일신보(3면)의 기사 : "광교편은 수백년 내려오는 역사가 있어 가무는 순수한 고대식, … (中略) … 다동편은 비유하자면 진보주의, … (中略) … 춤에도 다소 개량을 더하여 변화를 많이 하고 의상도 새 것을 쓰며 빛갈을 복잡하게 하는 등 … "

12. 공진회의 전후(前後)로 본 기생조합 간의 경쟁 양상
– 예능인(藝能人)에서 화류계(花柳界)의 여인으로

영남군의 기생들이 다동조합에서 독립하여 한남조합을 설립하였다는 기사가 나온 뒤, 바로 다음 날인 1917년 2월 28일 자 매일신보(3면)에는 '**극도(極度)에 달한 화류전(花柳戰)**'이라는 제목으로 아래와 같은 기사가 실려 있다.

> 경성의 화류계는 허구한 날 싸움 일이 '고양이와 개' 사이 같이 다동·광교 두 조합 사이의 분쟁은 오래 끌어오다가 필경 태화관의 기명[妓名] 문제로 재판까지 하게 되었는데, 그중에 다동조합에서는 자중지란[自中之亂]이 또 일어나 남도[南道] 기생이 따로 조합을 세워가지고 나가서 화류계의 분쟁은 장차 일이 많고자 하는 형세이라.
>
> 경성의 화류계를 거슬러 보건대, 소위 관기[官妓]의 후신이라 할 광교조합이 먼저 생기고 그 뒤에 다동조합이 주산월 김명옥 등 평양기생의 발기로 되었는데, 순서는 이러하지만은 경찰당국의 조합
>
> ◇ 인허는 거의 한때인 모양이라. 그래서 두 조합이 마주 서서 경쟁을 하여 내려오는 중 작년에 신창조합이 예기[藝妓]의 인허를 받은 뒤에 세 조합이 된 것은 이미 널리 알려진 사실이거니와, 광교조합이 다동조합과 서로 좌석에서 기생을 섞지 않기로 하기는 물론 영업에 대한 시기[猜忌]도 있겠지마는 다동조합 기생이 광대 노래를 한다는 것이 표면의 간판이라. 그래서 그 뒤에 서로 불상견[不相見]의 사이가 되어 꽃 같은, 구슬 같은 이름을 소장[訴狀]에 벌려가지고 법정에서 시비를 다투는 불온[不穩]의 지경에까지 이르러 온 일이라. 그래서 두 편의 힘이 서로 막상막하[莫上莫下]인 까닭에 경쟁도 일종의 흥미로 사회에 평판되던 바이라.

◇**신창조합의 장래** 한편으로 (작년에) 새 기생된 신창조합[*1915년의 물산공진회 종료후 해산한 시곡기생들의 신창조합과 혼동하지 말 것]은 기생조합으로 아직 연조[年祚]도 있지 못한 외에 기생의 수효가 30명에 넘지 못하여 광교·다동의 100명이라는 수효 앞에는 3분의1 밖에 되지 않고 … (中略) …

◇**한남조합의 전도**[前途] 이러한 중에 다동조합에서 남도기생이 한 무리 31명이 평양기생의 태도와 임원의 처사에 불평을 울리우고 따로이 뛰여나가서 촉석루[矗石樓] 下에 꽃다운 혼[魂]을 머무른 논개가 탄생한 영남기생의 기개[氣槪]를 한번 보인 것이라. 매우 어여쁜 일이라 할런지도 모르겠지마는 그 기생의 수효로 보던지 또는 아직 연약한 힘으로 생각하던지, 전도[前途]가 아직 묘연하여 허다한 곤란은 저희 앞에 닥칠 것이요, 실상 다동조합으로 말하면 그 중심에는 평양기생을 다수히 잃어버리지 아니한 이상에는 연주회에서 춘향가나 못하였을지라도 별로 큰 손해를 당하였다고 할 것은 아니라, 실로 새로이 생겨나오는 한남조합은 앞에 어떠한 경륜[經綸]이 있는지?

◇**동정할 령남기생 하여간에** … (中略) …
그러나 지금부터 흥미가 있을 일은 **화류계의 경쟁**이 한층 더 심할 것이라. 적은 조합들, 큰 조합들이 서로 서로 섞여서 경성 안의 여섯 요리점을 전장[戰場]으로 삼고 아미[蛾眉=미인의 눈썹]를 거꾸로 세우고 단순호치[丹脣皓齒]에 거품을 내어 가면서라도 오히려 경쟁을 하여 가기 사양치 아니할 모양이라. 서로 경쟁을 하여 가는 것을 보는 사람은 재미스럽겠지마는 ◇경쟁하는 조합들의 자신으로 생각하면 매우 괴로운 일이라. 지금의 현상으로 말하면 경성의 화류경쟁은 가위 극도에 달하였다 하겠는데, 경쟁한 결과에는 어떠한 조합이 이길 런지, 경성의 기생된 미인들은 마땅히 전장에선 군사와 같은 마음을 가지고 있을 것이라. 「謀명사의 담화」

위의 글을 통해서 1917년의 경성 화류계의 실상을 엿볼 수가 있다. 시대를 거슬러 올라가 살펴보면 1908년에 반포된 기생단속령에 의하여 관기들이 한성기생조합소를 결성할 당시에는 경성에 고작 80여 명 정도의 유부기有夫妓가 있었다. 그런데 1912년 5월경부터 경시청이 무부기無夫妓에 대해서도 영업 인허를 해 주자 평양기생들이 대거 경성에 올라와 무부기의 다동조합을 결성하여 경성 안의 기생 수가 많이 불어나게 되었다. 경성에 다수의 기생조합이 있는 이상 기생들이 영업을 하면서 서로 경쟁하고 다투게 되는 처지가 되는 것은 피할 수가 없는 일이다. 게다가 1916년 3월 31일에 '**예기(藝妓)·작부(酌婦)·예기치옥(藝妓置屋) 영업취체규칙(營業取締規則)**'[경무총감부령 제3호]이 반포되어, 종전에 창기娼妓영업장을 가지고 있던 삼패三牌들이 갑종甲種기생으로 승격할 기회를 얻어 화류계의 싸움은 더욱 가열되는 상황이 되었다.

그렇지만 1915년에 공진회(共進會)가 열리기 이전과 그 행사가 끝난 후의 경쟁 양상은 전혀 다른 모습을 보인다. 공진회가 열리기 이전에 일어났던 '화류계 다툼'의 예로는 − 앞서 소개한 바 있는 − 다동조합이 창덕궁에 들어가 춘향전을 연희한 일을 가지고 광교조합과 서로 갈등이 생겨 다투던 것을 들 수 있다. 그러나 공진회 행사를 치른 다음에 일어났던 '화류계 다툼'의 예로는 태화관太華館 화채花債 사건[1]으로 인한 소송이 그 대표적인 것이다.

전자의 다툼인 경우에는 다동조합에 진 광교조합기생들이 이후 어떠한 곳에서든지 무부기無夫妓와는 한 좌석에서 놀지 아니한다는 편지를 각 요리점으로 보내고, 이에 맞서는 다동조합과 시곡기생조합의 반응이란 "공진회에 나가서 광교기생보다 훨씬 낫다는 칭찬을 들어보려고 이를 바싹 갈아 붙이고 날마다 춘향가 기타 가무·정재를 체하도록 공부하는 모양새"로 나타났다.[1915년 4월 25일 자 매일신보(3면)의 기사 참조] 그 결과 각 조합의 기생들은 공진회가 열리는 동안에 연예관과 조선연극장에서 아래와 같이 예능인²의 기예技藝 경쟁을 하는 모습을 보였다.

날짜	광교조합(연예관)	다동조합(연예관)	신창조합(조선연극장)
1915.09.18	(교대로 쉬는 날)	고구려무, 쌍승무 공막무-첨수무	(공연 안내 없음)
09.19	무애무, 육화대, 춘앵무	(쉬는 날)	(上 同)
09.20	(쉬는 날)	(공연 안내 없음)	(上 同)
09.21	보상무, 향령무, 무산향	(쉬는 날)	(上 同)
09.22	(쉬는 날)	성택무, 보상무, 연화대	(공연 안내 없음)
09.23	장생보연무, 가인전목단 검무, 집박(執拍), 남무, 풍류	(쉬는 날)	(上 同)
09.24	(쉬는 날)	춘광호, 사선무, 아박무 공막무-첨수무, 쌍승무 무산향	승무, 춘앵전, 좌창(坐唱), 입창(立唱)
09.25	무고, 연화대, 춘앵전, 무애무	(쉬는 날)	(공연 안내 없음)
09.26	(쉬는 날)	향령무, 오양선, 검기무	무고, 포구락, 춘앵무, 사자무, 항장무, 검기무, 여흥무(餘興舞) 평양입창, 좌창
09.27	홍문연, 연백복지무, 승무, 남무	(쉬는 날)	봉래의, 연백복지무, 수연장, 선유락, 승무, 춘앵무, 사자무, 평양입창, 좌창
09.28	(쉬는 날)	관동무(關東舞) 무고, 아박무(牙拍舞)	장생보연지무, 무고, 무산향 항장무, 검기무, 사자무, 평양입창, 잡가(雜歌)

날짜	광교조합(연예관)	다동조합(연예관)	신창조합(조선연극장)
09.29	수연장, 박접무, 무산향 오양선, 춘앵무, 검무	(쉬는 날)	최화무(催花舞), 향령무, 성진무, 춘앵무, 가인전목단, 사자무, 항장무, 평양입창, 좌창
09.30	(쉬는 날)	무애무, 만수무(萬壽舞) 승무, 향령무, 춘광호 무고, 아박무 공막무-첨수무	승무, 보상무, 앵정무, 여흥무, 춘앵무, 무산향, 항장무, 사자무, 평양입창, 잡가
10.01	봉래의, 육화대, 춘앵무 무고, 오양선, 검기무 무산향	(쉬는 날)	(공연 안내 없음)
10.02	(쉬는 날)	봉래의, 장생보연지무 쌍검무, 승무 헌왕화무(獻王花舞) 사선무, 춘앵무, 무산향	(上同)
10.03	철도축하무, 장생보연지무 춘앵무, 무산향, 승무 검기무	(쉬는 날)	(上同)
10.06	(쉬는 날)	사선무, 무애무, 승무, 춘앵무, 무산향, 검무	(上同)
10.07	향령무, 연화무, 승무 연백복지무, 무산향, 검기무, 춘앵무	(쉬는 날)	(上同)
10.08	(쉬는 날)	가인전목단, 검무, 승무 수연장, 춘앵무, 쌍검무	(上同)
10.09	봉래의, 박접무, 춘앵무 오양선, 검무, 승무	(쉬는 날)	(공연 안내 없음)
10.10	(쉬는 날)	사선무, 무애무, 승무	(上同)

그러나 1916년에 벌어진 태화관太華館 화채花債 사건 소송은 기생들이 경성 안의 요리점에서 가무歌舞를 하며 접객接客을 하는 화류계의

여인이라는 처지에서 일어난 것이다. 공진회가 열리던 1915년까지는 기생들이 하나의 예능인으로서 기예 경쟁을 펼치는 것이 가능했다고 한다면, 1916년부터 연예계의 환경이 바뀌면서 기생들은 요리점에서 접객接客을 하는 화류계의 여인이라는 성격이 도드라져 접객 성적의 경쟁에 매달릴 수밖에 없게 되었다. 그 이유를 찾자면 그동안 기생들의 연예 활동이 가능하였던 극장에서의 환경 변화를 들 수 있다.

원각사는 1914년에 화재로 소실되고, 장안사는 1915년을 전후하여 극장으로서는 연예계 소식에 아예 등장하지 않을 정도로 제구실을 못 하였다. 연흥사도 1914년 8월부터는 건물의 안전을 이유로 사용이 일단 금지되었다가 결국 폐지되고 말았다. 그래서 1915년 무렵에 극장으로 존속했던 것은 단성사와 1913년 6월에 동대문에서 황금유원 내로 이전한 광무대[3] 둘뿐이었다. 하지만 광무대는 박승필의 주도로 구연극을 계속 흥행하였고, 단성사는 잠시 신파극단의 공연장으로 활용되다가 1917년에 소유주가 바뀌면서 활동사진 전문관으로 운영한다는 방침을 세웠던 탓에[4] 공연을 하기 위한 대관貸館도 제한을 받았다. 그로 인해 기생들은 어쩔 수 없이 경성 안의 요리점을 대상으로 하여 화류계에서의 세력 경쟁을 벌이게 된 것이다. 그러자 기생들은 자연히 접객接客에만 신경을 쓰게 되고 기예技藝의 수련修練은 뒷전으로 밀려났다. 1918년 2월 15일 자 매일신보(3면)에 실린 아래와 같은 기사는 기생은 요리점에서 접객하는 여인이라는 점을 일반인에게 철저히 각인시켜 주었다.

 … (前略) 여기에 말하는 기생 수입이라는 것은 요리점에서 드러 내놓고 받아오는 것이오, 부업수입은 친 것(=계산한 것)이 아니라. 이 기생의

요리점 수입이 많도록 열심으로 권장하는 조합은 다동조합이 제일인 듯한데, **다동조합**에서는 매년 그 조합창립기념일에 기념총회를 열어서 조합기생을 다 모아놓고 전(前)해 1년 중에 요리점에서 벌어온 금액이 많은 기생에게는 수입액의 등급을 따라서 상품을 주는 것이 전례[前例]라. 그래서 지난 8일에도 창립기념총회를 열고 수입 우등한 기생에게 포상을 주었는데, 거기서 조사하여 본 즉 연주회에서 청인[淸시] 복색을 하고 서양춤을 춘다는 주학선(鶴仙)이가 작년 1년 동안에 요리점 수입으로 2,280원을 벌어서 1등인데, 아마 경성 안 기생 300여명에서 제일 많이 벌어들인 모양이라. … (中略) … 그래서 다동조합에서는 조합비용으로 그 소득의 10분지1을 떼어서 수입한 것만 4,600원이라는 말도 놀랍지 아니한가. …

[위의 글에서는 일본식 제도인 '권번'이라는 용어 대신에 '(기생)조합'이라는 말을 쓰고 있으나, 1917년 8월에 한남조합이 한남권번으로 바꾼 것을 시작으로 1918년 1월 말에는 다동조합은 대정권번으로, 광교조합은 한성권번으로, 신창조합은 경화권번으로 바뀌었다]

---

1   경성 안의 제1류 요리점인 태화관이 40여 명의 채권자에게 5천여 원의 빚을 지고 문을 닫게 되나(1916년 7월), 그 빚 중에 광교조합기생 일동의 화채 562원과 다동조합기생의 화채 1,091원 50전이 있었는데, 다동조합에서 먼저 조치를 취해서 대물변제(代物辨濟)로 태화관의 영업용 집기 일체를 받은 것에 대하여, 광교조합이 변호사를 선임하여 채권자사해(債權者詐害)행위의 취소 소송을 제기하여 법정에서 다툰 사건이다.

2   매일신보는 1914년 1월 28일부터 6월 11일까지 〈예단(藝壇) 일백인(一百人)〉을 연재하였다.[김영희 저, '개화기 대중예술의 꽃, 기생', 민속원, 2006, pp. 271-370(자료) 참조] 〈예단(藝壇) 100인〉 안에 기생 출신이 93명이나 될 정도라는 것은 당시의 기생들이 예능인으로 인정을 받았다는 증좌이다.

3   1920년 9월 23일 자의 동아일보(4면)에는 복면관(覆面冠)이라는 익명(匿名)으로 연재한 잡기장(雜記帳)(六)에는 1913년 6월에 황금유원 내의 연기관(演技館)으로 옮긴 광무대 모습을 대략 짐작할 수 있는 글인 '광무대(一)'이 실려 있다.
"(1914년에 화재로) 원각사(圓覺寺)가 읍셔진(=없어진) 이후로는 우리 서울에서 순조선극(純朝鮮劇)을 구경할 곳은 오직 광무대 한 곳 밧게 업게 되얏다. 즉 광무대는 우리 서울에서는 유일무이(唯一無二)한 조선극장이라 할 수 있다. 만일 광무대가 업섯든들 우리는 다시 우리의 극이라 하는 것을 구경할 수가 업섯을 것이오, … (中略) … 과연 30만(이시는) 장안에 오직 한낫밧게 업는 (조선)극장이라고 하면 엇지 하얏든지 그 도회의 대표될 만한 극장이 되지 안으면 아니 될 것이다. 그러면 그와 가치 바람(=소망)만코 기다림 만은(=많은) 광무대에서는 엇더한 극을, 엇더한 무대감독 아래에서 엇더한 배우가 출연을 하는가?"

나는 도모지 아모 말도 하고 십지를 안타! 나는 오직 가삼(=가슴)을 부둥키고 조선의 극단을 위하야 먼저 울고 십흘 따름이다. 몬저 그 집꼴을 좀 보자. 죽덕이(=죽데기) 나무로 조각을 마초으고(맞추고) 창이라는 창은 한아도(하나도) 성한 놈이 업시 부쉬여지고 깨어지엇스며 얏듸얏튼(얕디얕은) 2층 집웅은 서양철 쪽으로 덥허노핫스니(=덮어 놓았으니) 그 꼴사오나온(꼴 사나운) 집 모양은 허릴업는(할 일 없는) 허름한 '미곡[米穀]창고이나 철물공장으로 밧게 아니 보일 것이다. … "

4   1917년 2월 18일 매일신보(3면)의 기사 : "●단성사가 팔려 – 경성에 다만 하나 있는 조선인 측의 연극장이라는 통구 안 단성사는 그 소유주인 김연영(金然永)으로부터 황금정(에) 거(居)하는 황금관 주인 전촌[田村] 모(謀)에게 8,500원의 가액으로 매도되어 16일에 금전 여수[與受]까지 마첬는데, 장래에는 연극장은 활동사진 전문으로 고쳐서 조선인 관람자를 흡수하기로 위주[爲主]하여 종래 이것을 경영하는 우미관과 경쟁하리라더라."

> 지식창고 13   기생의 위상(位相)이 저하(低下)된 배경

    기생들이 예능인이라는 성격보다는 접객(接客)에서 성적을 올려야 하는 화류계 여인의 역할이 강조되는 상황을 맞이하자, 기생들은 개인 성적을 올리기 위해 기생 본연의 역할과 다른 일도 마다하지 않았다. 1918년 6월 4일 자의 매일신보(3면)에 실린 아래 기사는 그러한 상황을 보여 주고 있다.

> "●4권번 대표에게 엄중계고(嚴重戒告) - 경기도 경무부에서는 지난번 경성 시내에 있는 한남·신창(즉 京和)·다동(즉 大正)·광교(즉 漢城) 등의 각 권번기생의 취체 대표자를 불러 모으고 엄중한 경고를 하였더라. 이는 근래 경성에서 부자의 자제 또는 귀족의 자제 등이 항상 방탕에 빠져 낮에는 아무 것도 하는 것이 없이 공연히 놀러 다니고 밤이면 기생들을 자동차에 태워가지고 뿡뿡 소리에 호기가 더욱 나서 어깨를 마주 껴안고 앉아서 노래를 부르며 東으로는 청량리로부터 왕십리, 西로는 마포 한강철교로부터 영등포까지 타고 돌아서 1시간에 4원씩 하는 자동차세를 몇 시간 씩에 낭비하고는 다시 기생을 데리고 요리점에 가서 날이 밝는 줄 모르고 무작정 먹고 노는 어린애 부랑자가 비상히 많은 모양인데, 이런 폐해를 그대로 두었다가는 어느 지경까지 갈런지 모르겠으므로 당국에서는 전기 각 권번의 취체되는 기생대표자를 불러 모든 기생에 저저[這這=그대로 자세히]이 알리라고 명하고 만일 풍속을 어지럽게 하던지 부당한 폭리를 탐하기 위하여 이와 같은 낭비하는 자들을 유인하는 것을 발견하는 경우에는 용서 없이 엄중히 처벌할 터이라고 엄명이 내리었는데, … (이하 생략)"

    매일신보는 1919년 12월 2일부터 4일까지 3일에 걸쳐 〈**기생과 기예(技藝)문제**〉라는 논평(上·中·下)을 연재하였는데, 기생의 역할이 변함에 따라 위상(位相)도 저하(低下)되어 가는 모습을 여실히 보여 주고 있다.

1) 1919년 12월 2일 자 매일신보(3면) 〈기생(妓生)과 기예(技藝)문제 (上)〉: "오늘날 기생된 자가 한갓 요리점에 불려가든지, 또는 자기집에서 찾아오는 손[客]을 대하여 친절히 대접하며 그 사람의 환심만 사기에 열중하는 것이 원래 기생의 항용[恒用]하는 목적인가? 아니다. … (中略) … 오늘날 기생된 자의 결점을 낱낱이 들어 시세[時勢]에 요구되는 개량의 요점을 말하고자 한다. 이왕[已往=과거]에 기생이란 것은 어떠한 처지에 있어 어떠한 신분으로써 소위 구실을 하였는가를 첫째 한번 알아 볼 필요가 있다. 그때에는 기생이 관기(官妓)라는 높은 이름을 띄워가지고 포주[抱主] 즉 후견인은 그때에 유명한 나라에 봉사하는 무예별감이나 또는 각궁 청직이라는 오입장[外入匠]이들이 데리고 있어서 어느 때던지 나라에 무슨 잔치가 있는 때에는 기생 전부가 대궐에 들어가서 자기의 기예로써 어전[御前]에서 봉사를 하여 옛부터 내려오는 례의[禮儀]를 행하며 그 중에 가[可]히 표창할 만한 기생은 응숭한 금관자[金貫子]의 가자[加資]가 내리여 망극한 천은[天恩]이 기생 한몸에 모여 있었고, 그 외에는 집안에서 찾아오는 손[客]을 마지해 가며 대접하는 터가 되어 속설에 기생 대접이 일품[一品] 대접이라는 말까지 화류계에 회자[膾炙]하였기에 그때 기생들의 가무와 태도의 여하를 의론할진대, 진실로 정중 온아한 태도 중에 조금도 틀리지 않는 관현소리를 따라 절조있는 걸음걸이와 떼어놓는 발의 거동이며 문예적 숭고한 그 예악을 볼진대, 나라에 봉사하는 기생의 처지로는 과히 부끄럽지 않다 하겠다. … (中略) …

근래에 와서 화류계가 여지없이 망하여, 다만 그 관기의 나머지가 **광교조합**을 조직하고 – 이전의 풍습을 모두 밟아간다고는 할 수 없으나, – 원래 이왕[已往] 관기의 후신인 때문에 기생후견인 되는 사람의 기생 단속이던지 가무 연습 등 일절 사항에 대하여 불규칙함이 없이 규모가 정제[整齊]하고 가[可]히 장래를 미루어 희망이라는 표정을 나타내겠더니, 슬프다. 근자에 와서는 … (中略) … 소위 **다동조합**이라는 것이 생기어 전부 평양에서 규율이 없이 가무를 추거나 배웠다는 기생들을 불러올려다가 인원을 채워 조합을 형성하고 본 즉, 이때로부터 기생의 본질 되는 것은 아주 없어지기 시작하는 때이라. 점차 이 뒤를 좇아 **한남권번**이 생기고 **경화권번**이 생기어 변변치 못한 기생 수효는 자꾸 늘어가서 표면으로는 화류계가 번성해졌다 하겠으나, 기실 내용을 자세히 살펴볼 진대 이로부터 소위 화류계라는 이름은 아주 없어져서 여지없이 망한 것을 한갓 통탄할 일이다. 지금 기생조합이 넷이나 있어 그러하되, 가무가 하나라도 취할만한 것이 있나, 기생이란 것이 정말 기생다운 인물이 있나 …… 가만히 생각하여 보라."

2) 1919년 12월 3일 자 매일신보(3면) 〈기생(妓生)과 기예(技藝)문제 (中)〉:
"연래[年來=지난 몇 해]로 화류계에 한낱 쇠패[衰敗]한 실증을 들어 말하리라. 나라에 봉사하는 기생이 없어진 때문에 벌써부터 기생의 규칙적 생활과 엄정한 규율이란 것이 해이[解弛]하고 말아서 가관[可觀]할 것이 없는 위에(다), 기생의 제일 목적되고 숭상하는 그 재주라는 가무가 아주 없어지다시피 되어, 아니 아주 이 사회에서는 없어졌다 하여도 과언이 아니다. 세상의 형편이 어떻게 됨인지 소위 조합에서는 각기 그 조합의 세력을 펴고 기생 수효를 어떠한 방침을 쓰던지 함부로 모아들여서 다른 조합의 기세를 누르려 하던 까닭에 … (中略) … 지금 밝은 세상에 기생의 가무라는 것은 서천[西天=해가 지는 하늘]에 부쳐두었고 어떻든지 요리점에 가서 손[客]에게 대하여 접대와 응수나 잘하고 제일 비루하고 지극히 천[賤]하여진 **소위 평양 수심가** 기타 놀량[=산타령의 첫 번째 곡] 같은 것이나 광대의 단가 몇 구절이나 부르게 되면 족[足]히 염려할 것이 없고, 남의 웃음도 취할 것이 없으며, 기생다운 기생질을 하여 먹는다고, 지금껏 이와 같은 건방진 말을 드러내는 자가 있다. … (中略) …

노래든지 고유한 춤을 장려하지 않는다고 그대로 자포자기를 하여 한갓 귀로 들을 수 없는 난잡한 소리만 위주[爲主]하여 풍속을 상해하며 단아하고 고결한 처녀적인 시조 노래 등은 아무리 들으려 하여도 용이히 들을 수 없게 되었다. 어찌하여 개량할 생각은 일호[一毫]도 없이 그 비루하고 추악한 행동으로 기생의 이름을 취할까 보냐. … (中略) … 지금은 으레히 요리점에나 불려가서 더러운 춤과 듣기싫은 잡가 나부랭이로 손[客]을 웃기는 일만 일삼아 배우기 때문에 근래에는 각 조합에 들어간 기생의 신분을 보면 하도 구역[嘔逆]이 나서 말할 수 없다. … (中略) … 이 같이 (기생을) 함부로 끌어들이는 것만 주장을 하고 조합의 체면과 기생의 전래하는 가무는 돌아보지 않으니 그 심사[心思], 그

위행[爲行]되는 바는 참으로 알 수 없다."

3) 1919년 12월 4일 자 매일신보(3면) 〈기생(妓生)과 기예(技藝)문제 (下)〉:
"잡가나 좀 하면 기생일까 - 첫째로 경성 내에 있는 기생조합이 한성권번 경화권번 (한남권번) 대정권번 등 4조합인데, 요사이 조사한 것을 드러내 게재하건대, 한성권번은 기생 전부가 280명 중에 171인이 겨우 영업장을 가졌고, **경화권번**은 전부 50명 중에서 30명이 영업장을 가졌고, **한남권번**은 전부 190명 중에서 아주 왕창 뛰게 50명 밖에 영업장을 가진 자가 없고, **대정권번**은 370여명 중에서 159명이 겨우 영업장을 가졌다는 비례이라. 누구던지 이것을 보더라도 가[可]히 짐작할 일이 아닌가. … (中略) … 소위 춤추고 소리나 치니 한다는 기생을 해부하여 볼 시[時]면 몇 십명에 지나지 않고 그 나머지는 요리점에도 다니지 못하는 외[外]에, 욕심이 있는 자는 관헌의 이목을 가리고 영업장이 없는 채로 대담히 불려 다니며 손[客]에 대한 대접을 하고자 하는 일이 자못 많으며, 또 이뿐 아니라 각 조합(의) 영업자 중 제법 춤을 안다든지 노래라도 위연만 하게 하는 기생은 구하려 하여도 얻을 수 없는 이 부패한 화류계 사정이라.

연례로 가무를 연습한다고 조합경비로 소위 선생이란 자를 두고 허구한 날 기예를 양성한다 하지만은 그와 같이 불규칙한 연습을 하게 되면 몇 십년을 갈지라도 개량이라는 것은 도무지 없고 도리어 암흑한 화류계에 부패·부정한 기예만 남아 있어 조선 기생의 기예라고는 자랑할 수 없이 되리로다. … (中略) … 오늘날 기생된 자가 한 가지 두철[頭鐵=머리에 단단히 박음]하는 것이 있으니 대개 무엇이냐 하면 첫째 건방진 태도와 불친절한 것만 배우고 남이 욕을 하거나 말거나 그 행동을 개차반으로 행하기 때문에 지금 기생은 기생이 아니요, 기실[其實] 이름은 굿중패에 딸린 사당패 한가지라. 세태가 좋아져서 기생들이 때를 만났다 한들 어찌 이다지 심할 수가 있으랴. 일언이폐지[一言以蔽之]하고 종래의 폐막[弊瘼=없애기 어려운 폐해]을 고치고 기예를 잘 개량하여서 사회에 환영받을 계책을 쓰라. … (이하 생략)"

〈기생과 기예(技藝)문제〉라는 위의 논평이 말하는 요지는 무부기의 다동조합이 생기면서 규율 없이 평양에서 기생을 불러올려 인원을 채워서 경성 안에 변변치 못한 기생 수효만 늘어나 기생의 본질을 잃어버렸다고 한탄하는 내용이 주를 이루는데, 결국에는 전래되는 가무를 잘 배워 기예를 개량하라는 취지이다. 1916년 12월 21일 자 매일신보(3면)에 게재된 아래의 내용도 그러한 유형이다.

"약 7, 8년 전까지는 간혹 연극장에서 평양날탕패가 평양 수심가[愁心歌]를 부르면 그것이 무슨 소리이냐고 듣기 싫다는 소리가 사면에서 일어났던 것인데, 다동조합이라는 무자위(=물을 높은 곳으로 빨아올리는 기계)가 생겨서 550리에 빨통을 대어놓고 평양기생을 묶음으로 자아올리게 되어 색향[色鄕] 낭자군[娘子軍]의 연합 돌격은 수백년 래 유부기의 독차지 하였던 화류계 세력의 굳은 정문을 돌파하고 경성의 화류계에서 불같이 일어나는 세력을 자랑하는 때에 그의 손님의 흥을 돕는 재료 중에 제일 중대한 것이 수심가이라. 평양기생의 유행함을 따라서 그 입에서 나오는 수심가도 점차로 세력을 얻어 근래에는 **수심가 시조·가사를 무찌르고 올라서서** 유행하는 가곡으로 독판을 치게 되어 영남기생도 수심가요, 연극장에서도 수심가라 노래 있는 곳에 수심가 없음은 없어 그 무서운 유행의 형세는 아주 극한에 오른 듯하더니,

요사이 소문을 들은 즉 수심가의 본가인 다동조합으로부터 광교·신창의 세 기생조합에서도 이 수심가를 폐지하기로 의논이 되어 경성의 화류계를 휩쓸고 야유랑[冶遊郞]의 총애를 받던 수심가가 방금 첨첨한 중에 있는 모양이라. 「손님이 좋아하니, 수심가 하기 쉬우니, 수심가 밑천이 그것이니, 수심가」, 이 세 가지가 수심가가 유행하던 까닭인데, 인제는 듣는 사람도 지루할 만큼 듣고, 부르는 기생도 신산[辛酸]할 만큼 불러 수심가의 세력이 장차 떨어지려고 할 즈음에 빨리 눈치를 채서 수심가는 폐지하고 대신으로 유행하는 노래를 구한다 하면 과연 … (이하 생략)"

그러나 공진회가 열리는 동안의 기생조합 간의 기예 경쟁을 상기해 보면 무부기의 다동조합에다 책임을 돌리는 것 같은 위의 논평은

핵심에서 약간 벗어난 느낌이다.^A 기생들이 이와 같은 지경에 이르게 된 것은 연예계의 환경이 변함에 따라서 기생의 역할이 요리점에서 접객(接客)하는 것이 주된 임무가 되었기 때문일 것이다. 실은 기생의 제일 중요한 재주인 가무(歌舞)가 아주 없어지다시피 한 것은 자신들의 예능을 펼쳐 보일 수 있는 무대가 사라진 것이 가장 큰 이유라고 할 수 있다.

또 극장에서의 연예물에 대한 일반인의 기호도 바뀌어 기생들이 펼치는 궁중정재는 관객들의 외면을 받게 된 것도 하나의 이유이다. 그리고 화류계 여인의 역할이 강조되는 상황에서는 기생들 스스로 기예를 연습할 기회도 가지기 어려웠을 것이다. 그래서 일제강점기에서는 세월이 흐를수록 기생의 위상이 저하될 수밖에 없는 것이 현실이었다. 조선의 전통춤을 전승해 가던 기생의 위상이 예능인에서 이처럼 한낱 화류계의 여인으로 취급된다는 사실은 기생들이 추는 춤 그 자체가 비천하다고 매도(罵倒)를 당할 위험성이 커진 것을 의미한다. 1920년대에 들어서면서 조선에 서양의 공연예술인 무도(舞蹈)가 유입되고, 또 1920년대 후반기에는 일본 무용가 석정막(石井漠 이시이 바쿠)의 경성 공연을 계기로 신무용이 인기를 얻게 되자 조선춤에 대한 외면은 더욱 심해지게 된다.

A 1912년에 단성사의 강선루(降仙樓) 공연을 통하여 확인된 시곡기생들의 인기가 촉매로 작용하여 1913년에 결성된 다동·광교조합이 공연단체로서 탈바꿈하게 되고, 1915년 9월 11일부터 장장 50일 동안 열린 공진회에서는 각 기생조합[즉 광교조합·다동조합·시곡신창조합]의 기생들이 연예관과 조선연극장에 출연함으로써 요즈음의 대중 연예인 못지않게 인기를 구가하였기 때문이다.

제4편 1920년대의 조선에 일어난 연예 환경의 변화
— 이른바 '조선춤'이 빈사 상태가 되어 가는 과정

    1920년 4월 1일에 창간된 동아일보는 조선에 밀어닥친 1920년대 금융경색을 〈전황(錢慌)의 여파(餘波)〉라는 제목으로 5월 31일부터 6월 11일까지 7회에 걸쳐서 그 실상을 보도하였다. 첫 기사는 "지난 달 초순부터 일반 경제계에 큰 변동이 생기어 시내 각 은행에서는 어떠한 담보물과 아무리 두터운 신용가에게라도 중변[重邊=복리 이자]을 문다 하여도 용이히 빚을 주지 아니할 뿐 아니라 상업수형[手形=어음]의 할인이 거의 막힘으로, 이때까지 은행만 믿고 지내온 모든 영업자들은 고만 뜻밖에 큰 타격을 받게 되었다."라는 글로 시작한다. 불황의 근본적인 원인이라 하면 1914년 7월에 시작된 제1차 세계대전이 1918년 11월에 종전終戰이 되면서 세계적인 금융경색이 시작되었기 때문이다. 일본은 유럽에서 전쟁이 계속되는 동안에 경제적 특수特需를 누리고 있다가 국제적인 금융경색으로 인해서 상대적으로 경제적 충격을 더 받게 되었고, 일제가 강점하고 있던 조선에도 그 파고波高가 밀려온 것이다. 조선의 연예계 입장에서는 1919년의 3.1운동으로 인한 사회적 파장도 있고, 가뭄으로 인한 물가 앙등이라는 국내적 요인이 겹쳐 1920년은 힘들 수밖에 없는 상황인데, 국제적 금융경색이라는 요인까지 겹쳐 그야말로 '엎친 데 덮친 격'이 되었다.

1920년대의 조선에 일어났던 연예 환경의 변화를 든다면 전반기에는 경성구파배우조합장이던 강경수가 실종되면서 조합 활동이 중단된 것, 1921년에 해삼위海蔘威[블라디보스토크의 중국식 표기] 조선학생음악단이 고국을 방문한 일 등을 들 수 있다. 후반기에는 유성기留聲機소리판[즉 레코드] 및 라디오의 보급과 이른바 신무용新舞踊의 등장을 꼽을 수 있다. 이러한 시대적 상황에서 궁중정재나 판소리와 같은 조선의 전통공연예술은 과연 어떤 취급을 받고 어떤 모습으로 변화되었는지 살펴보기로 한다.

  1921년에 고국을 방문한 해삼위 조선학생음악단은 전국을 순회하며 연주회를 갖게 되자 서양무도舞蹈에 대한 대중들의 인식을 단번에 바꾸어 놓았다. 일본에 국권國權을 빼앗긴 조선에서 서양무도, 특히 사교무도의 유행과 함께 경향京鄕 각지에서 무도회舞蹈會가 성행한 것은 해삼위 조선학생음악단의 영향이라고 말할 수 있을 정도이다. 그런 현상은 대중들이 조선의 '기생 춤'에 대해 더 이상 관심이나 애정을 갖고 있지 않음을 보여 주는 징표이지만, 그렇다고 '조선춤'이 이대로 소멸하지는 않을까? 우려할 정도는 아니었다. 그러나 1926년에 이른바 신무용新舞踊이 소개되고 석정막石井漠의 제자가 된 최승희崔承喜가 일본에서 귀국하여 신무용가로 활동하면서 매우 심상치 않은 상황이 조성되기 시작하였다. 그로 인해 이미 쇠잔해진 '조선춤'이 신무용의 등장으로 빈사瀕死 상태가 되었다고 보는 것이 일반적인 견해이다.

지식창고 14 **경성구파배우조합의 활동이 정지된 배경**

　1919년에 일어난 3.1운동이 국내외에 걸쳐 파급된 효과가 엄청났다는 것은 주지의 사실이다. 중국 상해에서 대한민국임시정부가 수립되고, 1920년에 들어서면서 임시정부는 만주를 통해서 국내의 민족 운동가와 연락을 취하고 독립자금 모집에 힘을 쏟았다. 더욱이 1920년 3월 10일에는 임시정부가 지방선전부(地方宣傳部) 규정을 공포하고 안창호(安昌浩)를 총판(總辦)으로 한 지방선전대를 조직하여 국내의 각지에 파견하기 시작하였다. 그로 인해 1920년도에 발행된 매일신보에는 독립군자금과 관련된 사건 보도가 끊이지 않고 나온다.[A] 일제강점기인 탓에 강도 혹은 공갈 행위로 표현하고 있지만 사건은 모두 상해 임시정부의 군자금을 모집하려는 행동에 관련된 것이다. 그런데 경성구파배우조합장이던 강경수는 공교롭게 1919년 10월 10일 자 매일신보(3면)에 게재된 〈붓방아〉 난에 아래와 같이 언급된 내용을 끝으로 더 이상 신문 기사에 등장하지 않는다는 것이 의혹을 불러일으킨다.

> "(경성) 본정[本町] 4정목[丁目] 전차 종점 되는 근처 신정[新町] 가는 중간에 있는 문락좌[文樂座]에 **구파배우조합 강경수 일행**의 구파연극을 한번 가서 구경하였다. 원체 좁아서 490명이면 송곳도 꽂을 틈도 없이 만원(滿員)이 되는 협착한 곳이다. 가뜩이나 좁은 무대에 신파 도구를 꾸며놓은 앞쪽 조그마한 무대에서 남녀배우가 끊일 새 없이 출연하는데, … "

[A] 예컨대 매일신보의 1920년 2월 21일 자(3면)의 기사['●독립군자금으로 3만원을 제공하라'] 및 8월 6일 자(3면)의 기사['●독립군자금 모집 중 전남 제3부에 잡혀서'], 8월 14일 자(3면)의 기사['●독립군자금을 모집한 학생'], 그리고 9월 15일 자(3면)의 기사['●상해에서 잡힌 독립군자금 모집원이란 …'], 또 11월 6일 자(3면)의 기사['●독립군자금 3천원 강청(强請)하던 이전(以前) 면장(面長)'] 등이 그것이다.

경성구파배우조합이 1915년에 조선물산공진회의 행사에 참가한 것을 두고 오늘날까지도 친일(親日)로 오해하는 시각이 있을 정도[B]라고 한다면, 1920년을 전후해 임시정부의 활동 대원이 경성구파배우조합의 조합장인 강경수를 찾아가 친일(親日) 행위의 대가로 독립군자금 제공을 요구했을 개연성이 없지 않다. 고종의 가무별감이었던 강경수는 그러한 요구가 있었을 때 흔쾌히 그에 응하였을 것이다. 그런데 이는 일제(日帝)의 수사선상에 오르게 될 개연성이 있는 것을 의미한다. 국악음반박물관 관장 노재명 씨가 펴낸 **《명창의 증언과 자료를 통해 본 판소리 참모습》**[나라음악큰잔치 추진위원회 발행, 2006]을 보면 '근대 5명창과 명고수'를 다룰 때 〈5. 이동백의 수행고수이자 당대 국악계 대부였던 명고수 강경수〉 이동백의 진술을 소개하면서 석연치 않은 느낌을 지닌 기색(氣色)을 보인다.

> "한편 1937년 『조광』의 '명창 이동백전'에서 강경수가 과거의 인물로 회고된 점으로 보아 그 이전에 이미 작고한 것으로 짐작된다. 지금은 강경수라는 이름을 아는 이조차 드물게 되었는데, 그 까닭은 그의 기량이 무척 출중하였으나 너무 일찍 세상을 떠났거나 일찍 국악을 그만 두었기 때문이 아닌가 한다. 문자기록으로는 신문 등의 일제시대 초기문헌에만 그가 보인다는 점, 대가였음에도 불구하고 초기 유성기음반에서조차 그의 이름을 찾아보기 어렵다는 점에서 그는 신문에 이름이 나타나지 않기 시작하는 1920년 무렵부터, 음반에 이름이 나올 법한 시기인데 (이름이) 보이지 않는 1925년 사이쯤 세상을 떠났거나 무대를 떠난 것으로 추정된다."[C]

앞서 소개한 이동백의 회고에서 강경수에 대해 "그 외는 생사를 같이 할

B 이진원은 앞의 논문(조선구파배우조합 시정오년기념 물산공진회 참여의 음악사적 고찰)에서 "조선물산공진회는 한일합방 후 일제가 한일합방이 성공이며, 자신들의 통치가 정당했다는 것을 과시하기 위한 조작된 행사로, 경성구파배우조합이 이에 적극적으로 가담한 것은 친일이라는 오명을 벗어버릴 수 없는 것이 되었다."(p. 62)라고 기술하고 있다.
C 노재명 저, 앞의 책(명창의 증언과 자료를 통해 본 판소리 참모습), p. 175

동무가 없었읍니다."라는 식으로 과거의 표현을 쓴 것을 보면 강경수가 이미 작고한 것은 알고 있는데, 이동백이 그에 대해 개인적인 감정을 표출하지 않은 것은 말 못 할 어떤 사정이 있었음에 틀림없다. 특기할 점은 1920년대에 들어서면서 경성구파배우조합이 활동하고 있다는 것을 알게 해 주는 기사가 전혀 보이지 않는다는 사실이다. 1925년 7월 29일 자 매일신보(2면)의 기사에서 아래와 같이 '**구파조합원 일동**'이라는 표현이 등장하는 것이 유일하다.

> "●명창의 동정(同情)음악 – 일즉이 됴선에셔 명창(名唱)으로 놉흔 일흠을 가지고 잇는 리동백(李東伯)·심정순(沈正淳)·김창룡(金昌龍) 삼씨를 위시하야 **구파조합원 일동**은 이번 참담한 수해의 리재[罹災] 동포를 위하야 힘이 밋치는 데까지 마음을 다하야 그들을 구제할 목뎍[目的]으로 대정권번의 후원을 밧아가지고 재작[再昨] 27일 밤부터 2일간 예뎡[豫定]으로 수해리재민[罹災民]구제 됴선[朝鮮]음악대회를 본사 래청각(本社 來靑閣)에셔 개최하얏는대, … (이하 생략)"**[자료 A]**

이 기사를 논자(論者)에 따라 경성구파배우조합의 활동으로 보는 사람이 있다. 즉 "경성구파배우조합은 1920년대 중반까지도 그 명맥을 유지했다. 1925년 7월 29일 자 『매일신보』 기사에는 … (中略) … 본사 래청각에서 개최하얏는데」 하여 **구파조합원** 명목으로 공연이 이루어졌음을 알 수 있다. 하지만 그 이후로는 구파조합원의 개별적인 활동이 산견될 뿐이므로 실제적으로 경성구파배우조합은 자취를 감추게 된다."D라는 식으로 설명하는 것이다. 그러나 4일 전인 1925년 7월 25일 자 매일신보(2면)의 아래 기사를 읽어 보면, **[자료 A]**의 기사는 '**구파배우**'라고 표현하여야 할 것을 '**구파조합원**'으로 잘못 표현한 것임을 알 수 있다.['구파배우'라는 용어와

D 이진원, 앞의 글(조선구파배우조합 시정오년기념 물산공진회 참여의 음악사적 고찰), p. 59

'(경성)구파(배우)조합원'이라는 용어는 그 의미가 다르다]

"●성악(聲樂)의 거성(巨星)들, 이재민(罹災民)에 동정출연 – 집과 세간과 가족을 잃고 빈터에 그림자만 밟고 서 있는 한강 일대의 수재민 피난민들을 위하여 내외에서 모여드는 따뜻한 동정이 답지[遝至]하는 중에, **조선구파 배우 일동**들도 또한 동포의 참경[慘景]을 방관할 수 없다 하여 명창·명곡을 재주껏 다한 연주회를 열어 그 수입으로 수재민 구제비에 보충키로 되었다. … (中略) … 더욱이 일행 중에는 김창룡(金昌龍)·리동백(李東伯)·심정순(沈正淳) 등 일찍이 조선 천지에 이름을 날리던 명창을 위시하여 여창(女唱)까지 겸한 근래에 드물게 보는 조선 남녀성악대회(聲樂大會)가 열릴 터인데, 더욱이 이번 모임은 남에게 팔려서 출연하는 것이 아니오, 자기네가 동포를 사랑하는 정성된 마음으로 스스로 모여 동지를 규합한 후에 **소위 혼성단(混成團)**을 이루어 출연을 하는 터이라, … "

위의 내용에서 보듯이 한강 수해(水害)이재민을 구제하기 위한 성악대회는 조선구파배우(=전통예술의 연희자)들이 개별적으로 동지를 규합해 소위 혼성단을 이루어 출연한 것이다. 따라서 [자료 A]의 기사가 '구파조합원 일동'이라고 착각해 표현한 내용을 가지고 1920년대에 들어서 5년이 지나도록 단체로서의 활동을 한 흔적이 보이지 않는 구파배우조합에 대해서 '경성구파배우조합은 1920년대 중반까지도 그 명맥을 유지했다'고 말하는 것은 사실과 맞지 않는 추론으로 생각한다.

1915년에 모습을 드러낸 경성구파배우조합은 원래 광무대와 연흥사 두 곳에 있는 남녀 배우 일동을 주축으로 구성하였다. 그런데 심정순은 처음부터 장안사에서 활동하였고[E], 경성구파배우조합이 조직될 즈음은 장안사의 순업대(巡業隊)를 이끌고 장기간 지방 흥행에

E 예컨대 1912년 4월 2일 자 매일신보(3면)의 '연예계 정황', 1913년 2월 18일 자 매일신보(3면)의 '연극과 활동', 1914년 2월 21일 자 매일신보(3면)의 '연극과 활동' 등에 나타난 심정순에 관한 기사 참조

나섰던 점을 보면ᶠ 처음부터 경성구파배우조합에 가입할 생각이 없었던 인물로 생각된다. 수해 이재민을 구제하기 위한 취지의 성악대회에 구파배우인 심정순이 김창룡, 이동백과 함께 출연한 것을 가지고 경성구파배우조합이 조합 활동을 한 것으로 치부하는 것은 무리가 있는 추론이다.

그렇다면 경성구파배우조합장 강경수는 1920년대에 들어서자 왜 갑자기 사라지고, 그와 함께 경성구파배우조합은 단체로서의 활동을 왜 중단하고 말았는지 의문이 남는다. 이러한 의문은 강경수의 실종이 공안 사건에 연루되었기 때문이라고 추측하지 않는 한은 풀리지 않게 된다. 즉 강경수와 접촉했던 상해임시정부의 활동 대원이 수사선상에 오르게 되자 그와 함께 잠적할 수밖에 없었기 때문에 더 이상 기사에 나오지 않는 것으로 추측된다. 1920년대에 들어서면서 강경수의 모습이 보이지 않게 됨과 함께 경성구파배우조합의 활동이 중단됨은 물론이고, 또 조합에 관계된 사람들도 수년 동안 대외적인 움직임을 자제하고 있는 것ᴳ이 그러한 추측을 뒷받침하는 증거이다. 경성구파배우조합원은 몇 년이 지난 뒤에야 비로소 활동을 하기 시작하는 데 반해, 심정순이나 송만갑은 경성구파배우조합원이 아닌 관계로 1920년대에 들어서서도 여전히 아래의 기사에서 보는 것처럼 활발한 활동을 하고 있다는 점에서 대조적이다.

F   1916년 3월 21일 자 매일신보(3면)의 기사 : "●*의주 심정순 일행 – 심정순(沈正淳) 일행은 금월 15일에 의주에 와서 17일부터 신구연극을 흥행하는데, …* "

G   이동백은 1921년 11월 13일 자의 매일신보(3면)에 의하면 광무대에서 황해도 봉산 광진학교를 위한 특별연주회가 개최되었을 때 특별출연을 한 것으로 나온다.

1) 1920년 3월 1일 자 매일신보(3면)의 기사 : "본정[本町] 5정목에 있는 문락좌(文樂座)에서는 … (中略) … **심정순**의 가야금, 흥도의 배다래기로써 흥행하여 자못 성황이라더라."

2) 1920년 3월 28일 자 매일신보(3면)의 기사 : "전북 남원군 운봉면 동천리 … (中略) … 13일은 여흥으로 조선명창 광대 **송만갑**(宋萬甲) 류성준(柳成俊) 등의 판소리며 호남 제일 독보로 유명한 화중선(花中仙)외 10명 예기 등의 청가묘무로 내빈을 위로할 터이라 하며, … "

3) 1921년 12월 8일 자 매일신보(3면)의 기사 : " … (前略) 또한 조선의 구파배우로 이름이 있는 **송만갑**(宋萬甲)의 조직한 구파연극 흥행단이 마침 그때에 대전좌에서 흥행하였었는데, …"

4) 1924년 6월 20일 자 시대일보(1면)의 기사 : "금 20일 하오 8시 중앙청년회관(中央青年會館)에서 연악회(研樂會) 주최 서울구락부 후원으로 음악대회를 열 터이라는데, 출연할 악사는 홍란파(洪蘭坡) 김원복(金元福) 아펜셀라 번복기(藩福奇) 이화학당(梨花學堂) **심정순**(沈正淳) 경성악대(京城樂隊) 예술학원(藝術學院) 등 50여명이오, …"

결국 1920년대에 들어서면서 강경수의 모습이 보이지 않게 됨과 함께 경성구파배우조합의 활동이 중단됨은 물론이고, 또 조합에 관계된 사람들도 수년 동안 대외적인 움직임을 자제하고 있는 것은 일본 관헌(官憲)의 입김에 의한 것으로 추정할 수밖에 없다. 경성구파배우조합원인 이동백이나 한성준이 활동을 하는 모습이 몇 년 동안 보이지 않는 것은 그 때문일 것이다.

1. 1920년대에 각 권번(券番)들이 취한 자구책(自救策)
– 4권번/5권번의 연합연주회, 권번의 온습회(溫習會)

1920년대의 국내 및 해외 상황은 화류계가 무척 힘든 시절을 겪지 않을 수 없도록 만들었다. 국내적으로는 1919년의 3.1운동으로 인한 사회적 파장도 그렇지만, 세계적인 금융경색으로 인한 경제적 불황이 일본에서도 시작되어 조선까지 영향을 미쳤기 때문이다. 1920년 6월 1일 자의 동아일보(3면)에는 〈유흥(遊興)까지 한산(閑散) – 6백 명씩 불리던 기생이 불과 4, 5십 명으로〉라는 부제副題가 붙은 아래 기사가 실려 있다.

> …(前略) 금년 4월부터는 전황[錢慌]의 영향으로 화류계도 매우 한산하여 생활이 곤란할 지경이라 한다. 경성 안에 있는 다섯 곳의 기생조합의 기생이 도합 8백여 명인데, 그전 같으면 매일 밤마다 6백여 명이 상시 불리던 것이 근일에는 각 요리점에 불리는 기생이 불과 3, 4백 명에 지나지 못할 때도 있으며, 그런 중에도 기생을 불러 노는 사람들도 시간을 길게 놀지 아니하고 2, 3시간 밖에 놀지 아니하므로 기생들은 모처럼 요리점에 불려간대야 옷값도 벌지 못한다고 … 우는 소리를 한다는데, 그 중에도 평소부터 생활이 어렵던 기생은 더욱 타격을 받아서 날마다 빚쟁이에게 졸린다더라.

1920년에 4권번, 5권번[1]의 연합연주회가 등장한 것은 당시의 어려운 현실을 고려하여 권번들이 고심苦心한 나머지 채택된 방안이라고 할 수 있다. 얼핏 보면 권번 간에 사이가 좋아져 연합해서 연주회를 가지는 것으로 오해하기 쉽지만, 실은 단독으로 연주회를 갖는 것이 그 정도로 어려워졌다는 현실을 시사한다.[2]

1) 1920년 6월 19일 자 매일신보(3면)의 기사 : "●4권번연합의 자선연주대회, 한성·한남·대정·경화 400여명 총출회 – 경성의 고아를 위하여 … (中略) … 이번에 경성에 있는 한남·대정·한성·경화에 기생권번 기생들은 오늘날 고아원을 완전히 창립케 하여 다수 고아로 하여금 그 목숨을 보전케 하려는 마음에서 일단 의협심이 생기어 금 19일부터 22일까지 나흘 동안을 시내 단성사에서 자선연주회를 열고 네 권번기생 400여명이 연합으로 총출[總出]하여 그날 수입하는 돈은 모두 고아원으로 기부하기를 작정하였다는데, … (이하 생략)"

2) 1920년 10월 16일 자 매일신보(4면)의 광고 : '10월 15일부터 특별대흥행'

> **경성(京城) 5권번연합(五券番聯合) 추기(秋期) 대연주회(大演奏會)**
> 〈예 제(藝 題)〉
> 국화회(菊花會), 봉래의(鳳來儀), 격괴가(擊壞歌), 경풍도(慶豊圖)
> 사고무(四鼓舞), 팔검무(八劍舞), 무애무(無碍舞), 사자무(獅子舞)
> (이하 37종)
>
> 우미관(優美館)

실지로 1920년 5월 6일 자 매일신보(4면)의 '천청지설(天聽地說)'란을 보게 되면 "▲경화권번 기생연주회가 단성사에 열린다고 떠들기에 구경이나 좀 할까 하였더니 아무 소식이 없어 아주 달팽이 눈깔이 된 모양이야. 『嚞嚞生』"라는 글까지 있어 연주회를 단독으로 갖는 것이 쉽지 않음을 알 수가 있다. 당시 화류계의 상황이 매우 어려워 5권번의 연합연주회가 열렸다고 해도 다른 시각으로 보면 1915년의 공진회에서처럼 기생조합 간의 기예 경쟁을 볼 수 있는 좋은 기회이므로 인기를 끌었을 법도 하다. 그러나 1920년 10월 17일 자 매일신보(3면)에 실린 아래와 같은 비평은 그러한 기대를 한순간에 무너뜨린다.

●5권번(五券番) 연합연주회(聯合演奏會)를 보고, △특히 **대정권번에 대하여** 한마디 말(和言生) - 지난 15일부터 경성 시내에 있는 다섯 권번기생들의 합동을 하여 가지고 우미관을 빌려서 소위 연주회라는 것을 개최하였었는 바, 이제 그에 대한 관객, 아니 일반사회의 평판을 들어 말하고자 한다. 원래 기생연주회라는 것은 부랑청년 남녀들이 모이는 대회와 조금도 다를 것이 없는 바, … (中略) … 이제 그것의 옛날을 생각하면 우리 조선의 훌륭한 예술이였었던 것은 분명한데, 날이 가고 달이 갈수록 퇴보를 하여 오다가 오늘날은 오직 그들의 손에만 남아 있는 바, … (中略) … 소위 기생권번으로 말하면 참으로 개량이 없는 터이니 어째서 원통치 아니하랴. 그 중에도 다섯 권번 중 대정권번으로 말하면 아무쪼록 더욱 많이 퇴보를 시키여서 그마저 없이 하자 하는 모양인지 그 권번기생들의 연주하는 것을 어느 때이던지 참으로 구역[嘔逆]이 나고 눈꼴이 틀리는, 차마 볼 수 없을 터이다. 이번 연주회에도 추악한 태도를 말하면 위선 국화회(菊花會)라는 제목을 내어붙이고 약 14명 가량의 기생들이 춤을 추는데, 춤의 여하는 그만두고라도 위선 … (中略) … 그의 입은 국화꽃을 그렸다 하는 옷감으로 말하면 일본 사람들이 방석감이 갖는 어린아이들의 자리옷이나 그렇지 아니하면 여자들의 「고시막기」, 즉 속곳과 같이 입는 것이니 어째서 …… 춤복색을 그같이 더러운 옷감으로 해 입는가, 더욱이 무슨 가장 새로운 짓을 하겠다고 하여 이전에 있던 것까지 더럽히는 것이 괘씸하기 짝이 없다. 다시 소위 서양춤이라는 것을 추는데, 그 춤으로 말하면 서양사람들이 유치원에서 어린아이들을 즐겁게 하기 위하여 작란하는 유희이다. 그것을 가르친 사람으로 말하면 무도[舞蹈]를 처음 배우는 것이 그것이니까 필시 그대로 가르친 모양이나, 이는 무대에서 추는 춤이 아니다. … (中略) …

그리하여 관객에게 「들어가라」, 「그만 두어라」, 「하지 마라」,
… 소리를 듣게 되니, 어찌 출연하는 본의가 아까운 줄을 모르는가?
당일 출연한 <u>한남권번</u> 조남숙(趙南淑 12세)<u>의 승무</u>와 같은 것을 무대에
내어놓아 관객의 환호성을 이끌면 오죽 좋을까?

[* 위에서 '소위 서양춤'이란 1917년 10월 21일 자 매일신보(3면)의 '다동기생(茶洞妓生)의 서양무도(西洋舞蹈)'라는 기사³에 나온, 서양 복식을 하고 추는 사교춤인 것 같대]

위의 비평에서 대정권번을 대표적으로 다루고 있는 것은 이 당시 다동조합을 모태로 한 대정권번의 세력이 가장 컸기 때문일 것이다. 1920년 10월에 경성 5권번의 연합연주회에서 내세운 예제藝題라는 것을 5년 전의 공진회에서 기생조합들이 공연한 프로그램과 비교해 보면 평자評者의 지적처럼 기생들의 기예가 많이 퇴보한 것처럼 생각된다. 첫 번째 예제藝題로 내세운 국화회菊花會는 대정권번에서 처음 연출한 것으로, 관객을 끌어들이기 위해 국화 전시회와 춤 공연을 겸한 기획인 듯하다.⁴ 그러나 시대의 흐름에 맞춘다는 명분으로 대정권번이 춤 복색에서 시도한 섣부른 변화의 모습을 보면 그 당시에 이미 조선 전통춤의 정체성이 흔들리고 있음을 말해 준다. 더군다나 **봉래의**鳳來儀[세종 때 만들어진 것으로, 용비어천가(龍飛御天歌)를 부르며 추는 춤], **경풍도**慶豐圖[순조 때 만들어진 것으로, 풍년을 즐기며 해마다 풍년이 들기를 기원하는 춤]와 같은 궁중정재마저도 관객들로부터 '시대에 늦은 죽은 연예'로 치부되었다. 그런 가운데 평자評者가 한남권번의 동기童妓인 조남숙의 승무를 모범으로 언급한 것은 전통춤의 발전 방향에 대하여 시사되는 바가 크다.

화류계의 이러한 어려움이 1920년 한 해로 끝나지 않았다는 것은

1921년 2월 26일 자 동아일보(3면)의 기사를 보면 알 수 있다.

●격감한 조흥세(助興稅) - … (前略) 경성 시내의 화류계로 말하면 작년 이래로 재계의 영향을 입어 5백 명에 가까운 조선기생은 며칠을 기다려 (운)수가 좋아야 겨우 한 두 번씩 요리집을 출입하고 그 중에도 이름이 나지 못한 기생들은 공연히 헛되이 단장만 하고 침침한 방속에서 공연히 턱없는 기다림에 세월을 허비하고 오직 하나의 자본인 노래도 사는 사람 없으므로 이에 따라서 수입을 하지 못하는 까닭에 그러지 아니 하여도 생활의 낭비가 많이 있는 기생들의 살림살이는 점점 어찌할 수 없는 곤경에 이르러 … (中略) … 기생의 영업을 폐지하고 다른 방면으로 생활할 방도를 찾아가는 기생도 적지 아니하여, 요사이는 경성에 있는 기생의 수효가 반이나 넘어 줄어 2백 16명에 지나지 아니하나, 남아있는 기생들도 1월경까지는 한숨만 쉬고 앉았더니 구력[舊曆] 정초에야 윷노는 손님들에게 불려 보름 동안은 그럭저럭 여간 수입이 있었으나, 구력 정월 조선 보름이 지나간 요사이는 역시 세월이 없다는데, …

각 권번은 경제적인 어려움을 고려해 연주회가 아닌 온습회溫習會라는 것을 선보이기 시작하였다. 1921년 11월 15일 자의 매일신보(3면)를 보면 아래와 같이 온습회에 관한 기사가 보인다.

●대정기(大正妓) 연주회 - 일전에 부내 **한남권번**에서 단성사(團成社)에서 기생의 가무 온습회(溫習會)를 열고 그 권번에 수백 명의 기생이 각각 자기의 장기로 가무를 연주하여 막대한 환영을 받았는 바, 이번에는 다옥정(茶屋町) **대정권번**(大正券番)에서 이달 18일부터 5일간 우미관(優美館)에서 성대한 온습회를 개최하고 기생의 가무가 있을 뿐 아니라, 고대소설에 가장 유명한 옥루몽과 춘향전, 심청전 등의 연극으로 대대적 연주를 거행한다더라.

온습회와 연주회를 동일한 것으로 오해하는 사람도 있으나[5], 온습회는 일본에서 에도(江戶) 시대부터 행해져 온 화류계의 오래된 전통으로, 무용 음곡音曲 등에서 지도자가 가르친 것을 제자로 하여금 실연實演하게 하는 것을 말한다. 즉 권번의 온습회는 학교의 졸업발표회와 비슷한 성격의 것으로 개인의 기량 평가에 초점이 맞추어져 있다. 반면 연주회는 외부의 요청을 받아서 하게 되던[예컨대 신문사 주최의 독자위안회], 자체적으로 기획해서 하던, 흥행을 성공시키기 위해서 권번 전체의 역량을 동원한다는 자세로 공연한다는 점에서 온습회와 차이가 있다. 온습회라는 것도 위 기사를 보면 한남권번에서 가장 빨리 시작하여 수백 명의 기생들이 각기 자기가 장기로 하는 가무를 연주한 것으로 되어 있다. 한남권번이 온습회를 열게 된 배경은 1920년대에 처한 화류계의 현실과 관계가 있을 것이다. 기생들로 하여금 자신이 수련한 기예를 관객 앞에서 선보일 수 있는 기회를 부여하면서, 다른 한편으로는 그들과 관계가 있는 사람들로 하여금 응원을 하도록 함으로써 제3자에게는 색다른 볼거리를 제공해 흥행에 끌어들이려는 의도가 내포된 것이다.

한남권번과 대정권번에 이어서 한성권번도 온습회를 열었던 것은 1924년 8월 31일자 매일신보(1면)에 실린 한성권번의 온습회 광고[옆의 그림]를 통해서 확인된다.

권번 단독으로는 연주회를 열어 흥행하기가 쉽지 않은 현실에서 각 권번이 온습회를 며칠에 걸쳐서 개최하고 있는 배경은 무엇일까? 이것은 온습회에서는 출연자에게 따로 출연료를 지급할 필요가 없는 한편,

특정한 기생을 응원하는 관객들을 끌어들임으로써 흥행 수입이 나쁘지 않기 때문일 것이다. 한남권번이 1923년에 온습회를 춘기春期와 추기秋期로 나누어 두 번 열고, 또 온습회 개최 기간도 10일로 늘린 것을 보면[6] 온습회의 도입은 성공적이었음을 말해 준다. 온습회에서는 궁중정재의 많은 종목이 ― 예컨대 봉래의, 가인전목단, 무산향, 춘광호, 수연장, 향령무, 장생보연지무, 최화무, 연백복지무, 오양선, 춘앵전 등 ― 발표되었는데, 결과적으로 권번의 기생들이 어려운 여건 속에서도 이런 방식으로 한국 전통무용의 맥을 이어 온 셈이라고 말할 수 있다.

---

1 이 당시의 5권번이란 종래의 4권번(한성·한남·대정·경화) 외에 대정권번에서 또 분리되어 나온 대동권번(大同券番)을 포함시켜서 호칭한 것이다.
2 1917년에는 4개의 기생조합이 차례차례 단성사에서 각자 연주회를 개최한 것과 비교된다. 다동조합은 10월 11일~20일에[1917년 10월 17일 자의 매일신보(3면)의 '다동기생(茶洞妓生) 연주회 일별(一瞥)' 기사 참조] 연주회를 가지고, 신창조합은 10월 23일~29일에[1917년 10월 26일 자 매일신보(3면)의 '신창기(新彰妓) 연주회' 기사 참조], 광교조합은 10월 31일~11월 14일에[1917년 11월 6일 자 매일신보(3면)의 '광교기의 나뷔춤' 기사 참조], 그리고 한남조합은 11월 28일~12월 4일에[1917년 12월 2일 자의 매일신보(3면)의 '한남기생의 연주를 보고' 기사 참조] 각각 단독으로 흥행하였다.
3 1917년 10월 21일 자 매일신보(3면)의 기사 : "●다동기생(茶洞妓生)의 서양무도(西洋舞蹈) ― 근자[近者] 다동조합에서는 해[該] 조합 기생에게 서양무도[西洋舞蹈]를 교수하여 객석 혹은 연주회에 출석시키는데, 아직 배운 지는 며칠 아니되나 본래 조선춤에 숙련이 있는 까닭으로 진보가 매우 속[速]하여 여러 사람 앞에 내놓아도 과히 남부끄럽지 아니하다 하니, 이렇게 한 가지, 두 가지씩 배우고 연구하여 새 것을 보여주는 것은 보는 사람에게 매우 자미있는 노릇이라. …"
4 1919년 11월 11일 자 매일신보(3면)의 기사 : "●국화회(菊花會)와 연주(演奏) ― 시내 우미관에서는 금 11일부터 13일까지 3일간 국화회를 개최하고 일반에게 종람(縱覽)케 하며 또는 여흥으로 대정권번 기생 전부가 나와 60여종의 가무를 흥행한다는데, 요사이 향기나는 국화를 구경케 되었고 또는 기생들의 청가묘무[淸歌妙舞]를 보게 되었더라."
5 김영희 저, 앞의 책(개화기 대중예술의 꽃, 기생), p. 152
6 1923년 5월 10일 자 매일신보(3면)의 '한남기(漢南妓) 온습회(溫習會)' 기사. 또 1923년 10월 30일 자 매일신보(3면)의 '한남권번(漢南券番) 온습회(溫習會)' 기사 참조

2. 서양의 공연예술인 무도(舞蹈)의 유입과
   그것이 가져온 사회적 파장(波長)

1921년 4월 10일 자 동아일보(3면)는 해삼위海蔘威조선학생음악단의 고국 방문 소식을 가장 먼저 전하였다.

> 해삼위 동양대학교(東洋大學校)에 재학하는 조선인 학생 10명은 로력(露曆; 러시아의 달력)으로 예수의 부활주일되는 동안을 이용하여 그동안 항상 그리워하고 보고 싶어 하던 고국의 산천도 볼 겸 한편으로 그들이 배운 아라사[俄羅斯 러시아]의 특수한 음악과 무도를 조선인에게 보이고자 해삼위기독청년회 주최로 오는 4월 하순에 해삼위를 출발하여 원산에 상륙한 후 다시 경성으로 올라와서 음악회를 열고 그 수입의 대부분은 해삼위청년회관 건축비로 사용할 터이라더라.(해삼위 特電)

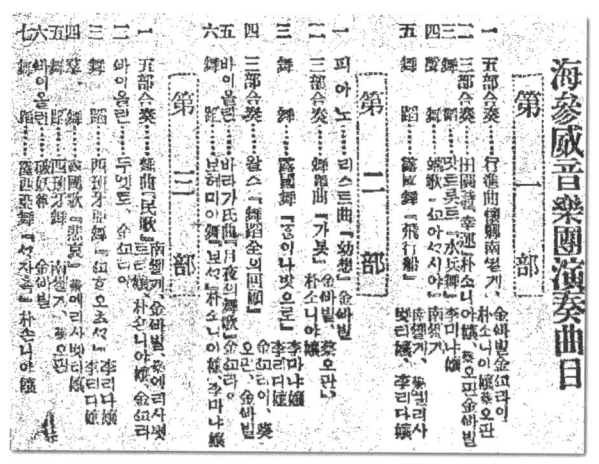

(1921년 4월 30일 자 매일신보(3면)에 실린 해삼위음악단 연주곡목)

그 후 각 신문들이 해삼위 조선학생음악단에 대해 동정심과 호기심을 자극하는 다양한 보도를 함으로써[1] 자연히 연주회에 대한 일반인들의 관심이 고조되었다.

1921년 5월 1일 자 동아일보(3면)에 실린 '**해삼위학생(海蔘威學生) 연주(演奏)의 第一夜**'에 대한 후기後記를 읽어 보면 그들이 얼마나 큰 환영을 받았는지를 실감할 수 있다.

… (前略) 해삼위조선학생음악회(海蔘威朝鮮學生音樂會)는 예정과 같이 재작 29일 오후 8시부터 종로중앙청년회관(鐘路中央靑年會館)에서 제1막이 열리었다. 새 동포의 얼굴을 보려고 그 속에서, 그 입에서 울려나오는 음악을 들으려고 손을 꼽아 기다리던 군중은 정각이 되기 전부터 홍수의 물결 같이 청년회관 앞에 몰리며 앞을 다투어 들이미는 청중을 미처 안내할 사이 없이 들끓듯 하는 혼잡을 이루어 불과 몇 분 동안에 회장의 상하층은 송곳 끝도 꽂을 틈이 없이 가득차고

…… 음악단 일행은 청년회 총무 이상재(靑年會總務 李商在) 씨의 소개로 검은 양복, 활발한 기상을 나타내는 7명의 남자학생과 질소[質素]하고도 경착[輕着]한 아라사식의 단장에 몸을 싼 4명의 여학생은 무대 위에 정숙하게 늘어서서 반갑게 맞아주는 군중 앞에서 처음 인사를 마친 후에 소낙비 소리 같은 박수 속에서 5부합주(五部合奏)의 회향곡(懷鄕曲)으로 무대를 열어 그들의 오래동안 고국을 사모하던 애연한 회포를 처량한 현악(絃樂)으로 하소하고 아담한 3부합주 행운(幸運)이라는 시곡[詩曲]을 연주한 후, 음악은 점점 아름다운 곡조로 무르녹아 간다. 한 곡조 두 곡조를 거듭할수록 만장의 정신은 몽롱하여지며 천여 명의 청중은 취한 듯이 미칠 듯이 때때로 일어나는 박수소리가 넓은 회장을 진동한다.

일행 중에 가장 어리고 아리따운 태도를 가지어 모든 사랑을 한몸에
받고 있는 금년 14세의 『李마니아』양[孃]의 해군무도는 새뜻한 푸른
치마 끝이 팔랑팔랑 나부끼며 가는 다리를 재치있게 옮기어 꽃 사이에
나비 같이 가볍게 놀리는 사랑스럽고 어여쁜 태도는 한참 동안 음악에
취하였던 관객으로 하여금 시선을 일시에 놀라게 하여 박수는 그칠
줄을 모르고, 기쁨의 부르짖음은 (李)양의 어린 몸을 두번이나 무대에
피로케 하였다. (李)양의 몸은 가볍게 민첩하게 나부끼어 무대를 번화케
하는 선천적 기예는 한때의 박수로 칭찬이 마칠 것이 아니요, 실로
무도계의 큰 장래를 가진 천재라고 만장의 칭찬이 쉴 사이 없었다.
다음에 … (中略) … 『李마니아』와 『李리디아』의 두 양[孃]은 나이도
같고 태도도 방불하여 명지(명주)고름 같은(=곱고 보드러운) 가는 손을
서로 잡고 가볍게 추는 「공원이나 밭으로」의 무도와 미인으로
유명한 『蔡엘리사벳타』양은 특색있는 누런 머리에 아리따운
눈동자로 관객의 시선을 끌며 활발한 『南셀게』군[君]과 박[珀] 속 같은
희판로 어깨를 서로 안고 추는 로국의 「비행선[飛行船]」 무도는 일시에
무대를 황홀케 하였으며, 기타 『金빠빌』군의 쾌활한 「피아노」,
『朴쏘피아』양의 침착한 무도, 『朴세몬』군의 「까사촉」 무도와
『蔡페오판』군의 「만도링」, 『黃미하일』군의 「바이올린」 도
각각 아름다운 특색을 다하여 박수갈채 속에서 밤이 가는 것을 깨닫지
못하고 음악에 취하였던 청중은 11시에 성대히 회를 마치었는데, …
(이하 생략)

1921년 5월 2일 자 동아일보(3면)에 실린 제2일의 연주회에 대한
후기는 주로 무도舞蹈에 관한 내용으로 다음과 같이 기술하고 있다.

… (前略) 곡목과 출연하는 재주도 처음 날과 별로 다른 것이
없으나, 14세의 어린 처녀로 어여쁘게 땋은 귀밑머리를 느리고

옥색치마를 나비 같이 날리는 『李마니아』의 수병무(水兵舞)와 『蔡엘리사벳타』와 『南셀게』의 비행선(飛行船)춤은 만장의 박수 속에 2번을 출연하였으며, 『朴쏘피아』는 검붉은 아라사 부인의 옷을 검소하게 차리고 조용한 얼굴에 자주 미소를 띄우며 어린 『李마니아』와 화향에 취한 나비 같이 가만가만히 추는 천사(天使)의 춤은 만장 관객을 황홀케 하였으며, 『南셀게』와 『蔡엘리사벳타』의 서반아(西班牙)춤이 끝나매 청중은 더욱 박수갈채하여 2번 출연하기를 간청하였다. 그다음에는 『南셀게』와 『蔡엘리사벳타』가 한패로, 『李마니아』와 『朴쏘피아』가 한패로, 유량한 음악을 맞추어 춤을 추는데, 무대 뒤에서 미리 예비하여 두었던 채색종이 오리와 오색의 종이조각을 뿌리매, 전등빛이 찬란한 무대에는 금시에 뜻하지 않았던 낙화가 난만하고 전후좌우에서 던진 종이 올이 마주 껴안고 춤추는 사람을 여러 모양으로 얽어매어 춤추는 사람들은 더욱 웃음을 머금고 춤을 추는데, 별안간 신기한 광경을 본 일반관객은 모두 박수갈채 하였다.

해삼위 조선학생음악단은 1921년 4월 24일에 원산에 도착해 45일간 전국 각지를 순회하며 30회의 연주회를 하면서 서양무도에 관한 관심을 불러일으켰다. 해삼위학생들은 6월 8일에 원산을 떠나 다시 해삼위로 되돌아갔지만[2], 조선 사회에 미치는 반향反響은 아래의 기사에서 보는 것처럼 즉각적으로 나타났다.

1) 1922년 6월 26일 자 매일신보(3면)의 기사 : "●천도교소년(天道敎少年) 가극무도반(歌劇舞踏班) - 천도교 소년회에서는 가극부(歌劇部)와 무도반(舞踏班)을 두고 고명[高名]한 선생을 고빙[雇聘]하여 … "
2) 1922년 7월 17일 자 매일신보(3면)의 기사 : "●여학생(女學生) 무도(舞蹈)에 청중의 박수갈채 - 재작 15일 오후 8시반에는 사립유년주일학교

주최로 안동예배당 내에서 유년가극회를 개최하였는데, … (中略) … 여학생 8인의 무도에는 모두 박수갈채 함을 마지 아니하였으며 … (이하 생략)"

3) 1922년 7월 22일 자 매일신보(3면)의 기사 : "●예술학원(藝術學院) – 이번에 예술계에 저명한 김동한(金東漢) 김영한(金永漢) 현철(玄哲) 3씨는 전 책임을 가지고 … (中略) … 죽첨정 일정목[一丁目] 40번지에 예술학원(藝術學院)을 설립하여 무도(舞蹈)와 음악(音樂)과 연극(演劇)을 교수하는데, 보통과는 무도는 3개월, 음악과 연극은 각각 1개년에 교수하며, 또 연구과를 두어서 각각 1개년 식으로 기한을 정하여 이상 3씨가 책임을 가지고 교수한다는데, 보통과의 무도반은 가정무도, 보통 사교무도를 가르치며 … (이하 생략)"

그리고 다음의 기사에서 보는 것처럼 해삼위 조선학생음악단이 고국에 와서 연주회를 마치고 다녀간 지 1년이 지나도록 무도舞蹈의 열풍이 지속되어 교습敎習 혹은 공연의 한 분야로 자리를 잡기 시작하였다.

4) 1923년 6월 1일 자 동아일보(3면)의 기사 : "●예술학원(藝術學院)의 무도음악(舞蹈音樂) – 시내 서대문정 2정목 7번지에 있는 예술학원은 작년 8월 경에 로국피득(露國彼得)대학 예술과를 우등의 성적으로 졸업하고 귀국한 김동한(金東漢)씨 외 유지 몇 사람의 발기로 설립되어 음악과 무도와 연극을 가르치게 되었다 함은 그 당시 일찍 보도한 바 있거니와, 그 후 교황[校況]이 날로 융성하여 각과를 통학하는 남녀 학생이 이미 백여 명에 이르렀을 뿐 아니라 그동안 가르친 성적이 시일이 많지 못함에도 불구하고 매우 양호하므로 명 2일 하오 7시 반에 종로 중앙기독교청년회관에서 제1회 음악무도회를 열게 되었다. 출연할 인사는 예술학원 선생과 생도 일동 이외에 경성악대를 비롯하야 조선에

유명한 음악가와 로국인[露國人] 음악가 몇 사람도 있다 하며, 그 곡목은 기악(器樂)과 성악(聲樂)의 각종이 있으며 서양 각국의 고등사교계에서 유행하는 사교『땐쓰』외 10여 종이 있다더라."

5) 1923년 10월 20일 자 매일신보(3면)의 기사 : "●5권번미기(五券番美妓)의 무도회(舞蹈會)가 공진회 안에 날마다 있다 – 부업공진회[副業共進會] 협찬회 주최로 작[昨] 19일부터 경회루 뒤편 협찬회 경기장 안에서 매일 오후 1시부터 시내 다섯 권번의 기생들이 10명씩 체번[替番]하여 무도대회가 열렸다는데, 이것은 공진회가 끝나기까지 있을 터이라더라."

6) 1924년 5월 22일 자 시대일보[3](1면)의 기사 : "●현상무도대회(懸賞舞蹈大會) – 경성부 서대문정(西大門町)에 있는 예술학원에서는 오는 28일 하오 8시부터 종로중앙청년회(鐘路中央靑年會)에서 제1회 현상무도대회(懸賞舞蹈大會)를 열고 당일의 수입은 동 학원 확장비용에 충용하리라는데, 당야(當夜)에 상장될 무도는 사교(社交)땐스 무대(舞臺)땐스 서정(敍情)땐스의 각종과 또는 음악이 있다고 한다."

서양무도가 이처럼 한순간에 일반인들의 마음을 사로잡은 것은 단순히 감상의 대상으로만 머물러 있던 '조선춤'과는 달리 자신들 스스로 춤을 즐길 수 있는 것을 인식하였기 때문일 것이다. 1924년 11월 20일 자 매일신보(3면)의 '개방란(開放欄)'에 투고된 글을 보면 조선 사회에서 서양무도, 특히 사교무도를 배우려는 풍조가 얼마나 만연했는지를 알 수 있다.

●신유행의 망풍(妄風), 소위 사교무도(社交舞蹈) : ◇무도대회! 음악무도대회! 하고 한 달에 한 번씩은 이 잘난 무도대회가 처처[處處]에서 열린다.

◇조선이 흥할려고 이러느냐? 망할려고 이러느냐? 고마운 예술이 조선사람을 구원할려고 이러느냐? 망해가는 조선놈이 더 보잘 것 없이 타락하려고 이러느냐? 한심하기 짝이 없다. … (中略) … ◇요사이에 무도대회를 여는 자들은 어디서 되지 못한 『항가리안 딴스』나 『러시안 컨츄리딴스』나 『스페인딴스』의 저급한 무도와 또는 보기에도 구역질나는 <u>소위 사교『딴스』</u>를 하여 보이고서는 돈을 받아서 먹는다. ◇대체 딴스를 지금 조선사람으로 앉아서 하고 있을 형편이냐? …

조원경은 1967년에 간행된 『무용예술(舞踊藝術)』에서 "… (前略) 이 무도회가 계몽성에 있어서는 어슬픈 예술무용을 능가했다. 즉 개화 후 아직도 춤이나 무도라 하면 기생들이나 재인(才人)들이 춤추는 천(賤)한 것으로만 알던 시대인데, 기생이나 재인이 아니더라도 춤출 수 있고, 또 춤출 필요가 있다는 계몽을 천언만어(千言萬語)보다도, 또 몇 갑절의 계몽서보다도 더 적절히 사회 일반인에게 말없이 호소 계몽한 것이다."라고 서술하였다.[4] 이러한 변화는 이른바 '기생 춤'인 조선춤이 외면을 당하고 있다는 증거(證據)로 '조선춤'의 위기라고도 말할 수 있을 것이다.

---

1   1921년 4월 27일 자 동아일보(3면)의 기사['●동경(憧憬)하던 고국(故國)에!'], 또 1921년 4월 28일 자 매일신보(3면)의 기사['●음악(音樂)과 무도대회(舞蹈大會), 고국에 들어온 해삼위남녀동포학생이 무도회를 개최'], 같은 날짜의 동아일보(3면)의 기사['●경성(京城)에서 대연주회(大演奏會), 해삼위조선학생음악단-열성과 포부를 기우려서, 이틀 동안 대연주회 개최'], 1921년 4월 29일 자 동아일보(3면)의 기사['●사모(思慕)하던 고국(故國), 환영(歡迎)하는 한양(漢陽)에, 해삼위학생음악단 일행, 원로[遠路] 무사히 재작야 입경'], 같은 날 동아일보(3면)의 기사['●재여성(才與誠)을 경주(傾注)하여, 고국형제에게 드리는 첫 인사, 오늘 밤 연주회의 상상할 성황'] 등이다.
2   김영희 저, 앞의 책(개화기 대중예술의 꽃, 기생), pp. 254-255 참조
3   최남선이 시사신문(時事新聞)의 신문발행권을 인수하여 1924년 3월에 창간한 일간신문으로, 이로써 일제강점기하에서 한국인 발행의 민간 3대신문(즉 동아·조선·시대일보) 시대가 열렸다고 말해진다.
4   조원경 저, 무용예술, 해문사, 1967, p. 127

3. 실종된 강경수의 역할을 이어받은 한성준(韓成俊)

1920년대에 들어서자 강경수가 실종되면서 경성구파배우조합의 활동이 중단되고, 조합원 개개인의 활동마저 잠잠해졌다. 그러면 그들은 언제부터 활동을 재개한 것일까? 먼저 1923년 4월 3일 자 매일신보(3면)의 '연예계'를 보면 다음과 같은 기사가 있다.

> ◇광무대 – 종래의 조선구파연극을 개량하여 이전 원각사 때 모양으로 확장코저 요사이 명창 **김창환(金昌煥)**과 서도[西道] 명창 장금화의 출연과 남녀 배우가 새로 많이 온 것을 보겠으며, 김창환의 갖은 연희와 단가는 관객의 마음을 졸이는 중에 굿노리가 더욱 장관이오, 매야 만원으로 이왕보다 많이 발전되는 모양.

위의 소식을 보면 '구파연극을 개량한다'는 말에도 불구하고 다른 구파배우조합원들의 이름은 전혀 거론되지 않았다는 점이 특이하다. 김창환은 협률사 시절부터 활동한 원로라는 점을 고려해서 대외적인 자숙自肅 기간이 다른 조합원보다는 짧았던 것 같다. 1925년 1월 10일 자 동아일보(3면)의 아래 기사를 보면 다른 조합원들은 2년이 더 지난 1925년이 되어서야 대외적인 자숙 기간이 끝났던 것으로 보인다.

> ●조선성악朝鮮聲樂 연주 – 시내 조선악연구회(朝鮮樂研究會)에서는 봉익동(鳳翼洞)에 있는 삼광유치원(三光幼稚園)의 경비 부족을 다소 보조라도 하여 보겠다는 생각으로 금일과 명일 이틀 동안에 나누어 오후 7시부터 경운동(慶雲洞) 천도교 기념강당에서 조선소리를 할 터이라는데, 금일 밤에는 **리동백(李東伯)**씨가 춘향가를 할 터이며, 명일 밤에는 **김창룡(金昌龍)**씨가 심청가를 하리라 하며, 그외에 대구 기생 초향이와 김해 기생 록주도 등장할 터이라는데, 입장료는 그날의 경비를 제[除]한 외에는 전부 삼광유치원에 기부한다더라.

위의 기사 내용을 살펴보면 경성구파배우조합에서 활동한 이동백·김창룡의 이름이 들어 있으므로 조합원이던 사람들의 개인적인 활동에 대해서는 제약이 풀렸다고 추정할 수 있다. 그렇다면 고수인 한성준에 대해서도 활동에 대한 제약이 풀렸음은 말할 필요도 없지만 이를 실지로 확인해 보자. 1925년 3월 26일 자 매일신보(2면)를 보면 아래와 같은 기사가 보인다.

● 경성에 신설되는 축음취입소(蓄音吹入所), 목하[目下] 준비 중 – 주식회사 일본축음기상회(日本蓄音機商會)에서는 경성에 지점을 신설하고 각종의 취입(吹入)을 개시하여 반도[半島=조선]예술을 널리 소개코자 목하 취입소(吹入所) 설치에 준비 중이라더라.

위의 기사는 조선소리를 취입하려면 특수한 시설이 필요하므로 원래는 일본으로 가야만 하지만, 일본축음기상회는 경성에 취입소를 설치 후 조선에서 각종의 소리를 넣으려고 준비하고 있다는 소식을 전하고 있다.

앞의 광고는 1925년 8월 27일 자 조선일보(4면)에 실려 있는 것인데, 일본축음기상회의 〈닛보노홍(ニツボノホン)조선소리판 8월분 신보(新譜)〉는 위와 같은 방식으로 조선 명창의 노래를 축음기판에 넣은 것이다.

이 음반에는 대장부歌(김창룡)를 비롯해 백구타령(김해선, 심매향), 장양조산조(김해선), 공명歌(최섬홍, 손진홍. 이진봉), 난봉歌(손진홍, 이진봉) 등 12곡이 수록되어 있는데, 몇 개의 곡을 제외하고는 대부분이 한성준의 장고로 반주를 한 것으로 되어 있다. 한성준의 개인적인 활동에 대한 제약이 풀렸음은 이를 통해 짐작할 수 있다. 그리고 1925년 9월 11일 자의 매일신보(2면)에는 아래와 같은 기사가 있다.

●조선가곡(朝鮮歌曲)의 축음기대회 개최 — 조선가곡(歌曲)을 축음기(蓄音機)『레코-드』에 집어넣어 일반가정에 일류명창의 노래를 손쉽게 들려주는 일본축음기회사(日本蓄音機會社)에서는 수월전에 새로운 소리를 넣은 『레코-드』를 제작하기 위하여 시내 황금정(黃金町) 1정목[一丁目]에 임시 취입장(吹込場)을 설치하고 남녀 명창의 소리를 넣었는 바, 이번에 『레코-드』제작이 완성되었으므로, 특히 본지 애독자를 위하여 본사 후원으로 명[明] 12일 밤 오후 7시부터 본사 누상[樓上] 내청각(來靑閣)에서 『레코-드 컨사-투』(Concert)를 개최하게 되었는데, 곡목은 다음과 같으며 …
…

◇ 곡 목 ◇

▲심청가(沈淸歌) 김창룡(金昌龍) ▲단가(短歌) 김해선(金海仙)

▲동풍가(東風歌) 심매향(沈海香) ▲륙자박이 김추월(金秋月)

▲공명가(孔明歌) 김추월(金秋月) ▲수심가(愁心歌) 손진홍(孫眞紅)

▲춘향가(春香歌) 이동백(李東伯)

▲삼남산타령(三南山打令) 신금홍(申錦紅) ▲국경경비가 도월색(都月色)

▲ … (以下 생략)

위의 기사에 뒤이어[1] 9월 12일 자 매일신보(2면)에 실려 있는 사진(옆의 그림)을 보면 유성기판에 소리를 넣은 기생들 — 박화선, 최섬홍, 김해선, 심매향,

이초선 - 과 함께 '장고잡이 한성준'도 찍혀 있다. 이것은 개인적인 활동에 대한 제약이 풀렸음을 보여 주는 분명한 자료이다.

한편 일본축음기상회와 경쟁 관계에 있던 일동日東축음기회사는 소리를 취입하는 방법에 대해 다른 전략을 썼던 것으로 보인다. 1925년 9월 15일 자 매일신보(2면)의 아래 기사가 바로 그것이다.

●레코-드와 육성(肉聲)비교, 조선성악(朝鮮聲樂) 대가(大家)의 실연(實演)대회 금일[주최 일동회사(日東會社), 후원 매일신보] - 소리만 전하면 신기하다는 시대를 멀리 지난 요사이의 축음기는 차차 육성(肉聲)에 가까운 소리를 넣겠다는 사명(使命)이 커지게 되자, … (中略) … 축음기계의 한 혁명(革命)을 일으키어 축음기 소리나 사람의 소리나 조금도 다를 것이 없다는 갈채를 받기에 이른 회사는 곧 일동축음기회사(日東蓄音機會社)이다. 창설된 지 거의 여러 해에 만난천고[萬難千苦]를 다하여 오직 축음기의 완성을 도모하던 同 회사에서는 조선의 가곡(歌曲)에 눈 밝히던 끝에 조선의 예술을 가장 완전히, 가장 빛나게 널리 민중에게 소개하며, 멀리 후세에 전하자는 취지 하에 다른 회사에서는 경성에다가 임시로 집을 꾸미고 기생들의 소리를 넣는 것을, 일동축음기회사에서는 가장 완전한 장치를 한 방에서 소리를 넣어야 한다는 주견[主見] 하에 여비를 증출[增出]하여 조선 가곡계의 권위(權威) 하규일(河奎一) 김창룡(金昌龍) 박월정(朴月庭) 등 세 사람을 중심으로 하고 일행 10여 명을 멀리 대판(大阪) 본사까지 초빙하여다가 가장 완전한 조선소리를 축음기 판에 넣게 되었던 것이다. 이래 수삭[數朔] 동안 축음기 판매·제조에 몰두하던 동 회사에서는 우선 자기 회사의 노력한

성적을 일반 조선사람에게 하소(연)하고자 수 15일 밤 7시부터 본사 래청각(來靑閣)에서 본사 후원으로 실연회(實演會)를 개최하고 소리를 넣은 사람의 노래와 축음기 판의 소리를 교대하여 들어가며 그 성적을 비판케 되었으니, …

기사의 요점을 말하자면 일동축음기회사는 경비가 더 들지만 관계자들을 일본으로 데려가 시설이 완벽한 스튜디오에서 소리를 넣었다는 것과 여기에서 더 나아가 유성기판과 명창의 육성을 비교하는 실연회實演會를 열게 되었다는 내용이다. 1925년 9월 16일 자 매일신보(2면)의 기사를 보면 한성준이 일본축음기회사와 경쟁 관계에 있는 일동축음기日東蓄音機회사의 실연회實演會에서 장구재비(장고잡이의 표준말)로 모습을 드러내고 있다.

● 축음기와 육성(肉聲) 비교회(比較會) - 일동축음기회사 [日東蓄音機會社]에서 조선의 명수(名手)를 망라하여 새로이 제작한 조선가곡의 유성기판을 시험하는 동시에 그 판에 소리를 넣은 이까지 출연케 하여 『레코-드』와 육성과의 비교 시연회를 15일 밤에 본사 래청각(來靑閣)에서 시내의 명사[名士]를 초대하여 개최한다 함은 기보[旣報]한 바이거니와, … (中略) …

◇ 연주 순서 ◇

七. 단가(短歌) 죽장집고 박월정(朴月庭) : 장고(長鼓) 한성준(韓成俊)

八. 춘향전(春香傳) 그림가 김창룡(金昌龍) : 장고(長鼓) 한성준(韓成俊)

[一에서 六까지는 내용 생략, 九는 舞(춤) : 기생]

위의 실연회實演會에서 일동축음기회사가 본사로 초빙해 녹음한 박월정의 단가 〈죽장 집고〉나 김창룡이 부른 춘향전 중의 〈그림가〉를 한성준이 장고로 반주하고 있다는 것은 한성준이 그들과 동행하여 일본에 갔다 온 사실을 말해 준다.

이진원의 글, 〈한성준 음악 및 그 활동에 대한 재검토〉를 보면 "일본축음기상회는 1925년 8월에 K500번 단위의 음반을 발행하였는데, 여기서 김창룡, 김해선, 심매향 등의 남도 계열 명창, 명인과 최섭홍, 이진홍 등의 경서도 명창들의 음악에 한성준이 장고로 반주를 하였다."라고 기술하였다.[2] 이러한 설명은 한성준이 장구재비로서 단지 명창들의 음반 취입에 참여하였다는 뜻이 아니고 조합장 강경수가 실종되기 전에 맡았던 역할을 물려받았다는 의미로 이해하면 좋을 것 같다. 즉 노재명 국악음반박물관 관장은 《명창의 증언과 자료를 통해 본 판소리 참모습》에서 강경수와 한성준의 관계에 대해 다음과 같이 기술하고 있다.

> 1915년 이동백의 첫 녹음이라 할 수 있는 조선구파배우조합 시절 미국 빅타 음반회사에서 제작된 이동백의 심청가, 적벽가 유성기음반에는 '북 남자'라고만 (표기)되어 있는데, 이 북 반주는 겹가락이 거의 없고 단순하지만 정확하게 정박자 핵심만 짚어 나간다. 이 음반에 고수 이름이 기재되어 있지 않지만 이는 당시 이동백의 수행고수였던 강경수가 담당했을 가능성이 상당히 높다. … (中略) …
>
> 지금도 약간은 남아 있는 관습이지만 국악계에서 판소리 고수들의 힘은 막강한 것이어서 고수의 눈에 잘못 들면 소리하는 사람들이 공연, 음반, 방송활동을 하는 데 지장이 많다. 그리고 무당들이 담당하고 있는 관할 지역, 당골판을 대대로 물려주는 것과 마찬가지로 대개 20세기

고수들은 자신이 맡았던 일을 수제자에게 그대로 물려주는 경우가 많다. 한성준은 강경수의 제자였고 강경수의 타계 후 1925년부터 음반, 라디오, 공연 출연자 섭외를 거의 총괄하다시피 했다고 생각된다. 즉 1925년 이전까지 강경수가 담당했던 걸 한성준이 그대로 물려 받은 것이라 할 수 있다.[3]

윗글에 나오는 1915년은 일제가 시정施政 5년 기념으로 물산공진회를 개최하여 경성구파배우조합이 여흥단체로 선정되었던 시절인데, 강경수가 조합장을 맡고 있었던 관계로 이동백의 유성기음반에 고수로 이름을 올리지 못했을 것이다. 《**명창의 증언과 자료를 통해 본 판소리 참모습**》을 보면 강경수의 후손인 강선영 선생은 증언을 통해 당대當代의 명고수가 되기 전에 한성준이 같은 충청 지역의 재인才人인 강경수[4]의 후광을 입었던 정황을 알 수 있는 여러 내용을 이야기하고 있다. 저자도 한성준이 받았던 참봉 교지에 대해 같은 시각視角으로 설명한 바 있다.

1940년에 『**조선창극사(朝鮮唱劇史)**』를 저술한 정로식鄭魯湜은 판소리에 대한 이론과 역사를 개관하여 광대의 약전略傳 및 그 예술을 영·정조 때의 권삼득權三得으로부터 시작해 81명의 남자 명창과 채선彩仙을 위시爲始한 8명의 여류女流 명창을 소개하고, 마지막에다 〈고수(鼓手) 한성준(韓成俊)〉이라는 항목을 두어 다음과 같이 기술하고 있다.

> 나 이제 조선창극사를 편술함에 당(當)하여 명창(名唱)광대 남녀 아울러 80여인(餘人)을 들어 기록하였거니와 이에 따라 고수(鼓手)도 또한 제외할 수 없는 것이다. 어찌 그러냐 하면 속담에 부처님 살찌고 안찌기는 석수장(石手匠)이 손에 달렸다는 것과 같이 아무리

명창광대일지라도 고수의 한마치 장단에 그 성가(聲價)를 올리고 내리고 할 수가 있는 것이다. 조선에 극창(劇唱)이 생겨 2백여 년간 금일의 생존자까지 남녀 명창이 근(近) 백명이 된 즉, 이에 따라 명고수도 상당한 숫자(數字)에 달할 것은 상상에 남음이 있을 것이다. 그러나 고수로서 그 성명을 알린 이는 겨우 송광록(宋光祿), 주덕기(朱德基) 이외에 별로히 전한 이가 없으니 어찌 유감이 아니랴. 현대에 다행이 한성준이라는 한 사람이 있어 고수로서의 천재를 발휘하여 창극계(唱劇界)의 일대조역(一大助役)의 지위를 점령하였으니 … (이하 생략)[5]

위의 글에서 정로식이 한성준을 평評하여 "고수로서의 천재를 발휘하여 창극계의 일대조역(一大助役)의 지위를 점령하였으니 … "라고 한 것은 강경수가 그렇게 할 수 있는 토대를 닦아 한성준에게 물려주었기 때문임은 말할 필요가 없다. 다만 한성준은 강경수와 같이 구극의 활로를 찾는 일에 힘을 쏟는 듯한 모습이 보이지 않는다. 그것은 명창들과의 관계에서 보면 같은 고수지만 한성준은 가무별감을 지낸 강경수와 영향력에서 차이가 있기 때문일 것이다.

---

1 기사에 '수개월 전에 …… 임시 취입장(吹込場)을 설치하고 남녀 명창의 소리를 넣었다'라는 내용이 있고, 레코드의 곡목을 살펴보면 경성구파배우조합에서 활동한 김창룡·김해선·이동백의 이름이 들어 있으므로 1925년부터는 개인적인 활동에 대한 제약이 전면적으로 풀렸던 것 같다.
2 이진원, 한성준의 음악 및 그 활동에 대한 재검토[한성준탄생 140주년기념 국제학술심포지엄, '근대 전통예인 한성준의 공연예술사적 업적 재조명', 연낙재, 2014, pp. 15-53], pp. 34-35
3 노재명 저, 앞의 책(명창의 증언과 자료를 통해 본 판소리 참모습), pp. 177-178
4 강선영 선생의 증언에 의하면 강경수 집안의 선산은 충북 진천에 있다고 한다.
5 정로식 저, 앞의 책(조선창극사), p. 254

지식창고 15   기생의 춤보다 노래를 더 좋아하게 된 배경

  1910년대에는 이름이 난 기생들은 노래나 춤의 여러 유형은 물론이고 악기까지 능숙하게 다루었음을 보여 주지만[A], 1920년대가 되어서는 노래[歌]·정재(呈才)·기악(器樂)의 모든 부문에서 기예를 쌓을 수 있는 여건이 되지 않는 터라, 기생의 기예도 특화되어 가는 경향을 보이기 시작한다. 이러한 시대적 상황에서 각 권번의 온습회란 기생들의 수련 과정에서 특화된 기예를 최종 점검하는 역할을 한 듯하다. 그렇게 되자 기생의 기예를 춤[舞]과 노래[歌]로 구분하는 풍조가 생성되는 것은 자연스러운 일이다. 이는 아래와 같은 기사를 통해 확인할 수 있다.

1) **1925년 5월 18일 자 매일신보**(2면)**의 기사 :** "●백열화(白熱化)한 개연전(開演前) 경기연습(競技練習) – 화류계는 물론이요 만도[滿都]의 인기를 끌고 오직 개연[開演]의 날만 기다리던 본사 주최의 '4권번 기생연합경기[競技=기예경쟁]대회'의 첫날은 돌아왔다. 권번에서는 권번끼리 기생들은 기생끼리 암암히[暗暗裡] 자기네의 명예와 체면을 지키고자 다투어 가무를 연습 중이니 과연 어느 권번이 가무의 교습이 충분하며, 어느 기생이 가장 영예스러운 재색쌍절[才色雙絶]의 일등미인이 되겠는가. …… 수년 동안 끊어졌던 기생경기[競技]투표를 부활케, 이번 연기대회의 취지는 가무[歌舞]를 등한히 하는 화류계의 퇴폐하여 가는 기풍을 만회시키어

[A] 1918년에 발간된 《조선미인보감(朝鮮美人寶鑑)》을 보면 각 권번 및 조합별로 예기들을 소개할 때 상좌(上左) 부분에 '기예'를 명기하고 있는데, 이름이 난 기생일수록 기예가 모든 부문에 걸쳐 있음을 확인할 수가 있다. 예컨대 한성권번의 취체(取締) 김춘외춘(春外春)은 '가(歌), 우계면(羽界面; 노래를 羽調와 界面調로 부름), 각종 정재무(呈才舞), 경서잡가(京西雜歌), 양금(楊琴)(特) 현금(玄琴)'이 기예로 수록되어 있고, 또 한남권번의 취체 김남수(南壽)는 '선가곡(善歌曲), 정재무(呈才舞), 남중이요(南中俚謠), 현하웅변(懸河雄辯), 장수승무(長袖僧舞) …'라는 식으로 기예가 여러 가지 명기되어 있다.

쓰러져가는 조선의 예술을 다시 한번 잡아 일으키려는 미충[微衷]에 있는 것이니, … (中略) … 금 18일 밤에는 7시부터는 이번 경기대회의 연기장이 된 본사 래청각(來靑閣)에서 우선 대정권번 기생의 연주가 열릴 터인데, 연출할 순서는, …

(춤) ▲장생보연지무(長生寶宴之舞) ▲경풍도(慶豐圖) ▲승무(僧舞) ▲검무(劒舞)
　　 ▲춘앵무(春鶯舞) ▲가인전목단(佳人剪牧丹) ▲투구락(投球樂＝抛毬樂)

(노래) ▲가야금병창(竝唱) ▲서도입창(西道立唱) ▲남도입창(南道立唱)
　　　 ▲심청가(沈淸歌) ▲춘향전(春香傳) ▲남도입창(南道立唱)"

2) 1925년 5월 19일 자 매일신보(2면)의 기사 : "●今 19일의 연주순서, 한남권번 출연 - 본사 주최로 4일간 본사 (래청각) 루상(樓上)에 개최된 4권번 연합연주대회는 예정과 같이 작(昨) 18일부터 대정권번(大正券番)으로 첫날의 막을 열어 만도[滿都]의 인기를 끌고 있는 중인데, 今 19일은 한남권번(漢南券番)의 출연할 순차이며 오늘의 프로그램은 다음과 같더라.

〈무(舞)〉 ▲장생보연지무(長生寶宴之舞) ▲무고(舞鼓) ▲검무(劒舞)
　　　　 ▲승무(僧舞) ▲춘앵전(春鶯囀) ▲무산향(舞山香)

〈가(歌)〉 ▲경성입창(京城立唱) ▲경성좌창(京城坐唱) ▲서도입창(西道立唱)
　　　　 ▲서도좌창(西道坐唱) ▲남도입창(南道立唱) ▲남도좌창(南道坐唱)
　　　　 ▲가야금병창(竝唱) ▲춘향가(春香歌)"

'4권번 기생연합경기대회'란 매일신보가 당시 가무를 등한히 하는 화류계에서의 퇴폐하여 가는 기풍을 바로잡고자 하는 의도로, 기생의 기예를 춤[舞]과 노래[歌]로 구분하여 일반인들로 하여금 투표를 통해 평가하게 함으로써 기생들에게 자극을 주어 분발하게 할 목적으로 기획된 것이다. 매일신보의 보도 내용을 살펴보면, 1925년 5월 20일 자(2면)에서는 **대정권번**의 공연 모습을 "우선 마채봉(馬彩鳳)의 춘앵무와 여러 기생의 장생보연지무이며, 뒤를 이어 김백오(金百五)의 승무, 줄풍류 등 자미있는 가무는 끊일 줄을 몰랐다."라고 보도하는 한편, '개연(開演) 중에 자유투표, 어느 권번이고 자기 마음대로' 하라고 독려하였고, 5월 21일 자(2면)에서는 **한남권번**의 공연 모습을 "우선 무용에 놀라운 천재를 가졌다 하는 조남숙(趙南淑)의 승무로부터 박수 중에 막은 열리었는데, 뒤를 이어 박옥화(朴玉花) 정향옥(鄭香玉) 등 중견기생의 가야금병창이며, 최죽엽(崔竹葉) 리월향(李月香) 등의 경성좌창이며, 그 중에도 박록주(朴綠珠)의 독창은 갈채가 끝날 줄 몰랐는데, 최종으로 춘향전 연극도 매우 자미있게 끝이 (났다)."라고 보도함과 함께 18일, 19일의 투표 상황을 전하여 관객들의 투표 참여를 유도하고 있다. 또 5월 22일 자(2면)에서는 **한성권번**의 공연 모습을 "신금홍(申錦紅)의 독창과 『홍문연』연희는 갈채를 가장 많이 받았으며 …"라는 식으로 간략하게 보도한 다음에 20일의 투표 상황을 전하였고, 5월 23일 자(2면)에서는 "마지막 날에는 조선권번의 연주가 있어서 특히 서양무도[舞蹈]와 팔검무[八劍舞] 등 특수한 과목도 있어서 매우 자미가 있었으며 …"라고 보도한 다음, 4일간의 기예경쟁 투표의 성적을 모두 집계한 최종 결과를 발표하였다. 최종 결과를 가지고 **각 권번별로 1등**을 살펴보면 대정권번은 마채봉(馬彩鳳: 41표), 한남권번은 최죽엽(崔竹葉: 1,664표), 한성권번은 임춘홍(任春紅: 683표), 조선권번은 최홍련(崔紅蓮: 10표)으로 되어 있다. 그런데 놀라운 것은 한남권번의 '노래하는 기생' 최죽엽이 1,664표라는 압도적인 지지를 얻어 권번을 통틀어 선정하는 특별 1등으로 선정된 사실이다. 이것은 무엇을 의미하는 것일까?

위에서 소개한 것처럼 매일신보는 대정권번의 공연 모습을 '마채봉(馬彩鳳)의 춘앵무와 여러 기생의 장생보연지무이며 …'라고 시작하고, 한남권번의 공연 모습을 '무용에 놀라운 천재를 가졌다 하는 조남숙(趙南淑)의 승무로부터 박수 중에 막은 열리었는데, …'라고 하여 '춤추는 기생'에 대한 보도가 빠지지 않았으나, 기예경쟁 투표에서는 대부분 '노래하는 기생'이 상위를 점하는 결과로 나타났다. 춘앵무를 추었던 마채봉이 대정권번에서는 1등임에도 겨우 41표밖에 못 얻었던 점을 보면 당시의 관객들이 기생들의 춤보다 완연(宛然)하게 노래를 더 좋아했음을 알려 준다.

1926년 1월 1일 자의 매일신보(14면)에 실려 있는 아래의 광고를 보면 조선에도 소리판을 이용해 음악을 감상하는 시대가 도래到來하였음을 보여 준다.

"●정월(正月) 노래와 「제비표」소리판, 일동축음기회사 제품 - 정월 초승이 되면 각 가정, 회사며 학교가 노는 터이라 집안에 모두 모여 자미있는 놀이가 시작된다. 윷도 놀고 쌍륙[雙六]도 치고 화투도 치다가 노인네하며 아이들까지 함께 기뻐할 노래로는 「유성기」가 얼마나 좋겠습니까. 재래에는 유성기 판에 조선소리가 드물어서 매우 유감이었으나, 다행히 금년부터는 일동유성기회사에서 『제비표 유성기판』에 조선의 갖은 명창의 노래를 다 넣어서 팔기를 시작하였으므로 매우 편리하게 되었습니다. 가정마다 다 있는 것은 아니나 중류 생활을 하시는 가정에는 거개[擧皆] 유성기가 있는 터이라 … "

또 라디오 쪽을 보면 1925년경부터 경성에서도 방송국의 출범을 준비하고 1926년 7월 15일부터 라디오의 시험방송을 시작하였다. 같은 날짜의 동아일보(2면) 〈라디오 방송〉 난을 보면 경성「라디오」방송국에서 첫 시험 방송하는 프로그램으로 조선권번 기생들의 우악(羽樂)·선악(仙樂), 서도잡가(西道雜歌)·남도잡가(南道雜歌)와 윤심덕의 쏘푸라노 독창, 조선정악(朝鮮正樂)과 유행가 등이 구성되어 있다. 라디오 방송이 시작된 후에는 '노래하는 기생'들은 방송에 출연할 기회가 생기게 되었음은 말할 필요가 없다. 예컨대 동아일보에 게재되는 〈라디오 방송〉 난을 보면 1926년 8월 12일에 조선권번의 서산호주(徐珊瑚株) 등이 가곡을 부르고, 한성권번의 이금련(李錦蓮) 등은 잡가를 부르는 것을 시작으로 이름난 소리기생들이 소속 권번과 관계없이 방송국의 초청을 받아 라디오를 통해 자신이 자랑하는 노래를 부르고 있음을 확인할 수가 있다.

♣ ♣ ♣

　이와 같이 1920년대의 중반에 들어서면서 '노래 잘하는 기생'이 '춤 잘 추는 기생'보다 각광을 받는다는 것은 한마디로 말해 궁중정재를 포함한 전통춤에 위기가 닥쳐온 셈이라 할 수 있다. 궁중정재란 원래 왕실을 위하여 봉공(奉供)한다는 의미에서 "군왕(君王)에게 헌기(獻技)한다", "예재(藝才)로 헌정(獻呈)한다"라는 말처럼[B], 궁중의 연향에서 펼쳐지는 가무(歌舞)의 내용이나 형식은 자연히 군왕에 초점이 맞추어져 있었다. 제2기 협률사가 복설되어 궁중정재가 1906년에 무대에 처음 올려지자 연소(年少)한 자제들은 그동안 보지 못하였던 관기들의 화려한 복식과 춤사위에 넋을 빼앗겨 한동안 열광을 하였다. 또 일제강점기 초기인 1912년에 있었던 단성사의 강선루 공연이나 1915년 말에 열렸던 물산공진회에서 궁중정재를 관람할 때만 해도 그 예술적 묘미를 감상하는 분위기가 있었다.[C] 하지만 궁중정재는 대중들의 정서와 무관한 춤이기에 세월이 흐르자 '시대에 뒤떨어진 죽은 연예'가 되어 외면하게 된 것이다. 다행히 승무와 같은 민속춤은 그런대로 인기가 있었으나 한정된 레퍼토리를 계속해서 보게 되면 식상(食傷)할 수밖에 없다.

B　정은혜 편저, 앞의 책(정재연구 I), p. 46
C　1915년의 물산공진회에서 각 기생조합이 펼친 기예경쟁은 앞에서 소개한 도표를 통해 보듯이 궁중정재를 위시한 춤이 대부분이고, 노래는 시곡기생의 신창조합이 가끔 입창(立唱) 좌창(坐唱) 잡가(雜歌) 등을 포함시켰을 뿐이다.

그에 비하여 노래는 일반인들 스스로 즐길 수 있을 뿐 아니라 세월이 흐름에 따라 레퍼토리도 풍부해지고 그에 맞추어 명창이라고 할 만한 기생들이 계속 출현함으로써 인기가 비등(沸騰)하게 되었다. 게다가 '춤추는 기생'들은 극장이라는 활동 무대를 빼앗겼던 반면 '노래하는 기생'은 축음기와 레코드라는 문명의 이기(利器)가 대중화되자 이를 통해 활동할 수 있는 반경이 더 넓어지게 되었다. 시대가 흐르면서 기생들은 자신이 내세우는 기예가 무엇이냐에 따라 활약할 수 있는 여건과 환경이 전연 달라진 것이다.

4. 1926년의 석정막(石井漠)의 무용시(舞踊詩) 공연

1926년 2월 21일 자 동아일보(5면)에 '서양무도가(西洋舞蹈家) 석정막(石井漠)씨 래경(來京)'이라는 기사가 있고, 1926년 3월 16일 자의 매일신보(2면)에도 아래와 같은 기사가 실려 있다.

1926년 3월 16일 자
매일신보(2면)에 실린 사진
[무용 중의 석정씨 남매]

● 세계적 무용시가(舞踊詩家), 석정소랑(石井小浪)양 래경(來京) – 일본이 낳은 세계적 무용가(舞踊家) 석정막(石井漠) 석정소랑(石井小浪)의 남매는 제2회 구주[歐洲]순회의 길을 가는 길에 특히 경성의 애호가들의 기대를 저버리기 어려워, 오는 21일 밤부터 사흘 동안 경성공회당에서 개연을 하기로 결정되었다. 그들 남매의 부드러운 육선(肉線)과 정열에 뛰는 선율 속으로 흐르는 듯한 음악에 맞추어서 시(詩)도 읊고 노래도 부르는 것이다.

오늘날 널리 사용되고 있는 '무용'이란 말은 일본인 평내소요(坪內逍遙 쓰보우치 쇼오요오)에 의해 지어진 것으로 알려져 있다.[1] 1920년경에는 윤백남尹白南 같은 식자識者들이 영어의 'dance'를 번역하며 무용이라는 말을 쓰고[2], 기생이 추는 조선춤도 무용으로 호칭하게 된 것은 1923년 무렵으로 여겨진다.[3] 1924년부터는 '무도舞蹈'와 '무용舞踊'이라는 용어가 함께 사용되다가[4] 점차 '무용'이라는 용어로 대체되기에 이른 것으로 보인다.[5]

우리나라에서 신무용의 기원을 논할 때는 통상적으로 석정막(石井漠

이시이 바쿠)⁶의 경성공연을 언급한다. 1926년 3월에 있었던 석정막의 경성공연은 조선총독부의 기관지인 경성일보京城日報가 주최한 탓인지 한국어로 소개된 프로그램은 보이지 않는다. 다행히 1926년 3월 18일 자의 조선신문朝鮮新聞⁷(3면)에는 일본어로 된 프로그램이 있어서 이를 인용하고자 한다.[제목의 번역은 저자가 임의로 붙인 것]

▲무용시『メランコリイ』(울적함) – 石井漠, (石井)小浪
▲무용시 小冊『法悅』(법열) – 石井漠
▲무용시『夢みる』(꿈꾸다) – 石井小浪
▲劇的 무용『囚はれたる人』(囚人; 죄수) – 石井漠
▲童踊『わんぱく小僧』(개구쟁이 어린 승려) – 榮子
▲무용시『山を登る』(등산) – 石井漠, (石井)小浪
▲무용극『明闇』(이승과 저승) – 石井漠(破戒僧 역), 松浦旅人(笛法師 역)
▲무용시『ソルヴェーヂの歌』(솔베이지의 노래) – 石井小浪
▲표현파風의 舞曲詩『マスク』(가면) – 石井小浪
▲무용시『悩ましさ影』(고뇌의 그림자) – 石井小浪
▲무용시극『若キパンとニンフ』(젊은 Pan과 요정)
　　　– 石井漠(숲의 神), 小浪(물의 요정)
▲번외(番外)『日本舞踊』(일본무용) – 石井小浪

공연 프로그램의 목록에⁸ 석정막이 즐겨 사용하였다는 '무용시(舞踊詩)'라는 표현이 많이 나오는데, 처음에는 그것을 신무용이라고 내세우지는 않았던 것 같다. 다만 1926년 3월 27일 자의 부산일보(6면)에는 '석정(石井)형제의 신무용(新舞踊)'이라는 제목으로 부산 국제관에서의 공연과 관련된 해설이 실려 있다. 또 3월 28일 자(7면)에서 경성에서의 공연과 동일한 프로그램을 소개하는 한편, 석정막의 이야기를 아래와 같이 전하고 있다.

나의 무용시(舞踊詩) – 무용의 시화(詩化)라 함은 예를 들면 인간이 어떤 종류의 감각을 예술적으로 표현하는데, 이것을 문자를 가지고 하는 경우는 시(詩)이고, 화필(畫筆)을 가지고 하는 것이 그림[繪]이라고 하면, 마찬가지로 무용도 사람들의 개성에 의하여 창작하는 것이므로 내가 말하는 무용시[詩]인 것이고 인간의 감정 혹은 사상이 있는 목적 하에 육체를 통하여 상징적으로 표현된 운율적(韻律的)인 운동이 곧 나의 무용시[詩]이다. …

잡지 《삼천리》 제8권 제1호(1936년 1월)의 최승희가 기고한 '나의 무용 십년기(十年記)'를 보면[9] 석정막이 표방한 '무용詩'에 감흥을 느껴 무용을 배우기로 결심한 내용이 나온다. 예컨대 "**나는 여태것 춤이란 깊브고 질거운 때만 추는 것이라고 미덧섯다.**"라든가, 석정막의 독무獨舞 『수인(囚人)』을 보면서 "**저것은 춤이 아니라 무엇을 표현하는 것이로구나.**" 하고 느끼게 되어 무용을 배워 보겠다고 결심하였다는 것이므로 최승희는 '무용시(舞踊詩)'라고 표방하는 본질을 직감적으로 알아차린 듯하다.

일본의 신무용 운동은 서양무용 계통, 전통무용 계통의 두 계열로 진행되었다. 석정막은 '일본의 현대무용의 아버지'로 불리고 있는 것에서도 알 수 있듯이 그가 말하는 신무용은 서양무용 계통에 속한다. 그가 제국극장帝國劇場 가극부歌劇部[1914년에 양극부(洋劇部)로 개칭]에서 활동하던 시절에 발레 교사 G.V.로시의 지도를 받은 것을 떠올리면 그의 신무용이 서양무용 계통이라고 새삼 놀랄 일도 아니다. 그런데 어떻게 해서 석정막의 공연이 우리나라 신무용의 기원으로 회자膾炙되는 것일까? 해방 후 우리나라에서는 무용을 장르의 개념으로 발레·현대무용·한국무용으로 나눈 다음 신무용을 한국무용에다 집어넣어 전통무용과 대비對比 되는 분야로 취급하고 있다.[10] 그렇다면 우리나라 신무용의 기원으로 석정막의 공연을 내세우는 것은 문제가 있다. 통상적으로 장르라는 개념은 같은 계통의 무용임을 전제로 하는 것인데, 석정막의 신무용은 서양무용 계통임이 분명하기 때문이다. 다만 저자는 그것을 일본의 석정막이 경성에 와서 선보인 무용공연을 계기로 조선에서 신무용이 유행하기 시작하였다는 정도의 의미로 이해하고자 한다. 1926년 3월 21일 자 매일신보(2면)를 보면 아래의 짤막한 기사가 실려 있다.

●무용계(舞踊界)의 명성(名星) - 동경에서 무도[舞蹈]로 유명한 석정막(石井漠)과 석정소랑(石井小浪)은 今 21일부터 23일까지 경성일보(京城日報) 후원으로 시내 공회당에서 매일 6시부터 출연한다 함은 기보[既報]한 바 있거니와, … (中略) … 이 일행은 여러 나라로 순유[巡遊]하면서 각국 무도[舞蹈]를 연구하였다는데, 금번에는 조선 춤도 연구하려고 한다 하며, 더욱이 12세로부터 15세까지의 조선 여자로 무도를 연구하고자 하는 이가 있다 하면 자기들이 데리고 다니며 가르쳐주겠다고 하더라.

조선어로 발행된 매일신보에는 석정막의 공연 프로그램이나 공연 모습에 관한 기사는 없으면서, 석정막 씨의 제자가 되어 경성을 떠나는 최승희崔承喜에 관해서는 3월 26일과 27일에 걸쳐 다양한 보도를 내보내고 있다.

1) 1926년 3월 26일 자 매일신보(2면)의 기사 : "●무용예술가의 눈에 뜨인 최승희(崔承喜)양, 석정씨 남매의 제자가 되어 시의 나라로 첫발을 내놓아 - 흐르는 곡선! 노래와 같은 육(肉)의 『리즘』으로 말없는 시(詩)를 읊으며 곡조 잃은 비곡(悲曲)을 아뢰어 세계의 마음을 웃기고 울리며 무용의 왕국(舞踊王國)을 창조하는 석정막(石井漠)

석정소랑(石井小浪)의 남매는 그간 구주[歐洲] 만유[漫遊]의 길을 가는 도중 경성에 이르러 공회당에서 공연을 하자, 특히 무용시가[舞踊詩家] 남매의 눈에 뜨인 가련한 흰옷 입은 조선소녀의 아담한 자태가 매우 흥미를 끌어 결국은 조선소녀를 몇 명 제자로 뽑겠다는 소리까지 났었는데, 이에 대하여 청년 문사[文士] 최승일(崔承日)씨의 영매[令妹]로 금춘 숙명(淑明)여자고등보통학교를 우등으로 졸업한 최승희(崔承喜 16세)양이 다행히 부모의 승락과 석정씨 남매의 눈에 들어 25일 아침 경성을 떠나게 된 것이다."

2) 1926년 3월 27일 자 매일신보(2면)의 기사 : "●무용계(舞踊界)에 도전(挑戰)한 숙명학교(淑明學校)의 여교원(女教員), 경성역두(京城驛頭)에 일어난 희활극(喜活劇) – 숙명여학교고등과 우등 졸업 최승희(崔承喜 16세)양이 세계적 무용가 석정막(石井漠) 석정소랑(石井小浪)의 남매에게 제자가 되어 … (中略) … 작보[昨報]한 바 있거니와, 최승희양이 경성역을 떠날 당시에 『플랫폼』에서는 일장 희활극을 연출하여 마침내 뜻있는 이로 하여금 한번 생각을 하게 한 사실이 있었다. 그 사실인 즉, 최승희양의 모교가 되는 숙명여자고등보통학교에서는 자기 학교 출신이 무용계에 출신[出身]하게 되는 것은 곧 학교 명예를 더럽히는 것이라는 생각을 가진 숙명여학교 여교원 두 분은 최승희양의 모친을 동반하여 급급[急急]히 정거장에 이르러 백방으로 최승희양을 떠나가지 못하게 하여 역두에 모였던 사람들의 일장 흥미있는 구경거리가 되었었는데, 이미 최승희양은 그의 부친이며 오라버니되는 최승일씨의 쾌락[快諾]을 얻어서 가는 길이라, 한걸음 관계가 먼 모교의 교원의 반대 쯤으로야 어찌하는 수가 없어서 결국은 실패에 돌아가고, … (中略) … – 무용계에 어린 걸음을 걷기 시작한 최승희양의 전도[前途]야말로 한 흥미있는 숙제도 될 것이다."

매일신보는 최승희가 일본인 무용가 석정막을 좇아 1926년 3월 25일 아침에 경성을 떠나게 된 후부터 그녀가 아직 신무용가로 입지立地를 다지기도 전에 그 동정動靜을 계속 전하였던 것은 조선인들이 최승희의 전도前途에 대해 그만큼 관심이 있기 때문일 것이다.

1) 1926년 6월 19일 자(2면)의 기사 : "●무용계의 새꽃 최(崔)양 첫 출연, 동경(東京) 방락좌(邦樂座)에서 - 세계에서 무용가(舞踊家)로 유명한 석정막(石井漠)씨를 따라 무용의 연구 도정[道程]에 오른 최승희(崔承喜)양은 그동안 최승자(崔承子)라는 이름으로 천부[天賦]의 재질을 배양하여 오는 6월 22일 동경 환지내(丸之內 마루노우치) 방락좌(邦樂座)에서 최초의 무대에 오르게 되었다는 통신을 받았으니, 출연할 곡목은 『생선의 춤(魚踊)』과 『방황하는 혼의 무리(迷한 魂의 群)』, 『습작』(習作), 『그로테스크』, 『까막잡기』, 『젊은 반(バン)과 님프』 등인데, … "

2) 1926년 8월 3일 자(3면)의 기사 : "●조선문화를 위해 무용예술(舞踊藝術)을 수립, 일취월장하는 최승희양을 맡아 가르치는 석정막씨 이야기[談] - 일본의 무용가(舞踊家)로 세계 각국에 자랑하여 조금도 손색이 없는 석정막(石井漠)씨를 따라 신무용을 연구하여 조선문화에 공헌이 있기를 기약하고 동경으로 떠난 최승희(崔承喜)양은 … (中略) … 최근에 본사에 온 석정씨의 서간에는 아래와 같은 말이 쓰여 있었다.

「이번 30일, 31일에 일비곡(日比谷 히비야) 주악당(奏樂堂)에서 야외무용회(野外舞踊會)를 열었는데, 물론 승희도 출연하여 대호평을 받았습니다. 이제 2년만 지나면 훌륭한 무용가가 되어 조선으로 돌려보낼 것입니다. 그리하여 조선의 문화를 위하여 무용예술의 운동을 일으키게 할 것입니다. (下略)」"

우리나라 신무용의 기원으로 한때 석정막의 공연을 내세웠던 배경은 '경성에서의 석정막의 첫 공연'과 '최승희의 무용계의 투신投身'이 동전의 앞뒷면처럼 동일한 것으로 보는 생각이 저변底邊에 깔려 있었기 때문일 것이다.

---

1   장사훈 역주, 일본무용 소사(小史)[所寺融吉 著,「日本の舞踊」중의 '日本舞踊小史'], 세광음악출판사, 1989, pp. 78-81 참조
2   이종숙 저, 인물로 본 신무용 예술사(최승희에서 최현까지), 민속원, 2018, pp. 22-23 참조
3   1923년 11월 12일 자 동아일보(4면)의 기사 : "●평양大축하회 - 11월 30일 대동강철교 개통식을 이용하여 평양시황 회복책으로 29일부터 3일간에 긍(亘)하여 대축하회를 개최코저 … (中略) … 지난 9일 여흥 거행방법을 구체적으로 결정하였는데, … 그 종류는 태극기, 제등(提燈)행렬·운동회·각력(角力)·격검(擊劍)·대궁(大弓)·야구·정구·마라톤·자전거경주·전차(電車)투표·기생무용(妓生舞踊), 연극·화화(花火)·서화(書畵) 등이며 … (이하 생략)"
4   1926년 3월 7일 자 매일신보(3면)의 사진 설명 : "●어린 무용가(舞蹈家) - 테니스 윌손양은 금년 9살 된 소녀로서 미국서는 제일 어린 무용가(舞踊家)인데, … "
5   1927년 5월 23일 자 동아일보(4면)를 보면 "… 금반 노서아(露西亞)의 무용대가(舞踊大家) 『또-늬야』양과 함께 …"라고 표기하여, 종전 같으면 '무도(舞蹈)'라고 할 것을 '무용(舞踊)'으로 표현하고 있다. 그러나 중국은 현재도 『예기(禮記)』의 악기(樂記)편에 기원을 두었다는 무도(舞蹈)라는 용어["… 故不知手之舞之, 足之蹈之也"]를 사용하고 있다.
6   1886년생인 석정막(石井漠 이시이 바쿠)은 1910년에 일본 제국(帝國)극장의 전속관현악부원으로 근무하다가 가극부(歌劇部)연구생으로 뽑혀, 연구생 시절 이탈리아의 발레교사(즉 Giovanni V. Rosi)의 지도를 받았다. 연구생을 졸업한 후 1년도 안 되어 극단에서의 배역 문제로 크게 싸우고 제국극장에서 나와, 산전경작(山田耕筰 야마다 코우사쿠) 등과 함께 극단〈신극장(新劇場)〉에 참가할 때에 창작무용을 무용시(舞踊詩)라고 이름을 붙였다고 한다.
    1916년 천야희구대(天野喜久代 아마노 키쿠요) 등과 함께 아사쿠사(淺草)에〈동경(東京)오페라좌〉를 결성하여 폭발적인 인기를 얻었다. 현대무용의 창시자인 이사도라 던칸(Isadora Duncan)을 동경하여 해외 공연을 꿈꾼 그는 1921년에〈동경오페라좌〉를 해산한 뒤에 의매(義妹) 석정소랑(石井小浪 이시이 코나미)과 함께 1922년 12월에 유럽으로 향하였다. 독일 베를린에서 행운으로 기회를 얻은 첫 공연에서 호평을 받아서 유럽 각지의 공연에서 성공을 거둔 후 1925년경에 미국으로 건너가 뉴욕, 시카고 등 주요 도시에서 공연을 하면서 세계에 석정막(石井漠)의 이름을 알렸다고 말해진다. 그래서 석정막(石井漠)은 일본의 현대무용의 아버지, 창작무용의 선각자로 불리고 있다.
7 《조선신문》은 인천지역의 신문으로,《경성일보》,《부산일보》와 함께 일본인이 일제강점기의 조선에서 발행한 일본어 3대 신문의 하나이다.

8   석정막은 경성에서 공연한 후에 부산에 가서(3월 28일~29일) 같은 프로그램으로 공연함.
9   잡지 《삼천리》 제8권 제1호(1936년 1월), p. 109 : "●석정막 무용회의 밤 – 이 밤은 나의 일생에 잇서서 인상 깁흔 밤이엿다. 동라(銅鑼)의 소리가 나자 불이 꺼지고 『제라진』을 통하여 『코발도』의 빗과 『그린』의 빗이 교차하는 가운데 무슨 곡조인지 장중한 피아노의 『메로듸』가 시작되면서 석정막씨의 독무 『수인(囚人)』이 시작된다. 쇠사슬에 얼키어 무거운 거름으로 무대를 밟는 그의 한 발자국 두 발자국- 아- 나는 그때 저것은 춤이 아니라 무엇을 표현하는 것이로구나 하고 생각하엿다. 나는 여태것 춤이란 깁브고 질거운 때만 추는 것이라고 미덧섯다. 그러나 그은 지금에 무거운 괴로운 것을 표현하면서 잇다. 그러나 다음 순간에 그은 그-굵은 쇠사슬을 끈코 하늘을 우러러 고개를 들고 두팔을 드러 환희를 표현하면서 무대에 걱구러지고 만다. 다시금 동라는 울니면서 『스폿트』의 광선은 꺼지며 장내의 전기는 켜진다. 그다음-춤은『등산(登山)』- 젊은 사나희와 젊은 게집애는 놉흔 산을 치여다보면서 오르고 올는다. 그러나 끗이 업는 모양이다. 둘이는 억개를 기대이고 쉬이기도 하다가 또 오르고 오르다가 아마 산꼭대기에 다다른 모양이다. 둘이는 싱긋이 웃는다. 그러고 주저안는다. 나는 오빠의 억개를 기대이면서 『정말 나는 배워볼 터이예요.』라고 힘잇게 말하엿다. 『조타 그러면 가자.』하고 대답한 옵바는 나의 손을 닛글고 무대 엽헤 부터잇는 방으로 드러갓다. …"
10 박선욱, '신무용의 개념 연구 – 개화기 이후부터 1980년대까지'[한국미래춤학회 연구논문집 제1집, 한국미래춤학회, 1993. pp. 101~130], p. 119 참조

5. 조선 명창대회(名唱大會)의 성행과 그 의미

레코드와 라디오가 생활화되자 자기가 좋아하는 명창과 가수歌手를 무대에서 직접 보며 노래를 들음으로써 더 큰 감흥을 느끼고 싶어 하는 욕구가 생기기 마련이기 때문이다. 1926년 11월 9일 자(2면) 및 10일 자 조선일보(2면)의 아래 기사에 나오는 내용은 그러한 욕구에 착안한 것임을 보여 준다.

1) 1926년 11월 9일 자 조선일보(2면)의 기사 : "●명창(名唱)은 늙는다, 특별연주(特別演奏會)와 독자우대(讀者優待) - … (前略) 만인의 어깨춤을 자아내는 가객[歌客]이 지금 몇 사람이나 있을 것이냐? 마침 일동축음기 주식회사 조선총대리점(日東蓄音機株式會社 朝鮮總代理店)인 조선축음기상회는 그 스러져가는 명창들의 예술을 영원히 보전하기 위하여 지금 종래에 명창으로 정평있는 가객 - 송만갑, 김창환, 김창룡, 김해(의) 김록주, 박록주, 심상건, 한성준, 김화중선 등 - 10여명을 경성에 모아놓고 레코드에 집어넣는 중인 바, 이 기회를 이용하여 명창 총출의 연주회를 열어보는 것은 매우 의미있는 일이 될 것이라 하여, 오는 10일 밤에 조선극장에서 특별연주회를 개최하게 되었으며, … "

2) 1926년 11월 10일 자 조선일보(2면)의 기사 : "●전선(全鮮) 명창(名唱)을 모은 난재(難再)의 대연주(大演奏) - 일동축음기주식회사(日東蓄音機株式會社)에서 레코드에 넣기 위하여 각지에 흩어져 있던 일류명창들이 모여던 기회에 동[同] 회사의 총대리점인 조선축음기상회(朝鮮蓄音機商會) 주최와 본사 후원으로 명창 총출동의 특별연주회를 개최한다 함은 기보[旣報]와 같거니와, 당일에는 작일[昨日] 본지에 발표하였던 송만갑, 김창환, 김창룡, 김록주(김해), 박록주, 심상건, 한성준 7사람 외에 대구의 여류명창 강소춘(姜笑春)까지 참가하게 되었다. 강소춘은 … (中略)

… 제비표레코드에 들어있는 「달거리」 같은 것도 널리 선전되지 아니하였으나, 아는 사람 사이에서는 걸작 중의 걸작으로 치는 정평이 있는 가수인 즉, … "

위의 기사에서 일동축음기(주)의 조선총대리점인 조선축음기상회가 조선의 남녀 명창을 모아 특별연주회를 기획·주최한 것은 말할 것도 없이 레코드 판매를 위한 영업 전략의 하나일 것이다. 하지만 그 명창특별연주회가 대성황을 이루었다는 것은 1926년 11월 12일 자 조선일보(2면)에 보도된 아래와 같은 기사를 통해 확인된다.

… (前略) 예정대로 10일 오후 7시부터 개최된 바, 미리부터 손꼽아 기다리던 일반관중은 물밀듯 모여들어 정각도 되기 전에 만원의 성황을 이루었는데, 정각이 되자 **조선축음기상회 주임 이기세(李基世)**씨의 간단한 인사를 비롯하여 순서가 1부, 2부 진행함을 따라 숨어있던 조선 고유의 씩씩하고 우렁차고 어여쁜 선율은 일반청중으로 하여금 많은 기쁨과 느낌 속에 도취케 한 바, 그 중에도 김록주(金綠珠)의 춤과 노래는 일반관중으로 하여금 거의 열광케 하여 많은 감탄 하에 재청 삼청이 있은 후 대성황리에 무사 폐회하였더라.

위 기사에 등장하는 '이기세(李基世)'는 1920년대에 한국의 신파연극을 주도했던 연극인으로 일동축음기(주)의 조선총대리점을 운영하여, 전통예능인들의 음반 취입작업에 관여하면서 고수鼓手인 한성준과 자연히 밀접한 관계가 되었다.¹ 조선축음기상회의 특별연주회로 인한 인연으로 조선 명창들과 함께 1930년 9월에 조선음률협회를 창립하게 된다. 1926년 11월에 조선의 남녀 명창을 모아서 열린 조선축음기상회의 특별연주회가 대성황리에 끝난 것에 힘입어 1927년부터 명창대회가 성행하는 모습을 보인다. 1927년 2월 12일 자 조선일보(2면)에는 조선구가무舊歌舞 흥행부 주최로 조선명창대회를 개최한다는 기사가 아래와 같은 내용으로 실려 있다.

> 우리에게는 자랑거리가 있으나, 이것을 발휘하지 못하고 그대로 소멸되어 버린다는 것은 지금 새삼스럽게 말할 것도 없지만은 그 중에도 더욱이 가무(歌舞) 같은 것은 남의 그것에 비하여 월수[越數]히 예술적 가치가 있으나, 재래 습관으로 이 방면에 종사하는 사람들은 일종 비천배[卑賤輩]로 몰리어 … (中略) … 조선소리를 하는 사람은 광대라는 이름으로 천대를 하는 불합리한 현상이 나타나게 되었는데, 이에 대하여 사계[斯界]에 명성이 높던 명기[名妓]·명창[名唱]들은 퇴폐하여 가는 조선 재래의 가(歌)와 극(劇)을 부활시키며 그의 참된 가치를 발휘하고자 조선구가무흥행부(朝鮮舊歌舞興行部) 주최로 조선명창대회(名唱大會)를 오는 14일부터 1주일간 계속으로 시내 관철동 우미관(優美館)에서 개최하고 각종 가무와 기예를 흥행하기로 하였다는 바, 출장 배우는 아래와 같고 …
>
> ◆ 출연할 명창 ◆
>
> 이동백(李東伯) 송만갑(宋萬甲) 김창룡(金昌龍) 이화중선(李花中仙)
> 김해 김록주(金綠珠) 신금홍(申錦紅) 이중선(李中仙) 김추월(金秋月)

또 2개월이 지난 1927년 4월 13일 자 매일신보(2면)에도 일류명창대회가 열린다는 기사[2]가 실려 있고, 또 2개월 뒤인 1927년 6월 11일 자 동아일보(3면)에도 아래와 같이 명창대회를 연다는 기사가 실려 있다.

> 경성에 명창대회가 세 번째 있은 이후로 만도[滿都]의 인기를 끌어왔음은 이미 다 아는 바거니와, 이번에 이동백(李東伯) 송만갑(宋萬甲) 김추월(金秋月) 이화중선(李花中仙) 등 남녀

명창이 경성을 떠남에 대하여 연예계 관계자들의 주최로 송별명창대회(送別名唱大會)를 明 12일 밤부터 3일간 장곡천정 경성공화당에서 개최한다는데, 이번이 마지막이므로 기필코 성황을 이루리라 하더라.

위의 기사들을 통해 연예계 관계자들은 명창대회를 열면 흥행에도 성공한다는 인식을 지니고 있음을 확인할 수 있다. 레코드를 통해서 음악을 감상할 수 있는 편리한 시대가 되었으나, 무대에서 명창名唱들이 공연하는 것을 자신이 직접 보고 싶은 욕구가 덩달아 생기기 때문이다. 그렇지만 수해水害구제를 위한 자선행사가 노래 일변도一邊倒의 음악회로 구성되어 1928년 9월에 열린 것은 시대의 변화라고는 하지만 놀라운 시도이다. 원래 수해구제를 위한 모금과 같은 자선행사는 조선의 같은 동포라는 인식에서 우러나오는 동정심을 얼마만큼 불러일으키느냐가 중요한 관건이기 때문이다. 1928년 9월 10일 자 매일신보(2면)의 아래와 같은 기사도 거기에 초점을 맞춘 것이다.

●6만의 이재동포(罹災同胞) 위해 본사 주최 구제음악회(救濟音樂會) - … (前略) 60년 래(來)에 처음 겪는 관북(關北)의 수해참상(水害慘狀)은 일보(一報) 일보(一報)가 가슴이 저릴 만큼 가엾어서 마음 있는 사람으로는 한 줌 눈물이 없지 못하겠거든, 하물며 한 선조를 뫼시고 한겨레에 몸을 물린 동포된 우리야 어떠하겠는가. … (中略) … 본사에서는 의연금을 모으는 일편(一便), 다시 고명(高名)한 음악가의 힘을 빌어 동정(同情)음악회를 열어 순익금(純益金)을 이재동포에게 보내기로 결의된 것이니, 다행히 각 방면의 찬조가 빗발치듯 하여 오는 12일, 13일 이틀 밤 조선구악단(朝鮮舊樂壇)의 남녀 권위만을 망라하여 우미관에서

개최케 된 것은 구조를 고대하는 가여운 동포들을 위하여 다시 없는 기쁜 일이다. … (中略) … 그러나 누구나 적어도 조선의 역사와 함께 늙어가는 남녀 명창들의 명성을 들은 분이면 이번에 출연될 분의 씨명(氏名)을 들으면 한번 놀랠 것이다.

◆김창환(金昌煥) ◆이동백(李東伯) ◆유성준(劉聖俊) ◆심상건(沈相健)
◆이중선(李中仙) ◆박록주(朴綠珠) ◆이화중선(李花中仙)
◆이소향(李素香) ◆강소춘(姜笑春) ◆한성준(韓成俊) ◆이옥화(李玉花)

조선에 음악회가 있은 이래 이만큼 남녀 명창을 알뜰히 모아들인 음악회는 없을 것이다. 이동백 김창환 양씨의 명성은 이미 천하에 떨쳐서 … (中略) … 조선에 한 사람밖에 없다는 명고수(名鼓手) 한성준(韓成俊)군의 반주는 특히 이날 밤 남녀 명창의 기운을 더 도와줄 것이니, … (이하 생략)

그리고 '일류명창(一流名唱)의 대음악회(大音樂會)' 프로그램은 아래와 같이 구성되어 있다.[1928년 9월 11일 자 매일신보(2면)]

	공연 종목	공연자
제1부	一, 만고강산(萬古江山) : 단가(短歌)	이옥화(李玉花)
	二, 이별가(離別歌) : 춘향전(春香傳)	이옥화(李玉花)
	三, 초한가(楚漢歌) : 단가(短歌)	이중선(李中仙)
	四, 이한(離恨) : 심청전(沈淸傳)	이중선(李中仙)
	五, 장부한(丈夫恨) : 단가(短歌) 가야금병창(竝唱)	심상건(沈相健)
	六, 소상팔경(瀟湘八景) : 심청전(沈淸傳) 가야금병창(竝唱)	심상건(沈相健)
	七, 소상팔경(瀟湘八景) : 단가(短歌)	유성준(劉聖俊)
	八, 수궁행(水宮行) : 토공전(兎公傳)	유성준(劉聖俊)
	九, 노인가(老人歌) : 단가(短歌)	이동백(李東伯)
	十, 어서남행(御史南行) : 춘향전(春香傳)	이동백(李東伯)

	공연 종목	공연자
제2부	一, 강산풍월(江山風月) : 단가(短歌) 가야금병창(竝唱)	이소향(李素香)
	二, 몽중가(夢中歌) : 춘향전(春香傳) 가야금병창(竝唱)	이소향(李素香)
	三, 백구사(白鷗詞) : 단가(短歌)	강남중(姜南中)
	四, 강남행(江南行) : 흥보전(興甫傳)	강남중(姜南中)
	五, 만고강산(萬古江山) : 단가(短歌)	박록주(朴綠珠)
	六, 추월강산(秋月江山) : 추풍감별곡(秋風感別曲)	박록주(朴綠珠)
	七, 선인가(船人歌) : 단가(短歌)	강소춘(姜笑春)
	八, 십장가(十杖歌) : 춘향전(春香傳)	강소춘(姜笑春)
	九, 강산주유(江山周遊) : 단가(短歌)	김창환(金昌煥)
	十, 춘당시과(春塘試科) : 춘향전(春香傳)	김창환(金昌煥)
제1부 및 제2부의 고수(鼓手)		한성준(韓成俊)

1920년대에 들어서기 전에는 자선공연이라고 하면 — 예컨대 1907년 12월 말에 경성고아원을 위한 관기官妓들의 자선연주회처럼 — 으레 기생들이 주축이 되어 궁중정재와 민속춤 등을 펼쳐 보였던 것을 떠올리게 된다. 수해구제라는 자선연주회를 개최하면서 궁중정재야 그렇다 하더라도 승무와 같은 민속춤도 없다는 것은 의외이다. 다만 매일신보가 주최한 구제음악회의 뒤를 이어서 조선권번의 주최로 '관북(關北)수해구제연주회'가 열렸는데, 검무와 승무가 들어 있었던 듯하다. 1928년 9월 17일 자의 매일신보(2면)에는 예기藝妓들의 연습 장면을 찍은 사진이 보이는데, 하나는 팔검무八劒舞[왼쪽 그림]이고 다른 하나는 승무僧舞이다.

어쨌든 1928년 11월 16일 자 동아일보(3면)에 실려 있는 광무대의 광고를 보면 당시에 '조선춤'의 처지가 어떠한지를 확연히 알 수 있다. 즉 〈조선극(朝鮮劇) 신구(新舊) 절충공개(折衷公開)〉라는 이름의 앞과정은 "승무(僧舞), 단가(短歌), 검무(劍舞), 독창(獨唱), 경성좌창(京城坐唱), 수심가(愁心歌), 가야금병창(竝唱), 서도입창(西道立唱), 딴쓰, 줄타기, 철봉(鐵棒), 평양(平壤)다리굿, 성조가(成造歌), 남도입창(南道立唱)"으로 되어 있고, 또 뒤 과정은 "쌍옥루(雙玉淚) 1회와 2회, 농촌처녀가(農村處女歌) 전편(全篇)"으로 구성되어 있다.[3] 한마디로 말해 서양의 댄스가 들어 있는 반면, 조선춤은 고작 승무와 검무만 모습을 보이는 형국이다.

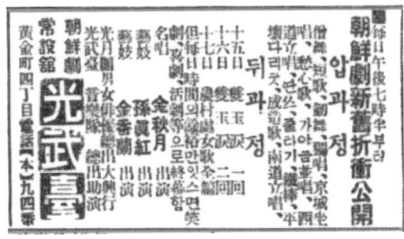

요컨대 1920년대 후반이 되어 레코드와 라디오가 대중화되면서 춤보다는 노래를 더 선호하기 시작하였다. 그렇게 되자 조선 정조情調의 맥脈을 이어 가던 기생의 예능도 - 춤[舞]과 노래[歌] - 중에서 노래 쪽으로 추錘가 기울어지고 말았다. 일제강점기에서는 조선인의 마음을 표현하고 대변하는 예술로서 춤보다는 노래를 선호하게 됨에 따라, 권번에서 온습회를 통해서 맥을 이어 오던 궁중정재는 소멸할 위기에 처하고 말았다. 그리고 승무와 같은 민속춤도 세월이 흐를수록 쇠잔衰殘해져 기생에 의해 맥을 이어 온 '조선춤'은 최승희로 대표되는 신무용의 대두擡頭와 동시에 빈사瀕死 상태로 빠지게 된 것은 예정되었던 일인 것처럼 느껴진다.

1   한성준이 〈고수50년, 한성준〉의 모두(冒頭)에서 아래와 같이 말한 것을 보면 이기세를 얼마나 신뢰하게 되었는지를 가늠해 볼 수 있다.

   "[문책재 기자가] 처음 저에게 부탁하실 때부터 조금도 거리낌이나 감추는 것 없이 말해 주어야겠다 하시고, 내 생각도 비록 과거의 생활이 그 시대로 봐서나 내 개인으로서나 감히 말 못할 치욕의 길이였든 것도 잇지만, 그랫다고 남이 다 아는 것을 숨기던지 조케 말하던지 하면 그럴사록(수록) 더 나 자신이 나자(낮아)지는 것이오. 거짓없이 말슴하는 가운데 저의 모든 것을 알어 주실 것 같이 생각이 되어서 무슨 말슴이던지 있은대로 다 이야기 하겠습니다. 어제 이기세(李基世)氏를 맛나서 무러보앗더니 역시 「정직하게만 이야기하라」고 하신단 말이요. 나도 그것이 제일 조켓다고 생각합니다."

   노재명이 《명창의 증언과 자료를 통해 본 판소리 참모습》에서 "한성준이 강경수의 타계 후 1925년부터 음반, 라디오, 공연 출연자 섭외를 거의 총괄하다시피 했다고 생각된다."라고 말한 내용은 조선축음기상회의 주임으로 있던 이기세와 한성준이 만나면서 시작되었음은 말할 필요도 없다.

2   1927년 4월 13일 자 매일신보(2면) : "●일류명창대회, 광무대에서 - 조선 정악[正樂]의 일류명창으로 요사이 『제비표레코-드』에 그 소리를 넣어 내외 각지에서 많은 환영을 받고 있는 이동백(李東伯) 김창룡(金昌龍) 송만갑(宋萬甲) 심상근(沈相根) 김인호(金仁鎬) 강소춘(姜笑春) 이화중선(李花中仙) 김록주(金綠珠) 이중선(李中仙) 고비연(高飛鳶) 이행화(李杏花) 고향란(高香蘭) 등 남녀 명창 일동이 모여 금[今] 13일 밤부터 4일간 예정으로 부내[府內] 황금정 광무대(光武臺)에서 일류명창대회를 연다는데, …"

3   원각사에서 앞 과정과 뒤 과정으로 나누어 공연하는 방식은 김창환이 20여 년 전에 확립한 것인데, 광무대가 '조선극(朝鮮劇) 상설관(常設館)'이라는 이름을 내걸고 위와 같은 방식의 광고를 한 것이 흥미롭다.

6. 신무용가의 길을 밟고 있는 최승희(崔承喜)의 근황

1926년에 석정막의 제자가 되어 일본에 신무용을 배우러 간 최승희崔承喜의 근황近況을 보면 1926년에는 석정막의 공연 작품에 출연하는 무용수의 한 사람에 불과하다가, 1년쯤 지난 뒤에는 주연主演으로 발탁되었을 정도로 기량伎倆이 일취월장日就月將하였음은 1927년 7월 8일 자 매일신보(3면)의 기사를 통해 확인된다.

●조선이 낳은 무용가, 일약(一躍) 난극(難劇)에 주연(主演), 제일 어려운 무용극(舞踊劇)에 주연한 최근의 최승희(崔承喜)양 – … (前略) 그런데 이번에 반가운 소식을 접하였으니 승희양이 지난 번 동경 축지소극장(東京築地小劇場)에서 인간예찬(人間禮讚)이란 무용극(舞踊劇)에 주역 여신(女神)을 연출하여 백만 동경시민의 격찬의 중심이 되었다 한다.

최승희는 애초애 무용에 뜻을 둔 것이 아니고 오빠인 최승일[1]의 권유로 석정막의 제자가 된 것인데, 짧은 기간에 이처럼 성장을 한 것은 최승희의 무용 재능이 그만큼 뛰어났음을 보여 준다. 매일신보는 자신들이 초빙한 석정막의 경성에서의 공연을 홍보하기 위해 공연 1개월 전부터 관련 기사를 아래와 같이 연이어 전하고 있는데, 주主를 이루고 있는 것은 최승희에 관한 내용이다.

1) 1927년 9월 23일 자(3면)의 기사 : "●최승희양 데리고 석정(石井)남매 내연(來演), 내월에 경성서 출연 – 신무용(新舞踊)으로 인기의 절정(絶頂)에 있는 무용계 천재 석정막(石井漠) 석정소랑(石井小浪)의 남매는 오는 10월 하순경에 본사의 초빙으로 내선[來鮮]할 모양인데, … (中略) … 더욱이 일행의 화형[花形=스타]으로는 경성의

숙명여자고등보통학교(淑明女子高等普通學校) 출신으로 막(漠)씨의 문제(門弟)에 들어가 방금 등장의 신무용계에서 아름다운 천재적 소녀로 빛나고 있는 최승희(崔承喜)양이 일행과 함께 향토[鄕土]방문을 하게 되어, … "

2) 1927년 10월 19일 자(3면)의 기사 : "●최승희(崔承喜)양의 무대자태(舞臺姿態) – 석정막씨의 일행이 조선에 두 번째 발을 들여놓아 (경성)공회당에서 피와 힘으로 춤을 출 날도 임박하여 온다. 특히 일행에 따라오는 조선이 낳은 무용가 최승희양의 의미깊은 출연은 많은 조선의 젊은이들의 기대와 동경의 표적이 되었다. … "

3) 1927년 10월 25일 자(3면)의 기사 : "●경성역(京城驛)과 최승희(崔承喜)양, 감구지회(感舊之懷)가 있었으리라 – 금 25일밤 경 경성공회당에서 공연을 하는 석정막씨의 세계적 무용의 한 목을 맡아 나서는 귀여운 소녀 중에는 조선이 낳은 천재 최승희(崔承喜)양이 있는 것을 잊어서는 안된다. 조선서 처음 생긴 무용가로 더욱이 그 오라버니는 청년문사[文士]요, 그 자신이 숙명여자고등보통학교를 우수하게 졸업하였으며, 그가 밟아온 길이 비상히 맑고 뜨거운 만큼 세상의 인기는 그에게 집중되는 것이다. … (中略) …

작년에 그가 경성역을 떠날 때에는 그의 양친도 그리 찬성은 아니 하였으며, 그의 장래를 염려하는 학교에서도 여러 가지 반대와 이의[異議]가 많아 자못 비장하게 떠나갔었던 것이다. 그러나 이제는 일약 무용계의 스타 – 가 되어 은사의 품에서 어버이의 품으로 염려하고 보내던 이에게 반갑고 탐탁한 환영을 받게 되어 돌아오게 되었으니 어찌 감구지회[感舊之懷]가 없으랴."

매일신보가 위와 같이 최승희에 대해 지속적인 보도를 하고 있는 것이 단순히 신무용을 알리기 위한 것인지, 혹은 3.1운동이 일어난 후에 일제가 표방한 일시동인-視同仁 정책의 과시인지는 모르겠지만, 이 같은 자세의 보도는 해삼위 조선학생음악단이 고국을 방문했을 때와 유사한 열풍熱風을 불러일으키는 결과를 낳았다. 1927년 10월 26일 자의 매일신보(2면)를 보면 아래와 같은 기사가 실려 있다.

> ●무용시(舞踊詩) 공연에 만도(滿都) 인기집중, 崔양의 귀여운 출연
> - 반도예술에 새로운 색재[色材]를 날리고자 만인의 예찬 아래 희망과 열정을 품고 입성한 석정막(石井漠)씨 일행은 25일 밤부터 경성공회당에서 출연하게 되어, 지금 그 전경기(前景氣)가 실로 대단하다, 사람마다 그 이야기뿐이요, 더욱이 그 일행 중에는 꽃같은 최승희(崔承喜)양이 있어 한층 더 그 일행의 명성을 높이고 있으므로 그 인기야말로 조선인이나 내지인이나 피차가 일반이다. 옛날 희랍(希臘)의 신화시대에서나 볼 수 있을 '해의 여신(海의 女神)과도 같이 순진한 처녀의 곡선미적 나체(曲線美的 裸體)를 화려한 무대 위에 나타내어 심각한 예술을 표현하는 그 무용(舞踊)이야말로 관중의 심혈을 녹이지 않고는 마지않을 것인데, 목하[目下] 시내 여러 입장권 분매[分賣]점에는 일각[一刻]이 삼추[三秋]같이 그 밤을 기다리는 관중들로부터 혼잡인 광경을 이루어 날개가 돋친 듯이 입장권이 팔려간다.

위의 기사를 통해 석정막이 1926년에 이어 1927년에도 경성에서 공연하고 대단한 인기를 끌었음을 알 수 있다. 그 인기는 조선 사람들이 신무용이라는 예술에 대한 호기심이 많아서라기보다는 신무용을 한다는 최승희에 관한 관심이 그만큼 컸기 때문이었을 것이다. 1927년 10월 30일 자 매일신보(5면)를 보면 최승희의 은사恩師 석정막이 제자에 대해서 아래와 같이 언급하였는데, 이것은 최승희에게 아주 중요한 점을 당부한 것으로 생각된다.

●독창(獨創)을 기대하는 최승희양의 예술(藝術), 은사[恩師] 석정막씨의 말 – … (前略) 1년 6개월이란 짧은 시간에 그 같은 재주를 배워 알았다는 것은 그 선생되는 석정씨의 남매도 경탄을 마지 않는 바이다. 이에 대하여 석정막씨의 말을 들으니, 씨는 말하되,

「최승희가 이 만큼 된 것은 가르친 선생의 공로보다는 그 자신의 특징에 있는 것이 올시다. 첫째 그는 무용이라는 데 전혀 선입관념이 없이 그야말로 순진한 마음으로 배우게 되었으므로, 보통 댄스이니 무용이니 하는데 장난을 하여 보다가 찾아온 사람 같이 춤을 추는 데 고치기 어려운 버릇이 없으며, 다음은 그의 천성이 동무에게라도 지지 않으려는 성미가 굳세어서 자나 깨나 손 놀리는 연구, 몸 놀리는 연구를 게을리 하지 않은 까닭이올시다.

그러나 무용은 남에게 배우기만 해서는 아무 데도 소용없습니다. 그야말로 일개 춤꾼에 지나지 못합니다. 석정막이가 추는 춤은 세계의 어디가든지 석정 이외에는 추지 못하는 바와 같이 불원[不遠]한 장래에 조선의 마음을 실은 최승희의 춤이 창조되기를 기대합니다.」라고 하였다.

이에 부응하듯이 1928년 1월 1일 자 매일신보(3면)에 수록된 최승희의 신년감상新年感想을 보면 당찬 포부를 아래와 같이 피력하고 있다.

●최선을 다하여서 조선무용(朝鮮舞踊)의 개량(改良), 그것은 우리의 의무올시다![동경에서 최승희] – 먼저 신년감상을 쓰기 전에 한 말(씀) 사례(謝禮)하겠습니다. 작추(昨秋)에 귀국하였을 때에는 아직 잘 모르(고) 배움의 날이 얕았음을 불원(不願)하옵고 그렇게까지 사랑하여 주셨음은 한편으로는 기꺼웠으나 또한 한편으로는 책임이 무거움을 느꼈습니다. … (中略) …

대체 무용(舞踊)이라는 것은 무도(舞蹈)와는 다르나, 춤으로의

표현은 다 같습니다. 곧 예술의 표현으로는 음악과 동일한 것이니까. 그 필요하고 긴요(緊要)함이 다 같을 것입니다. 이 필요하고 긴요한 무용을 어찌 가볍고 힘있고 감상 좋게 표현할까 하는 것이 우리가 목적하고 희망하고 있는 바입니다. 우리나라에도 우리나라의 시(詩)가 있고, 우리나라의 무도(舞蹈)가 있지 않습니까? 이 시와 무도를 최선으로 개량하고 더 만들어야 할 의무를 우리는 가졌습니다. 이런 큰 포부를 가진 우리는 동지가 적으니 만큼 고통입니다. … (中略) …

새해를 맞으매 일층 더 분발하여 동지를 구하며 우리 사회의 무도(舞蹈)의 필요가 긴급한 일임을 깨닫게 하고 싶습니다. 아직 무도에 대한 기술이나 학식이 없으므로 그 내용을 쓰지 못하오나 그 점은 날이 얕음을 헤아려 양해하여 주시기를 바랍니다. (끝)

최승희는 1928년 4월 12일부터 16일 사이에 일본제국호텔 연예장에서 열렸던 '입센100년祭 기념'행사의 석정막무용단공연에 참여하여 석정막·석정소랑과 함께 출연한 후, 11월 16일에 경성에서 열린 석정막의 세 번째 공연에도 출연하였는데, 1928년 11월 13일자의 중외일보(3면)의 기사에는 특기할 만한 내용이 나온다.

●일행(一行)중에 조선인(朝鮮人) 3명, 석정막(石井漠)무용회 - … (前略) 석정막(石井漠)씨 일행은 지난 9일에 입경하여 오는 16일 밤에 시내 단성사(團成社)에서 무용회를 석정막후원회(石井漠後援會)의 주최로 개최하게 되었는데, 씨는 금년까지만 지방순업[地方巡業]을 할 예정이므로 이번에 일행의 무용이 대개 마지막으로 조선에서 보는 회합[솔合]이라 한다. 그런데 씨의 일행 중에는 이미 모르는 사람이 없을 만큼 유명한 최승희(崔承喜)양을 비롯하여 한병룡(韓炳龍)·조택원(趙澤元) 등 이목수려[耳目秀麗]한 조선청년이

있으니, 이 세 사람은 일행 중에서도 석정막씨의 특별한 자로 그 기술이 우수하다는데, 당야[當夜]의 무용 곡목은 전부 신작에 의한 것이라 하며 최승희양은 특히 『세레나-데』와 그외의 두 가지 가장 득의[得意]의 곡목의 독무(獨舞)를 하게 되리라 한다.

특기할 내용의 하나는 석정막이 내년부터 지방 순회공연을 하지 않는다는 소식이다. 그 내막內幕은 「무사시노(武藏野)」에 있던 석정막무용연구소 (약 100㎡)를 '지유가오카(自由が丘)'[동경도(東京都) 목흑구(目黑區)에 소재]에다 1,600㎡ 규모로 신축·이전하면서 경영상 어려움을 겪게 되어, 석정막의 의매義妹인 석정소랑이 이미 결별을 선언하고 독립을 하였기 때문이다. 이는 최승희가 1929년 9월에 석정막으로부터 독립하는 계기로 작용한다는 점에서 유념할 내용이다.

다른 하나는 석정막 일행 중에 최승희 외에도 조선인 2명이 더 들어 있었다는 사실이다. 한병룡은 조택원보다 먼저 석정막의 제자가 되었지만 결국 무용이 본업은 아닌 것 같으므로 논외로 하더라도, 조택원은 나중에 신무용가新舞踊家로 활약함으로써 한국무용사의 한 페이지를 장식한 인물이다. 위의 기사에서 최승희는 "『세레나-데』와 그외의 두 가지 가장 득의[得意]의 곡목의 독무(獨舞)를 하게 (된다)"라고 기술되어 있는데, 마침 11월 16일 자 중외일보(3면)의 〈연예〉에서 최승희와 조택원의 소식을 전하면서 아래와 같이 무용 순서를 보도하고 있어서 어떤 춤인지를 짐작할 수가 있다.

… (前略) 무용순서는 『시(時)의 난무(亂舞)』, 『소야곡(小夜曲)』(崔承喜), 『호도(胡桃) 찝게』, 『죽음의 왈쓰』, 『가마(迦摩)』, 『유모레스크』(崔承喜, 石井榮子), 『식욕(食慾)을 껀다』, 『페-아균트』, 『청춘(青春)의 춤』 등이라는 바, …²

『시(時)의 난무(亂舞)』는 이번에 독무로 새로 추가된 작품인데[3], 작품의 제목으로 볼 때 서양무용 계통으로 생각된다. 이것 역시 해방 후의 우리나라에서 하나의 장르 개념인 한국무용에 속하는 신무용과 연결하려는 것은 무리라고 생각된다. 우리나라 신무용의 기원은 최승희가 신무용가로 독립된 행보를 시작한 후에 만든 작품 중에서 찾아야만 될 것 같다.

---

1 1926년 11월 14일 자 매일신보(3면)의 사고(社告)에 의하면 차회(次回) 〈연작소설〉의 집필자인 최승일(崔承一)은 『개벽(開闢)』, 『신여성(新女性)』을 비롯한 다수의 창작을 발표하여 신문예(新文藝) 운동에 참여하였다고 한다.

2 공연작품 중의 『가마(迦摩)』(Hidu敎에서 사랑의 神)와 『페-아균트』(Henrik Ibsen의 희곡 Peer Gynt)는 1928년 4월에 있었던 '입센100년祭 기념' 석정막무용단공연에서 이미 선보인 것이다. 1928년 10월 7일 자 매일신보(2면)에 게재된 〈이향(異鄕)에 피는 명화(名花)〉라는 기사를 보면 히비야(日比谷)공원 음악당에서 석정막의 공연이 끝난 후 일본의 음악가, 무용가, 평론가 일단이 모여 『페-아균트』에 대해 이야기를 주고받는데, 최승희를 칭찬하는 내용이 많이 나온다.

3 『소야곡』(serenade)은 최승희가 1927년부터 Solo(獨舞)로 추던 것이다.

지식창고 16 **石井漠으로부터 독립한 최승희의 행보(行步)**
― 무용연구소 개설(1929년 11월)

최승희가 석정막(石井漠)으로부터 독립한다고 하는 소식은 1929년 9월 7일 자 조선신문(2면)이 가장 먼저 전했는데, 동경에서 타전(打電)된 아래와 같은 내용이다.

"●최승희氏가 고향에서 기(旗)를 올려, 막(漠)씨의 일당(一黨)으로부터 탈퇴 ― 무용의 가을, 앞서는 석정소랑(石井小浪 이시이 코나미)가 (石井)막(漠)과 그 일당(一黨)으로부터 분리·독립을 선언한 일은 시기가 시기이니 만큼 무용계에 커다란 센세이션을 일으키고 있는데, 이번은 막(漠) 일문(一門)의 화형(花形=스타), 조선이 배출한, 미래가 있는 신진무용가 최승희가 돌연 탈퇴를 신청하여, 소랑(小浪)을 잃은 막(漠)을 놀라게 하였다. 승희씨는 결국 동문으로 있던 미성품(未成品) 2명과 고향인 조선에서 깃발을 올리는 것으로 되었는데,…(이하 생략)"

석정막이 무사시노(武藏野)에 있던 자신의 무용연구소를 '지유가오카(自由が丘)'로 신축·이전하면서 운영상에 문제가 생기고 그 영향으로 의매(義妹)인 석정소랑이 1928년 가을에 결별을 선언하였는데, 1929년 가을에는 최승희도 일본을 떠나 조선으로 돌아간다는 소식이다. 최승희가 석정막의 문하(門下)를 떠난 것은 무용연구소가 이전되면서 분란이 생겨 공부에 전념할 수 없는 어수선한 상황 때문으로, 처음부터 독립해 무용단을 설립할 계획으로 탈퇴한 것은 아니라고 생각된다.[A] 1929년

[A] 「일본양무사(洋舞史)년표(年表)Ⅰ」(1900~1959)[일본양무사연구회 편집, 일본예술문화진흥회, 2003]에서 1929년도 부분을 보면 '9월 20일. 석정소랑의 제1회자작(自作)신무용발표회(일본청년관)'이라는 기술과 함께, ― 시기는 불상(不詳)이나 ― '석정막(石井漠), 시력저하(視力低下)'라고 표시한 것을 보면 무용활동에 지장을 주는 정도의 시력일 것이므로 1929년은 석정막에게 있어서 여러모로 힘든 시절이었을 것이다.

9월 8일 자 매일신보(2면)의 기사를 보면 '전설(傳說=전해지는 이야기)에 불과하다는 내용이 있기 때문이다.

"●석정(石井)문하(門下)를 떠나온 최승희양 – … (前略) 막(漠)무용단에서 탈퇴한 후 최양은 목하(目下) 경성 실가(實家)에 돌아와서 있는 중인데, 세상에서는 석정막과 분리하여 독립으로 무용단을 세운다는 소문이 자못 높으나, 그는 전혀 전설(傳說)에 불과하다 하며, 금후의 조처는 부모와 제(諸)선배의 의견에 의하여 결정한다더라."

1929년 9월 9일 자 중외일보(4면)를 보면 기자가 직접 최승희 집으로 찾아가 인터뷰한 기사가 있다. 그 일부를 발췌하여 소개하자면 아래와 같다.

"… (前略) 최승희양이 근일에 돌연히 同무용단(=石井漠무용단)을 탈퇴하여 집으로 돌아왔다는 소문을 듣고 기자는 추풍[秋風] 건듯 부는 8일 아침에 옥천동(玉川洞)인 그의 집으로 찾아갔다. 가장 아름다운 의미로의 「모던걸」인 최양은 어여쁜 미소로 기자를 마지하며 「이번에 그 무용단을 나온 것은 석정소랑(小浪)과 그밖에 한 사람 도합 세 사람인데, 원인은 오래 지내오는 동안에 예술에 대한 견지가 차차 석정씨와 달라지기 때문입니다. … (中略) …

이 뒤에 할 일이요? 글쎄 나는 지금까지 해온 일을 좀 더 정밀히 연구하고 싶은데, 아버지와 어머니는 자꾸만 시집을 가라고 말씀하시니까 아직 저로서도 어떻게 될 것을 모르겠습니다.」하고 말하는, 섣달 스물 이렛날이 생일이라는 최양은 열아홉이라는 나이보다 훨씬 어리고 순진하게 보였다."

[최승희가 위에서 말한 '연구'란 공부를 위한 해외 유학이었던 것으로 보인다.[B]]

최승희의 부모는 나이 어린 최승희가 해외로 유학 가려는 마음을

B 정병호 저, "춤추는 최승희, 세계를 휘어잡은 조선 여자", 뿌리깊은나무, 1995, p. 52

돌리기 위한 고육지책(苦肉之策)으로 최승희를 시집보내려고 시도하였지만 여의치 않게 되자, 무용연구소의 개설을 제안하여 최승희의 마음을 붙잡은 듯하다. 최승희가 경성에 돌아온 지 50여 일이 지난 11월 2일 자의 매일신보(2면)를 보면 〈**최승희양의 무용연구소(舞踊研究所) 출현**〉이라는 기사가 실려 있다.

> "조선이 낳은 무용계의 명성(明星) 최승희양은 은사(恩師) 석정막 문하를 떠나 경성에 돌아와 있더니, 이번 결심한 바 있어 시내 고시정(古市町) 19번지에 무용연구소를 창설하고 연구생을 모집한다는데, 내춘(來春)에는 제1회 공연도 하리라더라."

그리고 같은 날짜의 조선신문에 〈최승희무용연구소 연구생모집〉이라는 광고가 게재되었다. 무용연구생을 모집하는 광고를 일본인이 발행하는 **조선신문에 내었던 내막**은 1929년 11월 10일 자의 중외일보(3면)에 실린 이춘봉(李春鳳)의 아래 글을 통해 짐작할 수가 있다.

> 〈생활로 본 그들의 내막(內幕)〉(四) : "…(前略) 최승희양 역시 최근에 모(某)일본인의 원조를 받아가지고 남대문 밖 한 꼭대기에다가 무용소를 열었다. 배구자[裵龜子]가 조선사람 제자만 모집하는 대신, 최승희는 일본사람도 모집을 한다. 필경은 조선사람보다는 일본의 여자가 많아질 정세이다. …"

위와 같은 글들을 통해서 우리는 최승희가 석정소랑과 달리 처음부터 자신만의 무용을 펼칠 욕심으로 석정막의 문하를 떠난 것이 아니고, 무용연구소의 개설은 경성에 돌아온 후에 비로소 결심하게 되었음을 엿볼 수 있다. 이는 1929년 11월 27일 자의 조선일보(5면)에 게재된

〈목멱산(木覓山) 下에 아테네전당, **최승희무용연구소 근황(近況)**〉이라는 기사에서 최승희가 밝힌 심정을 보더라도 그런 맥락이 느껴진다.

> "이미 본보에 소개한 바이어니와 최승희(崔承喜)양이 일본에서 돌아와 시내 고시정(古市町) 19번지에 무용연구소(舞踊硏究所)를 설립하였는 바, 이미 연구생이 4, 5명이나 있어 매일 불철주야로 무용의 기본연습과 최양의 창작(創作)무용을 교수 중인데, 기자가 심방[尋訪]한 때에는 마침 최양이 연구생들과 함께 무용을 하고 있었는데, … (中略) … 최양은 아래와 같이 말하더라.
>
> 「일본에서 돌아온지 불과 2, 3개월 밖에 안되는데, 무어 그리 신통한 것이 있겠습니까마는 예술가의 감정이랄까 양심이랄까 완전한 것을 발표하기 전에는 안심이 되지 않습니다. 다른 나라와 달라서 조선에서 무용(舞踊)을 연구한다는 것은 여간 힘들고 어려운 일이 아닙니다. 그러나 이왕 이 길로 나섰으니 끝끝내 나아가 보는 것이지요. 바라는 것은 일반의 애호와 원조입니다. 제1회 창작무용발표는 내년 2, 3월쯤 될 것 같습니다. 이것도 조선을 위하여서만이 그 존재가 있으니까 모든 것을 신중히 생각하여야 합니다.」 하더라."

1929년 당시에는 무용연구소가 어떤 식으로 운영되는 것일까? 앞서 소개한 이춘봉의 글 〈**생활로 본 그들의 내막(內幕)**〉(四)에 아래와 같은 내용이 있어서 그 실태를 짐작할 수 있다.

> "그러면 배구자무용연구소와 최승희무용연구소는 어떠한가. … (中略) … 두 곳에서 다 제자들에게는 의식[衣食]을 준다, 합숙을 시킨다. 그 대신 제자를 양성하지 못하면 하루밤 무대를 만들 수가 없으며, 공연을 하지 않고는 돈이 아니 생길 터이니까 돈을 미리 들여가면서라도 제자를 기르지 않을 수도 없는 것이다. 「남의 집 아이들을 데려다가 심부름부터에서 춤만 추게 하고 돈이라고는 의식[衣食]만을 (제공)하니 그러고서야 누가 쫓아다니겠느냐?」고 불신을 품은 부친이 나타나서 배구자 무용소에서 한번 야단이 난 일이 있었다는 소문이 있다. 「소문을 확인없이 전하는 말이다. 그런 일이 없다.」고 하여도 할 수 없지만은 어쨌든 보수를 받기까지 - - 의식 이외에 좀 돈이라도 얻어 쓰기까지에는 적어도 1년은 걸릴 것이고 … (中略) … 여기에 두 편[兩便]에

모두 고충이 있는 것이다. 최승희무용소는 아직 미지수이다. 석정막씨의 제자노릇을 한 지 불과 2년! 어느 때에 혼자 무용(연구)소를 지배할 만한 재주가 완성되었는지 그것도 아직 모를 일이다. … (이하 생략)"

최승희가 연구생들을 데리고 내년 봄에 제1회 공연발표를 하는 것을 목표로 연습하는 가운데, 찬영회(讚映會)^C 가 주최한 '**무용(舞踊), 극(劇), 영화(映畫)의 밤**' 행사에 최승희가 찬조 출연 형식으로 공연을 하였는데, 이것은 자신의 공연 발표에 대한 중간 점검 차원으로 보인다. 1929년 12월 3일 자 동아일보(5면)를 보면 최승희의 무용 사진과 함께 다음과 같은 기사가 실려 있다.

> "찬영회 주최의 '무용, 극, 영화의 밤'은 예정과 같이 오는 5일, 6일 양일 밤에 조선극장에서 열리게 되었는데, 귀국한 뒤에 오래동안 침묵을 지키고 자기의 예술완성에 정력을 쓰던 최승희(崔承喜)양이 무대에 나타나게 되었는데, (최)양이 이번 출연한 동기는 고국에 돌아와서도 자기의 예술이 조선대중과 아무러한 교섭이 한번도 없던 것을 유감으로 알고 있던 바, 마침 신뢰할 만한 찬영회의 간곡한 권유가 있으므로 자기 예술의 완성을 기다리어 공개할 전제로 우선 한번 옛날 기억을 새롭게 할 무용을 보이게 되었다는데, 당일 출 무용은 아래와 같더라.
>
> ㅡ, 인듸엔 라멘트[인디안의 비애(悲哀)]
>
> ㅡ, 골드 앤드 실버
>
> ㅡ, 세레나데"

1929년 12월 7일 자 동아일보(5면)에는 최승희의 공연에 대한 관객들의 반응이 실려 있다. "… (前略) 관중은 구름같이 모여들어 정각 전에 벌써 대만원이 되어 문간에서는 대혼잡이 생겨 대성황을 이루었다. 만도의

C 경성 시내에 본사를 둔 조선어 일간신문들[동아일보, 조선일보, 중외일보, 매일신보 등]의 연예부 기자들이 영화계 발전을 위해서 1927년 12월 6일에 조직한 동호회.

인기를 모은 최승희양 무용은 고전적 기분과 환상으로 관중을 고취케 하였고, …"라는 기사처럼 최승희의 인기가 대단함을 보여 주고 있다. 위에 소개한 무용종목 중 『세레나데』는 이미 석정막 공연 때 선보인 것이고 나머지 2개의 작품은 최승희가 신무용가로서 찬영회에서 처음 발표한 것이다. 하지만 「인디엔 라멘트(Indian Lament)」나 「골드 앤드 실버(Gold & Silver)」라는 작품은 무용의 제목만 보더라도 서양무용 계통의 춤이 분명하다.ᴰ 따라서 이것 역시 해방 후에 우리나라에서 통용되고 있는 하나의 장르 개념인 한국무용에 속한 신무용의 기원으로 연결하려는 것은 적절치 않을 것 같다. 따라서 한국무용에서 신무용의 기원이 될 만한 작품은 최승희가 신무용가로서 조선에서 본격적으로 활동하면서 발표한 작품 중에서 찾아 보아야 될 것으로 생각한다.

[석정막(石井漠)으로부터 독립하여 자신의 무용연구소를 개설한 최승희가 조선에서 어떠한 무용활동을 펼쳤는지, 또 어째서 일본으로 다시 돌아갔는지 등은 하권에서 살펴보기로 한다]

D 같은 취지[이종숙 저, 앞의 책(인물로 본 신무용 예술사), p. 34]

〈참고문헌〉

〈단행본〉

구희서(글)/정범태(사진), 한국의 명무, 한국일보사 출판국, 1985
국립민속국악원 장악과 편, 명창을 알면 판소리가 보인다, 국립민속국악원, 2000
김명수 저, 이동안「태평무」의 연구, 나래', 1983
김영희 저, 개화기 대중예술의 꽃, 기생, 민속원, 2006
노동은 저, 한국근대음악사[1], 도서출판 한길사, 1995
노재명 저, 명창의 증언과 자료를 통해 본 판소리 참모습, 나라음악큰잔치추진위원회, 2006
박제형 저, 근세조선정감(상), 중앙당, 1886
박황 저, 판소리 2백년사, 도서출판 성사연, 1987
백현미 저, 한국창극사 연구, 태학사, 1997
성경린 저, 한국전통무용, 일지사, 1979
에밀 부르다레 지음(정진국 옮김), 대한제국 최후의 숨결, 글항아리, 2009
예능민속연구실 편, 중요무형문화재제97호 살풀이춤, 국립문화재연구소, 1998
이능화 저, 조선해어화사, 한남서림, 1927
이종숙 저, 인물로 본 신무용 예술사 - 최승희에서 최현까지, 민속원, 2018
장사훈 역주, 일본무용 소사[所寺融吉 저,「日本の舞踊」중의 '日本舞踊小史'], 세광음악출판사, 1989
정진국 번역, 대한제국 최후의 숨결[Emile Bourdaret, En Corée, 1904], 출판 글항아리, 2009
정로식 편저, 조선창극사, 홍기원, 1940[영인본, 민속원, 1998]
정병호 저, "춤추는 최승희, 세계를 휘어잡은 조선여자", 뿌리깊은 나무, 1995
정성숙 저, 재인계통춤, 도서출판 노리, 2012
정은혜 편저, 정재연구Ⅰ, 대광문화사, 1993
조선연구회 편저, 조선미인보감(靑柳綱太郎 池松旭 공저), 민속원(영인본), 2007
조영규 저, 바로잡는 협률사와 원각사, 민속원, 2008

조원경 저, 무용예술, 해문사, 1967

최남선 편저, 조선상식문답 전편(全篇), 민속원, 1948(영인본은 1997)

赤松智城 秋葉隆 공편, 조선무속의 연구, 赤松智城(조선인쇄주식회사 인쇄), 1938

〈논문류〉

권도희, 20세기 관기와 삼패[여성문학연구 제16호, 한국여성문학학회, 2006, pp. 81 - 119]

권도희, 20세기 기생의 음악사회사적 연구[한국음악연구 29집, 한국국악학회, 2001, pp. 319-344]

김민수, 초창기 창극의 공연양상 재고찰[국악원논문집 제27집, 국립국악원, 2013, pp. 37-56]

김성혜, 조선성악연구회의 음악사적 연구[영남대학교대학원 석사학위논문, 1990]

김영운, 1913년 고종 탄신일 축하연 악무 연구[장서각 제18집, 한국학중앙연구원, 2007, pp. 27-55]

김영희, 일제강점기 초반 기생의 창작춤에 대한 연구 ― 1910년대를 중심으로 ― [한국음악사학보 제33집, 한국음악사학회, 2004, pp. 197-235]

박선욱, 신무용의 개념 연구 ― 개화기 이후부터 1980년대까지 ―[한국미래춤학회 연구논문집 제1집, 한국미래춤학회, 1993, pp. 101-130]

성기숙, 한성준류 태평무의 생성배경과 전승맥락 연구[무용예술학연구 제8집, 한국무용예술학회, 2001, pp. 163-187]

송방송, 1910년대 정재의 전승양상 ― 기생조합의 정재 공연을 중심으로 ― [국악원논문집 제17집, 국립국악원, 2008, pp 147-185]

송방송, 한성기생조합소의 예술사회사적 조명[한국학보 29권 제4호, 일지사, 2003, pp. 2-55]

송방송, 일제강점기 이동백 명창의 공연활동[진단학회 발행, 진단학보-94, 2002, pp. 205-238]

안순미, 태평무 연구 - 춤사위의 무보화를 곁들여 - [경희대학교 대학원 석사학위논문, 1984]

이병옥, 재인 한성준의 삶과 무용사적 의의[송방송 외 11인 공저, 『한국 춤의 전개양상 : 전통사회에서 근대사회로의 이행기』, 보고사, 2013, pp. 448-471]

이정로, 일제강점기 '조선춤'의 전개 양상 연구[한국학중앙연구원 한국학대학원 박사학위논문, 2013]

이진수·임학선의 공동논문, 한성준류 태평무 연구[체육과학 제17집. 한양대학교 체육과학연구소, 1997, pp. 193-205]

이진원 소개, 박동실의 '창극이 걸어온 길을 더듬어'[판소리연구 제18집, 판소리학회, 2004, pp. 309-329]

이진원, 조선구파배우조합 시정오년기념 물산공진회 참여의 음악사적 고찰[한국고음반연구회 발행, 한국음반학 제13호, 2003, pp. 43-63]

이진원, 한성준의 음악 및 그 활동에 대한 재검토[한성준탄생 140주년기념 국제학술심포지엄, ≪근대 전통예인 한성준의 공연예술사적 업적 재조명≫, 연낙재, 2014, pp. 15-53]

전경욱, 조선조 전통공연예술의 계통과 성립과정[국악원논문집 제11집, 국립국악원, 1999, pp. 201-223]

〈기타 자료집〉

잡지《삼천리》제6권 제5호(1934년 5월)의 비문서(祕文書) 공개실(公開室)(1)

잡지《삼천리》제8권 제1호(1936년 1월)의 '석정막 무용회의 밤'

김수현·이수정 엮음,《한국근대음악기사 자료집》권5 —잡지편(1935)—, 민속원, 2008

김수현·이수정 엮음,《한국근대음악기사 자료집》권7 —잡지편(1937~1938)—, 민속원, 2008

김수현·이수정 엮음,《한국근대음악기사 자료집》권9 —잡지편(1941~1945)—, 민속원, 2008

무형문화재조사보고서(14)(승무·살풀이춤 - 서울·경기·충청도편, 1990, 조사자 김정녀), 문화재연구소, 1991

무형문화재조사보고서 제149호(태평무와 발탈 - 1982, 조사자 정병호/최현)[무형문화재조사보고서 제17집, 문화재관리국, 1998]

무형문화재조사보고서 제181호(태평무 - 1988, 조사자 정병호)[무형문화재조사보고서 제20집 (179~188호), 문화재관리국, 1998]

계간지 《춤과 담론》 제3호(2010_여름호), 연낙재 발행

국립중앙극장 공연예술박물관 편, 〈공연예술, 시대와 함께 숨쉬다〉(상설전시도록), 2010.12

조선미인보감, 아오야기 츠나타로오(靑柳綱太郎)과 지송욱(池松旭) 편, 1918[영인판, 민속원, 2007]

한국민족문화대백과사전 편찬부, 『한국민족문화대백과사전』 2, 정신문화연구원, 1991

한국민족문화대백과사전 편찬부, 『한국민족문화대백과사전』 4, 정신문화연구원, 1991

일본양무사(洋舞史)년표(年表) I (1900~1959)[일본양무사연구회 편집, 일본예술문화진흥회, 2003]